MINERVA
日本史ライブラリー
㉗

「経済大国」日本の対米協調

―安保・経済・原子力をめぐる試行錯誤、1975～1981年―

武田　悠著

ミネルヴァ書房

はしがき

一九七〇年代の国際関係には様々な評価がある。米ソ関係に注目すればデタントの時代であり、国際関係全体に注目すれば危機の時代であり、非国家主体に注目すればグローバル化の時代である。そこにあえて共通点を見出すとすれば、それまで国際社会を支えてきた様々な体制が動揺した時代だったということであろう。一九七一年のブレトン・ウッズ体制崩壊や一九七三年の第一次石油危機、一九七四年のインド核実験といった一連の危機は、既存の体制が動揺し時には変化しつつあることを示していた。

これらの変化は、一国家が単独で対処しうるものではなかった。西側諸国の盟主として既存の国際体制を支えてきた米国もベトナム戦争等の負担に苦しみ、日本やその他の西側諸国も財政赤字等の制約の下にあった。米国の経済政策に関する研究はこれを、不況や財政赤字といった数多くの問題とそれに対処する数少ない政策手段によって特徴づけられる「制約の時代（age of limits）」と表現しているが、それは経済以外の領域や米国以外の先進諸国にも通ずる特徴であった。

この制約の時代において、米国を中心とする西側陣営には深刻な内部対立が発生した。制約下で動揺する国際体制を立て直すには西側先進国間の政策協調が不可欠であったが、役割と負担の分担見直しを求める米国とそれに反発する同盟国との間では、絶え間ない摩擦が生じた。とりわけ一九七七年から一期四年続いた米カーター政権は、米国的な価値観に基づく政策の下で早急に協調の成果を出すよう求め、同盟国との摩擦を顕在化させた。

そうした摩擦の焦点の一つが、この時期に名実ともに経済大国となった日本であった。高度経済成長を経て経済大国となった日本は、他国と比べて財政上の制約が比較的緩く、また経済摩擦等において米欧から批判を受ける中、その経済力に相応しい国際貢献を求められた。日本はいわば問題の一部であり、また対策の一部であった。そのため日本政府は、外国からの圧力とそれに対する国内の反発の板挟みとなり、同様の課題に直面した西欧諸国とは違って地域機構もない中、国際環境の変容や米国の要求に対処しなくてはならなかった。

本書で検討するのは、このような難しい状況に置かれた日本による対米協調の試みである。この時期の日米関係においては、特に安全保障・経済・原子力の三つの課題で両国間の摩擦が顕在化した。カーターと福田赳夫の両者が政権発足直後に行った一九七七年三月の日米首脳会談でも議題となったこれらの課題は、日米両国の死活的利益が関わり、西側先進諸国間でも特に重視され、カーター政権以前も以後も繰り返し登場することとなる。本書では、そうした重要な意味を持つ課題をめぐって経済大国となった日本がいかに米国と政策協調を試み、その結果としていかに自らの国際的役割を拡大したのかを考える。

「経済大国」日本の対米協調——安保・経済・原子力をめぐる試行錯誤、一九七五〜一九八一年　目次

はしがき

略語一覧

［AEC］ Atomic Energy Commission（原子力委員会）
［C20］ Committee of Twenty（20カ国会議）
［CEA］ Council of Economic Advisers（米大統領経済諮問委員会）
［CJOEP］ Coordinated Joint Outline Emergency Plan（共同統合作戦計画）
［CNO］ Chief of Naval Operations（海軍作戦部長）
［CSCE］ Conference on Security and Co-operation in Europe（欧州安全保障協力会議）
［EMS］ European Monetary System（欧州通貨制度）
［EPG］ Economic Policy Group（経済政策グループ［カーター政権］）
［ERDA］ Energy Research and Development Administration（エネルギー開発研究庁）
［EURATOM］ European Atomic Energy Community（欧州原子力共同体）
［FRB］ Board of Governors of the Federal Reserve System（連邦準備制度理事会）
［G10］ Group of Ten（先進10カ国会議）
［GNP］ Gross National Product（国民総生産）
［IAEA］ International Atomic Energy Agency（国際原子力機関）
［IG］ Interdepartmental Group（省庁間グループ）
［IMF］ International Monetary Fund（国際通貨基金）
［INFCE］ International Nuclear Fuel Cycle Evaluation（国際核燃料サイクル評価）
［IPS］ International Plutonium Storage（国際プルトニウム貯蔵）
［JCS］ Joint Chiefs of Staff（統合参謀本部）
［LTDP］ Long Term Defense Program（長期防衛計画）
［NPT］ Nuclear Non-Proliferation Treaty（核拡散防止条約）
［NRC］ Nuclear Regulatory Committee（原子力規制委員会）
［NSC］ National Security Council（国家安全保障会議）
［NSDM］ National Security Decision Memorandum［ニクソン政権，フォード政権］
［NSG］ Nuclear Suppliers Group（原子力供給国グループ）
［NSSM］ National Security Study Memorandum［ニクソン政権，フォード政権］
［OECD］ Organisation for Economic Co-operation and Development（経済協力開発機構）
［OMB］ Office of Management and the Budget（行政管理予算局）
［OPEC］ Organization of the Petroleum Exporting Countries（石油輸出機構）
［PD］ Policy Directive［カーター政権］
［PRC］ Policy Review Committee（政策検討委員会［カーター政権］）
［PRM］ Policy Review Memorandum［カーター政権］
［SCC］ Security Consultative Committee（日米安全保障協議委員会）
［SCC］ Special Coordination Committee（特別調整委員会［カーター政権］）

［SCG］ Security Consultative Group（日米安保運用協議会）
［SDC］ Subcommittee for Defense Cooperation（日米防衛協力小委員会）
［SDR］ Special Drawing Rights（特別引出権）
［SLOC］ Sea Lines Of Communication（海上交通路）
［SSC］ Security Subcommittee（日米安全保障高級事務レベル協議）
［STR］ Special Trade Representative（通商特別代表部）
［SRG］ Senior Review Group（上級検討グループ［ニクソン政権］）
［TCC］ Technical Coordinating Committee（技術調整委員会）
［WP 3］ Working Party Three（OECD 第三作業部会）

序章　国際社会の変容と日米関係

1　問題の所在

日本が経済大国となった七〇年代は、国際社会が様々な形で変容した時代であった。その変容に対処するため、力に翳りの見え始めた米国は、日本に政策協調への参加とそれに伴う負担の分担を求めた。日本はその要求にある時は応じ、ある時は応じなかった。またある時は米国に対し政策の修正を求め、ある時は米国がこれを受けいれた。本書はこのような模索に焦点を当て、急激にその経済力を伸ばした日本と逆に国力が揺らぎつつあった米国がいかに政策協調を試み、その結果として日本が国際社会、特に西側先進国間の関係においてどのような役割を担うに至ったのかを考える。

敗戦の後、一九五二年に主権を回復した戦後日本は、日米安全保障体制（以下、日米安保と表記）の下で米国に依存しつつ急速な復興を成し遂げた。[1]さらに六〇年代までの高度経済成長を経て日本は経済大国となり、それに応じて日米間では、二国間の摩擦に加えて日本の国際的役割が課題となり始めていた。[2]しかし日本が早くから重要視された経済問題においても、西側先進国間の協議において日本が活発に活動したとは言えなかった。[3]そして安全保障上の役割も、米国の担ってきた財政的負担の肩代わりを中心とした限定的なものにとどまっていた。

そうした日本の国際的役割が顕在化し始めるのが、七〇年代中盤から後半にかけての時期であった。自他共に認める経済大国となった日本は、戦後処理や既存の国際制度への適応といったそれまでの戦後日本外交の課題とは異質の、国際的な枠組みの維持や形成に取り組もうとしていた。[4]例えば一九七三年度の外交青書は、以下のように述べている。

わが国の経済力は近年著しく増大した。今後わが国経済の発展を確保するためにも、わが国は国際経済秩序の維持と発展のために、米、EC諸国とともに積極的な寄与を行なわなければならない。(5)

そして翌一九七四年度版は以下のように、更に明確に日本の経済大国化が意味するものを指摘している。

飛躍的に経済力を拡大したわが国は、以前のように国際環境を与件として受入れ、その中で自国の繁栄のみを追求していくという態度は最早とり得ない。なぜならば、わが国の行動自体がその経済的影響力を通じて国際環境に直接、間接に大きな影響を与えるからである。わが国は、世界、特に国際経済社会における自己の地位と責任を認識して、各国との協力を通じ国際社会における不安定要因の除去に努め、平和と繁栄を分かち合う調和ある秩序づくりに積極的に寄与している。(6)

こうして日本が経済大国としての責任を自覚するようになった頃、国際社会は様々な変化の渦中に置かれていた。(7)米国の国力低下やソ連の軍事的伸長といった従来の国際秩序の動揺から石油価格の高騰や環境保護といった新たな課題の出現、グローバル化に伴う市場の不安定化、主権国家の枠を越えた学生運動や非国家組織の台頭まで多様な変化が生じたため、七〇年代は危機の時代、グローバル化の時代等と呼ばれる。

西側先進諸国はこれらの変化に対処するべく政策協調を試みたが、その際に問題となったのが米国であった。揺らいでいたとはいえ西側陣営のリーダーである米国は、自らの負担を軽減するため、自国主導の政策協調とそれを支えるための他国の負担拡大を求めた。(8)要求を受ける側の西側先進諸国から見れば、それは自国の負担で米国主導の体制を保つことを意味する。米国の政策が国際社会の、少なくとも西側先進諸国の意向や利益に十分配慮した内容と方法を伴っていれば反発は少なかったであろう。しかし七〇年代の米国はしばしばそれらを無視するような、自国の事情を優先させた急激な政策転換を行った。そのため西側先進諸国は米国主導の下での先進国間の政策協調という総論では米国に同意したものの、どのような枠組みでどのような役割と負担を担うのかという具体論では米国に反発し、米国に政策の修正を迫ることとなる。この西側陣営内部の亀裂が顕在化したのが七〇年代後半、とりわけ米国の背負う責務には限界があることを明確にしつつそれまでとは異なる外交政策を打ち出したカーター(Jimmy Carter)政権の四年間であった。

むろん米国という超大国との関係については、西側諸国は第二次世界大戦後一貫して苦心し続けてきた。七〇年代に限らず、米国の外交政策は他国に比して「法律家的・道徳家的」な色合いが濃く、技術的な解決策の可能性を信じ、急激な政策転換も多いとされる。[9]こうした米国外交の特徴ゆえに、「特別な関係」にあるとされる英国でさえも長年米国との外交政策上の調整に多大な労力を注ぎ、米国との緊密な関係を梃子にその政策を修正させるべく腐心してきた。[10]それでも他の時期と比べると、カーター政権期を中心とする七〇年代後半は、米国の打ち出す新たな政策や従来の負担分担の見直しをめぐる西側陣営内部の摩擦の激しさという点で特筆に値するように思われる。

このような摩擦の中で、日本による自らの国際的役割の模索も順調には進まなかった。七〇年代の終わり、一九七九年五月にカーター大統領との会談に臨んだ大平正芳首相は、日米関係が以前より平等なものになってきたとするカーターの意見に同意しつつも「日本人が未だ自分の力につき十分に正確な認識をしていないきらい」があると述べている。[11]長らく経済大国としての日本の役割や日米関係の国際的役割の拡大を論じてきた大平も、自国の首都で初の先進国間首脳会議(以下、サミットと表記)を開催しようとしていたこの時点においてなお、国内での認識不足を認めていた。[12]

この評価は米国側も同様であった。大平・カーター会談の二年前、一九七七年三月の福田赳夫とカーターの間の首脳会談に向けて米国務省が作成した文書は、日本の考え方が未だ「中級国家(middle power)」のものであり、「全体の構図(grand design)を作り出すことを考えたことはないだろう」と評している。[13]

とはいえ、日本国内での認識にかかわりなく、日本は米国をはじめとする西側先進諸国から役割と負担の拡大を求められ続け、漸進的とはいえその要求に応えた。一九七一年のブレトン・ウッズ（Bretton Woods）体制崩壊をはじめとする国際秩序の動揺が続く中、新たに経済大国となった日本は比較的政策上の制約が少なく、その役割は否応なく重要なものとなり、米国の日本に対する期待も増した[14]。日本国内の認識の如何にかかわらず、対処すべき課題は安全保障や経済といった伝統的なものからエネルギー等の新たなものに至るまで、次々と日米両国の前に現れた。中でも重要だったのが、一九七七年三月の日米首脳会談の主要議題でもあった安全保障、経済、原子力という三つの分野における日米間の協力である[15]。本書では、これら三つの課題への対応を強いられた日本が米国との間でいかに協調を試み、その帰結として日本がどのような国際的役割を担うに至ったのかを検討していく。

2　研究の位置づけ

（1）七〇年代の特徴——制約の時代

七〇年代後半、特に一九七七年から一九八一年にかけてのカーター政権期に生じた安全保障、経済、原子力という三つの課題をめぐる日米政策協調を本書が取り上げるのは、関連する分野での先行研究が理由となっている。すなわち、国際関係史及び米国外交史に関する研究はこの時期に注目すべき理由を、日米関係史及び日本外交に関する研究は本書の成しうる学術上の貢献を、それぞれ示している。

まず国際関係史に関する研究は、本書が七〇年代後半という時期を取り上げる理由を示している。既に述べたような七〇年代の変化は、東西対立を中心とした「ハイ・ポリティクス」あるいは権力政治を多元化させ、相互依存の深化によって経済問題をはじめとする「ロー・ポリティクス」を政治化すると共に地球規模の新たな課題を顕在化させた[16]。このうち権力政治の多元化に関して特に注目されてきたのが、東西両陣営間の緊張緩和という意味でのデタント（Détente）である。デタントは一時的だったにせよ米ソ間の緊張を緩和し、特に欧州においては東西間の交流を増加させた[17]。西欧諸国は六〇年代から東欧諸国との関係改善を進め、一九六八年のチェコスロバキア危機の経験は東西両陣営にその軍事計画、特に核戦争に至らないような通常戦争の非現実性・不確実性を示し、両陣営間の協調を導く一因となった。また一九七五年に設置された欧州安全保障協力会議（CSCE: Conference on Security and Co-operation in Europe）も、その後の東西間の対話と交流を促す契機となり、最終的に冷戦構造の崩壊にも寄与したと評価されている。

しかしウェスタッド（Odd Arne Westad）の研究等が示すように、デタント期には米ソ両国と関係の薄い地域、特に第三世界の発展途上国においてむしろ東西間の対立は激化した[18]。超大国間のデタントに関しても、米国のニクソン（Richard M. Nixon）政権は多極化が進む中で自国の政策上の自由度を確保すべく進めようとしたという背景があり、またソ連も第三世界への進出を止めようとはしなかった。そして日本の安全保障環境から見ても、六〇年代に激しく対立した米中間の接近はあったものの、同時に日ソ関係は次第に緊張を増した[19]。日本あるいは日米関係から見た時、デタントが顕著な緊張緩和をもたらしたとは言えないであろう。

むしろ日米関係とその国際的な位置づけについて検討する本書にとって注意すべきなのは、もう一つの「ロー・ポリティクス」や新たな課題の顕在化という変化である[20]。経済問題では六〇年代からの西側先進国間の協議が活発化し、金融市場における民間資本の流動性増大という国家を越える要素がブレトン・ウッズ体制崩壊の一因となった。さらに新たな課題としては、一九七三年の第一次石油危機でエネルギー問題が、米ソ間のデタントで人権問題が、一九七一年のストックホルム会議で環境問題が、それぞれ国際政治上の課題として注目を集めた[21]。中でもエネルギー問題は六〇年代から徐々に表面化し、一九七三年の第四次中東戦争でアラブ産油国が「石油戦略」を発動して第一次石油危機が発生したことで注目を集めた。原油価格の高騰は石油輸出機構（OPEC: Organization of the Petroleum Exporting Countries）諸国に巨額の収入をもたらすことで国際収支不均衡を引き起こし、石油禁輸という脅しによってそれまで安定的に供給されてきた石油の不安定さを印象づけ、石油価格の急上昇によって原子力等の新エネルギーに光を当てた。さらに原子力はその軍事転用の可能性ゆえに論争を呼び、核不拡散上の規制と平和利用の推進をめぐって国際的な対立を引き起こした。このように重要性を増した「ロー・ポリティクス」と「ハイ・ポリティクス」の間の境目は曖昧となり、前者もまた国際社会の平和と安定に直結しうるような国際政治上の重要課題となった。

以上のような多様な変化が生じた七〇年代は、変化に対処するための一国家の政策に財政赤字をはじめとする制約が課せられた点に注目すれば、「制約の時代（age of limits）」であったと言えるであろう。この言葉は本来、主として米国の経済状況に関して、インフレーションと不況が同時に発生するスタグフレーションや失業率の悪化といった多数の経済問題が生じる中、政府の対応策は財政赤字の拡大もあって制約が大きかったことを指す。[22]ただ、それは経済問題に限った現象ではなかった。カーターは一九七七年一月の大統領就任演説において以下のように述べている。

我々は「より多く」が必ずしも「より良い」わけではないことを学んだ。我々のような大国にもはっきりとした限界があることを学んだ。全ての質問に答えることはできないし、全ての問題を解くこともできないことを学んだ。[23]

大統領退任後、回顧録においてこの部分を引用したカーターは「ある意味で限界との闘いが、この後やってくる四年間を通じての潜在的な課題」であったと書いた。[24]またカーターは在任中の一九七九年七月にも、エネルギー問題に関して演説を行った際、問題を解決する能力や政府をはじめとする組織への信用が失われたと述べている。[25]「沈滞の演説（malaise speech）」「信用の危機の演説（crisis of confidence speech）」等と呼ばれたこの演説は、一九七〇年代後半の米国が抱えていた政策の限界、あるいは政府の限界という問題をよく表していると言えよう。

そしてこの種の制約が米国に限った現象ではなかったために、七〇年代後半には西側先進国間で政策協調が盛んに試みられるようになった。政策協調は経済問題に関する研究で用いられることの多い用語であり、一国家の政策が他国のそれに与える悪影響を減らし、良い影響が大きくなるように政策を実行すると定義される[26]。その代表例が一九七五年に開始されたサミットである[27]。日本を含めた西側先進国六カ国（後にカナダを加え七カ国、冷戦後にロシアを加え八カ国）が参加するサミットは、石油危機後の国際経済問題を協議する場として発足したものの、当初から南欧における共産主義の伸長を意識しており、後には核軍縮等の様々な問題について議論するようになった。かつてOECD（Organization for Economic Co-operation and Development）がそうであったようにサミットの中心はあくまで米英仏独という大西洋の国々であったが、日本はその経済力や米欧との経済摩擦ゆえに、サミットでの政策協調に重要な役割を果たすこととなる[28]。

政策協調の試みは安全保障にも見られた[29]。サイゴン陥落やソ連の第三世界への進出等によって米国内で危機感が高まった一九七五年以降、安全保障上の責任分担（burden sharing）をめぐる同盟国間の協調が盛んに議論された。日米間でも、米中接近、米ドル兌換停止、大豆禁輸という三つの「ニクソン・ショック」の後、地域の安定にとって日米安保が重要になるという認識の下、その経済力に見合った防衛努力・防衛協力が模索されることとなった。

このように一九七五年頃を境に、西側先進諸国は一国単位での政策が制約される中で国際問題に対応するための政策協調を本格化させた。その中で新たに経済大国となった日本は、多元化によって米ソ対立の構図が揺らいだ「ハイ・ポリティクス」から相互依存の影響を受けて重要性を増した「ロー・ポリティクス」まで、様々な課題において従来以上に国際政治に関与することを求められた。そうした時期の日米関係を取り上げることで、本書が目的とする対米関係を通じた日本の国際的役割の拡大の経緯を明らかにすることができよう。

（2）カーター政権期の特徴――米国政府内外の摩擦

次に米国外交史、特にカーター政権に関する研究は、七〇年代後半の中でも一九七七年から一九八一年にかけての米カーター政権期を本書で重点的に取り上げる理由となっている。カーター政権の外交政策は、それまでのキッシンジャー（Henry A. Kissinger）国家安全保障問題担当大統領補佐官・国務長官による外交への批判や大統領個人の信念に影響され、民主主義や自由といった米国的な価値観に基づくものとなった[30]。そのため大統領の関心が強い分野では過去の政策との断絶が大きく、米連邦議会や同盟国との摩擦を招いたとされる。それに加えて分野を問わず摩擦を激化させたのが、カーター政権の対外政策決定過程に見られた機能不全であった。

カーター政権での政策決定過程は、六〇年代以来の国家安全保障会議（NSC: National Security Council）の権限拡大を止め、国務省に権限を戻したと評されることがあるが、構造としてはNSCを中心とするニクソン及びフォード（Gerald Ford）政権期のそれと大差ない[31]。すなわちニクソン政権での、NSSM（National Security Study Memorandum）で指定された課題が分野毎に編成された省庁間グループ（IG: Interdepartmental Group）で検討され、結果を上級検討グループ（SRG: Senior Review Group）等の上部組織が検討し、承認された場合はNSCでの協議と大統領の承認を経てNSDM（National Security Decision Memorandum）として正式決定されるという方式と基本的には同じであった[32]。カーター政権期の特徴は、NSSMからPRM（Policy Review Memorandum）へ、NSDMからPD（Policy Directive）への名称の変更を除けば、その規模が縮小された点に限られる。すなわち大統領府の下にあった多数の委員会は、いずれか一つの省庁が担当する問題を扱う政策検討委員会（PRC: Policy Review Committee）と、複数の省庁が関わる軍備管理、インテリジェンス、危機管理等を扱う特別調整委員会（SCC: Special Coordination Committee）の二つに集約され、スタッフの数もNSC全体で二五人と当初は小規模であった[33]。

問題は、カーター自身の好みもあって、こうした仕組みが機能不全を起こしたことにあった。潜水艦用の原子炉を担当する技術者として米海軍に勤務した経験を持つカーターは、政策全体を俯瞰するよりも、むしろ技術者的にそれぞれの問題に別個に対処しようとした[34]。しかも人に決定を任せることを好まず、問題の技術的な面まで把握した上で自ら決定を下すことを好み、補佐官や各種の協議体を自分から等距離に置いてそれぞれの意見を自らの下に集約する「ハブ・アンド・スポーク」システムをとろうとした。

この仕組みは各協議体の間の役割分担や主導権をめぐる対立を招き、結果として大統領就任前からカーターに外交政策上の助言をしてきたブレジンスキー（Zbigniew Brzezinski）国家安全保障問題担当大統領補佐官が外交政策全体を統括する形となった[35]。ＮＳＣの協議課題選定や大統領への協議結果の報告を一手に握るブレジンスキーに対し、国務省の地位回復をカーターから約束されていたヴァンス（Cyrus Vance）国務長官は反発した。政権後半期になるとブレジンスキー、ヴァンス、ブラウン（Harold Brown）国防長官、モンデール（Walter Mondale）副大統領の四者による朝食会や、モンデール以外の三者による昼食会であるＶＢＢ会合といった非公式協議の場が設けられたものの、ブレジンスキーとヴァンスの間では政策の内容と決定過程の双方をめぐる対立が続くこととなった。

加えてカーターにも、またカーターがジョージア州知事だった時代からの彼のスタッフにも、首都ワシントンＤＣでの政治経験は乏しかった[36]。このためカーター政権は政権内部や米連邦議会との調整、同盟国との事前協議が不足したままに政策を打ち出し、反発を受けて方針を修正し、結果として米国の対外政策の一貫性の無さを印象づけ、同盟国からの「信頼性（credibility）」の低さというベトナム戦争以来の問題を悪化させた[37]。

このように政策決定過程に問題を抱えるカーター政権下で西側陣営内部の摩擦は更に激化した。その摩擦に対処するため、日米両国を含めた西側先進国間では政策協調をめぐる協議が活発化し、その中で日米二国間の摩擦と協調が国際的にも重要な意味を持った。そうした時期を検討の中心に据えることで、本書の検討課題である日米間の政策協調の国際的意味をより明確に考察することができよう。

（3）三つの課題と日米関係史研究への貢献

本書が以上のような特徴を持つ七〇年代後半の日米関係の中でも安全保障、経済、原子力という三つの課題を取り上げるのは、これによって七〇年代の日米関係に関する研究に新たな貢献を成しうるためである。

すなわち以下で検討する先行研究によれば、七〇年代には日米間で数多くの摩擦が生じ、それに対処するための協調が模索され、日米関係の調整が国際的観点からなされるようになった。しかしその詳細についての実証的な研究は未だ不十分であり、この時期の日米関係に対する評価は二つの点で再検討を行う必要がある。

第一に日米間の摩擦と協調の構図である。例えば添谷とエルドリッヂは、七〇年代に日米関係が「危機を迎え、乗り越え、学び、結果としてより成熟した「同盟関係」へと発展」し、日米間の問題が国際的な影響を考慮した幅広い視野から解決されるようになった、と肯定的に評価する。[38] 他方で中西はそうした変化が「外圧の前にやむなしとするような内向きな、国内摩擦を避けるということが対外的なイニシアティブより重視された」と指摘し、パイル（Kenneth B. Pyle）も「新たに得た経済力の政治的帰結には対処しえなかった」ために、米国が日本への不満を強めたと評価する。[39] このように見解が分かれるのは、概ね安全保障面での協力と経済面での摩擦が続いたという評価が根底にあり、この二つの傾向、あるいは二つの分野のいずれに注目するかの違いであるように思われる。しかしこれらの研究も触れているように、安全保障面での摩擦や経済面での協力がなかったわけではない。安全保障における協調と経済における摩擦という整理は、七〇年代の日米関係の把握の仕方として適当とは言えないであろう。この点を踏まえて本書では、七〇年代の日米関係について指摘される日米間の協調と摩擦をどのように整理すればよいのかという問題を検討するため、安全保障と経済という二つの分野を取り上げる。

第二に日米関係の国際的位置づけにも検討の余地がある。通史的には、七〇年代は「日本が国際秩序形成に明示的に参画する中で、日米摩擦もグローバルな視点から処理」されるようになったと指摘される。[40] こうした傾向は高度経済成長期の六〇年代から存在していたものの、日本国内で経済大国としての国際的役割に関する議論が始まり、かつ日本が経済大国としての責任を果たすことを求められるようになるのは、国際環境が変動し始める七〇年代になってからのことであった。[41] この例として挙げられるのが世界経済における日本の役割であり、具体的には米ドル兌換停止後に活発化した西側先進諸国間の貿易交渉や経済政策協調における日本の役割である。[42] それはエネルギー問題等の経済以外の課題においても、日米欧三極間の協調の例として七〇年代に注目を集めた。[43]

本書もこうした見方に異を唱えるものではないが、より広い視点から捉えられるようになった日米間の協調と摩擦が、日米関係を越えて国際的にどのような影響を及ぼしてきたのかは十分検討されていない。[44] この点についてより詳細に検討するため、本書では日米関係にとって重要な安全保障及び経済の両分野における日本の国際的役割を検討するだけでなく、日米関係が特に大きな国際的役割を担い得た原子力問題にも注目する。

原子力平和利用と核不拡散に関する問題は、本節第一項で論じた多元化する「ハイ・ポリティクス」と政治化する「ロー・ポリティクス」の二つの性格を併せ持つ問題である。そのため日本は、世界有数の経済力を背景に、核不拡散と原子力平和利用をいかに両立させるかという安全保障問題に深く関与することが可能であった。しかも従来から米欧間で協議されてきたために既にある程度の協調の仕組みが存在し、その中での日本の負担の大小が問題となった安全保障問題や経済問題とは異なり、原子力問題は米国の政策転換を受けた政策協調の再構築が課題であった。それゆえ新たに先進国間の協調に参加した日本も米国の原子力・核不拡散政策に関与し、それを通じて原子力平和利用と核不拡散をめぐる世界大の関係にも影響を及ぼす可能性すらあった。このように日本がグローバルな性質を持つ問題に関与しやすい例を取り上げることで、日米関係が国際的にどのような意味を持ちえたのかを更に検討することができよう。

当然ながら、以上三つの課題が七〇年代後半の日米関係の全てではない。例えば経済摩擦に関しては、広く報道されたのはむしろ農産物や鉄鋼といった個別の産業をめぐる日米交渉であった[45]。ただ、これらは日米両国の利益団体にとっては重要でも、日米関係に直接影響を及ぼし得た例とは言えないであろう。またこの時期には、東南アジア外交をはじめとした地域的枠組みへの取り組みや対外援助の増大も見られたものの、これらは既に研究が進んでいる[46]。また日本や日米関係の国際的役割という本書の検討課題に直接影響を及ぼしたとも言えないであろう。本書では日米関係にとっても日米両国を含めた西側先進諸国にとっても重要だった三つの課題を検討することで、日本の役割がいかに拡大したのかを考察する。

（4）日本外交をめぐる議論への貢献

以上の理由から七〇年代後半の三つの課題をめぐる日米政策協調の試みを検討する本書は、日本外交をめぐる議論にも寄与しうる。特に関係するのが、日本外交の戦略性と米国からの「外圧」という二つの議論である。

第一に日本外交の戦略性の有無をめぐる論争は、特に日米関係の文脈において、日本がただ米国に従属するのではなく自国の利益を意識して外交政策を展開してきたかどうかが問われてきた[47]。この問いについて諸外国の論者は、日本の外交政策が経済的利益や国内産業の保護育成等も含んだ広い意味での国益を守ることを目標とするという意味で現実主義的な性格を持っていたと指摘することが多い。カルダー（Kent E. Calder）は日本が常に外的環境の変化に対応して行動してきたと指摘しているが、パイルやリンド（Jennifer Lind）をはじめとする大半の研究者は、こうした受動的な姿勢も自らの利益の擁護のためであり、時には国際協調よりも国内政策を優先してきたと主張する。

一方日本国内では、日本外交に戦略があったのかどうか疑問視する研究と、吉田茂首相のとった外交方針が後の日本外交を規定する戦略となったと見る研究の双方が存在し、さらに後者では日本外交への評価が二分されている[48]。すなわち日本が「軽武装、経済中心、日米安保」ないし「戦後憲法、日米安保条約」という「吉田路線」「吉田ドクトリン」を踏襲することで経済的発展を遂げたとする肯定的な評価と、そうした路線の下で日本は「対米依存」「対米従属」を続けてきたという否定的な評価である[49]。

ただ、前者の研究が指摘するように、「路線」「ドクトリン」と呼べるほど日本外交に一貫した特徴が見られるのかどうかは定かでない。戦略あるいはドクトリンと呼ぶには、達成すべき目的と達成するための手段の規定や、その目的の間の優先順位付けが必要なように思われる[50]。この点を「吉田路線」「吉田ドクトリン」論に見出すとすれば、敗戦後の政治的・経済的制約の下で独力による安全保障の確保ではなく経済の発展を優先するということになろう。しかし敗戦後の日本への制約は、七〇年代に入って縮小したように見える。この時期の日本では防衛費の負担が経済発展を圧迫するということが考えづらくなり、国内政治上の制約も第一章で論じる安全保障問題の非政治化に伴って減少したためである。

こうした変化について添谷は、七〇年代に日米安保が国際的意味を持ったことで、憲法第九条と日米安保の二つを軸とした吉田路線の意味が問われるようになったと指摘する[51]。しかし具体的に吉田路線がどのような意味を持っていたのかについては、依然として十分な研究がなされていない。日本が対米協調を通じて自らの国際的役割をいかに拡大したのかを検討する本書では、この点についても検討することができよう。

第二に米国の日本に対する「外圧」をめぐっては、米国の意向が「ジュニア・パートナー」たる日本の外交政策に強い影響を与えるとされ、主に経済問題における米国の「外圧」の定義やそれが有効に機能しうる場合の条件、望ましい圧力の形、それに対する反応等が検討されてきた[52]。これらの研究が一致して指摘するのは、「外圧」が巷間言われているほど万能ではないということである。例えばショッパ（Leonard J. Schoppa）は「外圧」が成功するための条件として、日本国内に意見の不一致があり、かつ当事者の中に米国の主張に賛成する者がいる等の条件を指摘している[53]。

確かに牛肉・オレンジや鉄鋼、自動車、NTT、スーパーコンピューターといった個別産品をめぐる交渉から包括的な検討を行った市場志向型分野別（MOSS: Market Oriented Sector Selective）協議や日米構造協議に至るまでの様々な交渉の経緯は、こうした見解を裏付けている[54]。ただ、これらの研究は「外圧」の有効性といった日本側の変化や対応を検討することが多い。「外圧」の有効性やその実情については、圧力をかける米国についても検討する必要があるように思われる。

以上二つの議論を念頭に、本書では七〇年代後半の日米関係において「吉田路線」や「外圧」がどのような意味を持っていたのかを改めて検討する。

3　研究の枠組み――考察の範囲と限界

以上の課題について考察するにあたって、本書が注目するのは日米両国の行政府である。研究対象が国際課題に対する日米両国の対応のその帰結である以上、国際環境は検討の対象から外すことはできない。ただ日本は、本書で検討する七〇年代から八〇年代にかけて盛んに議論された覇権循環論が示すように米国に挑戦したわけでもなく、また覇権衰退後の国際協調をめぐる議論が示すように国際協調に積極的な姿勢を取り続けたわけでもなかった[55]。その意味で、国際環境要因だけでは日本の対応を説明する上で十分ではないと言えよう。このため本書では、日米両国政府がどう政策協調を試みたのか、その結果として日本がどのような役割を引き受けることになったのかに焦点を当てる。これは具体的には、外交を担当する日本外務省、米国国務省だけでなく、日本側では防衛庁、大蔵省、通商産業省（以下、通産省と表記）、科学技術庁（以下、科技庁と表記）等が、米国側では国防総省、財務省、通商特別代表部（STR: Special Trade Representative）、エネルギー省等に焦点を当てることになる。

関係省庁以外にも、日米関係に影響を及ぼしうる要因はいくつか考えられる。例えば経済問題に関しては、日本銀行及び連邦準備制度理事会（FRB: Board of Governors of the Federal Reserve System）がある。ただし、本書ではこれら両国の通貨当局については詳細な検討は行わない。これは日米両国、特に日本において、第二次世界大戦後から九〇年代にかけて通貨当局の政府に対する独立性が比較的弱かったという事情がある。[56] 経済成長や雇用対策を重視する政府と物価安定や財政赤字の回避を目指す通貨当局という対立構図は指摘されるものの、これは通貨当局による政府の景気刺激策への牽制という意味での影響を意味しており、本書が検討対象とする景気刺激策の中身や規模に直接的に影響を与えたわけではないように思われる。

次に本書の検討課題全体に共通するものとしては以下の三つがある。

第一に、各省庁の大臣を含めた政治レベルである。この時期日本では、一九七六年一二月に首相の座についた福田が「全方位外交」を唱え、二年後にその後を襲った大平が「西側の一員」を打ち出した。[57] また米国でも一九七七年一月に大統領となったカーターが、人権や軍備管理といった冷戦下の対立とは異なる外交課題を掲げた。[58] しかし同時に日本の政治指導者は、ロッキード事件や福田と大平の間の対立をはじめとした自民党内の派閥抗争を抱えていた。カーターも中央政界に対する嫌悪感の中で当選した「アウトサイダー」として、民主党の大統領でありながら民主党主導の議会との対立を抱えていた。そうした中で、「事務方同盟」とも呼ばれる日米関係の、それも本書で取り上げるような専門的・技術的な面も含んだ外交課題で指導力を発揮する場面は限られていたと考えられる。[59]

第二に、国内世論については、その外交への影響をめぐって先行研究の意見は割れている。モーゲンソー（Hans J. Morgenthau）ら現実主義者は世論が外交に悪影響を及ぼす可能性や実際の影響力の小ささを論じるが、リベラリズムの立場からは世論がエリートの極端な考え方を制限し結果として世論の指向する方向へ政策が変化するといった反論がある。[60]ただ、双方とも世論が能動的に外交の方向性を決定しているわけではないという見方では共通している他、カーター政権期に限って言えば影響は小さかったとされる。また日本側でも、反米的・反軍的な世論が交渉を制約するといった間接的な影響が目立っている。[61]

これは第三の議会も同様である。米国議会については、七〇年代にはベトナム戦争やウォーターゲート事件の影響で行政府への不信が高まるとともに議会内部での若手議員の台頭が進み、行政府の進める外交政策に対しても議会が批判的な目を向けるようになった。[62]特に日本は、貿易収支不均衡の拡大や防衛費増額をめぐって「ただ乗り」批判、「鎖国」批判の対象となった。[63]ただ、議会が外交政策に直接影響を及ぼしうるような予算や条約の承認、あるいは政策決定過程の変更といった機会は、本書が取り上げる問題にはほとんどない。外交への関与の少なさは日本側で更に顕著であり、特に七〇年代に入ると安全保障問題への政治的注目度は大きく減少し、国会論戦に占める防衛問題の割合も減少している。[64]

これらを踏まえて本書では、史料から行政府の側が意識していたことが分かる場合にこれらの要素を検討する。具体的には日本国内の反軍的な世論が防衛協力に及ぼした影響、日米両国での相手国に対する感情の悪化が経済摩擦に及ぼした影響、原子力問題をめぐる米国連邦議会の立法活動が原子力交渉に及ぼした影響等を取り上げることとなろう。

最後に、七〇年代後半の日米関係を検討する本書には史料上の限界があることに留意されたい。まず何より、七〇年代後半からは三〇年を経たばかりということもあり、公刊史料は日米ともに数少ない。このため日本側については情報公開請求によって取得した文書と国立公文書館、外務省外交史料館の所蔵史料や各種の私文書を、米国側については国立公文書館や各大統領図書館等の所蔵史料を利用している。

またこのうち情報公開請求によって得られた日本側の文書は、具体的な請求テーマに関連する文書のみが開示されているためその文脈が不明な場合が少なくない。そのため文書の作成された背景や作成者、その後の文書の扱われ方が分かりにくいという問題がある。この点を考慮して本書では、当時の文脈が判別し難い開示文書については、交渉過程を追うというより当時の交渉方針や公的な発言といった他の史料を解釈するための補助的な材料として使用している。

これに対して米国側の史料は、七〇年代以前と比べれば劣るとはいえ、日本側と比較すれば質量共に充実しており、それを作成した米国側の見方に分析が偏る恐れがある。このため日本側の見解については、特に意識して在日米国大使館の報告やインタビュー、オーラル・ヒストリー、当時の関係者による証言を掲載した雑誌記事等を利用する。むろんこれらの史料には発言者のバイアスがかかり、日本側の意図を推測するには限界がある。(65) 本書では複数の関係者の発言や新聞記事等を相互につき合わせて検証することで日本側の意図を推測し、できる限り日米双方の視点を踏まえた分析となるよう努めたい。

第Ⅰ部　西側同盟への参加

環太平洋合同演習「リムパック80」
（1980年３月14日，ハワイ・オアフ島沖）（時事）

日本が負担する、あるいはするべき安全保障上の責任は、戦後の日米関係において常に問題となってきた。憲法第九条によって全ての軍事力を放棄するとした日本も、冷戦が激化する中で日米安保のみに依存するわけにはいかず、憲法第九条や反軍的な世論、財政的な制約といった日本側の国内事情が許す範囲内で相応の負担を米国から求め続けられてきた(1)。しかし七〇年代に入ると米国の日本に対する不満が増大し、日本への責任分担要求も次第に拡大していくこととなる。

それに伴って日本は対米防衛協力を徐々に具体化させ、特に一九七四年一二月の坂田道太防衛庁長官の就任以降は画期的な決定が次々となされた(2)。特に一九七八年に策定された「日米防衛協力のための指針」（以下、防衛協力の指針と表記）は、制服組の間で行われてきた共同作戦計画の立案作業を公式に認め、米ソ間の軍事バランスの変化に対応して新冷戦を先取りする形となった。またこれに伴い、日米間の安全保障協議の場や軍事協力の機会が増え、制服組を含めた日米両政府間の関係の制度化が進み、協力がより緊密化していたとも指摘される(3)。一連の協力具体化への評価は高く、日本は海上交通路（SLOC: Sea Lines Of Communication）防護や極東ソ連軍の太平洋への進出阻止に貢献し、ソ連に対する「グローバルな抑止という戦略的な役割」を果たすことが可能になったとも言われる(4)。ただ、序章でも指摘したように、こうした協力の一方で七〇年代末からは防衛費等をめぐる日米間の防衛摩擦も激化した。協力や制度化の進展と摩擦の激化の間にどのような関係があったのかについては、なお検討する余地があると言えよう。

これに加えて、七〇年代に日米防衛協力がなぜ進み、またなぜ時に停滞したのかについても再検討する必要があろう。この点については上記の研究に加え、同盟論の研究が様々な答えを示している。例えば社会構成主義的な研究は、日本の安全保障政策には硬直性と柔軟性が混在しており、軍事安全保障に関する国内での合意の有無や関連企業の利潤追求、政府の技術的自立性追求といった規範と利益の組み合わせによって説明可能であるとする(5)。米国の圧倒的な優位に同盟国がどう対処したのかについての研究も盛んに行われており、日本については国内政治上の制約を理由に意図的かつ戦略的に日米安保に「ただ乗り」していると指摘される(6)。また同盟国間の責任分担についての比較研究は、日米安保には触れてはいないものの、国力の大小、脅威の深刻さ、同盟への依存度という三つの外在的要因と、社会に対する国家の自立度、官僚政治、過去の経験という三つの内在的要因を挙げ、同盟への依存度が最も説明能力が高いとする。(7)

なかでも日米安全保障関係に関してしばしば引用されるのが、「同盟のディレンマ」に関する議論である。(8) これは同盟への関与を強めると同盟相手国の始めた本来無関係な戦争に巻き込まれる(entrapment)不安が高まり、逆に関与を縮小すると見捨てられる(abandonment)不安が高まると指摘する。土山はこの概念を七〇年代の日米安全保障関係に当てはめ、それまで巻き込まれる危険を懸念していた日本が七〇年代になって見捨てられる不安を抱くようになり、対米防衛協力に積極的となったと示唆している。

これらの説明はいずれも日本が防衛協力を進める動機を説明しうるであろうが、逆に言えばこれだけ防衛協力を進める要因があったにもかかわらず米国側には一定の不満が残り、日米間の摩擦も再燃した理由までは説明していないように思われる。この点を念頭に、第I部ではカーター政権期だけでなく日米防衛協力の具体化が始まった七〇年代中盤から摩擦が激化する七〇年代末までを検討対象とし、協力と摩擦の双方の要因を検討したい。

具体的には、まず第一章では日米防衛協力が具体化する前の七〇年代前半の日本の安全保障環境と、その変化への日米両国の対応を概観する。第二章では環境の変化に日米両国が本格的に対応し始め、防衛協力の具体化を模索し始めた経緯を日本の安全保障政策の変化を中心に検討する。第三章ではこうした具体化の意味を主に米国の海軍戦略(Navy Strategy)の変遷から検討するとともに、一九七八年の防衛協力の指針の策定、その後の協力の進展、そして協力の遅延を検討することで、カーター政権下での協力と摩擦の双方に焦点を当てる。(9) 最後に結語においてこれらの検討を基に、七〇年代後半には日米間の実務レベルでの協力が進む一方でなぜ摩擦が残り続けたのかについて考察する。

第一章　安全保障環境の変容

1　日本内外の安全保障環境

(1) 二重のデタント

七〇年代の日本の安全保障環境についてしばしば指摘されるのは、一九七一年の米中接近と翌一九七二年の日中国交正常化という「二重のデタント」である。米中接近は六〇年代からの米中対立を終わらせ、日本に「ショック」を与えつつも日中国交正常化への動きを加速させた。[1] ただ、それによって日本周辺の安全保障環境が好転したとは言えなかった。当時は依然として、中国の軍事力が日本にとって差し迫った軍事的脅威とは言えなかったためである。

加えて米中関係の好転と日中国交正常化はソ連を刺激し、ソ連と日米中三カ国の間の対立を激化させた。[2] 七〇年代初頭に日ソ両国が模索したシベリアでの天然ガス開発等も頓挫し、七〇年代中盤になるとソ連は日本を米欧と並ぶ軍事的脅威と見なすようになった。特に日中国交正常化の際の反覇権条項問題については、日本側もソ連を想定したものととられて日ソ関係を悪化させるのではないかと懸念していた。[3] 一方でソ連との対立が続く中国側はこの条項を強く要求し、日本は「特定の第三国を指すものではない」という但し書きをつけることには成功したものの、ソ連側はこれを自国に対するものと受け取った。こうして米中接近は米ソ両大国間の対立の一部としての日ソ対立を加速させ、日本は米国の軍事力が縮小する中でソ連と対峙することとなった。

また日中国交正常化交渉や対ソ関係の悪化は、日本国内の安全保障論議にも影響を及ぼした。まず中国がそれま

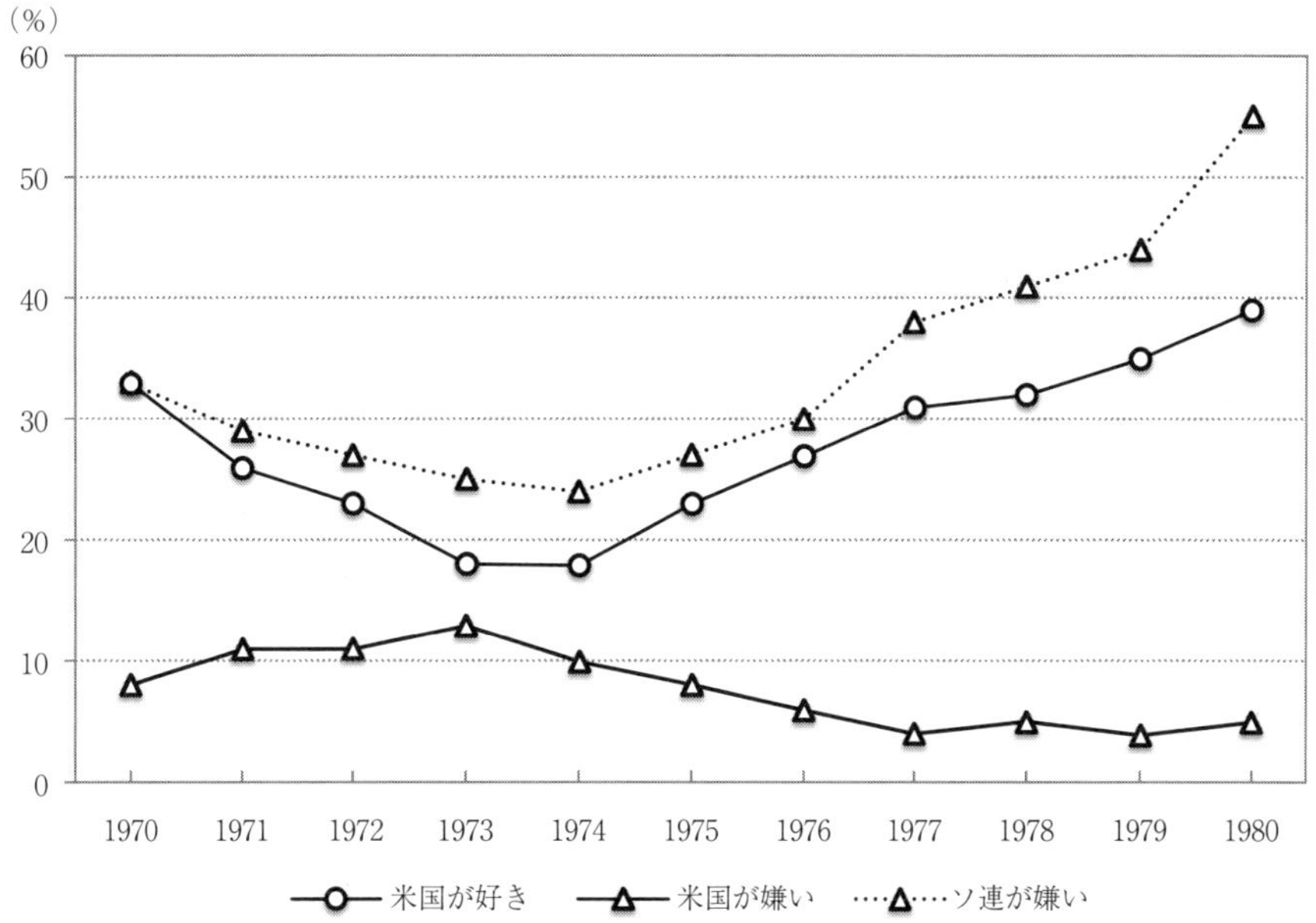

図1-1　米ソ両国に対する日本国内の感情

出所：NHK 放送世論調査所編『図説戦後世論史　第2版』177, 183頁より抜粋。
※「米国が好き」「米国が嫌い」は米国のイメージを聞いた調査,「ソ連が嫌い」は嫌いな国を聞いた調査による（いずれも時事通信社が実施）。

での「日本軍国主義」批判を止め、ソ連との対決を意識して日米防衛協力を容認したため、反米や中立を唱えてきた社会党等が打撃を受けた[4]。中国側の変化は日本に対する警戒感が消えたことを意味しておらず、地域の覇権を求め軍事的に膨張する可能性のある日本を抑えるためには日米安保や在日米軍の存在もやむをえないと見ていたという[5]。

一方日本国内では、中国の日米安保容認にベトナム戦争の終焉や沖縄返還、在日米軍基地の縮小、ソ連との関係悪化等が重なったことで、七〇年代前半になると日本国内の反米感情は減少に転じ、逆にソ連への感情は同じ頃から急速に悪化した（図1-1）[6]。これは関係する問題をテーマとした他の世論調査でも同様であった。日米安全保障条約についても一九七〇年前後には賛否両論であったのが次第に維持・賛成が多数を占めるようになり、日本の外交方針についても自由陣営支持との意見が一九七四年を境にして中立支持との差を急速に広げている。国会における防衛論議もこの変化と軌を一にして、それまでの日米安全保障関係自体の是非をめぐる議論から、防衛費をいかに抑制するかという具体的な議論へと変化した。

（2）米国の撤退とソ連の軍拡

こうしたソ連との対立を加速させたのが、米国の軍事プレゼンス縮小とソ連の軍事プレゼンス拡大であった。一九六四年以降のベトナム戦争への本格介入によってアジア太平洋に大規模な戦力を展開させていた米国は、「名誉ある撤退」を掲げて当選したニクソン政権の下でその大部分を撤退させ、「ニクソン・ドクトリン」の下で通常戦力に関しては同盟国に自助努力を求める方針をとった。[7] このドクトリンにおいて、米国は西欧に対するソ連の侵攻、アジア諸国に対する中国の侵攻、そしてその他の小規模紛争に同時対処する能力を維持するとされた。中ソ対立の激化を考慮して中ソ同時侵攻を想定から外したことで必要な軍事力は減少し、国防費は一九七〇年から一九七四年にかけて半減し、日本周辺からインド洋までを担当する太平洋軍の戦力も大幅に削減された。その後同盟国からの反発を受けて米国は方針を修正するものの、米海軍はベトナム戦争で予算も艦艇も消耗しており、それを補うはずの新造艦艇の配備も遅々として進まなかった。[8] この時期、攻撃型原子力潜水艦や比較的小型のフリゲートは順調に配備が進んだものの、大型水上艦艇は原子力巡洋艦二隻が配備されたのみであった（図1-2）。

それはブレジネフ（Leonid Brezhnev）共産党書記長の下でのソ連の軍事プレゼンス拡大とは対照的であった。[9] ソ連は当時、一九六九年のダマンスキー島（珍宝島）事件に代表される中ソ国境紛争を抱えており、中国国境沿いの極東軍管区の地上軍を大幅に増強していた。この地上軍の軍拡は一九七一年以降減速するものの、日本にとって脅威となる海軍の拡大はその後も続けられた。一九五六年から一九八五年までソ連海軍を率いたゴルシコフ（Sergey Gorshkov）海軍元帥の下で海軍は拡大を続け、従来よりも大型の艦艇が次々と竣工し、その大半がそれまで重視されていた北方艦隊や黒海艦隊ではなく太平洋艦隊に配備された。

またソ連海軍は七〇年代になると外洋での活動も積極的に進め、外洋海軍（blue-water navy）へと脱皮しようと

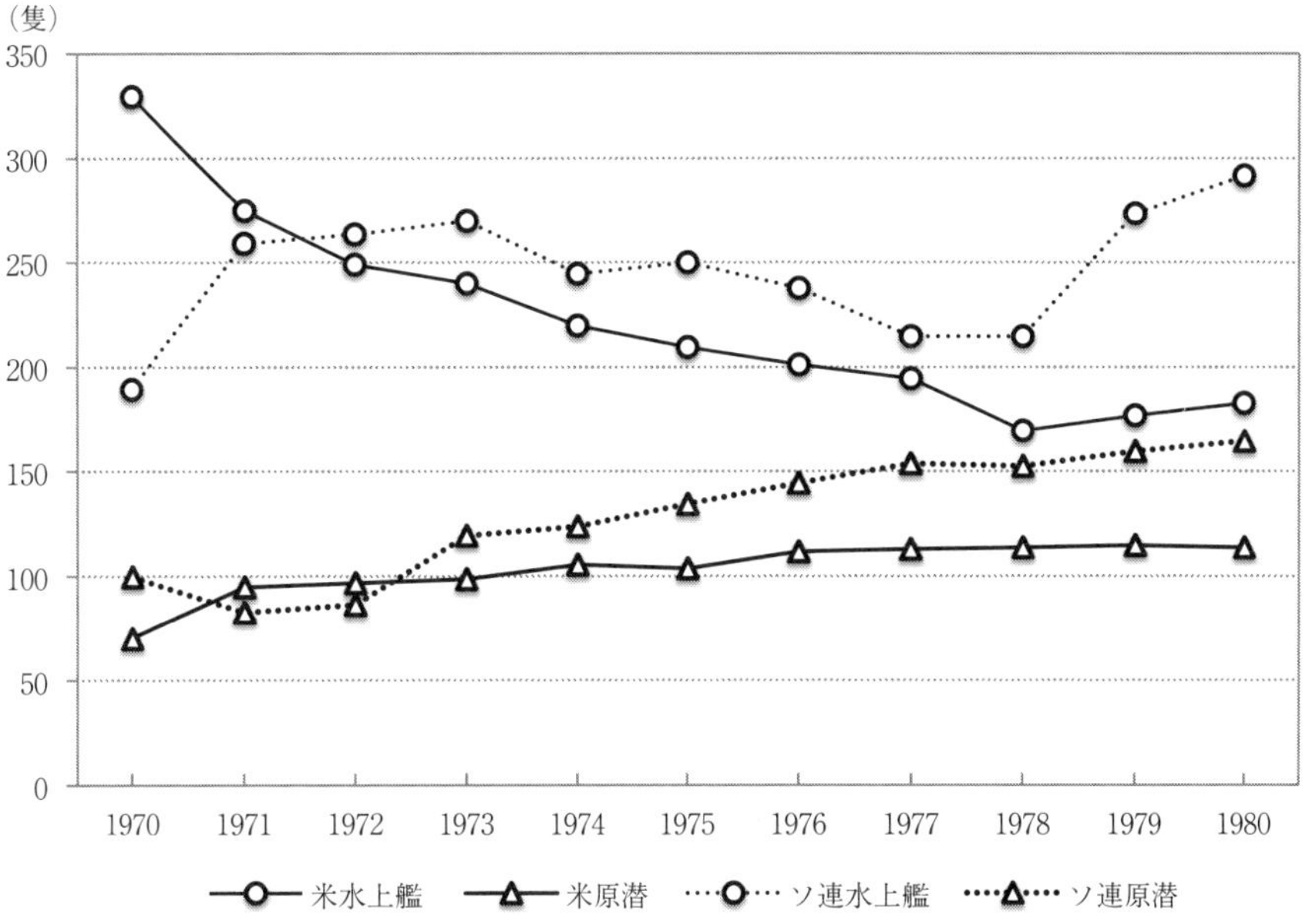

図1－2　米ソ両国の主要艦艇数

出所：*Jane's Fighting Ships* 各号を基に執筆者作成。

していた[10]。それを端的に示したのが、一九七〇年六月に行われたソ連海軍の大規模演習「オケアン（Okean）」である。同演習では大西洋と太平洋の双方で対潜作戦、対空母作戦、上陸戦等の演習が行われ、ソ連海軍が地球規模で作戦を行いうることを示した。さらに五年後の一九七五年四月にも同名の演習が実施され、北海、バルト海、地中海、大西洋、インド洋、太平洋と演習海域を更に拡大し、アデン湾やソマリア等にあるインド洋沿岸の海軍航空基地も使用され、水上艦艇約二二〇隻が参加した。この他にも一九七三年の第四次中東戦争の際には、ソ連海軍は東地中海に米海軍を上回る規模の艦隊を展開し、七〇年代前半にアフリカに次々と誕生した親ソ政権はソ連海軍に施設を提供し、南西アジアでは親米政権が崩壊し、太平洋ではソ連と同じく対中関係が悪化したベトナムとの関係を強化した。

　こうした活動拡大の目的としては、東側陣営の防衛といった純粋に軍事的なものだけでなく、国外の民族解放闘争を支援し共産主義の拡大をはかるといった政治的なものも指摘される[11]。当時の発言を見ても、例えばブレジネフは世界中の民族解放運動への支援に言及し、ゴルシコフは海軍が平時には示威行動等によって政治的道具となると述べており、米欧ではそれに対する警戒感が拡がりつつあった。

2　日米防衛協力の模索と停滞

（1）日本側の消極姿勢

これらの変化のうち、日本がまず危機感を抱いたのは米国の軍事プレゼンス削減であった。この頃、日米間には閣僚級の日米安全保障協議委員会（SCC: Security Consultative Committee）、次官級の日米安全保障高級事務レベル協議（SSC: Security Subcommittee）、実務者間の日米安保運用協議会（SCG: Security Consultative Group）の三つが設置され、安全保障協議のメカニズムは各レベルで整備されており、日本側は各協議で懸念を示した。[12]

しかし同時に日本側は、日米安保を支え、米国の軍事プレゼンス削減に対処するための負担の分担に消極的であった。例えばニクソン・ドクトリン後のアジアにおける安全保障政策が議論された一九七三年七月の第四回SCGでは、日本側はアジアにおいて米軍事プレゼンス縮小に対する懸念があると指摘し、久保卓也防衛施設庁長官は米国が今後も軍事的な関与を続ける証拠として「人目につきやすいような米国の軍事力（certain US forces of high visibility）」が必要だと述べた。[13] これに対しパースレイ（Robert E. Pursley）在日米軍司令官は、米国側もそうした懸念を理解しているとしつつ、米軍事プレゼンス継続のために日本はメディアにアピールするよりも支援策を示すべきだと述べている。

そうした支援策に日本側はまだ消極的であった。同年一〇月に行われた協議でも、国防予算削減や米議会の不満を挙げて早期警戒能力や対潜能力の向上を求めるシュースミス（Thomas P. Shoesmith）在日米国大使館首席公使に日本側は回答を避けた。東郷文彦外務事務次官らは、今後四年間の装備調達計画を定めた第四次防衛力整備計画（以下、四次防と表記）がすでに決定されていること、次の防衛力整備計画に関する議論が専門家の間で行われている事等を理由に挙げている。[14] 米国側もそれ以上は追求せず、協議後に在日米国大使館は本国に対し、日本の「ただ乗り」是正と軍事上の互換性（compatibility）のための調達の必要性が高まっている事を日本政府に印象づけるのがせいぜいであろうと報告している。つまり米国の軍事プレゼンス低下という問題は双方共に認識していたものの、その問題への対処方法では乖離しているというのが七〇年代前半の状態であった。

（2）米国政府内部の対立

日本側の防衛努力に不満を抱く米国政府ではあったが、七〇年代前半には、その差を埋めるために従来の防衛努力要求を繰り返す以上のことはしなかった。デタントが続く中でソ連との表立った対立は避けたいという主張もあり、対日政策についても日本の国内事情への配慮を求める国務省と日本の防衛努力に不満を強めるNSCや国防総省が対立していたためである。[15] 当時、ニクソン・フォード両政権下で権限が強化されたNSCも、対日政策に関しては積極的に国務・国防両省間の対立を収めようとはしていなかった。そのため対日政策は東アジア担当のIGにおいてNSSM5、NSSM122、NSSM172、NSSM210と四度にわたって検討されたものの、そのうちSRGとNSCでの協議を経て大統領がNSDMとして決定するに至ったのは最初のNSSM5の作業を基にしたNSDM13だけであった。そのNSDM13の内容も、穏便な防衛努力要求を続けるものの「実質的かつ大規模な兵力や地域安全保障における大きな役割」を求めることは回避するという、それ以前の政策を引き継いだ玉虫色の内容となっていた。[16]

NSDM13決定後も、この相矛盾しかねない二つの方針をどう具体化させるかをめぐって対立は続いた。国務省主導のIGは日本の国内事情を理由に現状維持を主眼とする案を主張し、国防総省は米国自身の国防予算や軍事力の削減を理由に日本への防衛努力要求を強めるよう求め、ホルドリッジ（John H. Holdridge）NSC上級スタッフらは日本の中立化や米国離れは不可避としてそれを前提とした政策を検討するよう主張した。[17] 三者の意見が盛り込まれた草案が提出され、それをNSC主導のSRGが差し戻すという作業が繰り返された後、一九七四年一〇月に提出されたＮＳＳＭ210の草案でも意見を集約して対日安全保障政策に関する選択肢を示すことはできなかった。[18] ＮＳＳＭ210は作業の途中から目的が変わり、同年一一月に行われた米大統領としては初のフォード来日に向けた説明資料に転用された。同政権では、現在利用可能な文書から判断する限り、その後対日政策の検討作業は行われていない。

こうした日本に求めるべき役割をめぐる論争と決定の棚上げは、国防政策全体の検討作業でも同様であった。[19] 例えば国防計画検討委員会（DPRC: Defense Program Review Committee）がアジア戦略を検討したＮＳＳＭ69とＮＳＳＭ171での作業は、日本の防衛努力への不満と自立への警戒感をめぐって論争となり、ニクソン・ドクトリンにおける日本の役割を決定できなかった。それは国防予算が削減される中で日本にどこまで軍事的役割の拡大を求めるかという議論でも同様であった。日本側で核武装に言及する政治家が現れ、中曽根康弘防衛庁長官が「自主防衛」を唱える中、米国は日本が自立することへの警戒感と日本の防衛努力への不満との間で揺れ動き、曖昧な方針の下で日本との安全保障関係の強化を模索していた。[20]

（3）「相補性」の検討

対日政策の基本方針をめぐる対立の一方で、日本の防衛力には課題と改善の余地が多いという問題意識では米国政府の見方は一致していた。六〇年代には全般的な能力不足、特に装備近代化の必要性が指摘され、七〇年代に入って日本で四次防が決定された後になると、例えば国防総省国防情報局（DIA: Defense Intelligence Agency）と駐日米国大使館は共に継戦能力の不足や海上自衛隊の対米協力の可能性を指摘している。[21]

こうした中で検討され始めたのが、日米の軍事的な「相補性（complementarity）」という概念であった。[22] 相補性とは、米国と同盟国の戦略がその短所を相互に補いあう能力や状態を指し、効果的な共同作戦を行うための共同作戦能力（interoperability）の保持や通信情報の交換が可能な状態を意味する。日米二国間で言えば、装備調達、作戦計画立案、兵站整備、指揮命令通信能力等での調整や協力が考えられた。類似の用語としては相互運用性や標準化等があるが、いずれも装備や技術、軍用品の規格、手順、教義等を共通化することで資源（resource）を効率的に利用する、という点で同じ意味を持つ。

こうした意味での相補的な戦力構築の必要性は日米協議でも以前から指摘されていたものの、それが具体的に検討され始めたのは一九七三年のことであった。まず同年六月、ゲイラー（Noel Gaylor）太平洋軍司令官が国務省のラッシュ（Kenneth Rush）副長官、ケリー（John E. Kelley）政治軍事局長らと会談した際にこの概念を提案した。(23) 日本を「ソ連の太平洋への接近を抑え、かつ韓国への戦力投射のための前方基地を提供する唯一の位置にある」とし、「日本を、長距離能力をほとんどあるいは全く持たないまま米国との相補性という方向へと向けさせ」たいという主張である。またゲイラーはポーター（William J. Porter）国務次官と協議した際にも、やはり日本の対潜能力向上といった相補的な防衛協力の推進を主張している。

ラッシュら国務省側も、拡大を続けるソ連潜水艦の海上交通路への脅威に対抗するには日本の助力が必要だとしてこの意見に同意した。(24) また同時期に進められていたＮＳＳＭ172の検討作業でも、将来的には相補的な防衛協力が望ましいという点で各省庁が一致した。特に相補的な協力関係によって日本の安全保障政策への影響力を保ち、対米協調からの逸脱を防ぐという政治的な利点は重要で、日本の中立化や核武装への懸念を解消しつつ防衛協力を進めることが可能であった。

ＮＳＳＭ172は前述の通り決定文書とはならず、一九七四年一月からはＮＳＳＭ210の作業が開始されたが、ここでも再度相補性は取り上げられた。(25) その中心課題は、第Ⅱ部で検討する一九七三年の変動相場制移行後の急激な円高ドル安もあり、安全保障よりも経済であり、安全保障問題の中でも相補性より経費負担であった。一方で相補性に関して意見対立はなく、特に対潜作戦と空中早期警戒といった防勢的な作戦に関して、これまでは必要性も機会も少なかったものの今後日米協力の余地があるとされた。

（4）「相補性」の具体化をめぐる対立

このように意見が一致した相補性という概念も、その具体化については、国務省と海軍の間に微妙なずれがあった。国務省では、政策企画局が日本の防衛政策の現状と今後を分析した一九七三年八月の報告書で相補性について検討した際、ゲイラーの主張とは違って相補性には未だ具体性が無いという結論に至っている[26]。そのため提唱されている日米間の役割分担も、日本は自衛能力を強化し米国は東アジアの安定や核抑止を担うといった従来通りの一般的なものにとどまった。東アジア・太平洋局もそうした相補性の政治的な側面を重視しており、相補的で対米依存度の少ない協力関係に移ることで、日本の国益が常に米国の政策を左右するわけではないという「欧州の同盟国には自然に受け入れられている」現実が示され、低下した米国への信頼感を取り戻すことができると見ていた。

また相補性の具体的内容以上に、両者は日本の国内事情への認識が異なっていた。既に述べたように、日本国内の反米感情は一九七二、七三年を境に好転しつつあった。しかし米国広報文化交流庁が一九七二年前半に実施した日本での世論調査では、日米安保や米国との同盟には賛成しつつも有事に米国が来援するのかどうかについては不信感を抱く意見が多く、米国に好意的な意見は前年より大幅に減少していた[27]。このため国務省は、相補性という用語やそれが意味する対潜・防空能力の強化に対して日本国内では反発が起きる可能性があると見て、日本との防衛協力具体化には消極的であった。むしろ在日米軍の存在意義の強調や日米安全保障協議の活発化を重視すべきだというのが以前からの国務省の主張であり、一九七三年初頭の大平外相とゲイラー太平洋軍司令官らの会談の前にも、在日米軍が日本防衛を目的としていないことは事実だとしつつも地域の安定に米国が果たしている役割は大きいと日本側に強調するよう要請している[28]。

それに対して太平洋軍は、むしろ相補的な協力強化によって日米関係を強化できると見ていた[29]。制服レベルで対日協力の担い手となる太平洋軍司令部は、ソ連の軍拡や米国の政治的混乱が米国への信頼感を揺るがせており、その結果日本が対米依存縮小と防衛力増強に走るのではないかという他省庁と同じ問題意識を持っていた。しかしその解決策として想定されていたのは相補的な防衛協力による自立的な防衛力構築の阻止であり、日本側の変化を待つ国務省、特に東アジア・太平洋局の姿勢とは対照的であった。

さらにこのような対立は、米国製装備の対日輸出をめぐって国務省内でも発生した[30]。当時米国は急速に拡大する対日貿易赤字を少しでも減少させるため、日本への装備輸出を推進していた。しかし一九七二年にジェネラル・ダイナミクス（General Dynamics）がF-111F攻撃機を日本に売り込もうとした際、国務省政治軍事局軍需品管理課（Office of Munitions Control）がこれを支援しようとしたのに対し、エリクソン（Richard A. Ericson）日本部長は「深刻な間違いになりうる」として強く反対した。その約二カ月前には国務・国防両省が日本政府に米国製装備の調達を援助する用意があると伝えるよう大使館に指示しており、また同様の申し出はこの後も続いていた。それでもエリクソンは、四次防をめぐる議論が行われているという日本側の事情を指摘し、日本側がF-111F売込みを米国の圧力と解釈する可能性があるとして反対している。

また翌一九七三年七月の田中角榮とニクソンによる首脳会談の直前には、ラッシュ国務副長官がクレメンツ（William P. Clements, Jr.）国防副長官に対し、国防総省が米国の利益を考慮して装備のライセンス生産ではなく直接購入を日本に求めるよう大統領に進言した件について反対を表明している[31]。直接購入を日本が受け入れる可能性は低く、「米国は軍事技術上頼れる相手でないと思っている日本人を刺激しうる」上に、日本が装備の国産化や他国からの導入を選べば共同作戦に支障が出るかもしれないというのがラッシュの主張であった。

実際この時期の日米協議を見ると、米国側が日本の国内世論の反発は少ないと見ていた対潜、防空関連の装備の購入でさえ、石油危機後のインフレによる防衛費削減圧力の只中にあった日本は応じようとしていない[32]。ましてそれ以外の用途の装備を話題にすれば、「外圧」だとして政治問題になる可能性があると米国側は見ていた。そのため一九七四年のフォード訪日や、後述する一九七五年のシュレジンジャー（James R. Schlesinger）国防長官来日の際も、米国側は米国製装備の購入といったあからさまな防衛努力要求には慎重であった[33]。フォード訪日に代表されるように日米関係は次第に改善し、日米両政府とも防衛協力具体化の必要性は認識していたものの、その政治的な副作用に対する懸念から実際の行動には踏みきれていなかったと言えよう。

第二章　日本の取り組みと協力具体化の始まり

1　共同作戦計画をめぐる摩擦

(1) 米国の不満

前章で見たように、米ソ間の軍事バランスが変わりつつあった七〇年代前半になっても日米両国は防衛協力具体化に依然として慎重であった。それが変わるきっかけとなったのが、一九五五年から日米両国の制服組が作成していた共同統合作戦計画（CJOEP: Coordinated Joint Outline Emergency Plan）の扱いをめぐる動きである。

この計画は日本が攻撃された場合の日米共同作戦の枠組みを定めており、一九五五年の作成以来、統合幕僚会議（以下、統幕と表記）と在日米軍が設置した「協力作戦立案委員会」が毎年この計画を更新していた。[1] 日本側でCJOEPの存在を承知していたのは防衛庁・自衛隊等のごく一部の政府関係者のみで、各幕僚監部が有事の防衛計画を立案する際に来援する米軍の規模や時期を算出するための基礎資料として使われていた。

一方米国にとっては、CJOEPは様々な対日支援の概略を定めた実体のないものであった。実際、毎年作成される計画には「この計画は防衛庁だけでは日本の法律下で確約できない条項を含む」「計画の認可はこれらの条項が公式に解決されるであろうとの前提に基づいている」という注意書きがあり、米国側は「うわべだけの計画（cosmetic plan）」と見ていた。[2] 加えて米国側には、CJOEPのような作戦計画が日米双方で政治レベルの明確な許可を得ないままに作成されることは政治的に危険だという懸念もあった。

そのため米国側では、軍当局以上の承認を得ることを目指して次第により上級の司令部がこの計画を担当するようになった[3]。当初、米国側の担当は在日米軍司令部であったが、六〇年代後半からはこの作業に太平洋軍司令官の検討と承認が必要となり、一九七一年には統合参謀本部（JCS: Joint Chiefs of Staff）の承認が必要になった。さらに一九七二年一二月、日本側も含めてより上位の組織で計画の作成ができないかを検討するため、ＣＪＯＥＰの立案作業が一時中断された。翌一九七三年一月、国務・国防両省は太平洋軍司令官に対し、日本政府関係者と接触してＣＪＯＥＰの立案を自衛隊と共に続けることに理解と支持を得るよう指示を出している。

日本側は、防衛庁・自衛隊関係者をはじめとして、一九六五年のいわゆる「三矢研究」の影響からＣＪＯＥＰのような作戦計画立案作業の公認には消極的であった[4]。そのため統幕は米国の提案に反対したものの、中村龍平統幕議長らはＣＪＯＥＰの作業中断に危機感を抱いていた。そのため日常的に行われる計画立案についての協議は続ける一方、日本側はＣＪＯＥＰに政治レベルの許可を得るためにあらゆる努力を行い、これが得られた時点でただちに作業を再開することになった。そして作業中断から二月後、三月二七日に統幕は「日本政府幹部から」この許可が得られたと在日米軍司令官に通告している[5]。その後作業は再開され、在日米軍司令官からこの年の計画立案の目標が太平洋軍司令官に伝えられた。目標には日本の本土防衛に関する役割の拡大と有事の際の対米支援の調整を計画に含める等、それまでの計画と比較して日本側の役割が大幅に拡大されており、自衛隊による台湾と韓国への支援や有事の兵站支援、指揮統制の調整といった具体的な計画も検討する予定になっていた。

ところがこの段階で、作業に日本側の承認を得るというＪＣＳの方針に国務省が強く反対した。スナイダー（Richard L. Sneider）国務次官補代理（東アジア太平洋担当）はゲイラーらと会談した際、国務省でこの方針を分析するまで立案作業を中断するよう要請している[6]。国務省はＮＳＳＭ122を検討していた頃から「自衛隊による計画立案が公になった場合の政治的負担を考慮すると、より詳細で緻密な共同計画の展望は明るいものではない」とＣＪＯＥＰの持つ政治的な危険性に懸念を表明していた[7]。共同作戦計画は政治的に機微であり、日本の軍事関係の組織はこうした政治的要素も含む長期的計画を議論するのに適していない、と国務省は見ていた。

ただし国務省も完全に計画の立案作業を止めようとはしたわけではなく、大佐クラスでの議論で「基本的要素

(bolts and nuts)」についての作業は進める一方、長期的課題については国務省が精査する機会を得るまで議論しないよう求めた。[8] これに国防総省やＪＣＳ、太平洋軍も同意し、それぞれの代表が計画立案の詳細を議論し、現在のＣＪＯＥＰ作成のやり方にどのような問題点があるかを明確化させることになった。その結果一九七三年五月末までに暫定的な了解が得られ、ＣＪＯＥＰのような政治的要素を含んだ計画については、国務省と国防総省の協力を得るためＪＣＳも作業に関わることとなった。

これを踏まえた関係機関の合意案は七月二五日に、国防長官に正式な許可を得るため送付された。[9] 同案は、その理由は明示していないものの、太平洋軍が当初提出していた計画案を二箇所修正するよう勧告している。まず当初案で文書の先頭に入っていた「日本政府が防衛庁に必要な権限を付与」するという前提条件が削除された。これは削除された文言が政治的に微妙な有事法制の策定を指すものと解釈でき、日本国内の反発を招く恐れがあると判断されたためであろう。もう一つは米軍が日本に対して行う「間接防衛」の意味についてで、太平洋軍の案が「日本本土の前方防衛」を意味するとしたのに対し、「日本本土以外での軍事作戦」への変更が提案されている。これも同様に、前方防衛という言葉によって在日米軍基地を敵基地攻撃に使用すると明言すれば日本国内での反発を招きかねないと懸念されたためと思われる。こうして修正された研究計画は国防長官の承認を経て一一月一〇日に在日米軍司令官に伝達され、ＣＪＯＥＰの立案作業は再開された。

(2) 日本の積極化

ＣＪＯＥＰの作成が「日本政府幹部の許可」を得て再開されたとはいえ、計画が一般に知られ、また支持を受けたわけではなかった。そうした公的な支持を受けるまでには、対米防衛協力に向けた環境が整いつつあった日本側の更なる動きが必要であった。

その動きが表面化したのは一九七四年のことである。まず同年一月の第一五回ＳＣＣで大平外相は、日本国内では防衛問題への批判が減り国会での防衛論義も低調になったと指摘した。[10] これにシュースミス首席公使も、感情的な防衛論議を抑える最近の日本政府の努力はかなりの成功を収めていると同意している。それまで防衛協力の障害となってきた日本の国内事情に対する日米両政府の認識は変わりつつあった。

同年一〇月の山中貞則防衛庁長官とシュレジンジャー国防長官の会談ではこの傾向がより明確になった[11]。この会談で相補性に同意するかどうか聞かれた山中は問題ないと応答し、「米軍を補完するという意味ではNATOなどと同様の立場にあると感じている」と述べた。続いて共同演習について聞かれた際にも、「頻繁に共同演習を行うのが自分の役目であり、かつ公の場で共同演習について討議し隠さないことが自分の義務だと考えている」と返答する等、それまでとは対照的に積極的な姿勢を見せた。

またこの会談について丸山昂防衛庁防衛局長は翌年、有事の共同作戦計画を取り上げることも検討していたと述べている[12]。さらに丸山は日本側の防衛努力に不満を表明するアブラモヴィッツ（Morton Abramowitz）国防次官補代理（国際安全保障担当）と会談した際、田中首相と山中長官が国会において「日米共同の軍事計画」に言及し、世論の意識を喚起するということで内々に合意していたものの、ラロック（Gene La Rocque）退役海軍少将のいわゆる「ラロック証言」があったため実現には至らなかったとも説明している。

こうした動きはその後も続いた。山中の後を継いだ宇野宗佑防衛庁長官は、やはりシュレジンジャー国防長官との会談でこの問題を協議し、共同作戦計画立案への一般の支持を得る足がかりにしようとしていた、と在日米国大使館は報告している[13]。

このように日本側が防衛協力に積極的になった理由としては、米国の軍事プレゼンス減少によって、日本側の懸念が「巻き込まれる」不安から「見捨てられる」不安へと移った点が指摘されることが多い[14]。しかしこれについては、以下の二つの点に注意が必要であろう。

第一に、日本の政府関係者の発言を見る限りは、ベトナム戦争に「巻き込まれる」不安が広く存在していたとは言い難く、以前から「見捨てられる」不安が強かった[15]。それでも「見捨てられる」不安が七〇年代後半になって顕在化したように見える背景としては、米軍事プレゼンスの変化だけでなく日本内外の様々な状況の変化を考慮する必要があろう。例えばこの時期には、国内においてはベトナム戦争の終結等をきっかけとして「巻き込まれ」論への注目が減り、国外ではソ連の軍事的伸長が米軍事プレゼンスに対する日本の不安を高めていたことが影響した可能性がある。

なお「見捨てられる」不安に関しては、自民党議員や外務省幹部、自衛隊高級将校、研究者らにインタビューしたキム（Tae-Hyo Kim）が、日本側は米国が不満を言う以上のことはできないと認識しており、東側との対決姿勢を政治的に表明することで米国の軍事的関与を確保できると見ていたと主張している。[16] しかし当時の関係者を対象としたオーラル・ヒストリー等を見る限り、日本政府内部では、米国ほどではないにせよ軍拡を続けるソ連への警戒感が徐々に高まっていた。[17] 先に述べた一九七三年初頭からのＣＪＯＥＰの中断と再開をめぐるやりとりでも、統幕議長に就任したばかりだった中村は「これは大変だな」と思い、すぐに在日米軍司令部に「これは努力するんだから、とにかく、サスペンドせんでくれ」と働きかけたという。[18] 中村はさらに、一九七四年一二月に防衛庁長官に就任した坂田もＣＪＯＥＰにそれまで首相も防衛庁長官も署名をしてこなかったという説明を受けて「御輿を上げた」と回想している。さらに前述のラロック証言をきっかけに、日本は核兵器を搭載した艦船の寄港をめぐって米国との見解の相違が重大な政治的問題になるのではないかと懸念し、非核三原則のうち「持ち込ませず」の放棄も視野に入れていたという。[19] こうした諸々の動きから判断すれば、政治的表明で米国の軍事的関与を確保できると見ていたとは言いがたいであろう。

第二に、これら「見捨てられる」不安に加えて、この時期には日米制服組の間の協力に「取り残される」不安も日本政府にはあったように思われる。ＣＪＯＥＰは再開されたものの、公表され公認されたわけではなく、外務省や防衛庁内局はこの状態が続くことを懸念していた。[20] 後述する防衛協力の指針の策定過程で詳しく検討するように、その懸念は計画の存在が明らかとなった場合の政治的影響だけでなく、日米制服組の間の協議に文民が関与していないことにも向けられていた。つまり日本の安全保障政策を所掌しているという意識を持った外務省や安全保障政策への関与を強めつつあった防衛庁内局は、米国から「見捨てられる」不安に加えて、日米両国の制服組が進める現場レベルでの協力に「取り残される」不安も抱えていたように思われる。

いずれにせよ、米国側は当初、こうした日本政府の変化や日本国内の安全保障論争の行方、それによる日本の安全保障政策の変化に慎重な見方を示していた[21]。ただ、以前のような日本中立化への警戒感はこの頃には消え始めている。次項で検討するように日米防衛協力の呼びかけが日本側から呼びかける形で始まり、日本の防衛努力もあくまで漸進的なものであったため、国防総省は一九七六年末の時点で日本が米国から離れて中立指向を強めることはないだろうという見解を示した[22]。この他にアブラモヴィッツらは「日本の防衛オンチを厳しく批判」し、防衛協力具体化の必要性を訴えてはいた[23]。しかしそれは米国政府では少数意見であり、米国側は日本の動きを見守る姿勢をとった。

2　防衛計画の明示——日本国内の環境整備

(1)　制約下の防衛力整備

日本側はこうした対米防衛協力の模索とともに、防衛政策を明確化することで協力を具体化する環境を整えた。一九七六年の「防衛計画の大綱」（以下、大綱と表記）策定等を契機とした日本の防衛力の限界の明確化と、それに伴う対米防衛協力の正当化である。

大綱の内容は先行研究の視角の多様さが示すように多岐に渡り、また文言の曖昧さもあって様々な解釈がある[24]。ただ、各研究とも大綱の論理的基盤の形成に貢献したとして防衛官僚の久保卓也に注目している点は一致している。久保は大綱策定時には防衛事務次官を務めており、大綱の決定過程自体に深く関わっているわけではない。また大綱の示した防衛体制は一九六九年に陸上自衛隊の長期計画で検討された「陸自が常時維持すべき体制」に「坂田さんと久保さんが命名したもの」と主張する意見もある他、大綱そのものにも幕僚監部や内局の意見が取り入れられた部分があると言われる[25]。とはいえ大綱と久保の唱えた基盤的防衛力構想と呼ばれる議論は同一の論理の上に成り立っており、大綱策定時に議論の焦点となったのも久保の構想であった。その意味で、大綱の決定過程とは別に、大綱の特徴を概観する上で久保の論考は欠かせないと考えてよかろう。

久保は防衛局長等の要職を務めた七〇年代前半に、防衛力整備の目標や想定すべき事態に関していくつかの論考を発表した[26]。それらは国際情勢が緊張緩和の方向へ向かっているという判断の下、これが大きく変化しない限りは平時に必要な機能と「限定的かつ小規模な侵略までの事態」に対処しうる「常備兵力」を整備目標とすべきだとしていた。これは日本のような「中級（middle rank）」の軍事力を持つ国の場合、攻撃の可能性（possibility）ではなく蓋然性（probability）を考慮して脅威を分析すべきだという久保の考え方に基づいていた[27]。

特に久保が強調したのは、国内外の世論や反発を考慮しつつ「わが防衛力を主たる基盤とし（自主防衛）、その上に米国の軍事力でもって補完するという構造」であった[28]。具体的かつ実現可能な「自主防衛」を整備目標とすることでニクソン・ドクトリン下での米国の自助努力要求に応え、米国の日本防衛への関与を確保するという主張である。久保は日本自身の防衛努力の必要性を強調し、平時における警戒や監視の重要性、日米関係の基盤としての防衛力の役割等を強調した上で、想定以上の侵略や核による抑止については日米安保に依存するとした。

これは従来の常備防衛力という考え方と比べると、想定すべき事態とそれに応じた防衛力整備目標が縮小されていた。その理由として久保は日本の防衛力整備に対する国内外の懸念を挙げているが、同時に当時の緊縮財政も軽視することはできないであろう。既に述べたように、久保が一連の論考を発表した七〇年代初頭は米中関係の好転や「ニクソン・ショック」によって日本国内で日米安保の意義が疑問視された時期であった。久保の議論は直接的にはその疑問に応えたものであり、野党の要求に応じて一九七三年一月から防衛力の限界を設定するべく検討された「平和時の防衛力」構想にその内容が反映された。ただその後、紆余曲折の末に野党が要求を撤回したためこの構想は政策に結びつかず、第一章で概観したように一九七四年以降は日米安保への支持も増大した。

それでも一九七三年の第一次石油危機後の緊縮財政下で、防衛力と防衛費にいかに歯止めをかけるかが再び喫緊の課題となった。一九七二年から始まっていた四次防では、それまでの三度の整備計画では整備目標の達成率が最低でも八〇％前後だったのに対し、六〇％を切る装備が出ていた(29)。財政健全化を主張する大蔵省からも、歳出削減のため複数年計画の廃止を求められていた。こうした中で、防衛力整備目標を下方修正する久保の議論に改めて注目が集まったと言えよう。

なお、久保は想定する脅威や防衛力の縮小に関して「脱脅威論」を唱えている(30)。すなわち「脅威の現実といいますか、ポジビリティーとしての脅威をどういうように評価するか、それはそれとして、われわれは防衛力整備をどう考えていくかということがあるべき」とし、防衛力と脅威判断を切り離そうという議論である。ただ、久保自身が唱えた基盤的防衛力構想の論理に脱脅威論が当てはまるとは言いがたい。久保は日本が独力で対処すべき「限定戦争」では敵国の保有する軍事力の一部しか日本に指向されない、それゆえに脅威に応じて量的拡大を図る必要はないとしつつも、「兵器と兵器の争いでは、質の差異が致命的」とも述べ、脅威の大小に応じて質的な防衛力改善の度合いが変わるとも論じている(31)。すなわち久保が切り離したのは量的な面での判断であって、質的改善は容認ないし推奨していた。この点は、防衛力の質的な向上によって相補的な防衛力を構築するよう求める米国の要求と整合的であった。

（2）「防衛計画の大綱」と防衛力の限界

以上のような久保の構想が現実のものとなる上で重要な役割を果たしたのが、一九七四年一二月に発足した三木武夫内閣で防衛庁長官となった坂田であった。いわゆる文教族だった坂田は、戦後初の総選挙で当選して以来の党人政治家として、自らの進める政策に対する世論の支持にはこだわりがあった(32)。長官就任の際にも国民の理解を重視するとし、防衛政策の三つの原則として国民の侵略に抵抗する意思と気概、憲法に則った必要最小限の防衛力の整備、日米安保の堅持を挙げている。

こうした方針の下、坂田は財政をはじめとする様々な制約の下で進める防衛力整備に積極的な動きを見せた(33)。どのような防衛力を目指すかをめぐって防衛庁・自衛隊内の意見が割れる中、一九七五年四月には「昭和五十二年度以後の防衛力整備計画案の作成に関する第一次長官指示」を発出した。具体的な指示ではなかったものの、坂田は増員の抑制、装備更新の際の費用対効果分析、民間の協力体制や後方支援体制の整備等を指示した。またこの直後の自衛隊高級幹部会同でも予算の制限や人員不足を指摘し、「自衛隊をとりまく環境は極めて厳しいものとなってきている」「従来の考え方をそのまま安易に踏襲することは許されない」と厳しい現状認識を述べている。防衛力整備計画の作業開始前に長官指示を出し、原案の作成作業も国防会議事務局で行う方針を出す等、坂田は積極的に防衛力の量的な抑制を実現しようとしていた。

また坂田が設置した高坂正堯ら民間の有識者からなる「防衛を考える会」も六回の会合を経て報告書をまとめ、それを基にした防衛庁・自衛隊内の検討も進められた[34]。「防衛を考える会」の報告書は、核武装への否定的見解や防衛費のGNP比一%程度での抑制、デタントに対応した防衛計画見直しの他、久保の基盤的防衛力構想と同じく抑制的な防衛構想を提言していた。こうした考え方に沿って、目標を具体化した第二次長官指示が作成された[35]。この指示では一九七三年に作成された「平和時の防衛力」を上限とし、限定的な侵略に対処可能な戦力に円滑に拡大しうる「基盤的防衛力」が整備目標とされた。この指示は二週間後の国防議員懇談会にもかけられ、大綱によって自衛隊への過大な期待を修正するとの説明で党の承認も得る等、政治レベルでは順調に手続きが進められた[36]。

ただ、第二次長官指示によって具体的な目標が定められた後も、防衛庁・自衛隊の基盤的防衛力に対する反発は続いた[37]。これは一九七〇年度以来の発行となる防衛白書の検討作業によく表れている。一九七五年一〇月時点で白書の草案は、防衛費の限界をGNP比一%とし、防衛力整備目標についても量から質に転換すると明言していた。この草案を土台に翌一九七六年初頭から庁内で議論が進められたが、現状でデタントが進んでいると見るべきか、デタントが緊張緩和を意味するのか、「限定的」「小規模」な脅威とは具体的に何か、といった点をめぐってなお意見は割れていた[38]。

それでも、国民の理解が得られるような防衛力整備を進めるという坂田の方針の下、大綱の作成は進められた[39]。この過程では各幕僚監部が従来通りの正面装備重視・人員規模維持という要求を提出して坂田から再提出を命じられ、陸上自衛隊の師団改編や海上自衛隊の護衛隊群増加をめぐっても対立が生じた[40]。しかし緊縮財政を求める大蔵省の圧力は大きく、一九七六年七月末に大綱の原案は決定された。「限定的かつ小規模な侵略」への自力対処とそれ以上の事態での米国への依存といった点で、久保の構想をそのまま引き継いだ形の原案であった。

一方、実務レベルでの論争とは対照的に、政治レベルでは「三木おろし」の影で大綱への関心は薄いままであった[41]。八月からは閣僚レベルの国防会議と事務次官レベルの国防会議幹事会の双方で四次防後の計画の検討が進められ、一〇月九日の国防会議幹事会において「ほぼ十年間を見通した『防衛計画の大綱』をつくり、その枠内で年度ごとの予算編成の中で防衛力整備をはかっていく方針」が決定された[42]。その四日後にはこの計画を「基盤的防衛力構想」をもとに作成することが国防会議で決定され、最終的に「防衛計画の大綱」は一〇月二九日に閣議決定された。

さらに大綱決定の一週間後、「防衛を考える会」の提言通り防衛費の対GNP比を当面一％以内とする決定がなされ、防衛費にも一応の目処が設定された[43]。一％という数字自体には何ら論理的根拠はないものの、日本の防衛費は一九六七年以来GNP比〇・九％前後で推移していたため、一％というわかりやすい数字が採用されたと言われる。明示的な制限を設けたい大蔵省とそれを避けたい坂田や幕僚監部の間で再び対立が発生したものの、大臣間の調整を経て、防衛費の上限をGNP比一％「程度」とする決定を大綱決定から一週間を置いて行うという玉虫色の決着となった。

以上のように大綱とGNP比一％枠という防衛力の限界を明確にした政策の決定は、財政をはじめとする国内事情の制約が主因となっていた。この決定については、第I部冒頭で触れたように、日本の戦略的な動きであって日米安保に依存することで「自主」性を犠牲にしつつ防衛負担軽減という利益を確保したと見る研究もある[44]。しかし、本章で見てきたようにそれを支える史料的な根拠があるとは言いがたい。当時の防衛庁・自衛隊内の論争は世論や緊縮財政といった制約下でいかに防衛力を整備するか、どのような脅威を想定すべきかという一国の防衛政策をめぐるものであり、日米防衛関係をめぐるものではなかった。

（3）策定の意味

大綱の決定後も防衛庁・自衛隊関係者の批判は続いた。[45] 退役した自衛隊将官は、久保が「緊張緩和の入り口に立った」と述べるなどその情勢判断が楽観的すぎること、脅威認識と防衛構想の切り離しが非現実的であること、有事に防衛力の量的拡大を図るという大綱の「エキスパンド」条項が現実には機能しない恐れが高いこと等を指摘し、防衛力整備目標の前提が非現実的であると批判した。防衛庁内でも、大綱を説明する役割を負った一九七七年度防衛白書が参事官会議で検討された際、各局長や幕僚長から不満が続出した。陸海空の各幕僚長は国際情勢認識への不満から大綱をあくまで中間目標とし換骨奪胎すべきとまで述べ、中でも中村悌次海上幕僚長は、大綱はコンセンサスの得られないままに発表されたものであり、脅威対抗的な発想をしないというその主張について脅威や仮想敵国を想定しないことなどありえないと批判した。久保は脅威に対応した所要防衛力構想では「現実の政策及び計画目標と余りにもかけ離れ」た要求が各幕僚監部から出されることを問題視していたが、制服組は議論の前提である国際情勢認識を問題視しており、議論はかみ合っていなかった。[46]

大綱決定直後に既にこのような議論が交わされたことを考慮すれば、大綱の防衛構想としての側面が防衛庁・自衛隊等の関係者によって共有されていたのかどうかには疑問符がつく。そもそも大綱が策定された直接のきっかけは、防衛費・防衛力の限界を要求する声が無視できなくなっていたことであった。そのため大綱の策定時にもこの問題に議論が集中し、他の点は十分注目されていなかった。防衛力の位置づけやその整備構想、有事の自衛隊の担当範囲に関して日本国内では議論も理解も深まっていなかったと言えよう。

それでも大綱には、閣議によって決定された方針としての重みがあった。大綱策定後の一九七七年四月、防衛庁が従来から統合幕僚会議や陸海空の幕僚監部が作成してきた各種の防衛計画と大綱の間の関係を整理した際にも、大綱はその他の計画とは別の位置づけを与えられている。[47] 統合幕僚会議議長が担当し今後一〇年間の軍事情勢評価と防衛力整備の方向性を示す統合長期防衛見積もり、これを基にやはり統幕議長が同様の作業を今後五年について行う統合中期防衛見積もり、これら二つの見積もりを基に各幕僚長が今後五年間の防衛力整備方針を検討する中期業務見積もり（以下、中業と表記）等の検討作業が防衛庁内部での作業のための文書であったのに対し、大綱は「防衛力整備の基本構想及び重点等を明らかに」する中期防衛見積もりに影響を与える政府の方針であった。

さらにその大綱が防衛力の限界を明示したことには、日本の防衛政策やその限界を補う日米防衛協力を正当化する意味があったと言えよう。久保自身は日本自身の防衛努力を重視しており、対米防衛協力に積極的とは言えなかった。(48) 大綱策定直後、日本が大綱の定める規模の防衛力によって米ソ間の軍事バランスに寄与しうるかどうかを批判された際にも、日本の軍事力は小さすぎて軍事的均衡に何ら寄与しえないと言い切り、日米安保の意義は在日米軍への施設提供にあるとしている。

また米国側も、大綱とGNP比一％枠によって日本の防衛努力に厳しい制約が課されることを懸念した。例えば一九七六年一一月の第一八回SCGでシュースミス首席公使は大綱について「双方の軍の計画立案者にとって役に立つ」「現実的な制約の中で軍事的必要性を定義しようという巧みな試み」だと歓迎しつつも、大綱が前提としている情勢判断について、中ソ関係の重大な変化は日米の防衛政策にとっても重要であると釘を差した。(49) ガリガン（Walter T. Galligan）在日米軍司令官も同様に、もともと規模の小さい防衛予算にさらに制限を加えることによって防衛装備の購買力が殺がれるのではないかとの懸念を表明している。

しかし大綱の設定した制約は、本節で検討したように質的な面に及ぶものではなかった。米本国でも指摘されていたように、防衛力整備の全般的な目標だけでなく整備した防衛力によってなすべき任務も規定していた大綱は、米国が唱える相補的な防衛協力と合致するような対潜、防空任務を重視した計画であった。(50)

3　防衛協力小委員会の設置

（1）国会論戦と日本政府の対応

こうして国内で日本の防衛力の限界が明示されたのと同時に、米国との間では防衛力の限界を補う防衛協力の具体化も進展を見せた。それまで日本政府が米国に打診をしつつも公式に進めることはためらっていたこの取組みを加速させたのは、国会における野党の質問がきっかけであった。一九七五年三月八日、参議院予算委員会において野党側総括質問を行った日本社会党の上田哲議員は、陸海空三自衛隊の中でも海上自衛隊だけが増強されつつあるとした上で「アメリカ第七艦隊を基軸とする日米間の海域軍事秘密協定が存在するのではないか」と日米防衛協力に関する秘密協定の存在を問いただした(51)。これに対して政府側は秘密協定の存在を否定するのみであったが、四月二日に坂田防衛庁長官は以後の防衛協力具体化のきっかけとなる以下のような答弁を行った。

御指摘の、有事の際に米第七艦隊を主軸とするハワイ、グアム、フィリピン、横須賀を結ぶ海域で日本の分担を決めた日米軍事秘密協定について調査いたしましたが、これは存在しておりません。しかし、わが国周辺海域の防衛の構想を立てる上で、米海軍第七艦隊による全般的制海を前提として日米間の作戦協力のための何らかの海域分担取り決めが必要であると防衛庁が考えておることは、御指摘のとおりでございます。防衛庁は、このため各幕を含めてわが国周辺海域の防衛に関する日米協力について検討を進めてきた一方、日米の防衛の責任者がこの問題を含めて話し合う必要があると考えております。国会終了後二、三カ月以内に手続を踏んで、シュレジンジャー米国防長官を日本にお招きし、この会談の中でこれらの点について話し合いを煮詰めて参りたいと思っております。そしてでき得れば、将来取り決めの形に至りたいと考えております(52)。

つまり既にCJOEPに関する説明を受けていた坂田は上田議員の追及を逆手にとり、それまで日米制服組の間でしか行われてこなかった論議を政府公認のものとして進めようとしたのであった。しかし「海域分担取り決め」の必要性に踏み込んだこの答弁は野党の激しい批判を浴び、その後の国会審議の中で政府側の答弁は次第に後退していった(53)。二カ月後の六月三日、坂田は衆議院内閣委員会で海域分担は考えていないとしてこの答弁を撤回し、六月一一日の衆議院予算委員会でも「海域の分担はやらない、しかしながら機能上の分担は考えておる」と述べている。続いてこの「機能分担」の説明を求められた丸山防衛局長は「わが国を防衛する限度において、対潜活動あるいは海上交通の保護」を行うといった例を示した上で、日本政府の案として周辺数百海里の海上交通路防衛と二本の航路帯の設置を挙げた。これを受けて坂田は翌日の答弁で、効果的な共同対処に向けた日米当局者間の対話の必要性と将来の「何らかの合意」への意欲に触れるにとどまっている。こうして当初の「海域分担」は「機能分担」へ、そして後の三木首相の答弁では「防衛協力」へと、次第に曖昧な表現に変わっていった。これに加え日米間の「取り決め」にも言及しないことで、日本政府は国内の反発を抑えようとしていた。

(2)「防衛協力」をめぐる日米の確執

坂田らの答弁を受けて日米両政府は、同年六月二一日の第一七回SCGで日米「防衛協力」の具体的内容とその討議の場について議論した。[54] 会議の冒頭で日本側はまず、両国間の政策協議を通じて日本側の意向が米国側の政策決定に反映されることを求めた。続いて丸山は日本政府の苦しい国内政治事情を説明した上で、坂田が当初使った「海域分担」という言葉が刺激的すぎるという見方を紹介し、三木が「防衛協力」と言い換えたことに理解を求めた。日本側は「用語は変更しても内容は同じ」だと強調し、「最も重要なのは韓国の防衛と、米軍が日本の施設に再展開する際の日米取り決めである」と具体的な問題に注意を喚起して米国側の不満を和らげようとしていた。

一連の国会論議や丸山との協議について報告した在日米国大使館は、「防衛庁が東京からグアム、大阪から台湾北部までの千海里の海上交通路防衛を検討している」ことを評価しつつも、野党の追求によって再度政府が後退する可能性もあると分析した。[55] またシュースミスは丸山に対し、国会審議の中で「海域分担」に関する「取り決め」を協議するという具体的な言明を「防衛協力」という一般的な用語に置き換えたことが新たな制約となりかねないとして懸念を表明している。これに対し丸山は「防衛分担よりも防衛協力の方が実際には自由裁量の余地が大きく」「防衛協力は防衛責任の機能分担を可能にする」と応じた。

なお丸山はさらに「日本が本土防衛を行い、米国は核抑止、後方支援、及び侵攻部隊の基地への攻撃能力を担う」と機能分担を具体的に説明した。これは自衛隊が防勢を、米軍が攻勢を担当するという「盾と矛」的な機能分担を意味していたが、ガリガン在日米軍司令官は逆に「日本が侵攻の策源地を攻撃する」可能性を質している。[56]大使館によれば日本側の回答は「日本政府の一般的見解として自衛隊は侵攻軍の策源地を攻撃できないが、米軍が日本の基地をその目的に使用することは何の問題もない」というもので、山崎敏夫外務省アメリカ局長も「個別的自衛権の行使として自衛隊は公海上までは活動できるが敵国の領海まではできない」と付け加える等、否定的なものであった。しかしこの部分について外務省が作成した議事要旨は「坐して死をまつ以外にないような場合」は敵基地攻撃も憲法上許容されうる、とむしろ肯定的な書き方をしている。防衛協力を進めるという目的では同じでも、具体的にできることへの評価では落差があったことの一つの証左と言えよう。

このように日本側があくまで自国の制約を強調し慎重に協議を進めようとする中、一九七五年八月に坂田・シュレジンジャー会談が開催され、両国は日米安全保障協議委員会の下に新たな協議体を設置することで合意した。[57]米国側も日本の慎重な姿勢を承知した上での合意であった。在日米国大使館は、「防衛分担に関する最近の発言は、防衛に関する考え方の劇的な転換を意味して」おらず、坂田の発言はあくまで世論の反応を探るための観測気球だと見ていた。[58]すなわち「日本政府の考える防衛協力はあくまで緊密な協議（close consultation）であって統一行動（united action）ではない」という思惑の差があるという指摘である。さらに自衛隊にも、坂田がシュレジンジャー国防長官との会談を利用して制服組同士の幕僚研究を政治レベルで統制しようとしているという見方があったという。確かに八月のシュレジンジャーとの会談で坂田は、共同計画の立案作業に対する政治統制の必要性を強調していた。[59]

一方で米国側は会談で合意に至ったこと自体を高く評価しており、こうした認識差よりも日本側が防衛協力に積極的になったという変化のほうが重視されていたことが窺える。[60]米国側は防衛協力具体化の土台となる日本人の対ソ脅威認識は既に高まりつつあるものの、それは未だ政策に結びついてはいないと見ていた。それゆえ在日米国大使館や国務省は、米国側から防衛努力を要求することに依然として反対していた。それだけに日本側から防衛協力具体化の提案があったということ自体、脅威認識が政策に結びつつあることの証左として米国政府にとって歓迎すべきものであった。

また相補性をめぐる米国政府内の議論が示したように、日本との防衛協力は米国にとって日本の米国離れを防ぐ楔でもあった。やや時期が前後するが、防衛協力の指針の策定作業が進んでいた一九七八年二月、国防会議事務局長となっていた久保と会見した際のアブラモヴィッツ国防次官補の意見がその典型である。[61] この時久保は日本の防衛戦略の二つの面として、米国のアジア戦略を支援することと、更なる日本の自立のために必要最低限の能力を獲得することを挙げ、米国側の見方を問うた。これに対しアブラモヴィッツは、日本の軍事的自立という題目は米国であれアジアであれ政治問題化するであろうし、日米防衛協力という枠組みが重要だと述べている。米国は日本との防衛協力に、自らの戦力の補完と日本の自立の阻止という二つの意義を見出していたと言えよう。

（3）小委員会の設置

以上の協議を経て一九七五年八月に新たな協議体の設置で合意した後、日米間では、後に日米防衛協力小委員会（SDC: Subcommittee for Defense Cooperation）と呼ばれることになる新たな協議体についての議論が始まった。この議論は翌一九七六年七月の第一六回ＳＣＣでＳＤＣの設置が正式に決定されるまで、約一年に渡って続けられた。

この問題について米国は日本の提案を待つ姿勢をとり続け、日本が初めて公式に案を示したのは会談から四カ月が経った一九七五年一二月二二日であった。[62] 米国側との協議に臨んだ外務省の山崎アメリカ局長は、ＳＤＣをＳＣＣの下に設置し、「必要に応じてその付属機関として作業部会を設置する」という案を米国政府に提示している。同案は協力の範囲を「軍事的側面を含む日米協力の範囲と形態に関する協議と研究」とし、具体的な協議対象には触れていなかった。

しかし同時に山崎は、外務省の関係者が作成した非公式の「概念文書（Concept Paper）」も示していた。[63] 同文書は「日米安全保障条約第五条に規定された日本本土への武力攻撃事態のみならず、極東の平和と安全を維持するために日本の施設を利用する米軍の活動に関する協力取り決め」をＳＤＣの協議対象にしていた。これは日米安保条約の想定するほぼ全ての事態を意味しており、極東有事を含めることを嫌ってきた従来の日本側の姿勢とは明らかに異なっていた。ただし同案はあくまでも外務省内で作成された一つの試案であり、関係省庁の同意を得ていたわけではない。例えば防衛庁がこの協議の直前に作成した文書はＳＤＣの所掌範囲について「極東事態で米軍に対する自衛隊の戦闘作戦協力はあり得ない（わが国に対する武力攻撃が行われる場合を除く）」とより慎重な書き方をしている。[64]

さらにこの文書は、具体的な成果を出すことより、前述した共同作戦計画の立案作業に対する文民統制を確保することを重視していた。例えばＳＤＣの委任事項（Terms of Reference）について述べた項目は、冒頭でこの小委員会に決定的な結論を出す権限はないと特に言及している。ＳＤＣの位置づけについても、山崎らは協議の際にＳＣによる指導と監督を通じた「この機関への文民統制」の確保を強調しており、概念文書でもＳＤＣ傘下に作業部会を設置するとともに次官級のＳＳＣと米軍・自衛隊の幹部で構成する幕僚研究会同（SC: Study Conference）を廃止するとしている。[65] 特に後者は、制服組同士の協議体が担っていた役割をＳＣＣ傘下の組織に移すことで文民の関与を強化する狙いがあったように思われる。

これに対し在日米国大使館は、ＳＤＣの協議対象に極東有事が含まれていることを評価しつつも、実際の作戦立案作業をＳＤＣの中でやるべきか外でやるべきかといった問題が未決定だと指摘している。[66] 日本側の提案は、公式の案も外務省の概念文書も、ＳＤＣ内に作業部会を設置するとしつつその担当範囲には触れていなかった。この問題については防衛庁内、外務省内、そして両省庁間で意見がまとまっておらず、この時点ではまだ日本政府としての統一見解を出せていなかった。

米国側が最も重視することになるこの問題に関して、大使館は二つの案を提示した。[67] 一つは制服組を中心とするＳＤＣ内部の作業部会が「研究と協議」を担当し、その結論についてＳＤＣを通してＳＣＣに報告するという案である。そしてもう一つのＳＤＣ枠外で作業する案は、作業部会が「ガイドライン」を準備し、これをＳＣが承認しＳＣＣに報告した後、両国政府の指示の下で日米の制服組が「ガイドライン」に沿って立案作業を行うというものであった。これはつまり、具体的な作戦立案をＳＣＣ及びＳＤＣの傘下で行うことで文民統制を確保するのか、それともＳＤＣの作業部会は「ガイドライン」のみを立案し、その細部はＳＤＣとは別に両国の軍当局に任せることで円滑な計画立案を優先させるかという問題であった。日本側は既に述べた意見対立に加え、防衛庁にも外務省にもこの二つの案のいずれかを支持する者がいたため、米国の意向次第で日本側がどちらの案にまとまるかを左右できる、というのがその結論であった。

後に米国は後者の案を主張することになるが、これはＳＤＣの所掌範囲に有事の協同作戦計画（coordinated contingency and operational plan）が含まれていたためと思われる。(68) ＣＪＯＥＰの検討作業をめぐるやり取りが示すように、米国側は長年に渡って制服組による日米共同作戦計画の立案作業を日本政府が公式に許可するよう求めてきた。ＳＤＣ設置によって米国側が進めようとしていたのもまさにこの作業であった。

逆に言えば米国、特に軍としては、共同作戦計画の実際の立案作業には文民も参加するＳＤＣを関与させたくなかったと推測される。後の協議でも在日米軍司令部は、ＳＤＣの所掌範囲について日本案で「ガイドライン」という単語が省略されたことについて、誤解を生じさせかねないとして注意を喚起している。(69) 在日米軍が強調したのは、ＳＤＣは「ガイドライン」のみを担当し、詳細な計画は双方の指揮系統下にある軍事組織が立案すべきだということであった。(70)

一方外務省の非公式案は、ＳＤＣの所掌範囲よりもＳＣＣの下に設置することで「シヴィリアン・コントロールの徹底を図る」ことに重点を置いていた。(71) これに対し米国側は年に二回程度しか開催されないＳＣＣに頻繁に開かれるはずのＳＤＣが報告するのは問題だと指摘し、ＳＣＣに対するＳＤＣの報告義務に異を唱えた。これに山崎は、ＳＣＣの役割はＳＤＣでの議論に最小限の枠を設けることにしかなく、ＳＣＣが開催されていないときもＳＤＣの議論の結果は他の場で処理されうると反論している。外務省はその後も、例えば一九七八年の園田直外相とブラウン国防長官の会談でＳＣＣの機能強化や新たな協議体の設置を提案している。(72) 設置の理由は詳らかにされていないものの、それによって防衛協議における自省の役割を維持し、制服組を中心とした作戦計画の立案を統制することを企図していたとしても不思議ではない。

最終的に、米国側の反対にもかかわらず、この問題は先送りしたまま一九七六年七月の第一六回ＳＣＣでＳＤＣの設置が正式決定された[73]。協力の目的は「日米安保条約の目的を効果的に達成するための軍事的側面を含む日米協力についての研究と討議」と定められ、ＳＤＣの機能は「情勢評価」「緊急時の自衛隊と米軍による調整された共同行動を確保するために取るべき措置に関するガイドラインを含む日米協力の範囲と形態に関する研究と協議」「ＳＣＣが指摘した問題」の三つとされた。またその構成メンバーは日本側が外務省アメリカ局長、防衛庁防衛局長、統合幕僚会議議長の三人、米国側が在日米大使館公使と在日米軍参謀長となった。この他にも適宜文民や制服組が加わるとされ、作業部会もＳＤＣの下部機構として位置づけられる等、日本側の主張に沿った合意となった。ただし米国側の重視するＳＤＣでの協議対象だけは「指針を含む日米協力の範囲と形態に関する研究と協議」という曖昧な言い方にとどまり、具体的な作戦計画の立案作業をどの組織が担当するのかという問題も先送りされた。

第三章　協力の具体化と摩擦の激化

1　米国国防政策の変化

(1) フォード政権末期の再検討

第二章で見たように日米両政府の思惑は当初からずれていたものの、SDCに対する米国政府の期待は高かった。その背景には、フォード政権末期から始まっていた米国側での国防政策の再検討という事情がある。

七〇年代中盤になると、ソ連との緊張緩和や対話を進めたニクソン政権の足下では、軍拡を続けるソ連への対応をめぐって論争が始まっていた[1]。ベトナム戦争後にいわゆる「冷戦コンセンサス」は破れ、保守とリベラルの間では国内政策だけでなく国防政策についても党派的な対立が生じつつあった。特に大恐慌期以来長らく少数派だった保守派は次第に勢力を増し、ニクソン政権が進めたデタントに反発し、ソ連と軍事的に対抗する必要があると主張するようになっていた。

こうした動きが表面化したのが、ソ連の軍事的能力への評価をめぐるフォード政権末期の論争である[2]。当時米国では、ソ連を現状維持的と見るCIA等の情報機関と、拡大指向であり従来のNIE（National Intelligence Estimate）評価は甘いと見る民間の専門家の間で論争が起きていた。加えてCIAの評価に度々異議を唱えてきた大統領対外インテリジェンス諮問会議（PFIAB: President's Foreign Intelligence Advisory Board）が二チームによる情報分析とその妥当性の比較検討を提案したため、フォードは一九七六年四月からこれを実施させた[3]。このうちチームAはCIAの分析官らから成り、チームBは著名なソ連研究者であるパイプス（Richard Pipes）ハーバード大学教授をはじめとした外部の専門家を中心に構成されていた。作業の結果提出されたチームBの報告は、従来のＮＩＥがソ連の軍拡ペースを過小評価していたと指摘した。またチームAも、報告の執筆過程でのチームBとの議論を経て、従来よりもソ連の軍事力を高く見積もった。さらに民間では一九七六年一一月、チームBにも加わっていたニッチェ（Paul Nitze）らが「今日の危機委員会（Committee on the Present Danger)」を再開させ、ソ連の脅威に対抗するための軍拡の必要性を盛んに論じた(4)。

今日では、六〇年代の「ミサイル・ギャップ」論争と同じく、チームA、チームBの報告をはじめとする冷戦期のＮＩＥはソ連の軍事的な目標と能力を過大視していたとされる(5)。七〇年代のソ連は経済不振や食料不足といった問題を抱えており、軍は兵力構成や人員の質に問題があり、海軍の使用する海外拠点も提供国の不安定な政治情勢に左右されていた。特に七〇年代後半にはソ連の国防費が縮小し始め、エジプトやソマリアの海外拠点も次々と失われている。

もっとも、これらはあくまで事後に判明したものであり、当時はソ連が様々な分野で西側と同等かそれ以上の軍事力を築きつつあるという見方が大勢であった(6)。ソ連の意図を判断する材料が不足する中、最悪の事態を想定しがちであったのはやむを得ないように思われる。また能力の評価についても装備の開発には時間がかかること、七〇年代前半までソ連の国防費は伸び続けていたこと等を考慮すれば、ソ連の脅威を重大視する意見に対抗するのは困難であったと言えよう。

こうした危機感ゆえに、七〇年代の米国は西側諸国による責任分担や西側全体として効率的な戦力の構築を従来以上に求め始めた(7)。それは防衛費増額から米国製装備の購入、共通規格に基づいた装備の開発による共同作戦の円滑化まで多岐に及んでいた。また行政府以上に米連邦議会の同盟国、特にＮＡＴＯ諸国の防衛努力に対する不満は強かった。一九七六年には、米国が西欧諸国に求める防衛努力が達成されない場合は在欧米軍を削減するとしたジャクソン・ナン修正条項（Jackson-Nunn Amendment）が成立している。

ただ、米国が日本に求めた軍事的役割は西欧諸国のそれとは異なるものであった。これはベトナム戦争後に国防政策が再検討される中で、米国の対ソ軍事戦略が再び欧州重視へと回帰したことに起因している。フォード政権では一九七六年九月から、NSSM246の下で国防検討委員会によって改めて国防政策と海軍の所要戦力が検討された[8]。その前提条件はニクソン政権で採用された一と二分の一戦略を引き続き採用するというものであり、東西両陣営間の主戦場は欧州、特に東西ドイツ国境とされた。通常戦争が核戦争につながった場合でも、戦争は短期間で決着するため他の地域で戦端が開かれる可能性は小さいとされ、アジア太平洋の重要性は二次的であった。

もっとも、この作業でソ連海軍の拡大が無視されていたわけではない。現行のソ連の海軍戦略は防衛的であるものの、長期的には潜水艦や航空機による交通路遮断を追求する可能性もあるとしている。この結果、太平洋方面は優先度こそ低いものの放置はできないため、日本が海上交通路を防護することになっていた。

しかしこうした同盟国への要求や欧州重視の姿勢には国務省が強く反対した[9]。想定されるソ連の軍拡に対抗するための「総合戦略」として検討された六つの選択肢が、最も現状維持に近いものですら、西欧諸国に通常戦力強化を促す一方で韓国など他地域の在外戦力は撤退させるという想定になっていたためである。国務省はこうした決定に伴う政治的悪影響を指摘し、NSSM246は長期戦略の決定には適していないと主張した。このためNSSM246は、九〇年代に六〇〇隻艦隊を実現することを目標とした海軍建艦計画が政権交代直前に決定されたのを除いては最終決定に至らず、その扱いは一九七六年の選挙でフォードを破ったカーターへと委ねられた[10]。

(2) カーター政権初期の再検討――欧州重視のPD-18

国防政策の再検討作業を引き継いだカーターであったが、政権発足当初、主な関係者の問題意識はフォード政権とは逆であった[11]。カーター自身は国防総省や軍への疑念が常にあり、米ソ軍事バランスについても概ね均衡状態にあると判断していた。NSCスタッフの多くも、フォード政権の対ソ脅威認識は強硬に過ぎると見ていた。その結果、国防政策と戦力構成の再検討のために政権発足直後の一九七七年二月から作業が進められたPRM-10は、軍事力を含めた米ソ間の力関係は概ね拮抗しており、かつその潮流は米国に有利な方向へ動いているという情勢判断の下で作成された。[12]それが特に顕著だったのがアジア太平洋についての判断で、中ソ対立や米中接近、台湾問題の沈静化、日本や韓国といった同盟国の成長等により現在は比較的好ましい状態にあるため、この関係を維持することが米国の目標とされた。

また在外戦力の規模について強化と削減の二案を検討した部分も、太平洋方面を増強すると極東ソ連軍の更なる増強を招きかねず、そうなればソ連と対峙する中国には不利益になりかねないとしていた。[13]逆に欧州方面を強化すればソ連も中国方面の戦力を強化できなくなり、双方にとって好都合となるという判断であった。またアジアで戦力を減少させれば各国の米国に対する信頼感を揺るがしかねないものの、日本に更なる安全保障上の責任を負わせることで米国の軍事的負担は軽減できるかもしれないとされた。

いずれの選択肢をとるにせよ、カーター政権はアジア太平洋での米ソ軍事バランスには楽観的であり、欧州を重視し、アジアでは同盟国たる日本の戦力に期待する姿勢がフォード政権以上に明確であった。[14]ＰＲＭ-10は欧州方面の軍事バランスについて、ワルシャワ条約機構軍の強化と財政難によるＮＡＴＯの防衛努力停滞によって、西側に不利となっていると判断していた。すなわち六〇年代から問題視されてきた欧州での通常戦力における東側の優位が拡大している上、中部欧州相互均衡兵力削減（MBFR: Mutual and Balanced Force Reductions）交渉も停滞する中、ＮＡＴＯ通常戦力の強化こそが米国にとっての主要課題であった。それは欧州での大規模戦闘とベトナムの密林での戦闘の二つに備えるという、ベトナム戦争時の重荷から解放されたことによって取り組むことが可能となった課題でもあった。

これは海軍の建艦計画にも影響を与えた。欧州での地上戦を重視するＰＲＭ-10では、海軍の主任務は地上戦を支援するための大西洋の海上交通路の確保であった。[15]そのため建艦計画の重点も、多様な作戦が可能だが高価な大型空母から、対潜、防空を目的としたより小型で安価な艦艇へと移ろうとしていた。また地域的にも、国防費を削減しつつ欧州への前方展開を強化するため、海軍が主役となるアジア太平洋への前方展開は限定的とされた。ＮＡＴＯとしてもワルシャワ条約機構が核戦争になる前にＮＡＴＯを撃破すべく通常戦力を強化していると見ており、米ソの核戦力が均衡状態にある以上、通常戦力の強化は急務とされた。[16] その犠牲になったのが、軍種では海軍であり、地域ではアジア太平洋であった。

しかし以上のような方針に対し、米国内では強い反発が起きた。[17] 特にフォード政権末期からソ連との対決姿勢や軍事力増強の必要性を主張してきた保守派は、作成途中で報道されたＰＲＭ‐10の内容に強く反発した。楽観的な情勢判断はＰＲＭ‐10の検討作業が進むにつれて修正され、一九七七年八月末に決定されたＰＤ‐18は、ソ連との軍事的対決やそれに向けた同盟国との防衛協力の必要性を強調したものとなった。[18] これは国内の保守派の主張や、ソ連の軍拡を懸念するブレジンスキー、ハンチントン（Samuel P. Huntington）ＮＳＣスタッフ（国家安全保障計画担当）らの意見を反映したものであった。[19]

こうしてカーター政権は、人権問題や核軍縮といったそれまでにない外交課題を掲げて発足したものの、軍事情勢に関しては当初の楽観論が早々に修正され、米国や同盟国における軍備増強も重視されるようになっていた。この点については一九七九年一二月のソ連によるアフガニスタン侵攻をきっかけにカーター政権が方針転換したと論じられることが多いが、少なくとも軍事的伸長を続けるソ連に対抗する必要性は、既に発足一年目の時点で言及されていたことに留意すべきであろう。[20]

ただ、ＰＤ‐18でも欧州重視の姿勢は変わっていなかった。そのためカーター自身が在韓米軍撤退を掲げる中、なんらかの対応が必要であった。[21] 在韓米軍という「象徴的」な、「非常に動きにくいもの」が撤退することへの日本等の不安は、カーター政権においても当初から認識されていた。[22] そこでますます重要となったのが様々なこの地域で最大の同盟国である日本の更なる負担であった。米国が求める負担は、韓国への支援から戦略的要地への経済支援、後述する在日米軍基地の経費肩代わりまで様々であったが、質量共に増強され続けるソ連海軍に対抗するためには日本の防衛力増強が重要となる。そして七〇年代中盤から具体化し始めた日米防衛協力は、その防衛力増強を西側陣営のソ連に対する軍事的対抗策に組み込む上で重要であった。

2　「日米防衛協力のための指針」の策定

（1）同床異夢の策定

こうして米国は、カーター政権の発足直後に再検討の期間を挟みつつ、七〇年代中盤からソ連との軍事的対決姿勢を強めていった。そこで重要性を増した日米防衛協力の中心的課題が、防衛協力の指針の策定であった。

日米間ではフォード政権末期の一九七六年七月にＳＤＣ設置で合意したのを受けて、八月からは先送りされたＳＤＣの議題や位置づけについての議論が開始された。まず八月三〇日に開催された第一回ＳＤＣでは、二カ月に一回の頻度で開催することとは決定されたものの、研究・協議の前提条件はさらに議論されることとなった[23]。その後協議が行われ、続く一〇月一八日の第二回会合ではＳＤＣでの合意事項が日米両政府を拘束しない、立法・予算・行政などに関わる措置は両国政府がそれぞれの判断で処理する、といった作業の前提が日本側の提案に沿って決定された[24]。作業部会の位置づけを除けば、このような日本側が提案し米国側がそれに同意するという構図がＳＤＣ会合での一般的な形となった。

こうして決定された前提の下で検討範囲が協議され、一二月六日の第三回会合ではいわゆる五条事態を優先的に検討すること等が決定された[25]。具体的には日米安保条約第五条で想定された日本の本土防衛、同第六条で規定された日本本土の安全に影響を及ぼす極東事態、そして日米の共同演習・訓練の三つを検討対象とし、このうち五条事態をとりあげるというものである。一方極東事態について米国側は、朝鮮半島有事が日本の安全保障に直接影響を及ぼす可能性を指摘した上で「日本側が提案したように最初に直接侵略を取り上げることに異存はないが、その議論の中でこうした間接侵略について並行して議論する可能性に期待している」と述べている。しかしこれに対して日本側は議論の末、日本側議長を務めていた山崎局長が「朝鮮に関する軍事協力でなにが可能でなにが不可能なのかは防衛庁と米国の軍当局の間ではなく、最も高いレベルで決定すべきである」と応えた。さらに「自衛隊はいくつかの点で米軍を支援できるかもしれないが、それは日本政府の決定に依る」とも述べ、ＳＤＣ設置協議の時とは違って慎重な姿勢を見せている。ＳＤＣでの作業が日本政府の基本方針に影響を与えるものではなかったという証言があることからも、ＳＤＣの設置協議において山崎が提示した案に同意していたのはあくまで外務省内の一部に過ぎず、日本政府としてはまだ極東有事に消極的だったと考えるべきであろう。[26]

こうした日本側の考え方は、北朝鮮による攻撃や欧州方面での戦争が日本周辺に波及するといった事態を想定する米国にとって「噴飯もの」であったが、それでも後に議題を日本有事に限定することに同意した。[27]「ＳＤＣの舞台設定（stage setting）は日本の政治的目的のため」であり、ＳＤＣで防衛協力の指針が策定された後の様々な分野での防衛協力の検討が米国の狙いであった。

ただしその「舞台設定」の中でも、棚上げになっていた作業部会の位置づけについては米国側が例外的に主張を通した。この第三回会合で米国側は、ＳＤＣは「ガイドライン」の作成のみで詳細な防衛計画の検討は担当しないこと、軍の指揮系統の下で動く制服組がこれを担当すること、そうした具体的な計画はＳＣＣを通じて政府の承認を求めることの三点に言及し、日本側もこれに同意している。[28]つまり米国は、ＳＤＣをＳＣＣの傘下に置くことで表面上は外務省が主張したような「文民統制の保証」を尊重しつつ、作業の円滑な推進を確保しようとしていた。

これを受けてカーター政権下で初の協議となった一九七七年四月一八日の第四回会合は、前回決定された三つの検討対象のうち日本に「直接武力攻撃がなされた場合又はそのおそれのある場合」、つまり五条事態を当面の研究・協議課題とすること、この研究のために情報・作戦・後方支援をそれぞれ担当する三つの作業部会の設置すること等が決定された。[29]この作業部会によって日本側は有事の米軍来援を具体的かつ確実なものにしようとしたのに対し、米国側はこれに乗り気でなかった、と協議に参加していた在日米国大使館のセリグマン（Albert L. Seligmann）政務参事官は述べている。制服組同士の協議に参加していた統幕の石津節正によれば、それは自国の防衛に関する協議をしている日本側と、あくまで一つの戦域に関する協議と捉えてより広い見地から考える必要のある機動部隊等の運用について確約することを嫌った米国側との、根本的な見方の違いであった。それはＳＤＣでの議論を通じて米国の有事来援を得たい日本と日本の対米防衛協力を得たい米国の間の、認識の齟齬でもあったと言えるであろう。

続いて八月一六日の第五回会合では、第四回で日本側が説明していた大綱における日米防衛協力の位置づけを基に部会の作業を進めることが了解され、具体的な研究・協議項目を決定された。(30) こうした作業の経過報告が九月二九日の第六回会合で行われ、その後共同作戦の際の指揮権や既に述べた「盾と矛」という日米間の役割分担等をめぐって対立したものの、約一〇カ月後の一九七八年七月五日に第七回会合が開催され、作業部会のまとめた「ガイドライン」が報告された。(31) この会合の後の記者会見でも、日本側は作成中の防衛協力の指針が現行の枠組の中での研究であり、有事立法は視野に入れていないと強調している。現状の変更に日本政府はあくまで慎重であった。一方の米国側はSDCを通じた共同作戦能力や防衛協力の強化、西側全体としての国防予算節約や作戦計画立案といった今後の展開への期待を高め、この時点までの成果には満足していた。(32)

以上七回の会合と三つの作業部会での研究を基に、一〇月三一日の第八回会合で「日米防衛協力のための指針」が決定された。(33) 一一月二七日の第一七回SCCはこれを承認し、二八日の国防会議で日本政府としてもこれを公式に承認した。SCCでは米国側が再三主張してきた今後の軍当局による計画立案やSDCの存続に日本側が同意したものの、決定された文言には、有事における日本の軍事的役割を自国領域への攻撃の場合に限定する等の点で日本側の意向が強く反映された。(34) その本文は三項からなり、第一項では「米国は核抑止力を保持するとともに、即応部隊を前方展開し、来援し得る兵力を保持する」とし、米国は日本に対する核の傘の提供と有事の軍事的支援を明文化した。これは日本側が一貫して求めてきた点の一つであった。第二項では「日本に対する武力攻撃に際しての対処行動等」を定めており、「自衛隊は主として日本の領海およびその周辺海空域において防勢作戦を行い、米軍は自衛隊の行う作戦を支援する。また米軍は、自衛隊の及ばない機能を補完する為の作戦を実施する」とした。これも「盾と矛」という形での日米任務分担を唱えてきた日本側の主張通りであった。有事の指揮統一についても日本が主張した通り個別的自衛権の範囲での「調整」にとどめられ、集団的自衛権の行使と捉えられるような日米の一元的統一指揮には言及されなかった。最後に第三項では「日本以外の極東事態で日本の安全に重要な影響を与える場合の日米の協力」を定める予定であったが、やはり日本側の主張が通り今後の研究課題とされた。

（2）策定の軍事的意味

決定された防衛協力の指針は、米国政府の中でも特に米海軍にとって重要な意味を持った。ベトナム戦争終結後の米海軍にとって、日本、特に海上自衛隊の協力が必要不可欠なものとなっていたためである。米海軍は既に述べたようなニクソン以降の各政権が欧州を重視したことに反発するとともに、このまま戦力が減少し続ければソ連海軍が急成長するアジア太平洋において海上交通路防護が難しくなるという懸念を早くから表明していた。相補的な日米防衛協力を唱えていたゲイラー太平洋軍司令官は一九七四年に、中東で戦争が勃発した際には太平洋が石油を西側諸国に輸送しうる唯一の海上交通路となる可能性があるにもかかわらず、そうした有事の際には太平洋から他地域へ戦力を投入することもありうると述べている。[35]また一九七八年にはゲイラーの後任であるウェイズナー（M.F. Weisner）が、米国では「西側」という用語が通常「ＮＡＴＯ諸国と北米大陸」を指すものとして使われているものの、急拡大するソ連太平洋艦隊の脅威はグローバルなものになっていると指摘した。[36]

こうした主張は、ソ連海軍が有事に海上交通路を遮断するのではないかという懸念ゆえに生まれたものであった。海上交通路防護は西側諸国にとって第二次世界大戦以来の重要課題であり、一九七三年の第一次石油危機によってその意識は更に高まっていた。[37]太平洋においても、一九五一年に米国、オーストラリア、ニュージーランドの海軍がラドフォード・コリンズ船舶運航軍事統制協定（Radford-Collins Naval Control of Shipping Agreement）を結び、冷戦期を通じて海上交通路防護計画の調整を続けた。[38]この協定の下で三カ国は南太平洋とインド洋東部を分担して担当し、それぞれの担当海域における対潜作戦や有事の際に防護すべき航路を設定している。

またソ連海軍は実際、この種の作戦を想定した演習を何度も実施していた。[39]一九七〇年、一九七五年の二度のオケアン演習のシナリオには空母に対する潜水艦と航空機などを利用した飽和攻撃や遠洋における水上艦艇への攻撃があり、米国側はこれが米国の制海権への挑戦や海上交通路の遮断を想定しているのではないかと懸念していた。

もっとも、米国側もソ連が海上交通路遮断を重視していると判断していたわけではない。海上交通路の遮断は米国が把握していたソ連海軍の六つの主要任務のうちの一つではあったものの、戦争長期化の際に実行される可能性があるというむしろ優先度の低い任務だと見られていた(40)。七〇年代にはオホーツク海からソ連の弾道ミサイル搭載原子力潜水艦（SSBN: Submersible Ship, Ballistic missile, Nuclear powered）が米本土を攻撃できるようになっており、ソ連はここをバレンツ海と同じＳＳＢＮの「聖域」にしようとしていた。ソ連が米国より優位にあると見られていたのは大陸間弾道弾（ICBM: InterContinental Ballistic Missile）であり、性能面でもＳＳＢＮから発射する弾道弾は陸上配備のＩＣＢＭより劣ってはいたが、潜水艦の秘匿性を生かした第二撃能力や保険としての役割は無視できないものがあった。加えてこの聖域を守るのに適した中小型の潜水艦が増勢されつつあったため、ＳＳＢＮの聖域確保がソ連海軍の主任務ではないかという意見もあった。

この点については現在の研究でも、自国のＳＳＢＮの脆弱性を懸念したソ連海軍が七〇年代前半になって方針を変更し、海上交通路の遮断をはじめとする外洋での作戦から近海でのＳＳＢＮ防護へとその重点を移したと指摘されている(41)。しかし当時の西側諸国にとっては、ソ連海軍の方針変更を知ることも関連する情報を各国政府内・政府間で広く共有することも困難であった。特に七〇年代末には、日本国内でもソ連太平洋艦隊への配備が大きく報道されたキエフ（Keiv）級重航空巡洋艦のような大型化・多目的化された艦艇も登場しており、ますますソ連側の意図を推測しにくくなっていた(42)。

なおインド洋に限って言えば、一九七七年に米国の関係省庁が行った研究によれば、常時展開しているソ連海軍艦艇は潜水艦が一から二隻、水上戦闘艦が六から七隻であり、この規模で西側の民間船舶を足止めするのは不可能と判断されている(43)。しかしこの研究は同時に、台湾とフィリピンのルソン島の間にあるバシー海峡や北アフリカといった海上交通の要所であれば、潜水艦によって効果的に海上交通路を遮断することは可能とも述べていた。また三年後の一九八〇年の報告では七〇年代にインド洋で活動していたソ連海軍の平均艦艇数を二〇隻前後としており、この種の数値自体が確実なものではなかったことがわかる。[44]

以上のように遮断される可能性を完全に否定できない以上、米国は海上交通路をなんらかの方法で守らなくてはならなかった。そこで問題となったのが、ベトナム戦争を経て疲弊した米海軍だけではこうした作戦が実行不可能になっていたということであった。[45] ホロウェイ（James L. Holloway III）海軍作戦部長（CNO: Chief of Naval Operations）は一九七六年二月、日本海における制海権を失ったと述べ、その二年後には下院軍事委員会において、北大西洋の海上交通路は維持できるものの船舶に深刻な損害が出るであろう、地中海では維持できるか不確実であろう、そして太平洋に至ってはハワイ、アラスカと米本土の間しか防護できないであろうと述べている。太平洋軍も一九七三年頃からソ連潜水艦隊の脅威を注視するようになり、やはり米本土とハワイ等との間の海上交通路以外は防護できなくなるだろうと予測している。[46]

このような状態についてホロウェイは後に「ＮＡＴＯ支援が我々の最優先事項だった。海軍の規模縮小が続くとともに、我々は一大洋海軍（one-ocean navy）になった」と回想している。[47] つまり防衛協力の指針の策定前後には、米海軍がもう一つの大洋を支えるには同盟国の戦力が不可欠となっていた。

これは一九六八年以降、米海軍が太平洋を担当してきた第七艦隊をソ連海軍の活動が活発化したインド洋や大西洋へと振り向けた結果でもあった。[48] その一環として一九七五年には、地域毎に編成される統合軍に関する統合軍計画（Unified Command Plan）が修正され、インド洋の指揮系統を整理するため、それまで第七艦隊と共にインド洋を担当していた第六艦隊が地中海に専念することとなった。第七艦隊の陣容は大幅に強化されたわけでなかったため、減少する戦力によって拡大する担当区域と強力になる脅威に対処しなくてはならなくなった。この問題に対する解決策が、アジア太平洋の同盟国の海軍との協力であった。一九六八年の英国のスエズ以東撤退以後は、この地域である程度の海軍を保有していた同盟国は日豪の二カ国のみであり、しかも地理的にソ連に近い日本は最重要の協力相手と言えた。[49]

その日本においても、海上交通路防護という任務は長年検討されてきた。[50] 防衛庁では一九六〇年頃、東京湾からグアム方面まで、大阪湾からバシー海峡方面までの二本の航路帯を想定して所要戦力の検討が行われた。また一九六六年から一九六七年にかけて作成された第三次防衛力整備計画の草案では、海上交通路防護のために必要な防衛力を算出している。この他にも英語圏の研究で引用される例としては、海上幕僚監部が海上交通路防護のために必要な防衛力を算出している。この他にも英語圏の研究で引用される例としては、日本海軍中佐だった関野英夫が一九七一年に米海軍協会機関誌に投稿した論文で海上交通路防護を論じている。[51] 関野は日本にとっての主要な脅威を核攻撃、武力侵攻、通商破壊戦とし、海上自衛隊は通商破壊戦への対応を重視すべきだと主張した。海上交通路が遮断されればこれに依存する日本国内が動揺するというのがその理由であり、関野は日本からインドネシアに至る広大な「保護海域」を設定することで通商破壊戦の主な手段となる潜水艦に対処できるとしている。

この関野の研究や次節で触れる同種の研究は、日本国内で議論されていた航路帯とは異なり、潜水艦や対潜装備の発展を反映して広大な海域の防護を想定していた。[52] 第二次大戦時のような船団毎の護衛や、図3-1に示したような航路帯という用語から連想される幅の狭い海域では、攻撃側も目標を絞りやすくかえって危険が大きいためである。このため日本の二百海里水域、あるいは日本が航空救難に責任を持つ飛行情報区とほぼ重なる海域が対象となり、必要とされる艦艇や航空機の数も膨大なものとなることには反発があった。もっとも、輸出入に頼る日本にとって海上交通路防護は明確に自らの平和と繁栄に直結する任務であり、その意義への理解と支持は比較的得やすかったと言えよう。

いずれにせよ、海上交通路を防護する上で米軍にとって日本の協力は不可欠であった。それゆえに防衛協力の指針の策定過程でも、「盾と矛」という形での任務分担が提案された際、太平洋軍が日本に担当してもらいたい任務が除外されかねないとして懸念を表明している。[53] また策定後の協力具体化こそが米国側の利益という政府の見方にも軍は同意しており、日米防衛協力の指針は海上交通路防護等に関する今後の協力の土台としての役割を期待されていた。[54] すなわち日本有事に限定された共同作戦計画の「指針（guideline）」という限定的な決定であるとは言っても、その指針に従って作成された具体的な計画は、日本防衛に必要な戦力やそれに関する日米協力の種類を具体的に示すことになる。それゆえ防衛協力の指針は、今後の防衛協力の「参照基準（reference base）」として、日本の

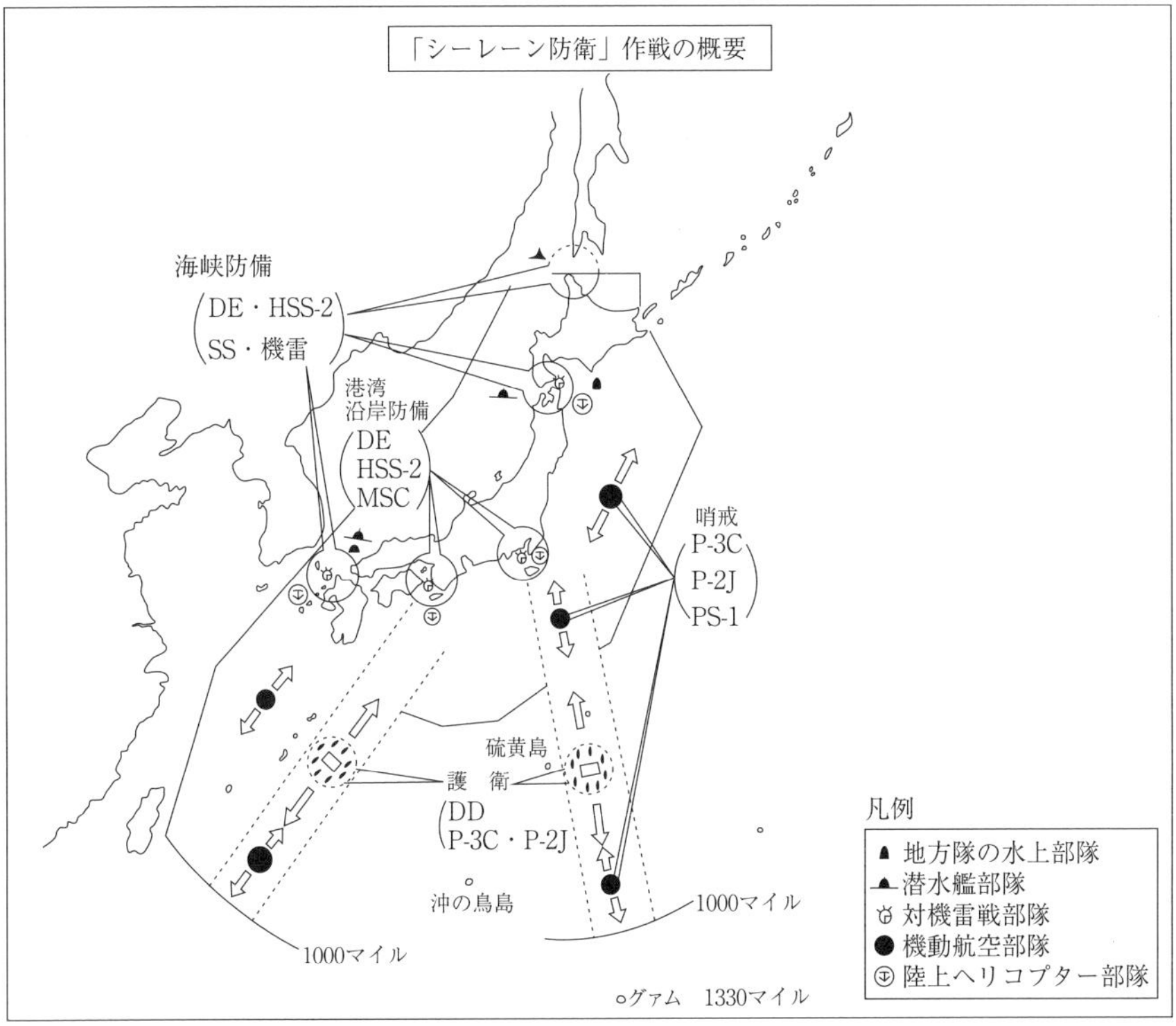

図3−1　海上交通路防護の２つのイメージ

出所：「「シーレーン防衛」作戦の概要」『宝珠山昇関係文書』整理番号50−1（国立国会図書館憲政資料室）。

対米防衛協力と防衛力増強を促進すると期待されたのであった[55]。

（3）軍事的意味の変化

こうして極東ソ連軍に対処する上で不可欠となった日本の対米防衛協力は、防衛協力の指針策定後に米国の国防政策が再度変化したことに伴って、その位置づけが微妙に変化した。カーター政権の国防政策の変化と、カーター・レーガン（Ronald Reagan）両政権にかけての海軍戦略の変化である。

まずカーター政権は、前述の通り政権発足一年目から徐々にソ連への警戒感を強め、イラン革命やソ連のアフガニスタン侵攻の前後からは南西アジアへのソ連の進出に本格的に対応し始めた[56]。一九七七年のPD−18では、有事の際に中東、ペルシャ湾、朝鮮に展開するため三軍合同の軽装備の部隊を維持するとしていたが、一九八〇年三月には前年からの検討を経てペルシャ湾等への展開を想定した緊急展開統合任務部隊（RDJTF: Rapid Deployment Joint Task Force）が新設された[57]。これに伴って、アジア太平洋で日本の果たす役割は、米国だけでなく西側陣営全体にとっても必要不可欠なものと見られるようになっていた。すなわち日本はソ連の長距離爆撃機や原子力潜水艦の太平洋進出を阻止し、これに必要だったはずの米国の戦力を欧州や南西アジアへ振り向けることを可能にするという役割を期待された。

さらに大きかったのは、米海軍における対ソ戦略と海上交通路防護問題の再検討という、実務レベルでの変化であった。この問題は前節で論じたように米海軍にとって長年の懸念材料の一つであり、しかも七〇年代に入ってからは原子力潜水艦の能力向上やソ連潜水艦隊の数的拡大が顕著となっていた。そのため船団毎に護衛をつけるという戦術からある海域全体の安全を確保する方向へとその戦術は変化し[58]、必要な戦力は増大し、日本等の同盟国の協力を得たとしても必要な戦力が揃うのか、また対象とする海域を時間的・空間的にどこまで拡げることができるのかが疑問視された。

加えて欧州での陸上戦を念頭に置いたＰＤ－18が決定されたことで、米海軍は対ソ戦略の全面的な再検討を開始した[59]。その結果は、受動的な海域や交通路の防衛からオホーツク海に設定されたソ連ＳＳＢＮの聖域に対する攻撃への転換として現れた。それまで米海軍は、ソ連海軍のＳＳＢＮが哨戒を行っている海域への攻勢を避ける方針を取っていた。しかし様々な諜報活動を基に、ソ連海軍の主任務が西側の海上交通路を遮断することではなく自国のＳＳＢＮの防護にあるのではないかという議論がこの頃から米海軍で始まっていた。一九七七年から一九七八年にかけて海軍内部で将来の作戦計画を検討した「海洋攻撃計画（Project Sea Strike）」や「海洋計画二〇〇〇（Sea Plan 2000）」は、こうしたソ連海軍の傾向を利用する形で攻勢的な作戦をとったほうがソ連海軍に対して有効だと指摘している[60]。これらの計画では、有事には米海軍が依然として優位にある空母機動部隊をソ連側が重視するＳＳＢＮに指向し、海兵隊も参加してオホーツク海等のソ連軍基地に攻撃を行うことになっていた。それによって米ソ間の核戦争に米海軍も一定の役割を果たし、更にはソ連海軍をＳＳＢＮの防衛に集中させることで海上交通路遮断に向けられる戦力を削減しようという構想であり、これが後に米海軍の作戦計画の基礎となった。ソ連海軍の海上交通路への脅威はオホーツク海への攻勢だけで抑えることはできないものの、この点については宗谷・津軽・対馬の三海峡を抑える日本の協力に期待がかけられていた[61]。

「海洋戦略（Maritime Strategy）」と呼ばれることになるこれらの攻撃的な方針は、先行研究が指摘するように核戦争を誘発しかねない等といった批判を政府内部で浴び、その正式発表は一九八六年までずれこんだ[62]。ただし海軍では八〇年代初頭からこの戦略への支持が次第に高まり、戦略の実現に必要な建艦計画の上方修正や同盟国海軍との共同演習の増加も、カーター政権後期から既に開始されていた軍拡の下で容認された[63]。ソ連の潜水艦、特に巡航ミサイルを搭載した原子力潜水艦は空母をはじめとする米水上艦艇にとっても大きな脅威であり、これに対処するために海軍力の増強が必要なのは明白であった。

日本政府が海洋戦略の攻撃的な性格を理解し支持していたのかどうかは不透明である。ただ、例えば海上自衛隊は七〇年代から面としての海上交通路防護を意識し、米海軍との協議や日米共同演習を通じて海洋戦略下での日本の役割を承知していたと考えられる[64]。また陸上自衛隊においても、日本を北欧諸国と同じくソ連のＳＳＢＮの聖域に接した地域と捉え、北日本を保持することでこの聖域を脅かすという「ノルディック・アナロジー」に基づいた主張によって北方への防衛力の重点配備が正当化されたという[65]。自衛隊の中でも米軍との協力を担当していた関係者の間では、海洋戦略を前提として日米防衛協力の具体化が進められたと言ってよいように思われる[66]。

こうして日本は限定的ながらも、自国の領域の防衛を介して、つまり「物」だけでなく「人」も介して、世界大の軍事的対立に関与するようになった。七〇年代中盤までは、例えば米国の核戦争計画（SIOP: Single Integrated Operational Plan）に日本の協力が組み込まれていたとはいえ、その内容は指揮統制施設等の「物」の提供がほとんどであった[67]。しかし防衛協力の指針の策定と米国の軍事戦略の更なる変化を経て、基地だけでなく日本の防衛力も西側陣営全体にとっても必要不可欠なものとなった。先行研究の指摘する海上交通路防護だけでなく、より大きな海洋戦略にも貢献することによって、日本の西側陣営における軍事的役割は質的な変化を遂げつつあったと言えよう。

3　更なる協力と摩擦

(1) 共同作戦に向けた協力

以上のように増大する米国の期待と防衛協力の指針に沿って、七〇年代末以降、日本国内では対米防衛協力や防衛力の強化が進められた。まず防衛協力の指針で大枠を定められた日本有事の際の作戦計画については、防衛協力の指針の作成が最終段階に入っていた一九七八年七月から、有事の作戦計画立案を意識してそれまでの年次防衛計画を改善する作業が始まった[68]。これは陸海空の幕僚監部と統幕を中心に防衛力運用に必要な施策を検討する基礎研究を行い、その後得られた成果の実施を検討する応用研究を行うというものであった。このうち基礎研究は一九七九年九月までに概ね終了し、参事官会議で報告された。運用に必要な施策としては避難民対策や防衛水域の設置、海上保安庁の統制等について現在の法制度で不足しているものが指摘された。また有事に防衛庁が準備すべき事項や中央組織のあり方についても、他省庁の所管となっている部分もあるため実施の見込みがあるとは言いがたかったが、問題点と解決策が提示された。一連の検討には当初対米協力も含んでいたが、作業が進み始めていた防衛協力の指針に体系的な部分を委任している。

その防衛協力の指針で大枠が定められた日本有事の際の共同作戦計画も、CJOEPと同様に統合幕僚会議と在日米軍司令部が中心となって作業が進められ、一九八〇年三月に計画で想定する戦力の一覧がJCSに提出された[69]。JCSによって承認された後に実際の作戦計画の作成が進められ、一九八一年一月には太平洋軍司令官が計画を承認した。こうして、CJOEPに対する米軍の不満が計画立案作業を中断させてから八年後、日本政府も認める日本有事の際の日米共同作戦計画が策定された。

同時に日本では、共同作戦を支える能力の強化や運用面での協力も進められた。まず共同作戦に向けた相補的な能力の強化に関しては、一九七六年一二月に防空能力の改善につながるF-15戦闘機の調達が、翌一九七七年八月には対潜能力の改善につながるP－3C対潜哨戒機の調達が決定された。[70] ただし、これら最新装備の調達は順調に進んだわけではない。両機とも日本でのライセンス生産であったため、西側全体として無駄が大きい、米国の防衛産業に利益が無い、最先端技術が漏洩する危険がある等の懸念が国防総省内部で唱えられた。[71] これに対して同省の国際安全保障局や国務省は、相補的な戦力構築を米国側が求めてきた経緯がある上、ライセンス生産を拒否すれば国産や西欧諸国からの調達を日本が選びかねないと主張し、最終的に米国は日本国内でのライセンス生産を認めた。

これは両機に搭載する武器についても同様で、ＡＩＭ－９Ｌ空対空ミサイルとＭｋ46対潜魚雷のライセンス生産や日本への情報提供には抵抗があったものの、太平洋軍、在日米軍、在日米国大使館等の反論もあって最終的には認められた。[72] 日本が重要な役割を担う対潜戦等に必要であるという実務上の理由に加え、装備調達やそれに伴う軍事機密へのアクセスがＮＡＴＯ諸国並みでないという日本の不満にも配慮した決定であったとされている。日本のアクセス権はその後も完全にＮＡＴＯ諸国並みとは言えなかったが、実務レベルの希望に押される形で協力関係は漸進的に深まっていたと言えるであろう。

また運用面での協力も、日米共同演習の質量両面での拡大という形で成果が現れた。[73] 陸上自衛隊は一九八二年から米陸軍との共同実動訓練を開始し、航空自衛隊は米空軍との防空作戦を中心とする共同演習（Cope North）を一九七八年から開始した。従来から米海軍との共同訓練を積極的に行ってきた海上自衛隊も、一九八〇年に環太平洋合同演習（リムパック、RIMPAC: RIM of the PACific exercise）に初めて参加した。リムパックは一九七一年に米国、カナダ、オーストラリア、ニュージーランドの四カ国で開始した共同作戦能力向上のための合同演習であり、この四カ国以外の参加国は日本が初めてであった。米国は七〇年代前半から海上自衛隊に参加を打診してきたとされるが、集団的自衛権の行使に当たるとして日本国内で批判される恐れもあり、日本側は参加を控えていた。しかし一九七九年に米国から誘いを受けた際には、内閣法制局等と協議の末、集団的自衛権の行使につながらないなら問題ないとして参加を決定した。もっともこの時点でも、内閣法制局や外務省は諸手を上げて賛成していたわけではない。派遣部隊が「常に米側部隊と行動を共に」し、それ以外の三カ国とは行動を共にしないという方針でなければ支持できないという立場であった[74]。

それでもこうした大規模な合同演習への参加が実現したことは、第七艦隊との小規模な演習を年に二、三回実施していただけだった海上自衛隊にとって大きな一歩であった[75]。八〇年代に入ってからは、海上自衛隊の能力も対潜戦を中心に米国からある程度評価されるほどに成長していたとされる[76]。日米共同作戦に向けた現場レベルでの能力構築や日米協力は、漸進的ではあったが進展を見せていたと言えよう。

（2）経費負担の拡大

これに加えて経費面での負担分担は、七〇年代中盤から共同作戦以上のペースで急速に進んだ[77]。この問題は五〇年代、六〇年代から問題視されてきた米国の財政赤字・経常収支赤字をはじめとする安全保障以外の要因に端を発する。一九七三年のベトナムからの撤退以来、米国は国防支出を削減し続けていた[78]。しかも本書第Ⅱ部で詳しく見るように、一九七一年の金ドル兌換停止後は急速に円高ドル安が進み、しかも日本は外需に依存する形で石油危機後の不況から早期に脱していた。このため積極的な内需刺激策で経常収支赤字を急増させていた米国は日本に黒字減少策を早急に実施するよう求め、その一貫として円高ドル安によって急増している在日米軍基地関連費用の肩代わりを日本側に強く要求するようになった。加えて米国内では、連邦議会を中心に日本の防衛費の対GNP比が他の西側諸国より低いとして問題になり、日米安保に「ただ乗り」することで経済成長を達成した日本が今や米国に輸出攻勢をかけているという非難が高まっていた[79]。そのことへの米国政府の危機感は、一九七二年一月の第三回佐藤・ニクソン会談でニクソン自ら佐藤に対して米国製F-5戦闘機の購入による貿易黒字削減を迫るほどであった。

そこで米国が注目したのが、米軍が日本国内の施設・区域を使用する際にかかる経費の分担であった。これは日米地位協定第二四条に定められており、施設・区域の提供に必要な経費以外の米軍人や軍属の人件費、基地従業員の労務費、基地施設の建築費等は全て米国側の負担とされていた[80]。しかし以上のような事情を背景として、一九七三年一月の第一四回SCCでは、在日米軍基地の整理縮小計画である「関東計画」に関する施設改善費は日本側が肩代わりするという合意が成立した。このため日本政府は国会で、日米地位協定での分担原則から逸しているのではないかと批判された。当時は沖縄返還の際に日本が第二四条の「リベラルな解釈」を保証したのではないかという問題が国会で取り上げられていたため、SCCでの合意はそうした解釈の実例だとして批判を浴びた。

これらの批判に対して大平外相は、日米地位協定の定める日本側の負担は基地の継続使用に必要な施設の改善も含まれると反論し、施設の改築経費は「原則として代替の範囲を超える新築を含むことがないよう措置する所存である」と答弁した。[81] これは「大平答弁」と呼ばれ、後々まで「関東計画」に関する日本側の経費負担の原則となった。政府側は従来の方針との一貫性を主張しているものの、第一四回SCC以前には米国が施設改築経費を負担しており、明らかに日本が負担する費用の範囲は拡大していた。

しかしその負担も、急速に進む円高ドル安とそれに伴う米国の在外基地関連経費の急増の前には微々たるものであった。このため米国側の要求は一九七五年以降、大平答弁でも正当化できない分野での負担へと拡大した。[82] 基地で働く日本人従業員の雇用に関する労務費と、基地内の施設の新築経費である。このうち後者は、基地の従業員を日本政府が雇用し米国政府がその労務費を負担する形となっていたため両国間の合意が必要であり、既に一九七三年から従業員の給料をめぐる協議が行われていた。

日本側は当初、負担の範囲を現行の日米地位協定によって正当化しうる範囲内に限定しようとし、米国側の主張する地位協定変更は国内の反発が大きいため不可能だと主張した。[83] しかし既に論じたように、日本は米国のアジア太平洋に対する軍事的関与を維持するよう求めていた。さらにカーター政権期に入ると、同政権の主張する在韓米軍だけでなく在沖海兵隊も撤退してアジア太平洋地域に米地上軍がいなくなる可能性や、沖縄等で基地従業員の解雇に伴う社会不安が生じる可能性が懸念された。[84] そのため日米間ではまず労務費について、一九七七年一二月の第三八〇回日米合同委員会で日本がその一部を負担することで合意に至った。[85]

また施設新築費についても、大平答弁で日本が施設改築費を負担するとした「関東計画」の終了後、費用の負担をめぐって一九七八年初頭から協議が行われた。[86] 具体的には横田基地に新たに建設する住宅の費用である。金丸信防衛庁長官は「アメリカから要求されるべきものじゃない、日本自体が考えてやる思いやりというものがあってしかるべきじゃないか、それが両国の信頼性を高めるということであろう」と前向きな姿勢を示したものの、当然ながら新たな経費負担は大平答弁との整合性が問題となった。政府側は大平答弁が基地移転や既存施設の改修に関するものであり、新規施設や追加施設の提供全般について述べたものではないと主張した。とはいえある外務省関係者が在日米国大使館員に「政府は大平答弁を放棄することを明確に決定した」と述べたことが示すように、日本政府の協定解釈は極めて柔軟なものとなりつつあった[87]。

こうした方針に沿って、一九七八年六月の金丸・ブラウン会談では「思いやり」の精神によって地位協定の範囲で日本側が努力することが米国側に伝えられ、一一月には労務費と施設新造費を日本側が負担することで両国が合意した[88]。そして防衛協力の指針を正式に承認した一一月末の第一七回ＳＣＣは地位協定の柔軟な運用を確認し、一二月二八日の第四〇四回日米合同委員会で日本側が横田と厚木での家族住宅建設の費用を負担することが決定された。

このように進められた日本の経費負担の拡大は、表面的には日本政府が主導する形をとった[89]。米国側交渉団を率いていた在日米国大使館のセリグマン政治参事官は、日本側が経費負担拡大に難色を示し続けたものの、最終的には自発的に負担拡大を提案する形をとることで妥結するという案を日本側が提示したと回顧している。また太平洋軍も、在日米軍から防衛施設庁に対して米国側の各種負担についての優先順位と目標が伝えられていたとしている。当時は経費負担についての米国側の圧力が日本国内で広く報道されており、日本政府はこれに対する世論や国会の反発に直面していた。そのため一九七八年五月の福田・カーター会談に向けた準備作業でも、日本側はカーターから経費負担の話を出さないよう要請しており、米国側もこれに同意している。日本側が主導する形をとることで日本国内の反発を抑え、同時に日本側に貸しをつくることによって更なる経費負担増大に向けた圧力の梃子としようというのが米国側の企図であった[90]。

こうした方針に米国政府内で異論がなかったわけではない[91]。任務分担と同様に、経常収支が黒字の日本はもっと負担を増すべきだとする国防総省と、経済問題と防衛問題は関連づけるべきでないとする国務省、在日米大使館の間に対立はあった。しかし任務分担とは違って、経費であれば日本側には負担を早急に増大させる余地があった。この問題は軍事的な役割分担と直結せず、さらに労務費は基地の日本人従業員に関する費用であったため、労働組合を支持母体とする最大野党の社会党も反対しづらかったためである。(92) それゆえ在日米軍基地関連経費の肩代わりという経費負担は、政治的決断の必要な予算上の措置を伴ってはいたものの、比較的順調に日本の負担拡大が進んだ。

(3) 防衛費をめぐる摩擦と協力の限界

以上のようにカーター政権発足後も実務レベルを中心とした下からの協力は着実に進んだものの、そうした協力の限界を示した分野もあった。経費負担と同じく政治レベルの関与が必要となり、しかも日本国内では依然として論争的だった防衛費の増額である。

カーター政権は防衛協力の指針の策定やそれまでの協議を通じて、日米間では対ソ脅威認識やそれに対抗するための防衛努力の必要性については意見が一致していると見るようになっていた。(93) アーマコスト(Michael H. Armacost)NSCスタッフ(東アジア・太平洋担当)は一九七七年九月の三原朝雄防衛庁長官とブレジンスキー、ブラウンらの会談に備えて作成された文書で、「日本は安全保障について地球規模で、地政学の文脈で考慮している」と述べている。それは日本国内での安全保障政策や日米安保への指示が増大したことにより、「防衛問題はもはや日本においてタブーではなくなった」という見方に支えられていた。

しかしこうした期待とは裏腹に、日本の防衛努力に必要なはずの防衛予算の増額は、米国から見て不十分なものであった。日本側では、経済成長の鈍化に伴って防衛費がGNP比一%を超えることはやむを得ないとされたものの、閣議決定である一%枠の突破を明示的に目指せるほど国内世論の防衛政策に対する支持は高くないと見られており、大蔵省の反対も根強かった。(94) 外務省も米国に対し、GNP比一%枠は今後もしばらく維持されるという見方を伝えている。

これに米国側は強い不満を抱いた[95]。既に述べたように、カーター政権下でも一九七七年中からソ連に対抗するための軍備増強の必要性は認識されていた。さらにカーター政権末期からレーガン政権にかけては、米ソ間の軍事バランスが最もソ連優位になると予想される八〇年代前半に戦争の危険性が高まるという「一九八三年危機説」「一九八五年危機説」が生まれるほど切迫した危機感があった。レーガン政権のワインバーガー（Caspar Weinberger）国防長官に言わせれば、「ソ連の軍事力増大傾向に鑑みれば、時間は貴重であり、我々に時間は余りない」状態であった[96]。

それにもかかわらず、日本の当時の防衛力では、米国が求める自国の防衛や海上交通路防護は危うかった。例えば一九八一年に米太平洋軍司令部が行った「ＳＬＯＣ研究」によれば、いわゆる二本の航路帯で平和時の五〇％以上の航行量を保証するために必要な戦力は一〇三隻の護衛艦、一三から一八隻の潜水艦、一〇二機のP-3C、二〇機のE-2C、七二機のF-15であった[97]。単純ではあるが一九八〇年当時の自衛隊と比較すると、護衛艦やP-3Cは予定調達数を含めても二倍以上であり、この研究が想定した一九八八年時点の保有数と比較しても二倍前後となる[98]。

この状態を改善するための日本の防衛費は、算出方法が異なるとはいえ、米国だけでなく西欧諸国にも及ばなかった[99]。その実現可能性に疑問符がついていたとは言え、ＮＡＴＯ諸国は一九七八年五月のＮＡＴＯ首脳会議でカーター政権の防衛費増大要求に応じていた。この会議で正式決定された長期防衛計画（LTDP: Long Term Defense Program）の下で八〇年代に必要とされる防衛態勢を一年かけて検討したＮＡＴＯ諸国は、一九七九年から一九八四年にかけて防衛費を毎年約三％増大させるという目標を掲げた。

そのため米国政府には、図3-2が示すように対ＧＮＰ比で1％以下のままの日本の防衛努力が西欧諸国と比べても不足しているという不満が生まれた[100]。特にコマー（Rober W. Komer）国防長官特別顧問（後に国防次官〔政策担当〕）ら同盟政策全体を担当する当局者から見ると、日本と西欧諸国の取り組み方の差は際立っていた。このため

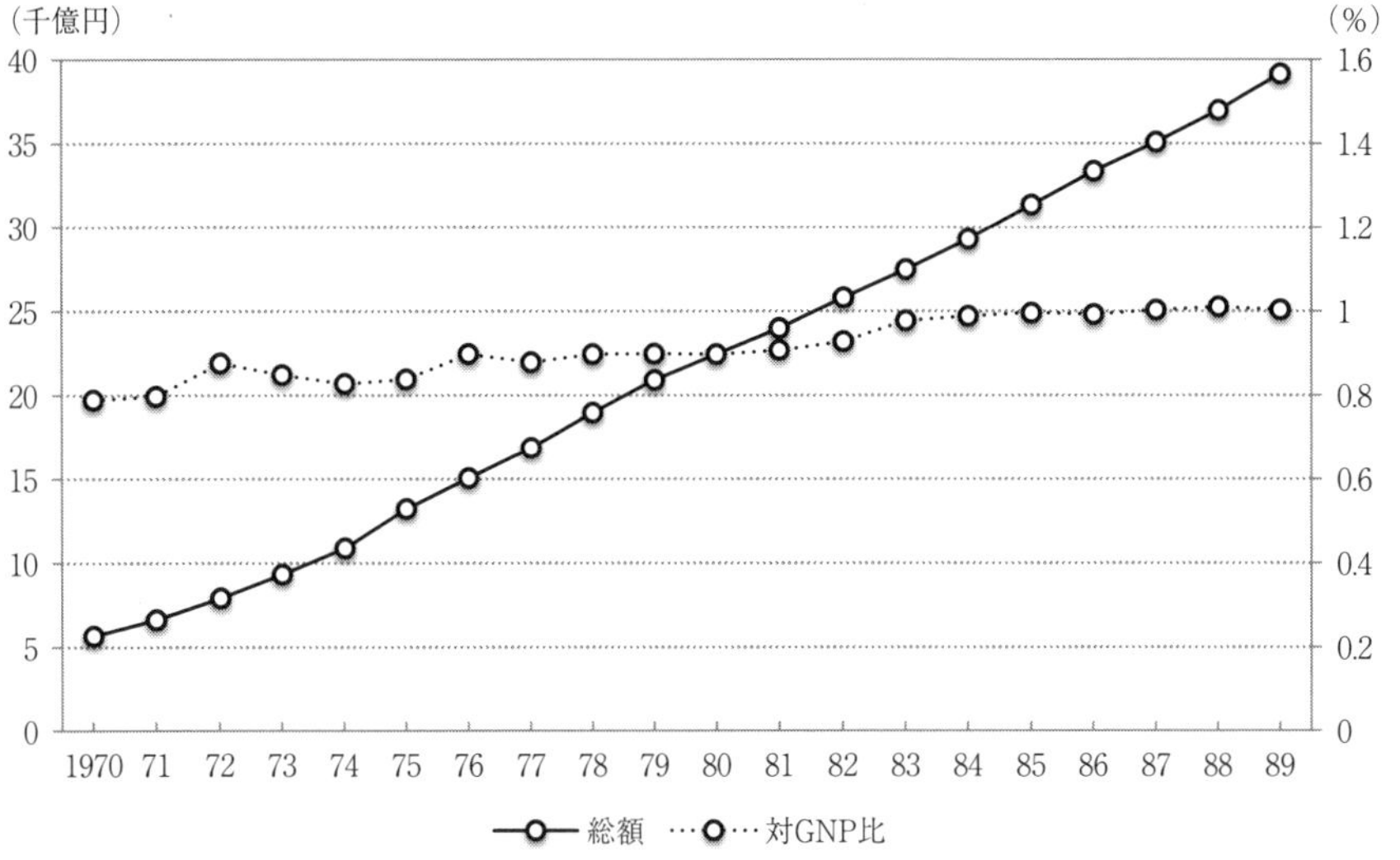

図３－２　日本の防衛費

出所：防衛庁『防衛白書』各号を基に執筆者作成。

一九七九年以降、米軍は自衛隊の能力改善が急務であると分析し、国防総省はより具体的な防衛費増大要求を主張し、議会も負担分担に関する不満の矛先をＮＡＴＯ諸国だけでなく日本にも向け始めた。

それまで米国政府には、防衛費問題について他国には具体的な額まで提示して強い圧力をかけているものの、日本については圧力が逆効果になるという専門家の意見を尊重して特別扱いしているという意識があった[101]。しかし日本が防衛協力の指針の策定を主導したことによって米国側の期待は高まった[102]。加えて七〇年代末は、第Ⅱ部で見るように、マクロ経済政策協調や貿易問題をめぐって日本が具体的な数値目標の提示といった「外圧」を米国側に求め、米国がこれに応じていた時期であった。このため同じ手法に日本側が応じるとカーター政権が期待したとしても不思議はない[103]。

反面、日本の大幅な防衛力増強や中国軍近代化の為の対中経済支援といった地域安全保障上の役割まで求める国防総省の主張には反対も多かった。一九七九年初頭、国防次官補代理となったアーマコストは、日米防衛協力の進展やソ連の軍拡等によって状況が変化したとして、駐韓大使の職を辞したばかりのスナイダーに対日安全保障政策の再検討を依頼している。(104) スナイダーは各国の大使館等から意見を聞いた上で、日本国内での防衛政策や日米安保への支持増大を指摘し、日本に求める軍事的任務をより明確に、かつ控え目に提示することで日本の防衛努力は前進しうるとする報告書を提出した。この主張には国防総省も国務省も大筋で同意しており、数値目標よりも改善すべき能力や分担すべき任務を直接示すというレーガン政権期のような方針は、カーター政権でも既に議論されていた。(105) ただしその方針への反対はスナイダー報告後も消えておらず、日本が担うべき任務とその任務を遂行する能力を造成するための防衛費のどちらを重視すべきかをめぐって論争は続いた。(106)

そうした中で、カーター政権末期の一九八〇年には、翌年度の日本の防衛予算をめぐって更に激しい摩擦が生じた。当時日本側は、七月の時点で防衛予算が前年度比九・七％増となるよう努力すると米国側に伝えていたが、その後の予算折衝で七％台に落ちる可能性が高くなっていた。(107) しかし米国側に日本の予算編成過程に関する知識は乏しく、防衛庁も大蔵省の反対に抗する上で重要であるとして米国側に圧力をかけるよう求める中、九・七％増が達成されることは米国側で当然視されるようになっていた。このため米連邦議会、特に同盟国との防衛分担に関心を持つ上院軍事委員会は日本の予算折衝に強い不満を表明し、国務省も防衛予算が当初の見込みを下回った場合には「ただ乗り」論が更に強まると懸念した。この際にはベテランの日本専門家であったシャーマン（William C. Sherman）在日米国大使館首席公使や本国のプラット（Nicholas Platt）NSCスタッフも、ワシントンにおいて日本が防衛上の負担を分担する意思があるのかどうかが疑われているとして日本側に注意を促している。(108)

これに対して外務省と防衛庁は日本の予算制度を説明し、後年度負担で装備を取得するため単年度の予算額以上の防衛力増強が可能であると主張した。(109) しかし米国側は依然として不満であった。カーター政権最末期の一二月にも、訪日したブラウン国防長官は防衛費と社会保障関係費のバランスをとる必要があるとする鈴木善幸首相らに対して、最低でも九・七％増とすることによって防衛庁内の計画である中業を前倒しで実現するよう求めている。こうした強硬な要求は数値を具体的に挙げて要求するカーター政権ゆえのものだったとする見方が日本側にはあるが、ホルブルック（Richard Holbrooke）国務次官補（アジア太平洋問題担当）は、日本側が「背のびをしすぎて、自ら問題をつくり出し」たと指摘している[110]。

いずれにせよこの摩擦の後、レーガン政権に入ると表面的には対日政策が変化し、日米首脳会談でも「日本に圧力をかけているとの印象を与えることも望んでいない」とレーガン大統領自身が述べるまでになった[111]。しかし一方で同政権においても、防衛予算をさらに拡大してソ連の軍拡に対応する必要があるという点で対日政策関係者の認識は一致していた。一九八二年度の防衛予算をめぐって鈴木首相が批判を浴びた際にも、米国側は日本政府の努力を称賛する書簡を送付して鈴木を政治的に支援するとともに、今後数年間の防衛努力が肝要であり防衛予算をさらに拡大する必要があると念を押している[112]。

こうした圧力を牽制してきた日本専門家も、一九八〇年頃からソ連の軍拡や日本の経済力に比して日本の防衛努力が不足しているという見方に異議を唱えなくなっていた[113]。スナイダー報告以降、防衛費の対ＧＮＰ比や増加率だけでなく日本に求めるべき任務と能力にも注意が向けられるようになってはいたものの、それが日本の防衛努力増大にはつながっていないという認識を国務省も示すようになっていた[114]。日本の国内事情に対する理解が国務省だけでなく国防総省やＮＳＣといった関係省庁の間で徐々に共有されていったのと同じように、日本側が様々な制約の下でも出来ることがあるのにやっていないという不満もまた広く共有されつつあったのである。

結語　同盟国としての負担分担

七〇年代後半、日本政府は米国に「見捨てられ」る不安、あるいは日米制服組の協力に「取り残される」不安を抱き、それらが一因となって米国との防衛協力に積極的となった。それは米海軍にとって軍事的に重要な意味を持っていた。そしてカーター政権期の後半からレーガン政権にかけて米国がソ連との対決姿勢を強める中、日米防衛協力の重要性は海軍だけでなく政権全体で強く認識されるに至った[1]。米国政府の安全保障上の関心はなお欧州中心であったが、欧州での戦争が太平洋をはじめ世界各地にも波及するという主張も浸透しつつあった。その主張を受けてレーガン政権は、一九八二年五月、国防政策全体について定めたＮＳＤＤ（National Security Decision Directive）32を決定し、「海洋戦略」と同じく欧州での有事の際にソ連が相対的に劣勢にある他の地域で攻勢に出るとした「水平拡大戦略」を採用した[2]。これに伴ってカーター政権末期から続く南西アジア、特に湾岸諸国へのソ連の進出を問題視する姿勢も鮮明となり、太平洋から南西アジアに展開する戦力を抽出する上での日本の重要性も明確となった。レーガン政権で海軍長官を務めたレーマン（John Lehman）は、同政権の攻勢的な戦略が日本やＮＡＴＯ諸国の海軍力を前提にしていたとし、封じ込め戦略は「日本の自衛力再建がなければ成功しなかっただろう」、自衛隊は「西太平洋の抑止力で大きな比重をもっていた」と述べている[3]。

その一方で、具体的な協力の限界も見逃すことはできない。特に注目すべきは日米間の認識差である。まず何を問題とし、何に優先的に対処すべきかについては、ソ連の軍拡を第一に考えた米国とは異なり、日本の主な懸念には米国の軍事プレゼンス縮小も含まれていた。防衛力増強や対米防衛協力具体化についても、ソ連との軍事的対決というより、米国の不満に対処し日米関係を円滑に運営する、日本有事の際に米国が確実に来援すると国内に示すといった、政治的な意義を見出していた。防衛協力の指針も、米国にとっては今後の防衛協力強化を円滑に進めるための出発点であったが、日本にとっては米国の有事来援の保証や日米同盟の維持をもたらすそれまでの協議の帰結であった。

防衛協力の指針策定後もずれは続いた。在日米国大使館は一九七九年七月の第一一回SSCを準備する際に防衛庁内に米国の有事来援を疑う声があると注意喚起し、これに対して太平洋軍は有事の計画と実際に動く戦力は違うことを指摘すべきだとしている(4)。これは有事来援の確保を重視して詳細な計画を作成したい日本側と、運用上の都合を重視して具体的な派遣計画はその都度決めたい米国側の間のずれであった。

さらに七〇年代末以降は、ソ連の軍事的脅威がどこまで深刻か、また深刻だとしてそれに応じて防衛力増強のペースを上げるべきかどうかをめぐって認識差があらわとなった。第一一回SSCが実際に開催された際、日本側は外務省も防衛庁もソ連の脅威を率直に認めたものの、脅威認識から政策上の示唆を引き出すことには非常に慎重であった(5)。当時の世論調査や太平洋軍の認識が示すように、日本の脅威認識は以前より高まってはいたものの、米国ほどではなかった(6)。防衛庁・自衛隊内の議論を見ても、大綱への不満は依然として残っていたものの、政府の決定を一官庁が覆すわけにはいかず、柔軟に解釈しすぎるのも従来の脅威対抗論に戻りかねないとして庁内の支持を得られていなかった(7)。一九七九年度の防衛白書が北方領土へのソ連軍展開や極東ソ連軍の質量両面での強化を指摘したことがソ連への脅威認識の高まりを示すものとして指摘されることもあるが、これも防衛問題に対する一般の意識喚起が目的であった(8)。

こうした認識差は政治レベルでの協議でより厳しい対立を招いた。例えば一九七九年一〇月の園田外相、山下元利防衛庁長官とブラウン国防長官らとの会談では、米国側が日本の国内事情に理解を示しつつもソ連の軍拡への対処を財政問題より優先するよう求めた(9)。しかし園田と山下は、米国から強い圧力を受けていた防衛費増額問題を抱えて積極的に防衛協力を推進できる状態になく、防衛費も削減される可能性すらあると応じた。

大平の急死を経て発足した鈴木内閣でも進展はなかった。一九八〇年九月の伊東正義外相とブラウンの会談では、ブラウンが中業の達成時期繰り上げを求めたのに対し，伊東が国内政治上・憲法上の制約を説明しつつ努力を約束するという従来の姿勢に終始している[10]。その一カ月前には，山下防衛庁長官がウェイズナー太平洋軍司令官との会談で，ソ連の軍拡を認めつつも「ロシアの中東と太平洋での力の誇示について警戒すべきとは見ていない」とし，太平洋における米ソ軍事バランスは崩れたとは言えず，ソ連の「戦力集中は脅威を構成していない」と述べた[11]。日米間の認識差はむしろ拡大していたとさえ言えるであろう。

これらの対立にもかかわらず進んでいた実務レベルでの協力も，その波及効果には限界があった。例えば日本の軍事的位置づけは商船が行き交う海上交通路の防護から空母機動部隊の護衛や補給路の確保へと変化していたが，それが日本側にも認識されていたのかどうかという問題がある。グリーン（Michael J. Green）は日米同盟の管理運営に関わった防衛庁や外務省，自民党国防族が日本の役割を正確に認識していたと主張するが，第Ⅰ部の検討からすれば疑問符をつけざるをえない[12]。

また米国側においても，日本の軍事的重要性が日常的に対日防衛協力に携わっていない当局者や議会にも共有されていたのかどうかは不透明である。防衛協力の指針の策定以降も，例えば防衛協力が最も進んでいた対潜戦に関して，米軍が供与しようとしない装備やノウハウは少なくなかった[13]。日米双方に見られるこれらの現象は，下からの協力の波及効果に限界があったことを示していよう。

それでもなお，日米防衛協力の歴史においてこの時期の一連の決定とその後の実務レベルでの協力は重要な意味を持った。七〇年代後半，日本政府は米ソ間の戦略兵器制限交渉の状態や米ソ軍事バランスについての情報を米国側に求め，それに基づいて自身の役割を決定するという「対等な関係」を求め始めていた[14]。米国側はこうした動きを歓迎し，自らの設定した戦略に日本が「自発的に（at their own initiative）」貢献することを狙っていた[15]。その狙いは，防衛協力の指針策定とその後の実務レベルでの協力によって概ね達成されたと言ってよかろう。何よりその貢献の質は，従来の研究が冷戦下の日米防衛協力の特徴として指摘する「物と人の協力」にとどまらず，海上交通路防護に関する「人と人の協力」に踏み込み，さらには「海洋戦略」という世界大の米ソ対立と直結した戦略にも関与した。それは日本側にとっても、共同作戦の実施や作戦の立案にあたって互いに相手の協力を必要とするようになったという意味で、日米間の非対称性の縮小という長年の目標につながるものであったと言えるであろう。
一連の進展ゆえに、日米防衛協議に参加していた在日米大使館のセリグマン政務参事官は防衛協力の指針や思いやり予算が決定された一九七八年を「実り多き年（year of considerable accomplishment）」だったと評価する。[16]当時から安全保障や経済など様々な分野における日本の負担拡大を唱え、後の駐日米国大使時代には「ミスター外圧」と呼ばれることになるアーマコストもこうした見方を共有し、さらにはブレジンスキーも日米安全保障関係が「保護関係から作戦上の責任分担を伴う実働同盟へ」と変化しつつあると評価した。[17]
一九七九年の日米首脳会談において、大平首相は日本の役割を「ユーラシア大陸のかたわらで日本列島が米国にとってのいわば不ちんの航空ぼ艦」と表現した。[18]後の中曽根首相の発言を先取りするかのようなこの発言は、事前に用意されたものではなかった。[19]そしてそれは、日本が米国の軍事戦略の下で担うことになる役割を踏まえたものでもなかったように思われる。それでもなお、極東ソ連軍の太平洋への出口を扼するという日本の地理的特徴や日本の経済成長、そして米国の軍事力の揺らぎと対ソ戦略の再検討といった諸要因は、日米間の認識差を政策の差に直結させず、日本が有事にすべきは自国の領域の防衛であることに変わりないという幸運を日本にもたらしたと言えるであろう。[20]

第Ⅱ部　マクロ経済政策協調への参加

日米通商協議で会見する牛場信彦対外経済相（左端）とストラウス通商特別代表（右端）
（1978年１月13日，東京）（時事）

六〇年代までの高度経済成長と七〇年代初頭からの円高を経て、経済大国日本は七〇年代に入ると世界経済に対する責任を求められるようになった[1]。序章でも述べたように、一九七一年の金ドル兌換停止とその後の国際通貨体制の混乱、そして一九七三年の石油危機等によって不況と国際収支不均衡が生じる中、西側先進国間では経済政策協調が盛んに行われた。特に日本は輸出の伸びとともに米欧との貿易摩擦が激化していたために、他国からの期待と要求は一層大きなものとなった。

日本に求められたのは成長を続ける新興経済大国として世界経済の回復に貢献するという国際的な責任であったが、それを求めたのは主として米国であった。日本も最大の貿易相手国の要求を無視することはできなかった。つまり世界経済における日本の役割という国際問題は、西側の市場経済を主導し、日本にとって最大の貿易相手国であり、日本の経済政策に様々な不満を持つ米国と日本の間の二国間問題でもあった。第Ⅱ部では、この問題の中でも国際収支不均衡をめぐる日米の協調と対立に焦点を当てる。

日米経済摩擦については既に多くの研究がなされているが、その多くは農産物や鉄鋼、自動車、半導体といった個々の産業をめぐる摩擦についてのものである[2]。一方で、国際収支不均衡を含め、西側先進国間のマクロ経済政策協調における日本の役割はその重要性に比して研究が進んでいない。一九七七年に発足したカーター政権は、経常収支黒字国である日本、米国、西独の三カ国が内需を拡大し不況に陥っていた他の西側先進国を牽引するという「日米独機関車論」を熱心に唱え、日独両国には掲げるべき経済成長率目標まで具体的に提示して内需拡大を求めた。日本は財政再建という問題を抱えていたにもかかわらずこれに応じ、内需拡大のための公共投資増額や市場開放を進めていくこととなる。こうした取り組みは、個々の産業や産品をめぐる日米経済摩擦以上に、日本経済や日本外交に影響を与えうるものであった。日本の内需拡大や市場開放に対する米欧の不満が高まれば、日本にとって必要不可欠な貿易相手国である米欧で保護主義を刺激し、日本が先進国として、また西側諸国として守るべき自由貿易のルールを守っていないという批判につながりかねなかったためである。

日本はカーター政権の登場以前から、サミットへの参加や為替政策をめぐる協議への参加を通じて、西側先進国間のマクロ経済政策協調に本格的に参加しつつあった。そして一九七七年以降は日米独機関車論の下で大規模な内需刺激策を実施し、一九七八年一月には翌年度の経済成長率目標を七％とするに至った。その後内需拡大は思うように進まず、七％目標も撤回されるものの、為替の変動や第二次石油危機の発生もあって日本の経常収支黒字は縮小し、日米間の対立は一時収束した。

この一連の経済政策協調については、同時代史的な研究や国際政治経済学の立場からの研究がある。まずデスラー（I.M. Destler）と三露は、経済成長率目標という数値にまで踏み込んだ米国の具体的圧力が、それに同調する日本政府関係者ゆえに当初は効果的だったものの、米国の経済政策への批判や円高がその効果を減じ、やがて問題も自然消滅したと指摘する(3)。逆に古城は、前後の時期の日米経済関係や西独など他の先進諸国における同様の政策決定と比較した上で、米国の圧力よりも日本国内の円高への警戒感が内需刺激策を生み出したと指摘する(4)。またパットナム（Robert D. Putnam）とヘニング（Randall Henning）は一九七八年のボンサミットとその前後の先進国間の交渉について米独関係を中心に分析し、日本や西独に対して米国の圧力が効果を発揮したのは両政府の内部に米国と同じく内需刺激を求める意見があったためだと指摘する(5)。

このように先行研究の見解は微妙に異なるものの、一九七八年一月の経済成長率目標設定までの政策協調は説明できても、その一年後に目標が撤回され、対立が一時収束した経緯までは説明していない点が共通している。確かにデスラーと三露が指摘するように問題が自然消滅した側面もあるが、本書が検討するように当時の関係者は問題の消滅を明確に認識できたわけではなく、一度掲げた目標の撤回をめぐって日米間には激しい摩擦が生じていた。その摩擦を両国がどう収めたのかは明らかになっておらず、この時期の日米経済政策協調にはまだ未解明の部分が残っていると言えよう。

また日米独機関車論は、経済成長率目標という数値にまで踏み込んだという点で特異な政策協調であり、その経済的な効果についても研究がなされてきた(6)。そうした研究はいずれも、この政策協調に否定的な評価を下している。例えば飯田はこの時期の金融政策協調を例に、各国の政策決定者が経済問題についてそれぞれ異なる知識や見解を持っていることから政策協調が非生産的になったと指摘し、ウェブ（Michael C. Webb）もこの時期の政策協調は失敗したとしてその難しさを指摘する[7]。

しかしマクロ経済政策協調の目的は国際収支不均衡や不況といった経済問題の解決だけではない。サミットをはじめとする西側先進国間の経済協議には、今後の協調に向けた各国の役割分担や役割を履行する意思を確認し、それを第三者に示すという政治的意図もある。このような経済政策協調の政治的側面、特に経済大国となった日本がこの時期の経済協議を通じてどのような役割を担うに至ったのかは、経済政策協調を評価する上で検討すべき事項と言えよう。

以上のような問題意識を基に、第Ⅱ部では主にカーター政権期に焦点を当てる。日米両国が経済成長率七％という目標で合意し、その実現を試み、その放棄で合意するに至る経緯を検討し、この時期の日米政策協調が国際経済における日本の役割をどう規定したのかを考察したい。

具体的には、第四章で七〇年代前半までの西側先進国間の経済協議や日米経済協議を概観し、米国が内需拡大による世界経済の牽引を日本に求めるに至る背景を検討する。第五章ではこの米国の求めに日本が応じ、経済成長率を目標として設定する過程を検討する。第六章では目標達成に向けた日本の取り組みに不満を持った米国が更なる内需刺激策を求めるものの、為替相場の急変に伴って米国自身の対外経済政策が変化し、日本も目標を撤回するに至った経緯を検討し、その後の日米間の協調と摩擦も併せて概観する。最後に結語においてこれらの検討を基に、日米独機関車論の下での日米間の協調と対立が国際経済体制における日本の役割をどう規定したのかについて考察する。

第四章　経済政策協調の模索と日本

1　国際経済の動揺

(1) ブレトン・ウッズ体制の崩壊と各国の対応

第二次世界大戦後の西側陣営は、一九七一年に至るまで、米財務省において金と一定の比率で交換できる米ドルを国際的な決済手段とするブレトン・ウッズ体制の下にあった[1]。この仕組みの下で西側諸国は復興を遂げたものの、各国がドルを保有することで米国の経常収支赤字が拡大することも不可避となり、やがて外国のドル保有総額が米国の金保有額を上回って制度が破綻する事態が懸念された。実際に米国の経常収支は六〇年代になって次第に減少し、ドルと金の交換性維持に対する不安が増し、様々な改革案が提案された。ただこうした議論は、国際通貨基金(IMF: International Monetary Fund)が管理する国際通貨の発行や金本位性への復帰といった現実性に乏しいものが多く、決定打とはならなかった。そのため一九六七年の英ポンド切り下げをきっかけとした金の公定価格制度崩壊等、制度の限界を示唆する兆候はあったものの、既存のブレトン・ウッズ体制の修正と維持が模索された。

こうした中、一九六九年に発足したニクソン政権では当初、ニクソンやキッシンジャーは国際金融問題に関心を持っていなかった[2]。しかしこの長年の課題を放置するわけにはいかず、ヴォルカー(Paul Volcker)財務次官の下で金融政策作業部会(ヴォルカー・グループ)が対応を検討した[3]。もっとも、同グループの提案に沿ってニクソン政権がとったのは、米国の経常収支赤字の原因や調整の責任を西独等の黒字国に求める「優雅なる無視(benign neglect)」であり、これら西側同盟国との対立が激化する一方で米国の経常収支は赤字となった。

そのため財務省ではドル切り下げという強硬策の検討が進められ、一九七一年二月に就任したコナリー（John Connally）財務長官の下、一九七一年八月に金ドル兌換の即時停止、輸入品への一時的な一〇％課税、賃金や物価の統制といった「新経済政策」が決定された。(4) 長年西欧諸国との国際通貨協議に関わってきたバーンズ（Arthur F. Burns）ＦＲＢ議長らは、通貨外交の微妙さや同盟国間関係への悪影響を軽視しているとしてこれに反対した。しかしコナリーだけでなくニクソンも米国の国際的地位の回復や国内世論の反応といった政治的要素を重視して断固たる行動が必要だとし、方針は決定された。

この方針やコナリーの強硬姿勢に対しては当然ながら米国内外で反発があったものの、先進一〇カ国会議（G10: Group of Ten）での協議を経て、同年一二月にはドル切り下げ幅を縮小する等のスミソニアン協定が成立した。(5) その特徴は、ブレトン・ウッズ体制下の固定相場制を維持することを前提とした一時的な措置に過ぎないという点にあった。米国は既存の体制の調整とそれによる米国の地位復活を目的としており、当時大蔵省財務官室長を務めていた行天豊雄も、「依然として変動相場制は一時的なものであり、世界も平価制度への復帰という点で強いコンセンサスが存在するものと思っていた」と振り返っている。(6)

ただ、金ドル兌換停止後の為替市場の主役は、各国政府よりむしろ民間金融市場であった。(7) スミソニアン協定は数カ月と持たず、新たに財務長官となったシュルツ（George P. Shultz）の努力によってドルの再度の切り下げも行われた。しかしその効果も数週間しか持続せず、むしろ金融市場の不安定化を招きドルへの不安をますます煽る結果となった。そのため米財務省は一九七二年七月になると変動相場制への移行と金融自由化の検討を本格化させ、一九七三年三月一日には西独が、続いて他の西欧諸国と日本が、変動相場制へと移行した。ヴォルカーはこの経緯について「市場は国家間交渉になんら敬意を払っていない」と不満を洩らしている。(8) 民間金融市場の影響力はそれほど急速に拡大しつつあった。

最終的に、日米欧蔵相会議が一九七三年三月一五、一六日にパリで開催され、西独をはじめとする欧州六カ国の共通変動相場と英・伊・加・日各々の変動相場という折衷案で各国は合意し、ブレトン・ウッズ体制は崩壊した。(9)

これによって通貨安定を目的とした各国中央銀行の通貨市場介入は義務ではなくなり、米国はドル防衛から解放された。

以上のようにブレトン・ウッズ体制の終焉は、米国経済の衰退だけでなく、経済のグローバル化という新たな状況によるものであった[10]。日本を含めた先進各国において、固定為替相場制を維持するのに必要な施策はしばしばその国の国内経済政策や政治事情とは相反するようになり、各国家の経済政策の他国への影響も次第に増大した。市場の国際統合が進む中でこれまでのように国際経済を安定させるためには、これまで以上に緊密な国際協調が必要とされるようになっていた。

（2）サミットの始まり

こうして開始された変動相場制は、自律的に国際収支不均衡を調整するという事前の期待とは裏腹に、発足当初から激しく乱高下した[11]。石油危機やスタグフレーション等の難題が山積していたとはいえ、一九七三年以来増大する一方の国際収支不均衡は、変動相場制の国際収支調整機能が期待ほどではないということを示していた。その後も為替市場は固定相場制の時代とは比較にならないほどの変動を続け、先進諸国はこれに対処するための金融改革や政策協調を模索することとなった。

そうした取り組みの一つがサミットであった[12]。国際金融問題については一九七一年末に、G10参加諸国に開発途上国を加えた二〇カ国会議（C20: Committee of Twenty）が設置されていたものの、あまりに参加国が多く、各国の関係する省庁の大臣も出席していたため実質的な進展が見られていなかった。このため一九七三年になると、シュルツ財務長官が英独仏の蔵相をホワイトハウスの図書館に集める形で国際金融問題についての協議を開催し始めた。当初はこの四カ国からなる非公式協議であったが、一九七五年九月のＩＭＦ総会の際に愛知揆一蔵相がこの四カ国の関係者を招く形で夕食会を開き、日本もこの「ライブラリー・グループ」に加わった。その後、各参加国の中央銀行総裁も加わってこの会合は五カ国蔵相・中央銀行総裁会議となる。

その間、ライブラリー・グループに参加していた西独のシュミット（Helmut Schmidt）とフランスのジスカールデスタン（Valéry Giscard d'Estaing）は、首脳となった自らが金融・経済問題について他の主要先進国の首脳と協議する場を模索した(13)。そして同年七月にはジスカールデスタンが、日本の他に共産党が勢力を伸ばしていたイタリアも加えた六カ国で首脳会議を開く構想を発表した。これを受けて、同年一一月に六カ国の首脳が参加する初のサミットがフランスのランブイエにおいて開催されることとなった。ジスカールデスタンはあくまで首脳間の非公式かつ率直な協議が可能な会合を望み、会合の組織化や制度化を極端に嫌ったものの、サミットはその後の先進国間の経済政策協調を支える重要な制度となった。

ただ、サミット開催がただちに参加国間の経済政策協調につながったわけではない(14)。当初フランスは金融問題に絞った会合を提案したため、固定相場制復帰を主張するフランスが通貨制度に関する専門知識に乏しい首脳間の協議でこれを実現させようとしているのではないかという疑念が他国にはあった。サミットに参加できない欧州の小国からの不満もあった。加えて当時懸案だった為替相場については、時間も参加者も限定されるサミットでは合意できそうになかった。通貨制度をめぐる米仏交渉を通じてフランスは次第に柔軟な姿勢を示していたものの、長期的には固定相場制に復帰することを諦めていなかった。西独や日本は、為替相場を安定させるための介入を行うよう米国に求めていた。そして米国は為替介入や為替変動幅の設定に強く反対し、ファンダメンタルズの改善を為替安定の唯一の道としており、サミット参加国間の隔たりは依然として大きかった。

このため米国は経済政策全般についての幅広い議題を提案し、貿易自由化促進、保護主義への抵抗、途上国の自由貿易参加への援助等で一般的な合意を形成しようと試みた(15)。なかでも重視されていたのが自由貿易体制の維持であった。当時はＯＥＣＤ諸国でも不況から脱していない国で保護主義的な要求が高まっており、豪州が貿易制限を行い、英国政府高官が輸入制限を示唆し、米国内でも民間企業が保護主義的措置を求めていた。

米国の企図は、一一月一五日から一七日にかけて開かれたランブイエサミットで概ね達成された(16)。初日午前の最初の協議で不況やインフレの及ぼす影響への対策が議論され、冒頭で西独のシュミット首相が述べた保護主義への懸念に各国とも同意した。様々な経済・金融問題に関して対立の絶えなかった西側先進諸国間で協力の意思を確認し、第一回サミットは概ね成功に終わったと言えよう。

ただ、ランブイエサミットに続いて米国の提案で行われた翌一九七六年のプエルトリコサミットは、明確な成果を出すことはできなかった[17]。この時には米独仏の首脳が選挙を抱えており、西独や日本といった黒字国はインフレ対策に、英国等の赤字国は景気刺激に、それぞれ注意を向けていた。このため第一回と同様に具体策での合意は難しく、米国は黒字国には世界経済の成長の牽引を、それ以外の赤字国には緊縮策による収支改善とインフレ抑制を求めるという方向性での合意をサミットの目標とした。実際の成果や実現方法については各国政府の責任とされ、政策協調（coordination of policies）は有用でも実際的でもないというのが米国の方針であった。これに対して英仏両国は、ランブイエサミットに当初消極的だったフォードが第二回サミットを提案したのは選挙上の理由からではないかと疑っていた[18]。具体的な成果に向けた熱意は前回以上に乏しく、準備にあたる各国のシェルパ（Sherpa）による会合は一度しか開催されず、会議後の合意文書を「宣言（declaration）」とするか、より弱い「公式声明（communiqué）」とするかをめぐって意見が対立するほどであった[19]。

こうして紆余曲折を経て始まり、当初は具体的な成果もなかったとはいえ、首脳会合がマクロ経済政策協調の場として登場したことは経済政策協調の政治化という変化を象徴する出来事であった[20]。それは六〇年代までに同種の協調を担ってきたG10や国際決済銀行の専門家会議が技術的な対策に重点を置いていたのとは対照的と言えよう。日米独機関車論もまた、そうした政治的性格の濃い経済政策協調であった。

2　「日米独機関車論」の登場

（1）日本への批判――経常収支不均衡

日米独機関車論が登場した背景には、こうした経済政策協調の政治化に加え、日本が問題の源として、またその問題に対処するための国際協調の担い手としてその存在感を急速に増していたという事情がある。第二次大戦後、西側諸国の中でもとりわけ顕著な復興を遂げた日本は、六〇年代の関税及び貿易に関する一般協定（GATT: General Agreement on Tariffs and Trade）一一条国、ＩＭＦ八条国への移行によって貿易と為替の両面で経済の自由化を加速させ、七〇年代には米欧に並ぶ経済大国へと成長した。(21) またこの間、ブレトン・ウッズ体制が揺らぐ中で、相互に中期的な信用供与を行う一般借入協定（GAB: General Arrangements to Borrow）とその協議体であるＧ10、Ｇ10と同じ顔触れで国際収支問題を検討する経済協力開発機構（OECD: Organisation for Economic Co-operation and Development）第三作業部会（WP3: Working Party No.3）といった西側先進国間の協議にも参加するようになり、次第に先進国としての責任の一端を担うようになっていた。(22) 前項で論じたサミットへの日本の参加も、こうした流れの中にあったと言えよう。

一方でこの時期には、伸び続ける日本からの輸出への批判も高まった。日本の国内産業の中心は六〇年代になって素材産業から機械や自動車といった加工・組立産業へと移り、高度な技術を含んだ製品を米欧へ輸出するようになっていた。(23) このため自国製品と日本製品が競合する米欧では次第に日本に対する反発が高まった。

この反発を急速に拡大させたのが、一九七三年一〇月の第四次中東戦争に伴う第一次石油危機後に拡大した国際収支不均衡である。(24) 石油危機当時の日本は一九七一年の金ドル兌換停止後の混乱から立ち直る途上にあり、一九七二年七月には新たに発足した田中内閣が「日本列島改造計画」を掲げ、公共投資を中心にそれまでにない大型予算を組んでいた。それ以前から始まっていた物価上昇にこの計画と翌年の石油危機が加わり、日本は一時、経常収支赤字、不況、インフレの「トリレンマ」に陥る。しかし一九七三年度予算で緊縮財政や賃金抑制をはじめとする総需要抑制策を実施し、省エネルギーを推進することで石油輸入量を削減したことで、日本は先進諸国の中でもいち早く国内物価の安定に成功した。

その結果、一九七六年以降、輸出拡大によって景気を回復させた日本と内需を拡大させた米国や景気回復が遅れた他の先進諸国との間で国際収支不均衡が生じた（図4-1）。ＯＥＣＤ加盟国全体としては、一九七五年から一九

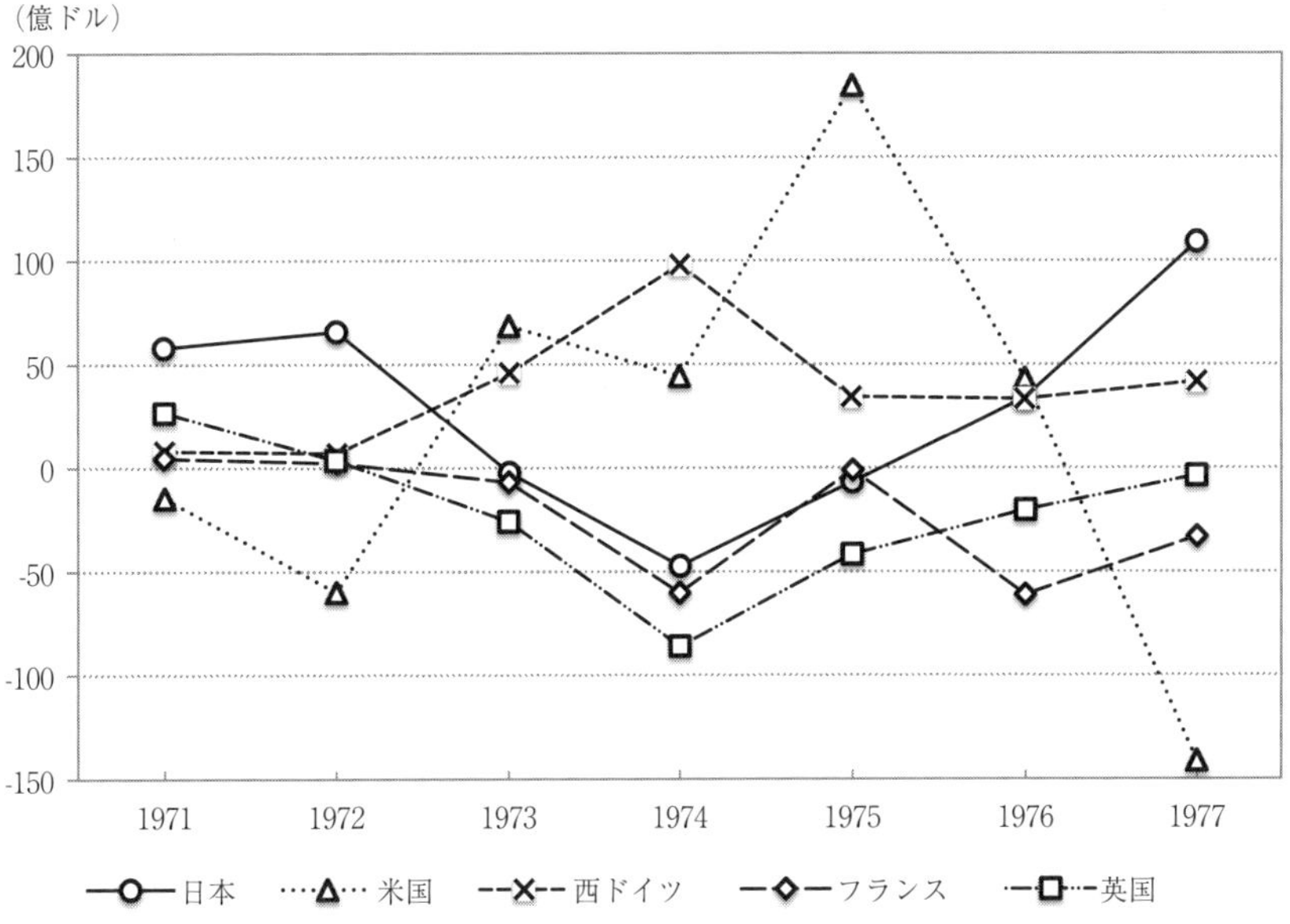

図４－１　主要先進国の経常収支

出所：OECD, *Economic Outlook* 各号を基に執筆者作成。

七六年にかけて実質経済成長率が五・二％まで回復し、国際収支赤字も大幅に縮小された。しかしその内部では、日米独のように早期に不況を脱し、国際収支赤字の縮小ないし黒字化に成功した国と、英仏のようにいまだ不況と赤字に苦しむ国とに二極分化していた[25]。同年一〇月のＩＭＦ暫定委員会協議でこの点を批判された日本側は一時的なものだと反論しているが、米国政府には日本の予測に対する不信感があった[26]。日本が批判を浴びている分野で経済上の予測をわざと楽観的な方向に操作(cook)し、相手を喜ばせた後、時間が立ってから遺憾の意と共に実際の数値を示す傾向があると見ていたのである。

　こうした状況は日本の工業製品の輸出先である米欧を刺激し、日本は「近隣窮乏化政策」をとっているとまで批判された[27]。まず一九七六年に経常収支が赤字となった米国は、輸出主導で景気を回復させて経常収支黒字を保つ日独両国に対し、石油輸入の減少、輸入の増加、内需の拡大といった日独両国が国内政治上採用し難い方針を米国からの圧力によって採用させようとした。また西欧諸国でも、対日貿易赤字や失業者数の急増に伴って日本の対欧貿易黒字が非難の的となった。日本側には貿易外収支が大幅な赤字になっており、これを補填するために貿易収支が必要だという反論があったものの、政治的には無力であった。

この問題については、経済学的には赤字は必ずしも悪ではなく、また特定国や特定の部門における黒字・赤字を問題視すべきではないという意見もある[28]。国際収支不均衡とは、貿易収支、貿易外収支、移転収支を合計した経常収支における国家間の差が看過出来ない水準まで進み、持続している状態を指す。ブレトン・ウッズ体制下では平価の調整を迫り固定相場制を不安定にさせうるため、国際収支不均衡は避けるべきとされてきた。しかし変動相場制の下では各国の国内経済状態を反映したものであり、経済全体の変動を吸収するとされていたため、国際収支の不均衡を是正すべきなのかどうか経済学上の意見は分かれる。また経済学において経常収支の「均衡」が何を意味するのかも明確ではない。七〇年代後半に先進諸国が経済政策協調を試みた際には黒字でも赤字でもない零の状態を意味していたものの、その後の研究では外的な影響を緩和し長期間持続可能な値とすべきだという議論もある[29]。そして国際収支を修正する上でどのような手段が望ましいのか、特にマクロ経済政策協調は収支の修正に有効なのかといった論点については当時から様々な意見が主張され、合意は得られていない[30]。

またこうした赤字も本来、金融市場等でファイナンスすることができれば問題とはならないはずであるが、実際には経常収支はその国の国内産業の競争力の目安とされ、また為替の変動を通じて実際に輸出産業に影響を与える可能性があった[31]。つまり経常収支赤字は産業衰退の兆しであり、その国の国内産業の弱体化や輸出産業の不振を意味すると解釈できる。それが最終的にはその国の国民総生産や失業率を左右するため、経常収支赤字は政治的に問題視されがちであり、各国とも経常収支黒字を是とする場合が多い。一方で国際収支は各国の輸出入の総和であり、原理的にはゼロサムゲームであるため、ある国が黒字を目指せば必然的に赤字国が生まれる。それゆえに統一的な通貨当局がない国際社会では国際収支調整を念頭においた各国の経済政策の調整が必要となり、変動相場制移行後はますます必要となったが、それを主導したのは黒字国に内需拡大・輸入増大を求める米国及び西欧諸国であった。

そして日本も、高度な技術を使った加工品を大量に消費しうる数少ない貿易相手国である米欧の主張には敏感にならざるを得なかった。こうした事情から、多数国間の問題であるはずの国際収支不均衡は、石油危機後に先進国間で国際収支不均衡が生じる中、日米間でも政治的に重要な二国間問題となった。

なお第一次石油危機後の国際収支不均衡への対応では、当時急激に成長しつつあった国際金融市場が果たした役割も大きい[32]。一九七三年の石油危機で膨らんだＯＰＥＣ諸国の経常収支黒字は、一九七八年時点で当時の日本の黒字の半分以下となる四五億ドルにまで縮小した[33]。これは資本取引上の規制が比較的緩いユーロダラー市場等が赤字国に資金を還流させたためであった。それは金融市場のグローバル化や市場に依存する変動相場制への移行によって、各国の通貨当局だけでなく市場も国際収支不均衡を調整しうることを示唆していたと言えよう。もっとも新興のユーロダラー市場は安定しているとは言えず、国家の役割も依然として大きいというのが七〇年代後半の状況であった。

（2）日本への批判——為替介入

国際収支不均衡をめぐって圧力を受ける日本は、同時に変動相場制移行後の為替の乱高下、特に円高への対応でも批判にさらされた。日本は五〇年代から六〇年代前半にかけて国際収支赤字を抱えていたが、固定相場制の下でその調整には円切り下げではなく財政政策を使い続けていた[34]。公債発行を出来る限り回避して均衡財政を原則としつつ、赤字には緊縮的な政策による需要抑制と輸入減によって対処し、赤字が減少すれば緩和に転ずるという政策である。

しかし一九六八年から日本の経常収支は黒字へと転じ、既述の通り対日貿易赤字を抱えていた米国を中心に黒字減らしへの国際的な圧力が高まった[35]。こうした中で円切り上げを避けるべく、日本は一九七一年六月に「円対策八項目」を打ち出して貿易自由化や景気刺激を試みた。しかし国内の各産業からの反対によって実施には至らず、二カ月後の金ドル兌換停止の前に日本は円高容認に踏み切ることとなる。それでも日本は急速な円高を回避するため、インフレへの懸念があったにもかかわらず、為替市場への大規模な介入や拡大的な経済政策を続けた[36]。

その後、スミソニアン協定で定められた一ドル三〇八円というレートを支えられなくなった日本は一九七三年三月に変動相場制に移行したものの、為替介入によって円ドルレートの急激な変動を避けるという方針は不変であった[37]。変動相場制移行から第一次石油危機までは、先進諸国の通貨が軒並み大幅な変動を見せる中で一ドル二六五円前後の狭い範囲にとどまり、それ以降も概ね三〇〇円前後で安定的に推移している。図4-2が示すようにこの時期の円ドルレートの変動幅は他の主要通貨と比べて小さく、意図的に円高が抑えられているという印象を他国に与えたのもやむをえなかったと言えよう。

こうした日本の為替政策に対する批判は、日本が石油危機の影響を脱して経常収支を黒字とした一九七六年前後からますます強まった[38]。黒字にもかかわらず円高を抑えるため介入を続ける日本政府に、各国からは「ダーティ・フロート」だという非難が集中した。特に一九七五年後半の円安に対する日本の為替介入については、市場の混乱を避けるためとする日本に対し、米欧は輸出促進のためではないかという疑念を向けた[39]。日本は米欧との貿易摩擦を抱えてはいたものの、同時に長期的な収支動向への不安があり、輸出制限への圧力を恐れて国際的な金融政策協調への参加にも消極的であった。また西欧諸国の側も、日本を協調相手として迎えることを未だ躊躇している状態であった。

この日本への批判の背景には、為替介入をめぐる合意の不在という事情もあった。第一次石油危機による混乱等から固定相場制への復帰が難しくなる中、一九七五年から一九七六年にかけて西側先進諸国は変動相場制の是非や為替介入の方針等について協議した[40]。この際フランスや西独、スイス等のドル安の影響を大きく受ける西欧諸国は固定相場制への復帰を強く主張し、米国の提案する変動相場制への移行に同意してからも米国に為替介入を求めた。しかし米国は特定の為替水準を目標とすることを嫌い、ランブイエサミットの直前にファンダメンタルズを反映した変動とは異なる「不安定な為替変動」には介入も可とする案で合意に至った。これを受けて翌一九七六年一月にジャマイカで開催されたＩＭＦ総会においては、基本的にこの合意を承認する形で「ＩＭＦガイドライン」が作成

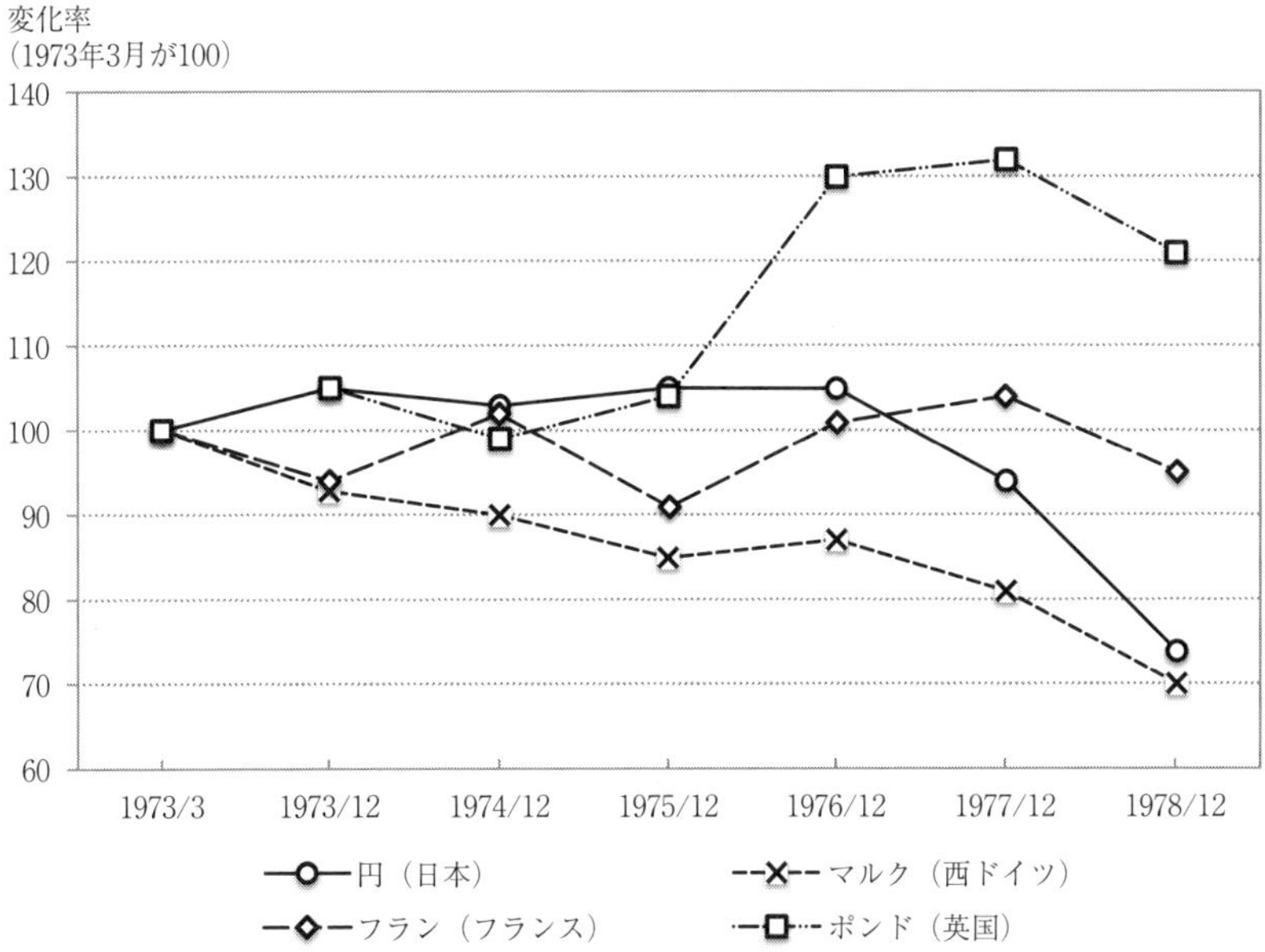

図4－2　主要先進国の対ドルレート変化率

出所：OECD, *Economic Outlook*, No.28 (December 1980), p.138.

された[41]。これによって、固定相場制復帰の可能性を二年後の制度再検討という形で残しつつも変動相場制に移行することが決定されたが、為替介入の妥当性を判断する基準は曖昧なままであった。この時期の日本への批判も、その曖昧さが一因となっているように思われる。

とはいえ、円が安定し米国等の経常収支が赤字に向かい続ける中で為替介入の問題は放置できず、日米間では為替政策の協調が模索された[42]。特に一九七六年六月のプエルトリコサミット前後から米国側の円安批判は表面化し、市場もこれに反応して円高が進んだ。そのため八月には、円安を批判してきた米国のヨウ（Edwin H. Yeo III）財務次官（国際金融問題担当）と松川道哉財務官の間で為替介入の是非が協議された[43]。公式に米国側が日本の為替介入を批判することはなく、日本側も介入は為替の乱高下を避けるためのものだと主張してはいたが、この会談で両者は為替の変動によって収支調整を行うことを許容すべしとの原則を受け入れることで合意した。むろん大蔵省を中心に日本政府内の反発は強く、円切り上げに一貫して反対してきた大蔵省の藤岡真佐夫国際金融局長は、現在の為替相場は石油危機によって形成された、日本の経常収支は一九七六年以前の三年間は赤字だった、日本が恒常的な赤字を抱える資本収支も加えて国際収支全体を見るべきである等と主張している。しかし米欧の保護主義が懸念される中で更なる介入は難しく、この会談の直後には経企庁長官だった福田や河本敏夫通産相らが円高を容認すると示唆し、産業界からも円高を容認する意見が出ていた(44)。

その後八月末に欧米各国を訪問した松川も同様の姿勢を示し、日本がジャマイカ協定に従って為替の動向を出来る限り市場に任せること、ランブイエサミットで設置された主要先進国の蔵相非公式協議にもより積極的に参加することの二点を各国に伝えた(45)。為替相場も一九七六年夏以降次第に円高に転じ、一九七七年に入ってから円高は更に加速した。

それでも円高を求める米国側の姿勢は変わらなかった。一九七七年一月に発足したカーター政権も、バーグステン（C. Fred Bergsten）財務次官補（国際経済担当）を筆頭に日本の為替介入に対して極めて批判的な姿勢をとった(46)。対日貿易赤字が急速に拡大する中で、米国にとって輸出に歯止めをかけうる円高は歓迎すべき事態であった。

一方で日本国内の円高に対する危機感が消えたわけではなかった(47)。同年六月には円ドルレートが石油危機当時の水準と同じ二六〇円台に突入し、翌七月に日本は大規模な介入を行って円高に歯止めをかけた。その後も日本は、急激な円高や米国のブルメンソール（W. Michael Blumenthal）財務長官によるいわゆる「口先介入」を理由に介入を続け、他の先進諸国は強く反発し、この時期には公の場での対日批判を抑えていた米国政府も円安を批判した。もっとも、ある程度の為替介入を容認する西欧諸国はブルメンソールの発言も批判しており、為替政策をめぐって先進国間には複雑な対立が生じつつあった。

これは日本の為替介入だけでなく、米国の為替政策がカーター政権下で自由放任主義的な方針へ回帰したことにも起因していた(48)。カーター政権は、為替はファンダメンタルズを反映したものであり、国際収支調整のためにも市場に委ねるべきものであり、その結果としてのドル安も容認するという原則論を強調した。そのため「口先介入」として非難されたブルメンソールのドル安容認発言についても、インフレなき景気回復こそがドル安対策になるという米国政府の方針を述べたにすぎないというのが米国政府の見解であった。このように為替介入の妥当性を判断する基準が無い中で、為替問題は西側諸国間の政治的問題となった。そしてドル安の及ぼす国際収支への影響や輸出産業への悪影響にもかかわらず、七〇年代後半の米国にはまだ同盟国の為替介入要求を拒否する余力があった。

（3）日米独機関車論の提唱と反発

こうして日本をはじめとする同盟国との対立が続く中、カーター政権はマクロ経済政策において新たな政策協調を試みた。既に一九七六年中から米国は、自国の経常収支赤字が世界経済を牽引したことによる当然の結果だとし、日本と西独の経常収支黒字こそ非難されるべきだと主張していた[49]。そして翌年に発足したカーター政権は、比較的経済が堅調な日米独三カ国が内需拡大によって各国の輸出の受け皿となり、経常収支不均衡を是正し、世界経済を牽引する「機関車」たるべしと唱え始めた。

この日米独機関車論の背景には、民間の専門家による支持と批判の双方があった。まずこれはそもそも、一九七六年一一月に日米欧の経済学者が合同でブルッキングス研究所から公刊した報告書によって広く知られるようになった議論である[50]。同年末にはＯＥＣＤ事務局の報告書と三極委員会（Trilateral Commission）の機関誌でも同様の主張が展開されている[51]。

これらの組織のうち、特に注目されるのが三極委員会である。この組織は、ニクソン政権下での同盟国との摩擦や相互依存の深化を念頭に、一九七三年に米国で結成された[52]。結成当時は欧州共同体（EC: European Community）に英国、デンマーク、アイルランドが新たに加わり、日本も経済大国として台頭していたが、既に触れた通り西欧諸国にとって日本を政策協調の相手とするのは考えにくいことであった[53]。そうした中で三極委員会は、主に経済問題を念頭に日本も含めた三極間の政策協調を提唱した。

機関車論は当時のフォード政権に全て受け入れられたわけではなかったが、既述のように一九七六年に米国の経常収支は赤字に転じており、同政権内部でも黒字を維持している日独両国は米国と同様に輸入を拡大すべきだという議論があった[54]。特に日本に対しては、西独の経済成長に期待されたような不況から脱していない周辺の先進国の輸出を吸収する効果を期待できず、内需拡大も日本の経済成長維持にしか働かず、為替介入によって国際収支黒字も不当に高いといった不満があった。その不満を政策に反映させ、日独両国に内需拡大と経常収支黒字圧縮を求めたのが、大統領自身も含めた多くの要人が三極委員会に参加していたカーター政権であった[55]。

一方でこうした議論に対し、日独をはじめ他の先進諸国は強く反発した。それは本来各国に任されてきた国内経済政策に踏み込んだ要求であったことに加え、不況やインフレに対していかなる経済政策が望ましいかをめぐって七〇年代に経済学上の論争が生じていたことが影響していた[56]。三〇年代の大恐慌以来、経済学において主流だったのはケインジアンと呼ばれる学派であった。第一次世界大戦後の大恐慌期から活躍したケインズ（John Maynard Keynes）にちなんだこの学派は、不況の原因を需要の不足に求め、財政出動や減税による需要刺激で不況に対処すべきだと主張してきた。しかしそもそも大恐慌期のデフレと失業率の増加に対処するのを目的としてきたケインジアンは、七〇年代に入ってから急速に深刻化したインフレと景気後退の同時発生、いわゆるスタグフレーションに対しては有効な対策を示すことができなかった[57]。このため主流派だったケインジアンへの信頼が揺らいだのが七〇年代であった。

これに伴って注目されたのが古典的な自由市場を重視する学派である。その主張は様々であったが、しばしば言及されるものとしては以下の二つの主張がある。不況の原因を通貨流通の不具合に求めて通貨供給の増加と政府の市場介入の最小化を主張するフリードマン（Milton Friedman）らのマネタリストと、不況の原因を供給側（supply side）の不足に求めて減税等によって供給側を刺激すべしとするサプライサイド経済学である。

これらの経済学派は第Ⅰ部でも触れた米国の保守化とも連動していた。減税や規制緩和を望む企業からの献金や伝統的に小さい政府を指向する保守派の支持を背景に、市場の働きを重視する主張は「反上流階層（counter establishment）」の動きの一つとして次第に支持を拡大した[58]。サプライサイド経済学については当時から経済学者の間で妥当性を疑問視する声があったものの、大幅な減税で事足りるとする単純な主張は一般の受けが良く、また政治家にとってもケインジアンの求める財政出動が不要なのは好都合であった。後にはレーガンもこうした考え方を主張するラファー（Arthur Laffer）らと会談してこの考え方から強い影響を受け、政権発足当初から「レーガノミクス」と呼ばれる減税や規制緩和を中心とした経済政策を進めることになる。(59)

こうした変化は米国に限ったことではなく、西側先進諸国では第一次石油危機以降、経済学の主流がケインジアンからマネタリズムやサプライサイド経済学へと徐々に移りつつあった。(60) 一九七六年、英労働党のキャラハン（James Callaghan）首相が不況脱出に支出増大という道はもはやなく、過去にもインフレを大きくすることを代償に機能してきたと述べたことは、ケインジアンへの信頼の揺らぎを象徴していよう。

とはいえ、本書で取り上げる七〇年代後半という時期には、ケインジアンへの信頼は完全には失われていなかった。カーター政権で経済政策を担当する補佐官らは当初、ケインズ的な見方を支持し、政府による介入を重視していた。石油消費国たるＯＥＣＤ諸国の抱える膨大な経常収支赤字には共同で対処する必要があり、その手段として経済の堅調な日本や西独が内需拡大によって経常収支黒字を減少させるべきだという機関車論も、まさにケインズ的なものであったと言えよう。こうした米国の主張に対する反発は、政策協調が各国の裁量に任されてきたマクロ経済政策にまで踏み込んだことへの反発であったと同時に、経済学的な裏付けがないのではないかという疑念でもあった。それでも多くの先進諸国では現政権の政治基盤が不安定な国が多く、議会でも多数を占めた米民主党政権にとって自国主導での負担分担の見直しを進めるには好都合だと見たカーター政権の強い要求の下で、一九七七年から日米独機関車論に沿った政策協調が実行されていくこととなった。(61)

第五章　米国の圧力と日本の協力

1　新政権発足後の協調と対立

(1) 日米両国の国内対立と内需刺激策の推進

前章で見た背景の下、一九七七年一月に発足したカーター政権は対外的には日米独機関車論を唱えた。しかし国内では、インフレ、失業率、ドル安、貿易赤字、石油輸入の増大といった数々の課題を抱え、国内経済政策では迷走を続けた[1]。これは同時多発的に発生していた問題のうち何を優先するかという実質的な問題と、政策決定過程の機能不全という序章でも触れた組織上の問題の二つを抱えていたためであった。

まず実質的な問題としては、不況対策を優先するかインフレ対策を優先するかをめぐるカーター政権内での対立があった[2]。これらは七〇年代を通じて米国が抱え続けた問題であり、フォード政権は賃金や物価の急な変動を監視し、かつ政府支出を抑えて均衡財政を実現することでインフレを抑えようとした。しかしどちらも奏功せず、均衡財政もあって一九七六年後半から米国は景気後退に見舞われた。このため政権発足当初、経済政策を担当するCEAのシュルツ（Charles Schultze）議長やNSCで内政問題を担当するアイゼンスタット（Stuart E. Eizenstat）らはいずれも、公共事業への支出や減税による不況対策を重視していた。内政問題では中道的だったカーター政権も、この点では伝統的に「大きな政府」を好むリベラルな議会民主党と一致していた。

問題は景気刺激策の規模で、拡大に積極的なアイゼンスタットやモンデールとやや消極的で均衡財政を指向するシュルツが対立していた[3]。またカーター自身は、ジョージア州で長年ピーナッツ栽培を営んできた経験や経済学上の特定の学派へのこだわりの無さゆえに、インフレへの対応や均衡財政を重視しつつも柔軟な立場をとっていた。このため政権発足直後には景気刺激策や雇用対策を打ち出したものの、議会民主党の要求よりは小規模となり、さらに一九七七年夏からはインフレ亢進の恐れがあるとして最低賃金の引き上げ等を次々と縮小・中止したため、方針が一定していないという批判を浴びた。

この問題を増幅したのが国内経済政策の決定過程に関する問題である。(4) カーター政権で設置されたＥＰＧは外交政策の決定機構と同じく非公式で簡素なものとされ、重要課題についてのみ協議するとされていた。しかし実際には各省庁の参加希望を抑えられず、閣僚級も含めた四〇名規模の会議となった。そのため会合後に大統領に送付される文書は異なる選択肢を並べるのみとなり、カーターの不満はしばしばＥＰＧ解体を口にするほどであった。これを受けて一九七七年七月にはＥＰＧ内に運営委員会が設置され、ブルメンソール財務長官を議長としてクーパー（Richard N. Cooper）国務次官（経済担当）、ランス（Bert Lance）行政管理予算局（OMB: Office of Management and the Budget）局長、シュルツらを集めたものの、その効果は薄かった。

またそもそもカーター自身も、個々の産業を対象としたものを除いては国内経済政策への関心が大きいとは言えず、シュルツら担当者との接触も少なかった。(5) またカーターは各補佐官や財務省、ＣＥＡに問題を割りふろうとしたため、経済政策全体を統括するつもりだったブルメンソールとの関係も悪化した。個々の政策を細部に至るまで管理しようとし、全体的な方針が明確でないというカーターの傾向は経済政策でも同様であり、政権一年目の国内経済政策は景気刺激策と引き締め策の間で揺れ続けることとなった。

こうした国内経済政策上の対立が関連する対外経済政策に波及する場面もあった。例えば日独への内需刺激策の要求について、ＣＥＡはその効果に楽観的で、現下の景気後退の原因は日独等の黒字国で内需刺激策が不十分なためだとして両国への圧力強化を唱えた。(6) これに対し、インフレ対策を重視し各国の通貨当局とのつながりも深い財務省は、強い圧力をかけることは理論的には可能であってもインフレ亢進や政治問題化といった副作用ゆえに実際には不可能だと反対していた。

それでも政権発足当初から日米独機関車論を各国に提案することができたのは、国際経済政策の一般的な方針については意見が一致していたためである。(7) 黒字国に内需刺激を求めること自体は、ケインジアンの多いカーター政権の経済政策担当者にとって異存はなかった。また政策の検討や実施に際しては、クーパー国務次官、カッツ（Julius Katz）国務次官補（経済・ビジネス担当）、ソロモン（Anthony M. Solomon）財務次官（金融担当）、バーグステン財務次官補の四人が調整に当たり、対立の調停に務めた。これら実務レベルの担当者がカーター政権発足以前からの知己であったため意思疎通が円滑にいったこと、その上に位置し大統領を直接補佐していたのがＮＳＣスタッフのオーエン（Henry D. Owen）やＳＴＲのストラウス（Robert S. Strauss）らごく少数の幹部であり調整の手間が少なかったこと等が、国際経済政策での対立を比較的小さなものにしていた。

一方日本ではこの間、内需刺激策をめぐるせめぎあいが続いた。当初一九七七年度を「財政再建元年」にする方針を表明していた三木内閣は、一九七六年秋からの景気減速を前にして次第に財政再建と景気回復の双方を目標とするようになっていた。(8) さらに一九七六年一二月、三木に代わって首相となった福田は大規模な公共支出増大を柱とした内需刺激策を表明し、翌年度の実質経済成長率を六・七％に引き上げることを目標とした。この際には経常収支についても、恒常的な資本収支赤字に加えて内需拡大によって貿易収支黒字を縮小させ、七億ドルの経常収支赤字になると予測した。

こうした拡大的な国内経済政策には根強い反対があった。特に景気後退に伴う税収不足や公債依存度の増加による財政の硬直化を六〇年代末から問題視していた大蔵省は、一九八〇年度予算で赤字公債発行額を零にすることを目標としていた。(9) しかし日本国内では、三極委員会の日本側メンバーである大来佐武郎海外経済協力基金総裁が内需刺激策を唱え、一九七六年に入ると輸出先である米欧での保護主義台頭や円高による輸出不振、輸入品の価格高騰が懸念されるようになり、内需拡大への支持が拡がった。また国内世論の推移を見ても、第一次石油危機後には物価安定への関心が高かったのに対し、一九七六年に入ると不況感が強まる中で経済成長が重視されるようになっている。(10) この時期日本側では、それまで反対の強かった内需刺激策が一定の支持を得つつあったと言えよう。

(2) ロンドンサミットでの対立と合意

内部対立を抱えつつも内需刺激策の拡大で一致した日米両国の新政権であったが、カーター政権には発足当初から日本に対する不満があった[11]。既に触れたように一九七六年中の円の変動幅は依然として小さく、経常収支黒字は減る気配を見せず、福田自身も健全財政を旨とする政治家であるとの評価が米国側にはあったためである。

これに対して福田は、一九七七年一月末に来日したモンデール副大統領との会談で総論では内需刺激に積極的な姿勢を示した[12]。日本、米国、西独が世界経済の牽引役として各国がインフレに対処するのを助け、保護主義に抗する必要があるとするモンデールの意見に福田は同意し、日本政府としてもただちに補正予算を執行すると述べ、翌年度の経済成長率としてGNP比六・七%という数字を示した。

しかしモンデールは、目標の実現を願うとしつつも、OECDの予想はもっと悲観的だとして懐疑的な見方を示し、内需刺激に関して互いの進展を「監視（monitor）」することを提案した[13]。米国はサミット等で対立が表面化すれば経済政策協調にとって逆効果になると判断していたため、日独等の成長率目標は一旦受け入れ、それが未達と判明した時に刺激策を求めるという方針をとっていた。つまり相互監視は、目標が未達かどうかを知るための手段であった。既述の通り日本が故意に楽観的な予測を示しているという不信感があったこともこうした要求に影響していよう。ただ日本側は政策が束縛されることを嫌い、その後も繰り返されるこの種の提案をいずれも拒否している。

米国はモンデール外遊後も、日本の協調姿勢を評価しつつ圧力を継続するという方針を維持した[14]。六・七%という数値は、その効果も実現可能性も疑問視されていたためである[15]。財務省は今後日本がとるであろう内需刺激策を考慮に入れても六・七%という目標には届かず、一九七七年度の経常収支赤字七億ドルという予測も実現不可能と見ていた。またその他の機関では、日本経済研究センターが六三億ドルの黒字、OECDが四〇億ドルの黒字と予想している。このため三月の日米首脳会談で米国側は六・七%を達成する方策を問うたが、日本側は現行の刺激策で十分と主張し続け、相互監視にも消極的であった[16]。

それでも米国は同年五月に開催予定のロンドンサミットに向けて、日本だけでなく西独にも内需刺激を求め続けた[17]。サミットで取り上げるべき課題や対処方針を検討したPRM-7は、内需拡大とそれによる経常収支黒字の解消にとどまらず、これらを達成するための具体的措置をサミット参加国に約束させることも目標としていた。これには経常収支が安定せず景気も好転しない英国も賛成しており、黒字国が景気を拡大しない限りその国からの輸入を制限することになるかもしれないとまで述べている[18]。

しかし戦間期の経験からインフレに対する警戒感が強く、機関車論の有効性にも疑問を抱く西独はこれに強く抵抗した[19]。景気回復と完全雇用だけでなくインフレの抑制も問題であるとし、西独自身も世界経済の復調のために既に多大な貢献を成してきたという主張である。ただ西独は一九七七年の自身の経済成長率を四・五から五・五％と予測していたのに対し、第一四半期の実際の数字はその半分にとどまった。逆に米国は同時期に予測以上の経済成長率を維持しており、西独の内需刺激策によって自国の国際収支赤字を減らしたい英国の支援を受けて、サミットの準備段階で西独に圧力をかけ続けた。

この点については一月のモンデール外遊後の報告も、サミットや核不拡散といった他の課題については各国の反応と今後の政策が論じられているのに対し、経済政策では西独に絞って圧力をかけ、その内需刺激策を拡大させるべきだと論じていた[20]。西独の消極姿勢はドイツ連邦銀行が抵抗しているためであり、西独政府内にはこれを乗り越えるための道具として米国の圧力を歓迎する声があるというのがその結論であった。モンデールの西独での協議は事前準備が不十分であったこと等から敵対的な雰囲気に終始し、米国政府内部でも大失敗だったと評価されているが、モンデールの主張自体は米国政府が一致して支持しており、両国の対立は不可避だったと言えよう[21]。

一方日本は、西独とは違って米国の機関車論に賛成してはいたものの、更なる内需刺激策には依然として大蔵省を中心に懸念が強かった[22]。このためサミット開催前の措置としては、増え続ける経常収支黒字を抑えるために各企業に輸出抑制を要請し、輸入促進のための手続きを改善した他、既に発表していた六・七％という目標と円高容認の意思を確認するにとどまった。これらの政策では不十分であるとして追加の刺激策や経済成長率予測の達成義務化を求めていた米国との隔たりは大きかった。

もっとも米国自身も、インフレへの懸念から四月には追加の内需刺激に消極的となり、一時的に日独への圧力を緩めた。このためサミット直前のシェルパによる会合では、経常収支黒字国である日米独三カ国がいずれも追加の内需刺激策に抵抗する形となった[23]。英国としては不満であったものの、フランスやカナダもインフレへの懸念は深刻であるとして三カ国の政策に理解を示す中、ホスト国が対立を深めることはできなかった。

こうして五月七日からのロンドンサミットでの経済政策に関する議論は、インフレ、国際収支不均衡、不況、保護主義等の様々な問題が取り上げられ、収支黒字国と赤字国の取り組みが相互補完的な関係にあるとするにとどまった[24]。ジスカールデスタンやシュミットは石油危機やインフレの亢進によって経済状況は以前と比べ根本的に変化したと論じたものの、カーターは「熱心な生徒として」サミットに参加していると発言するにとどまり、この点についてそれ以上の議論はなされていない。また福田はしばしば引用されるように自らが大蔵官僚として三〇年代にロンドンに滞在していたことに触れ、かつてのような世界恐慌とその後の保護主義を避けなければならないと主張している。ただし福田の発言の直後、シュミットはサミットをはじめとする協調の場がある点で三〇年代とは異なると述べ、フランスのバール（Raymond Barre）首相兼経済財政相も今は不況による失業とインフレの双方に対処する必要があると述べる等、参加国の現状認識は一致していなかった。会議後に公表された「ダウニング街首脳会議宣言」も事前にシェルパが作成していた草案とは別に作成され、マクロ経済政策については「妥当な拡大的成長を目標として決めた」と述べるにとどまっている。具体的な経済政策協調以前に、スタグフレーションや変動相場制といったそれまでにない経済状況の中で、そもそも何が問題なのかについての合意形成を模索しなければならない状態であった。

しかしロンドンサミットとそれに先立つ議論は、翌年のボンサミットでの具体的合意への道を開くという意味は持っていた。サミットの一カ月後に開かれたＯＥＣＤの理事会やＷＰ３会合では、西独、日本、スイス等の黒字国に内需拡大と国際収支是正を求める声が続出した[25]。西独と日本はサミットにおいて、経済成長率目標ではなく経済成長率の予測を公表していたが、その後の会議ではこれが事実上の目標として扱われた。米国はこれによって両国の政策に変化が生じるとは考えていなかったが、この時点で既に、米国だけではなくＯＥＣＤ事務局も日独は目標を達成できないだろうと予測していた。そのため今後さらに両国への国際的圧力が高まることになるというのが米国政府の期待であった。

（３）日本の努力と募る米国の不満

さらに米国はサミット後、日本との二国間協議でも目標の実現を求めて圧力を再開した。まず五月下旬にはブルメンソールが訪日し、坊秀男大蔵相や田中龍夫通産相らに追加の刺激策と国際収支赤字の政策目標化を求めた[26]。日本国内では前通産相の河本敏夫政務調査会長が補正予算や公定歩合引き下げによる内需刺激を提唱する等、追加の内需刺激策への支持は拡がりつつあったが、福田自身は追加策に慎重なままであった。また日本は一九七七年第一四半期に年率換算で一〇％の経済成長を達成してはいたものの、依然として輸出と公共事業に依存していた。米国側が問題視していたのはこの点で、日本国内の民間需要が伸びていなかったため経常収支黒字が減少しないのではないかと見ていた。米国の貿易赤字は一九七七年前半の五カ月間でそれまでの年間記録を既に上回り、西独の経済成長率も予測を大幅に下回っており、ロンドンで各国が示した見通しは狂いつつあった。

このため六月のＯＥＣＤ閣僚理事会では、ブルメンソールが西独、日本、スイス、オランダといった黒字国を名指しで批判し、最終コミュニケも黒字国に高い経済成長を求める等、日独への圧力がさらに高まった[27]。それでも福田は、七月に赴任したばかりのマンスフィールド（Michael J. Mansfield）駐日大使との会談で公共事業を増やした効果が八月以降に現れるという見方を示している[28]。そもそも日本側は経常収支赤字が予測であって約束ではないと考えていたこともあり、日米間ではとるべき政策をめぐる齟齬が消えていなかった。

こうした中、米国は本格的な対日協議を模索し始めた。サミット後に松川財務官と会談したブルメンソールは、大蔵省、通産省、外務省といった経済政策に関係する省庁に農林省も含めた準閣僚級協議を設置することを提案している。これには松川も前向きな姿勢を示し、両者はこの協議によって「偏狭な（parochial）」省庁を教育することができるという見通しで一致した[29]。つまり米国側はこの協議を通じて、日本側に持続的な内需刺激や経常収支赤字への転換といった日本の担うべき国際的役割を意識させ、その役割を果たせない場合の政治的・経済的悪影響に注意を喚起し、さらには日本側の措置を監視しようとしていた。

この間、米国政府内部では日本への不満が更に高まった。準閣僚級協議の準備段階で米国は、OPEC諸国の抱えていた黒字の還流が順調に進み、OECD内でも赤字国はインフレ対策に努力しているにもかかわらず、米国の内需拡大が日独という黒字国の輸出依存で打ち消され続けているという不満を表明した[30]。さらに本国ではアーマコストNSCスタッフ（東アジア・太平洋担当）が、なんらかの結果を出すには米国が具体的要求を示し、応じない場合は深刻なことになると主張する必要があるとし、STRも日本が経常収支赤字に向かうような具体的措置の実行を求めるべきだとしていた[31]。ただこれらは日本の経済政策に対して普段から不満を持っている関係者の意見であり、米国政府としてはまだ具体的圧力に踏み切るには至っていなかった。実務レベルでの対日協議の主役である国務省と財務省はむしろ、国際的な圧力が表面化することを嫌う日本政府の意向を尊重し、日本との協調関係を保とうとしていた。

いずれにせよ、米国側の提案に日本が応じたことで九月初旬に日米準閣僚級協議が開催されることになり、同時期に追加の刺激策も発表されることとなった。日本政府内では円高や日米関係悪化が懸念されており、六月のOECD閣僚理事会後から具体的な黒字減少策の検討が行われ、財界でも内需刺激策を求める声が高まっていた[32]。また内需刺激策拡大に反対する大蔵省でも、国際金融局を中心に、経常収支改善のための貿易自由化や「集中豪雨的」な輸出の回避、長期の安定的成長等は日本側も積極的に取り組むべき課題だという意見があった。特に日本の輸出急増による米欧での保護主義の盛り上がりは、日本に的を絞った通貨切り上げや輸入制限が取られかねないとして問題視されていた。

これらの懸念を踏まえて作成された日本側の内需刺激策は、九月三日の経済対策閣僚会議において「総合経済対策」として決定された。[33]国内の景気回復と輸入増大による対外収支均衡の促進を目的とし、公共投資や民間需要喚起を柱とする二兆円規模の対策であった。このうち対外経済政策については燃料備蓄強化等によって対外均衡を図るという抽象論のみであったため、同月二〇日に対外経済対策閣僚懇談会が開かれ、これを具体化した原油やウランの緊急輸入といった施策が打ち出されている。ただ、エネルギー確保にも寄与するとして打ち出されたこれらの対策は国内経済の回復や輸出元での雇用創出にはつながりにくく、効果は限定的と見る意見が国内外共に優勢であった。[34]実際日本政府も一〇月三日には一九七七年度の政府経済見通しを修正し、貿易黒字は七三億ドルから一四〇億ドルへ、経常収支は七億ドルの赤字から六五億ドルの黒字へと大幅に修正している。

一方総合経済対策の発表直後に訪日したクーパー国務次官、バーグステン財務次官補ら米国側代表団は、九月一二日から一三日にかけて吉野文六外務審議官や外務省、大蔵省、農林省、通産省、経企庁の関係局長らと会談した。[35]米国側は自国の経常収支赤字がＯＥＣＤ諸国の赤字削減に結びつかず、その約半分は日本の経常収支黒字によって吸収されているという見解を示した。またこれを「特に問題がある（troubling）出来事の一つ」とし、米国は多額の赤字を背負うこと自体は許容するが、ＯＰＥＣの黒字に相当する部分を全て米国が吸収するということは許容できないとした。さらに貿易赤字についても米国内での保護主義の高まりを指摘し、日本の輸出依存型の経済構造に「非常に強い警戒感を有している（very much alarmed）」と不満を表明し、これに対処する責任が日本にもあると論じた。全体として米国側が強調したのは、日本の経済政策が日米関係だけでなく世界経済や各国内の保護主義といった国内問題にも影響を与えているということであった。

これに対して日本側は米国の石油輸入量増加こそが米国の経常収支赤字拡大を引き起こしており、これはＯＰＥＣ諸国の黒字削減という世界経済の抱える問題の解決につながらないと釘を刺した。また経済成長率目標についても今回の措置で確実に達成可能であり、経常収支黒字もこれまでの対策で今後減少するという見通しを示し、黒字額よりもその減少傾向の方が重要だと主張した。これに対して米国側は、カーター政権になってからエネルギー輸入量削減に取り組んでおり、米国の石油輸入量には消費増大よりも国内での石油生産減少が影響を与えているとして反論し、日本の黒字が減少傾向にあるという予測についても悲観的な見方を示す等、いかに対処すべきかをめぐって両者は依然として食い違っていた。(36)

2　数値目標への道

(1) 米国の「外圧」とその利用

日本の内需拡大策が黒字削減に結びつかない中、米国は一〇月になると目に見える形での成果を日本に求め始めた。九月の協議で日本側が示した見通しや追加刺激策への米国の評価は、「故意にぐずぐずしている(drag its feet)」というものであった。(37)一九七七年前半のような米国経済の順調な経済成長を期待できない中でインフレ無き景気回復を実現するため、米国は日本と西独の更なる内需刺激が必要だと見ていた。特にアーマコストは強硬で、日本政府が一九七七年度の経常収支見通しを修正したのを受けて、九月の準閣僚級協議が「構造的変化を要求した」ために失敗したとし、日本から譲歩を引き出すには具体的要求を行う必要があると主張した。

米国の具体的要求を求める声は日本からも上がっていた。一〇月には円高が一ドル二五〇円まで進み、これによる輸出減少と経済成長の減速が懸念されていた。(38)ただ日本政府内部には、依然として内需刺激の具体策や規模をめぐる対立があった。(39)福田自身は各省庁に黒字減らしのための緊急輸入策の検討を指示し、その規模を嵩上げするよう指示していたものの、大蔵省は円高によって黒字は減少すると見ていた。九月に決定された緊急輸入も日本の抱える経常収支黒字に比べれば規模が小さく、経常収支への影響も対象品目を輸入する時の一回限りであった。政府内部の抵抗を抑えて更なる内需刺激策を打ち出すためにも、福田らは米国からの具体的要求を必要としていた。

そのため一〇月中旬に訪米した吉野外務審議官は、オーエン、ブレジンスキーらと経済問題について協議する中で政治レベルでの合意の効果を指摘した。(40)ここで米国側は、日本の経常収支黒字は世界全体に対するものであるが米国にとっては保護主義を刺激しかねず、これを避けるためには実際に黒字を削減すると見込まれる対策を日本側が追加する必要があると強調した。この点についてオーエンと吉野は、もし双方が合意しうる実現可能な対策があれば、できるだけ高いレベルで決定することでその政治的影響力を強化すべきだという意見で一致した。そしてその具体策として吉野は、カーター訪日か福田訪米が日本側に「正しい決断」をさせる上で大きな圧力になると論じている。[41]この他にも有田圭輔外務事務次官も在日米大使館に対し、一一月にストラウスが訪日することによる圧力が日本で検討中の「緊急措置」計画を成立させる圧力として重要だと述べ、英国の在米大使館も福田らが米国の圧力によって他の閣僚に圧力をかけようとしているとの情報を本省に伝えており、この問題で日本が米国の圧力を国内政治上の梃子として利用しようとしていたことがわかる。[42]

日本側の要求と並行して、米国政府内部では関係機関の次官補級を集めた省庁間グループが設けられ、一〇月からEPGとも協議しつつ日本への要求の一本化・具体化を進めた。[43]日本への不満や日本側からの要求、そして日本からの輸入増大の影響を被っている鉄鋼業界が行政府に圧力をかけることへの懸念ゆえに、早急に対策をとる必要があると判断されたためであった。この省庁間協議は国務省が主宰してはいたが、それ以外にも財務省、NSC、CEA、OMB、STRからも代表者が参加しており、対日政策に関しては硬軟両派が入り乱れていた。中でもSTRは機械製品を中心とした日本の貿易黒字こそが日本の抱える貿易摩擦の主因とみており、以前から外交関係上の配慮を重視する国務省では日米経済摩擦にうまく対処できないと主張し、九月の日米協議の際も日本への具体的要求を作成するよう求めていた。

カーター政権の中枢でも圧力の具体化に積極的な関係者が増えた。シェルパを務めたオーエンは、サミット参加各国のシェルパのグループの議長を務め、一〇月初めにロンドンサミット後の各国の取り組みを検討した報告書を各国に提出した。[44]その主旨は、サミットで各国が合意した経済政策協調は有用ではあるものの、日独の収支調整を筆頭にその成果は不十分だったこと、翌一九七八年も同じ方向で協調を強化すべきであること等であり、米国とは違って依然として経常収支黒字のままの日独に一層の努力を求めていた。オーエンは翌一九七八年四月に国際経済問題担当とサミット特別代表を兼ねる形で正式にNSCに参加することになるが、この報告書を提出した直後から既に対日経済政策を検討する省庁間グループに加わっている[45]。黒字国への圧力を主張するその意見は、カーターと疎遠な他の経済政策担当者とは対照的に、対日政策に影響を及ぼした。さらにはブレジンスキーもカーターに対し、日本への配慮を求めるマンスフィールド大使の電信に触れつつも、日本が経済面での国際的義務を果たすのを怠ってきたとし、日本政府の中で「大きな変化を考慮する用意のある者」の影響力を強めることを最優先課題に挙げている[46]。

圧力の具体化には反対も多く、在日米国大使館はこうした議論が出る度に日米には共通する利益も多いとして良好な関係の維持を優先するよう求めた[47]。また金融政策を中心に大蔵省との緊密な関係を保ってきた財務省にも、円高を歓迎するブルメンソール長官とは逆に、過剰な圧力によって日本が政策協調から降りかねないという懸念があった。当時財務省内には、一九七六年中は国内経済の成長と円高にもかかわらず日本の経常収支黒字が増大したことから、こうした通常の収支調整手段が日本で有効なのかどうかを疑う声があった。省内の研究では、日本が輸出主導で経済成長を続けているため、円高は輸出を鈍化させる一方で国内経済に悪影響を及ぼす上、輸出を鈍化させるまでには時間がかかるのではないかという見方が出ていた。

しかしこうした主張に対して強硬派は、日本側が黒字を削減できていないという状況を曖昧にしていると批判し、二国間関係への影響は「対処しうる（manageable）」ものであると見ていた[48]。特にアーマコストは第Ⅲ部で検討する使用済の核燃料を再処理する茨城県東海村の施設をめぐる日米交渉（以下、東海再処理交渉と表記）を例に、日米関係への政治的悪影響を抑えようとする日本側の懸念を交渉の梃子にできるとし、積極的に日本に圧力をかけていくべきだと論じた。それは彼の持論でもある、日本に米国側が求める行動だけでなく日本が行動しなかった場合の米国側の行動も示すべしという主張でもあった。

実際にこうした内容の要求があったわけではないにせよ、九月以降は米国を含めた先進諸国が様々な場で日本へ圧力をかけた[49]。経常収支黒字だけでなく実質経済成長率で見ても、米国は大規模な内需刺激策によってサミットで掲げた五・八％をほぼ達成する五・五％に達する見込みだったのに対し、西独は目標の半分の二・六％、日本も一％以上及ばず四・四％と予測されていた。このため九月末のＩＭＦ総会やＷＰ３会合では米英両国が日本と西独に内需刺激策の拡大を求め、他の参加国もこれに同調している。日本の経済政策に対する不満は米国だけでなく他の先進諸国にも拡がっていた。

（2）米国の対日要求

日本への圧力が高まる中で、新設された省庁間グループとＥＰＧは日本への要求の具体的内容を検討した[50]。まず国務省の提示した草案では、一九七八年度の経済成長率目標を一九七七年度より高くすることを支持する（favor）が、成果の基準は成長率目標ではなく経常収支黒字削減であった。しかし強硬派のアーマコストは、この案を日本側の制約を過剰に強調するものだと批判した。アーマコストの見方では、日本はこの問題に関して強い国際的批判に曝されており、米欧での保護主義台頭の危険性も認識しており、東海再処理交渉での米国側の譲歩に報いたいと思っており、福田自身も経済成長率に関して約束した数字を違えたことを恥じている。そのため米国が日本に対して持っている梃子は非常に大きいという主張であった。

最終的にＥＰＧで成立した合意は、日本に経常収支目標の達成という短期目標と、米国からの輸入が拡大していない分野での市場構造改革という長期目標の双方を要求するものとなった[51]。このうち前者の収支赤字化については、修正された草案は一九七八年度に経済成長率八％と経常収支の赤字化を達成することを要求していた。ただ後者の市場構造改革については国務省が日本国内の政治的な反発が大きいとして反対し、最低限の目標として機械製品と農産物における輸入品の割合を提示するという方法がとられることになった。この合意に沿って作成された非公式案（non paper）は、経常収支の赤字化を最重要課題としてその実現時期を約束するよう求め、その達成手段としては翌年度の経済成長率目標八％が重要な位置を占めるとし、日本側の反応を一二月中旬までに求める等、目標の達成手段と達成時期にまで踏み込んだ極めて具体的なものとなった。

とはいえその提示の方法について米国政府は依然として慎重であり、マンスフィールドが福田との会談でこれを提示する等の方法で米国の圧力への反発をできるだけ抑えようとしていた。[52] 一一月の訪日代表団の帰国日やその段取りも、交渉が失敗して打ち切りになったような印象を与えないよう配慮されていた。また訪日団はリバース(Richard Rivers) STR法律顧問とヘギンボサム(Erland Heginbotham)国務次官補という中堅の当局者によって率いられることになったが、その背後にはできるだけこの訪日を目立たないようにしたいという意図があった。

これは米国政府に、強硬でない方法で強硬な主張を示すことで果たして日本が米国の意図を理解するのか、という問題を突きつけた。[53] 代表団の訪日前に東郷大使と会談したホルブルック国務次官補は、米国政府の抑制的な議論(low key discussion)は懸念が無いからではないと述べ、前回九月の協議後に日本側がそう誤解した形跡があると釘を刺している。またカーター政権内部でも、オーエンは非公式案の作成に加えて福田が吉野を事務局長とする対外経済政策特別本部を設置したことから楽観的な見方を示していたものの、対日交渉を担当することになったストラウスは日本側の対案が不十分なものになるだろうと予測しており、今後の対日交渉の行方について意見が割れていた。[54] このためリバース・ヘギンボサム訪日で米国が重視していたのは、非公式案への日本の具体的対応というより、黒字削減と市場開放を米国が重視していると日本側に理解させることにあった。実際には訪日の際にリバースが事前の指示に反して八％成長を求めると発言する一幕もあったが、これに福田は強く反発し、発言は取り消され、リバースもワシントンから厳しい叱責を受けている。[55]

一方その日本側の交渉方針は、米国側の強い不満を放置すれば日米関係に悪影響が出かねないため具体的な措置を提示するものの、あくまでも米国の要求を聞いた上で対案を示すというものであった。[56] 米国の要求に問題がある場合は反論し、米国の政策運営にも随時注文をつけつつ、自国の内需刺激策については受動的な姿勢をとるという方針である。また政府内部では大蔵省を中心に依然として内需刺激策に対する反発が強く、特に経済摩擦が日米関係に及ぼす影響を懸念する外務省は、この協議を利用して反発を抑えようとしていた。

このような様々な思惑の下、訪日したリバース、ヘギンボサムらは一一月一八日から二一日にかけて福田首相らと会談を行い、米国側は「非公式案」を、日本側は内需刺激策をまとめた「パッケージ」を提示した。[57] 日本側は自国の提案について、不十分ではあるものの究極的には米国も評価し得るものと見てはいた。もっとも会談後に外務省は、今回の提案のみで米国の対日姿勢が好転する可能性は無く、更なる措置が必要だという認識を示している。日本国内の円高への懸念も大きかったとはいえ、在日米大使館が評価したように、米国の圧力は外務省については思惑通り機能したと言えよう。[58] 問題は、その圧力が外務省以外の省庁の抵抗を打破するに足りるかどうかであった。

なお一一月頃になると日本政府は、国会答弁や一連の日米協議で改めて基礎収支の重要性を主張するようになっている。[59] 基礎収支は経常収支に長期資本収支を加えたもので、経済活動のより長期的な趨勢を示すと考えられる。日本の長期資本収支は長らく赤字であったことを考えれば、この変更は日本側が以前から基礎収支を判断基準としてきたというだけでなく、基礎収支のほうがより均衡を達成するのが容易だという理由もあったように思われる。日本が八〇年代になって基礎収支に短期資本収支も加えた「総合収支」を判断の基準とするようになったのはその傍証であろう。とはいえ本書が検討対象とする七〇年代後半に関して言えば、米国側は次項で見る牛場・ストラウス合意によって日本が経常収支での均衡に重点を移したと分析していたものの、実際には日本は基礎収支を重視し続けた。[60] このように為替介入の基準と同じく「収支」の定義も揺れていたことは、国際収支不均衡に関する日米間の問題認識の一致を妨げ、対立を生む一因となったと言えよう。

（3）牛場・ストラウス合意での妥結

日本政府で米国の要求への対応が検討されていた一一月末、福田は内閣改造を行い、内需拡大に積極的な河本を通産相に、宮沢喜一を経企庁長官に据える等、新たな内需刺激策策定に向けた人事を行った。[61] 特に米欧との経済摩擦に関しては外相を補佐する役職として対外経済担当相が新設され、通産省通商局長、外務事務次官、駐米大使などを歴任した牛場信彦がこれに就いた。一一月二九日の改造後の初の閣議でも経済政策を調整するために外務、大蔵、対外経済担当等の関係閣僚を集め、経企庁長官を座長とする経済対策閣僚会議が開催されており、一連の措置を米国側も好意的に捉えた。

さらに福田内閣はこの直後、七七年度の最後の三カ月を対象に第二次補正予算を組んだため、翌七八年度の予算と合わせて「一五カ月予算」とも呼ばれる大型予算となった[62]。税収不足や公債依存度の上昇、予算の硬直化は六〇年代末以来の問題であり、大蔵省は依然として財政の公債依存度三〇％というそれまでの上限を守ろうと抵抗を続けていたが、日本国内では政府・与党に加えて財界や労組も大規模な内需刺激策を支持していた。一九七七年度の経済成長率目標六・七％を達成することは難しくなり、経常収支黒字も再度修正されて百億ドルまで膨らむと予想されていた。そのため来年度の経済成長率目標の数値をめぐる政府内の協議は、大蔵省の六％台前半と通産省の七％以上という二つの案の対立となった。

この協議の最中の一一月三〇日、外務省の本野盛幸経済局長はシャーマン（William C. Sherman）在日米国大使館首席公使らに、対外関係を重視する外務省と通産省が連携して財政健全化を重視する大蔵省の反発を抑え込んでいると述べている[63]。さらに本野は後に、一一月のリバース・ヘギンボサム訪日の際の米国側の要求について、元は通産省が米国側に提案したものだったとも述べている[64]。つまり外務・通産両省はそれぞれ米国側と連携しつつ内需刺激策拡大に取り組んでいたことになるが、いずれにせよ大蔵省の抵抗は激しく、協議は年末まで続けられた。

米国側は当初、一一月以降の日本側の追加対策について、中小企業や農業関係者といった利益団体が抵抗しているとして悲観的であった[65]。しかし内閣改造については大企業寄りの河野通産相や国際派の宮沢経企庁長官が誕生し、補正予算への決意が見られるとした他、牛場など腹心のみの少人数の代表団が訪米する計画も高く評価していた。このため米国側は圧力が効果を発揮しつつあると判断し、予定されていたウルフ（Alan Wolff）ＳＴＲ次席代表の訪日は中止されている。米国側の圧力は、福田が「大いに必要としていた梃子（much-needed leverage）」として有効に機能し、日本政府内にこれを歓迎する一派があり、日米関係を緊張させてはいないというのがこの時点での評価であった。

ただし米国政府の中でも、財務省は一連の協議の成果に対して否定的であった。リバース・ヘギンボサム訪日でも国際収支を重視する米国側の意向は伝わっておらず、日本側は特定産品での関税削減と収支全体の削減の間で優先順位をつけかねており、日米間の溝は埋まらなかったとしている[66]。また日本側が黒字問題に取り組むようになった原因についても、米国の圧力より円高の影響が大きいと分析していた。これは第Ⅱ部冒頭で触れた、日本の国際収支不均衡是正策には円高への危機感の影響が大きいとする古城の研究にも共通する見解である。確かに円高と米国の「外圧」のどちらが日本の政策変更をもたらしたのかは判断し難いものの、本章で見てきたような大蔵省の強い抵抗を考慮すれば、米国の圧力無しに日本が実際に実施されたほど大規模な内需刺激策をとったとは考えにくいとは言えるであろう。

いずれにせよ日米両国は未だ合意に達しておらず、日本側は当時予定されていた最終合意のためのストラウス訪日に向けて最後の協議を行うため、牛場率いる小規模な代表団による訪米を打診した[67]。米国側は訪問自体には賛成であったものの、代表団の提示する案が最終的なものとされ、訪問の際に日本側がこれを発表する可能性を懸念していた。つまり米国政府の同意を得ないままに日本側の追加刺激策が公表された場合、米国内で日本の努力は不十分だという批判が再燃するのではないかという懸念である。このため米国側は、この訪問も一連の協議の一環であってストラウス訪日前の協議がこれで最後だとは断定できないと日本側に伝えている。つまり米国の目的は、日本から即効性のある措置を引き出すことや、日本を表立って批判することにはなかった。むしろ米国内の保護主義的な反応を避けつつ提示されるはずの日本案に不満を示し、経常収支赤字や迅速な経済成長に向けた更なる刺激策の重要性を印象づけ、牛場を通じて日本政府にこうした米国側の不満を伝えさせ、更なる協議と日本側の努力につなげようとしていた。このため日本側への意思の伝達に注意が払われ、それまで各省庁が個々に要求を伝えてきたことへの反省から、米国側の正式な対応窓口をマンスフィールドに一本化することも決定されている。

この牛場訪米の頃には、米国政府内部で一九七七年夏以来の円高が続いた場合の経常収支への影響も検討された。財務省によれば、円ドルレートが現在の水準を保つ場合、六％の経済成長率でも七八年には黒字が大きく減少する可能性があった[68]。ただ、これ以上円高が進めば日本経済が失速する可能性もあり、その場合六％という成長率を維持できるかどうかが問題であった。またＣＥＡも同様に為替の変動が先進国間の経常収支不均衡を調整すると見ていたが、効果が出るのは一九七八年後半と予測していた[69]。このため米国側としては当面、内需刺激策を主な収支是正手段として想定し、その実施を担保するために日本側が経常収支赤字を政策目標とすることを牛場訪米の最重要目標とした。

訪米した牛場ら日本側代表団は、一二月一二日から一五日にかけてストラウスやオーエン、ブレジンスキー、モンデールらと次々に会談した[70]。協議の内容は経常収支からオレンジ・牛肉といった個別産品の市場開放まで多岐に渡った。ただ、当時米国側が日本の経常収支黒字を減らしうる手段として想定していたのは日本の更なる経済成長と円高であり、市場開放は短期的な黒字削減には影響が少ない問題と考えていた。このため日本側の関税削減や新たな輸入割当ての規模についても米国側には不満があったものの、出発点としては悪くないと評価された。

一方で内需刺激策については問題が多かった。一連の協議で出た対立点は、米国側から見て主に三つあった[71]。第一に日本側の提示した追加刺激策が米国の「期待をかなり下回る」こと、第二にこの協議と並行して日本政府が検討中だった翌年度の経済成長率目標が六％となる可能性があり、八％という米国側の期待から乖離していたこと、第三に経常収支赤字を政策目標とすることについて日本が「不健全」だと難色を示していたこと、である。特に経済成長率目標については、米国側は通産省と外務省が八％を主張し、大蔵省や宮沢経企庁長官がもっと現実的な数値を主張するという対立構図が続いていると見て圧力をかけようとしていた。

米国側も事前の方針とは裏腹に足並みが乱れ、牛場との会談でソロモンが六％でも問題無いと示唆する場面もあったが、全体として米国は目標を七％以下にすべきでないという姿勢で一貫していた[72]。牛場訪米時の協議ではオーエン、ストラウス、ブレジンスキーら政権幹部が牛場に繰り返しこの方針を伝え、ソロモンの発言はシュルツＣＥＡ議長が訂正した。一方日本側でもこの発言を知った通産省がＳＴＲに圧力を緩めないよう要請しており、決定直前まで具体的な数値の行方は不透明であった。一三日には在米日本大使館も財務省に対し、日本政府内部の意見対立が激しいため数値は発表直前に決定される見込みであり、事前に内需刺激策の内容を伝えることは不可能だと伝えている[73]。

最終的に、牛場訪米の最終日の一五日朝、日本政府は一九七八年度の経済見通しを発表し経済成長率目標をGNP比七％にすると決定した。(74) 米国側はこのこと自体は高く評価したものの、日本の提案は依然として不十分だという見方に変わりはなかった。

一五日に協議を終えて牛場が帰国した後、日本側では改めて米国の要求への対応が検討された。(75) 米国は特に日本が否定的だった経常収支赤字について、牛場帰国後もこれを公式に目標とするよう日本に求め続けた。しかし一二月二八日にマンスフィールドに示された日本側の回答は、経常収支黒字の「著しい減少（marked diminution）」を掲げ、経済成長率目標を「七％前後（around 7%）」としており、米国側の文言を取り入れたものではなかった。しかしマンスフィールドは、これが現時点で日本が取れる政策の限界だという判断から一旦交渉を終結させるよう主張し、ストラウスや省庁間グループ、そしてブレジンスキーも同じ見方をとった。(76) 文言や具体策に不満はあったものの、大規模な内需刺激策や市場開放による黒字減少容認など、「圧力をかけてきたほぼ全ての分野で正しい方向へ向かっている」という判断であった。特にブレジンスキーはこれに加えて、カーター政権のアジア政策がいわゆるコリアゲート事件や中国との国交正常化交渉の停滞で揺らぐ中、対日関係まで対立基調となることは容認できないという理由も挙げ、合意に賛成した。

こうして前年九月から続いてきた日米協議は一応の合意に至った。ストラウスと牛場は一九七八年一月一二、一三日に協議を行った上で共同声明を発表し、米国側がインフレなき成長の維持を目指すことを確認したのに対し、日本側は「最近決定をみた七％の一九七八年度実質経済成長目標」を確認し、この達成のため「合理的かつ適切なあらゆる措置を講じるとの意向」を示し、経常収支黒字縮小に向けて努力する中で「たとえ赤字が生じたとしてもそれは受容されよう」と述べた。(77)

この牛場・ストラウス合意について牛場は、日本が「経済成長について外国との間で話をしてコミットメント」を約束したことを米国側が高く評価していたと回想している。(78) 米国側の目的が全て達せられたわけではないものの、七％という相当大きな数値を目標として設定し、かつその実現を約束したことは、確かに重大な「コミットメント」であったと言えよう。一方で米国側が約束したのは具体性に欠けるインフレ対策やドル安対策であり、後者に実際に米国が取り組んだのもドル安が進んだ一九七八年後半になってからのことであった。日本が七％を約束する上で米国の圧力が重要だったことから考えても、この合意は実質的に、米国が日本に経済大国としての新たな負担を約束させるという非対称なものであったと言える。

ただ、本章での検討が示すように、米国から日本への「外圧」はしばしば揺らぎ、その是非や内容については米国政府内にもかなりの対立があった。またそもそも、日本への具体的な数値目標要求を検討する際には、福田をはじめ日本側が「外圧」を求めているという事情が考慮されていた。その意味では、牛場・ストラウス合意は日米両政府の一部が連携して自らの求める政策を成立させるための協調であったと言えよう。次なる課題は、その協調が国内の反発や政府の意のままにはならない経済状況の中で成果を出せるかどうかであった。

第六章　協力の反動と米国の方針転換

1　合意達成に向けた努力

(1) 合意への疑念

牛場・ストラウス合意の発表と相前後して、この合意を実現するための日本側の努力が始まった。政府が一九七七年末に決定した新年度予算は前年度比二〇・三％増、公共事業関係費も一九七七年度の二一・四％増に続いて二七・三％増となっていた。[1]これに伴って公債依存度、つまり一般会計に占める公債収入の割合も三七％に達した（図6-1）。大蔵省は三〇％という基準が破られたことを強く懸念しており、この時も翌年五月分の税収を一九七八年度予算に組み込むことで公債依存度を三二％とし、インフレ亢進を防ごうとしたほどであった。七〇年代には日本以外の先進国も公債に依存するようになってはいたものの、その公債依存度は最も高い西独や米国でさえ二〇％台前半である。つまりこの予算の規模は、七％という数値が事実上の国際公約となり、一二月に予定されている自民党総裁選までにこの目標を達成できなかった場合は内閣の存続は危ういのではないかと見られる中で、福田内閣がこの目標に対していかに真剣であるかを示していた。[2]そのため米国政府も、この予算と依然として続く円高が先進諸国での保護主義台頭を抑制する一助になると評価している。

しかし同時に、日本は一九七七年度にほぼ目標通りの経済成長率六％を達成していたものの、経常収支黒字は一四〇億ドルという空前の数字になっていた。[3]また翌一九七八年度の七％成長はCEAの予測でも日本国内の予測でも達成が疑問視されていた。そしてこの合意をとりまとめた牛場自身も、米国側は七％という数値を掲げたことを

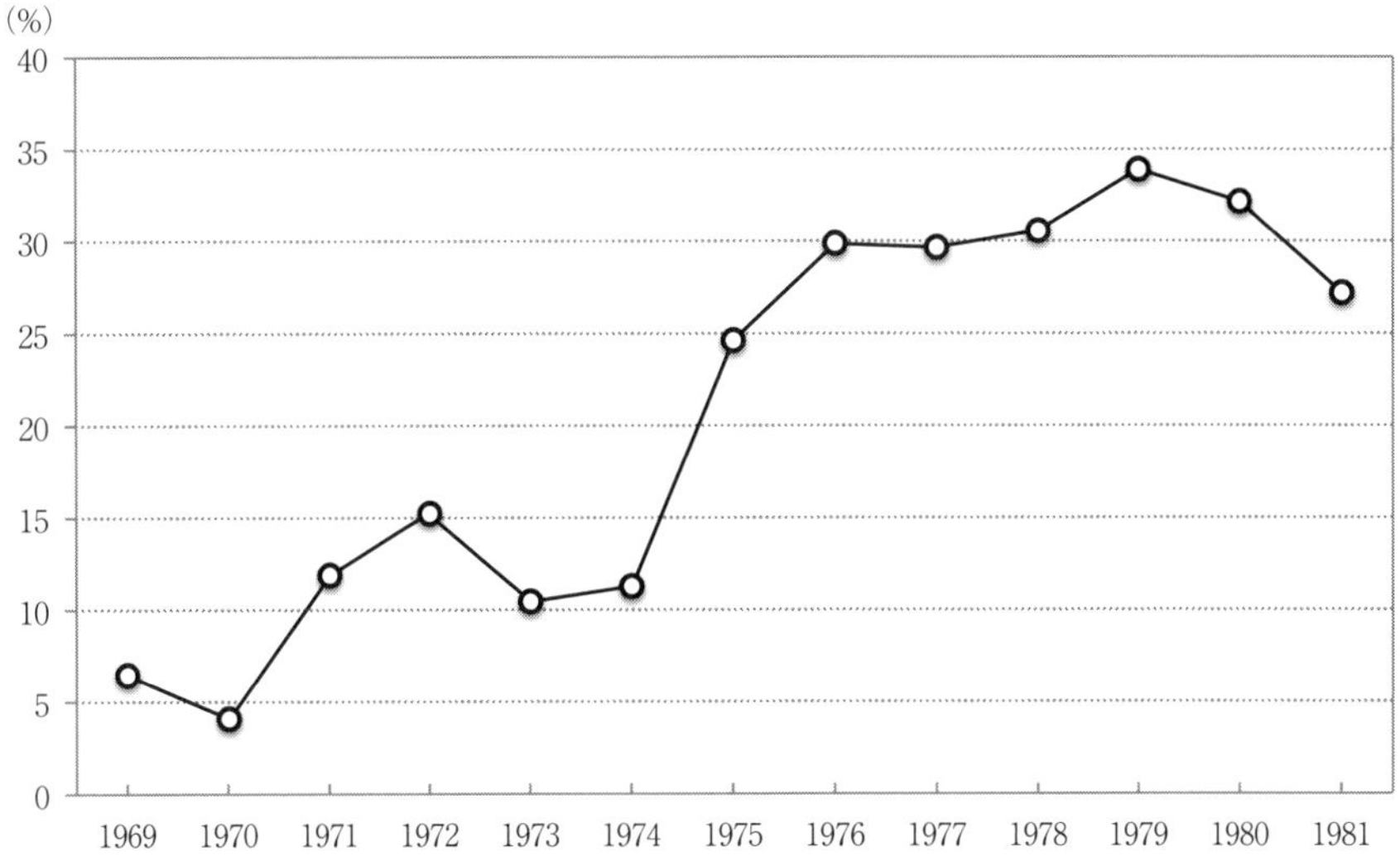

図6－1　日本の公債依存度

出所：大蔵省大臣官房調査企画課長編『図説 日本の財政』各号を基に執筆者作成。

評価しているのであり、「七％は必ずしも達成しなくともよいとのサイン」を出している、問題は黒字幅だと二月の記者懇談で述べていた。

こうした状況ゆえに、日米間では牛場・ストラウス合意後も七％という目標をいかに実現するかをめぐってさらに協議が続くこととなった[4]。当時米国は、七％達成のためには二〇兆円、日本のGNPの一％に相当する規模の刺激策が必要だと見ていた。しかし牛場・ストラウス合意発表直後にオーエンは、日本政府が米国側の考えている規模の四分の一程度の刺激策を考えているという報道があったとして在日米国大使館に日本側との協議を指示している[5]。つまり米国側は日本がこの目標を達成できるのか疑問視していたが、少なくとも日本に目標を高く持たせることで刺激策を拡大させるべきだとしていた。またこうした疑念は日米間の信頼を損ね、市場関係者の心理にも影響を与えて自己実現しかねないとして当初公にはしていなかった。多大な圧力をかけて牛場・ストラウス合意を達成したばかりで、しかもボンサミットを前にして西独に圧力をかけているこの時期に、米国は日本との摩擦を避けようとしていた。

以上のような事情から、米国側は高官級での協議よりも耳目を集めにくい実務者間の協議を模索した[6]。ストラウスは対日協議を担当し日本の経済政策を「監視し、進捗状況を検討する」者が必要だと述べ、カーターの指示でストラウス自身がその任に当たることになってはいた。しかし多角的貿易交渉を担当するSTRスタッフにこの業務を担当する余裕は無く、国務・商務・財務・農務の各省がストラウスに情報を提供するにとどまった[7]。ボンサミット開催まで、米国は日本の経済政策に不満は持ちつつも、前年のような対日圧力を再開することはできない状態であった[8]。

(2) ボンサミットでの対立と合意

一方米国は、日本とは異なり一九七七年初頭から日米独機関車論に慎重だった西独に対し、ボンで開催される予定のサミットには内需刺激策に関して進展がないかぎり出席しないと圧力をかけた[9]。西独は堅実な経済成長を続けてはいたものの、政府の楽観的な経済成長率予測については日本と同様に国内外から疑問視する声が上がっていた。米国は他の先進諸国から批判を浴びてきた貿易赤字やドル安、石油輸入といった問題に対処するべく賃金・物価の統制や省エネルギー対策を発表しており、これを梃子に西独も内需刺激で努力をするよう要求しようとしていた。

米国政府が問題視していたのは、サミットに向けてエネルギー価格の上昇や不況、インフレ等への問題認識は共有していたものの、どう対処すべきか、どの国が積極的に対策をとるべきかといった対応策の点で対立が残っているということであった[10]。西独、とりわけシュミット首相は、先進諸国の中でも日米独機関車論に対して批判的であった。シュミットは一九七六年以来、インフレ対策を重視すべきだと主張しており、また西独の経済成長が国際収支不均衡の是正につながるという機関車論の論理も現実的でないとして批判していた。

しかし一九七七年中の西独経済の失速と失業率の増加は政府の予想以上であり、同年の経済成長率が二・六％にとどまり、ドルの全面安も続く中、インフレへの懸念は弱まりつつあった[11]。このため一九七七年末になると、シュミットも含めた西独政府関係者は例外的に内需刺激策が必要な状況だという認識に傾いていった[12]。カーターとシュミットの険悪な関係もあって米独間の交渉は難航したものの、両者と良好な関係を築いていた英国のキャラハン首相が仲介役となって米独間の協議が行われた。

そして両国は三月からの二国間協議やシェルパによる会合を経て、米国が石油問題で、西独が内需刺激策で努力し、日本にも内需刺激策を求めるという包括的な取引で合意した。[13] 西独の内需刺激策の恩恵を受ける英国やフランスが米国の主張に賛同し、サミット延期論まで出る中で、最後まで内需刺激策の見返りを見極めようとしていた西独も追加の内需刺激策に同意した。具体的にシュミットが約束したのは、内需刺激策をＧＮＰ比一％規模とし、新たに三・五％の経済成長率を目標として設定することであった。目標達成を保証することは避けたものの、未達の場合は追加の刺激策をとることも約束した。見返りとして米国は、石油消費を増大させるとして他国から批判されていた、米国内での石油価格統制撤廃を約束した。[14] 西独は連邦銀行や世論の反発を恐れてこの合意を公表しなかったものの、米国側はこれを高く評価し、ボンサミットの七月開催が決定した。英独等の欧州からの参加国はこれらの取り組みについて、経常収支黒字国が経済成長によって世界経済を牽引し、赤字国はインフレ対策を優先するという参加国全体が参加した「船団論」であるとしていたが、経済の好調な日米独三カ国が経済成長に注力する構図はまさに米国が求めてきた機関車論のものであった。

一方日米間では、マクロ経済政策については静かな状態が続いた。五月の福田訪米に向けて、金融問題はブルメンソール、貿易問題はストラウスが担当しており、前年のような米国政府が一体となって日本に要求する体制ではなかった。[15] また米国はこの時期の日本について、ソ連とは漁業問題、中国とは尖閣諸島問題と日中平和友好条約締結交渉、西欧諸国とは輸出規制問題と、多方面で問題を抱えていると見ていた。[16] このため米国は、対日批判よりも共通の目標に向けた協調の意思、対日関係重視の意思を日本側に印象づけようとしていた。

ただ、対立を避けるといっても米国側の不満が消えたわけではなかった。日本経済は好調であったものの経常収支黒字は減少せず、四月の米国の対日貿易赤字は史上最高額に達し、経済の「構造改革」にも手が付けられていなかった。[17] ＷＰ３会合でも米国は他国と共に、日本が七％という目標を達成できるのか、また達成できたとして経常収支黒字を解消できるのかを疑問視している。

その反面、日本側は輸出の伸びは鈍化しつつあると見ていた[18]。このため日米首脳会談でも米国は、従来の内需刺激策に加えて緊急輸入の拡大を図りつつ、急速に進む円高が経済成長に悪影響を与えるとして米国に為替市場への介入を求めた。これに対し福田は円高ドル安の原因をエネルギー価格上昇といったファンダメンタルズの変化によるものとする米国側の分析に同意しつつ、一九七七年中の日本の経済成長は為替が安定していたからこそ可能だったと主張している。

しかし米国にとって、日本の経常収支黒字が減っていないにもかかわらずその輸出を助けると解釈できる為替介入を行うのは政治的に不可能であった[19]。また航空機の輸入促進や原油タンカー備蓄の増加、自動車や鉄鋼の輸出自主規制といった日本側の措置に反対こそしなかったものの、その効果はあくまで一時的で本格的な対策とはならないと見ていた[20]。アーマコストは宮沢経企庁長官との会談に臨むブレジンスキーに「八～十％の成長を唱える日々は終わり」、穏当な成長率を実現するための、例えば貯蓄率を下げ消費を刺激するような「政策の実質的変化」が必要だと強調している。

こうした中で開催された六月のＯＥＣＤ閣僚理事会では、より速い経済成長、さらなる価格安定、より良い国際収支状況の三つを目指し、各国の経済状況に応じてそれぞれ異なる責任を割り振るという経済政策協調の方針が改めて確認された[21]。特に重点が置かれたのは経常収支黒字国のとるべき政策であり、日本は内需刺激の継続、多角的貿易交渉での譲歩、途上国への援助増額といった国際経済体制における役割拡大を求められた。

これらの政策についてボンサミットでも合意できるかどうかについて、前年に続いて米国のシェルパを務めたオーエンは、各国ともなんらかの合意を得たいという意思はあると見ていた[22]。特に西独はホスト国として、また経済政策協調に対する国内の反発を抑える梃子として、自国の内需刺激と米国の石油輸入制限の取引という成果を求めているはずであった。日本は国内を刺激することを避けるために国際収支問題で圧力を受けることを避け、保護主義への対応で合意を得ようとしていると見られた。

ただ、シェルパによる準備会合は、保護主義抑制と経済政策での協調という目標では概ね一致したものの、具体的な対策をめぐっては最後まで意見が対立した[23]。例外は国際収支問題で、シェルパを務める宮崎弘道外務審議官は、経常収支黒字縮小に向けた具体策や七％が達成できない場合の追加策をサミットで約束するよう繰り返し求められた。これを受けてサミット開催直前、福田はストラウス、オーエンとの会談で七％が達成されそうにない場合は補正予算検討のために秋に臨時国会を開くとサミットで発表することを伝えている。それでも全体としては、シェルパによる準備会合での合意は今後の方向性に関するものにとどまり、オーエンはサミット後のフォローアップが重要になると見ていた。

その予想通り、七月一六日、一七日と開催されたボンサミットの結果は、経済成長率という数値を目標として掲げることには成功したものの、その数値を実現するための措置は各国の裁量に委ねられた[24]。会議では当初、拡張的な政策を指向するフランスとカナダが更なる内需刺激を米国に求め、より保守的な財政政策を指向する日本、西独、英国が逆に財政政策引き締めを米国に求める等の意見対立があった。しかし最終的には経常収支黒字国が内需拡大を、赤字国がインフレ対策を行うことで参加国は合意した。日本は牛場・ストラウス合意で掲げた経済成長率七％という目標の達成に向けた努力を続けると約束し、事前に約束した通り「八月又は九月に追加措置が必要かどうか」を決定すると述べている。GNP比七％という数値に国内外、政府内外から疑問の声が上がる中で、まずは経済の動きを見た上で判断するというのが日本の方針であった。

(3) サミット後の内需刺激

その経済の動きを見ると、ボンサミットの前後から日本経済は徐々に減速し、掲げた目標の達成が早くも危ぶまれる事態となった[25]。日本の経済成長率は一九七八年度第一四半期でGNP比四・一％、経常収支黒字は半年で八〇億ドルを上回り、米国は昨年と同水準の一四〇億ドル前後になると予測した。日本の輸出は量的には見込み通り減少したものの、円高のためドル換算での輸出額が増大したためであった。日本側は円高が急激に進んだ五月から矢継ぎ早に緊急輸入策を打ち出していたものの効果は薄く、米国側は「新たな貿易関係の青写真を描いた昨年の牛場とストラウスの努力をあざ笑う」ことになるとして問題視し、米国内で保護主義が盛り上がりかねないと日本側に懸念を伝えた(26)。

この時期、米連邦議会では貿易赤字に対処するために輸入課徴金を発動するよう主張する議員が出る等、減る気配を見せない日本の貿易黒字に対する苛立ちが募っていた(27)。米国政府としてはこうした強硬策に踏み切る意思はなかったものの、日本経済が一九七八年初頭の年率一〇％に相当する高成長から失速し、経常収支黒字が減少するかもわからない中、政府内部では対日圧力の強化が再検討され始めた。松川財務官が七％という目標を撤回することも考えていると示唆し、日本側の対策が不十分なものになるという見通しを得ていたことも、この検討作業につながった。

一方日本では、追加措置が必要かどうか再検討するとしたサミットでの約束とその後の経済情勢を受け、九月はじめに公共事業増額、緊急輸入、対外援助等の追加措置を打ち出すこととなった(28)。こうした対策を手に九月六日に訪米した牛場は、ホルブルック国務次官補らに対し、追加の経済対策の他に第三章で検討した在日米軍基地関連経費の肩代わりにも触れ、日米関係は全体として良好だという楽観的な見方を示している。

しかしこれらの対策の効果について国務省やＣＩＡは、三分の一は住宅金融公庫の個人投資枠拡大で実際の政府支出の増大ではないことから即効性が怪しく、十分な対策かどうか疑問視していた(29)。同月末に開催された省庁間会議でも、日本は経済成長率七％を達成できそうにないという意見が大半を占めた。もっともこれまで同様、国務省は前年のように米国側の圧力が日本国内で広く報道され、反米感情を惹起する事態を懸念していた。また財務省も、日本側の内需刺激策が不十分だという評価が公になることで市場に日本の輸出増大と円高を予期させ、議会の保護主義的な動きも誘発しかねないと懸念していた(30)。日本の内需拡大・黒字削減が不透明になってはいたものの、全面的なドル安への対応に忙殺されていたこともあって、米国側に打てる手は限られていた。

そのため前年に始まった日米準閣僚級協議も、一〇月末に予定されていた会合が成果を見込めないとして中止されている(31)。対日交渉を率いるストラウスは「気休めの協議」を望んでいなかった。新たに東アジア・太平洋担当の

NSCスタッフとなったプラットも、ホジソン（James D. Hodgson）駐日米国大使の下で政治担当公使を務めた経験があり、前任のアーマコストより日本への圧力に消極的であった。この協議とは別に一〇月末には牛場・ストラウス合意の進展具合を検討するため両者が会合を持ったが、牛場が国際収支不均衡の拡大した現状と今後の努力を確認し、ストラウスがドル安対策の必要性を認めるにとどまっている。

ただ、対日圧力の検討は米国政府内で続けられた。マンスフィールドはこれまで通り日本側が最大限の努力をしていると強調し、七％という目標が達成できなかったとしてもそれは日本側の努力が足りなかったためではないと擁護していた。[32] しかし東京サミット開催を控え、ワシントンでは国務省や財務省等ですらまだ日本側に出来ることはあるとし、ブレジンスキーも「日米関係はサミットの日付を決めるよりもサミット前の実質的な進展のほうにかかっている」と見ていた。[33]

（4）ドル安と米為替政策の転換――対立解消の兆し

内需刺激策に関する日米間の対立が再燃する一方で、一九七八年には為替政策での対立が解消へと向かった。既に触れてきたように一九七七年後半からは全面的なドル安が進行しており、「優雅なる無視」を基本方針としてきた米国政府でもドル安を問題視する声が上がり始めていた。[34] 円ドルレートも一九七六年中は三百円前後にとどまっていたものの、一九七七年に入ってからは急速な円高が進んだ。

このため一九七七年末からは、雇用問題に敏感な労働省や議会担当者は依然として景気刺激策に専念するよう主張していたものの、本格的な為替介入の検討が開始された。一二月一九日にはヴァンス国務長官、シュルツCEA議長、ブルメンソール財務長官の三人が集まり、ドル安対策について協議を行っている。[35] ここでブルメンソールは、ドルへの信用は米国経済にとっても世界経済にとっても重要であり、その信用を確保するのはファンダメンタルズ改善だけでは不可能で、米国の「優雅なる無視（benign neglect）」は「有害なる無視（malign neglect）」と見られているると主張した。しかしヴァンスとシュルツは問題があるという点には同意しつつも、現状では市場に混乱が起きる可能性は低く、この問題に関する政策転換と警戒感の表明はかえって危険だと反論している。

しかしドル安の勢いが止まらないことにカーターは強い危機感を覚え、米国政府は対応策をとり始めた(36)。二日後の二一日には財務省が必要ならば為替介入を実施するとの声明を発表した。西独との通貨スワップも強化され、翌一九七八年一月四日には財務省とＦＲＢが積極的な為替介入の意向を表明した。それは政策転換の予兆ではあったが、為替安定策の主眼はあくまで米国内でのインフレ対策や石油輸入量の削減にあった。同月初旬のパリにおける五カ国蔵相・中央銀行総裁会議でも、米国は従来通りファンダメンタルズの改善を主張し、自国の為替介入について「無秩序な為替市場の状況」に対処する場合に限定すると強調している。一月下旬の松川・ブルメンソール会談でも米国側は、「憶測によって為替が動き、我々の経済を混乱させるのは許容できない」としつつ、ファンダメンタルズが為替を決めるべきだと改めて主張した。

それでもドル安は続き、これを放置し続ける米国への批判も日欧で高まり続けた(37)。そのため四月のＥＰＧで財務省は、石油輸入量を減少させ、経常収支赤字縮小を目指す必要があると主張している。石油輸入量の削減には国内の反発が強かったが、既述の通りボンサミットでの西独との取引に組み込まれており、米国も国際的圧力を利用してこれに取り組もうとしていた。

一方で日本はこの頃、次第に為替介入に消極的となり、限定的な為替介入を認める他の先進諸国と歩調を合わせる方向へと向かった。日本国内では一九七七年後半から止まる気配を見せない円高への不満が高まり、福田も経済成長への影響を懸念と米国の取り組みへの不満を公の場で口にするようになっていた(38)。一九七八年三月には、福田がカーターと電話会談を行って直接為替介入を要請するという案が日本政府内で検討されている、という情報が大蔵省から財務省に伝えられている(39)。しかし財務省は日本の経済状況からすれば円高を容認すべきであり、政治的にも日本の対米貿易黒字に非難が集中している中で介入はすべきでないとした。この意見を受けてオーエンはカーターに対し、財務省の言うように技術的理由から為替介入は難しいと福田に回答するよう進言している(40)。

そのため日本は、米国から回答を受けた後の三月二八日を境にして為替介入を諦めた(41)。この背景には、一月から大規模な介入や資本流入規制を試みてはいたものの単独介入では効果が薄かったこと、国内で円高による原材料の輸入価格下落、国内での物価安定、輸出産業への打撃の予想外の小ささ等が認識されるようになっていたこと等も影響しているとされる。いずれにせよ米欧は円高によって日本の貿易黒字や経常収支黒字が減少するとしてこの決定を歓迎し、七月のボンサミットでも協調介入等の為替政策は議論されなかった。この結果、七月には円が一ドル二〇〇円台を突破するに至った。

問題はこのドル安が円にとどまらなかったことにあった[42]。一〇月になると円、マルク、スイス・フラン、フランス・フラン等の主要通貨に対して大幅なドル安が進み、日欧だけでなく米国内でも為替介入への支持が高まった。このため八月から為替政策の検討を再開していたカーター政権は、一〇月二八日からの関係国との協議を経て、一一月一日に「ドル防衛策」を発表した。これはドル安がファンダメンタルズを反映したものではないとし、国内での更なるインフレ対策によってこれに対処し、必要ならば為替介入も辞さないというものであった。さらには経常収支黒字国である日本、西独、スイスの各中央銀行との協調介入も予定され、「優雅なる無視」という従来の方針は放棄された。実際には西独が介入せず、エミンガー（Otmar Emminger）独連邦銀行総裁が米独間の通貨スワップの使用に消極的との報道もあったものの、図6-2が示すようにドル防衛策の効果は絶大であった。

これらの対策に続き、カーターは強硬なインフレ対策論者として知られるカーン（Alfred Kahn）をインフレ問題担当の特別大統領補佐官に任命し、後には賃金物価安定評議会の議長とした他、FRB議長もインフレ対策に消極的だったミラー（William Miller）からマネタリスト的な通貨供給量重視の姿勢をとるヴォルカーへと交代させた[43]。この頃には、当初ケインジアン的な需要刺激を唱えていたアイゼンスタットら経済政策担当者もその主張を撤回し、次第に通貨供給の重視という方針が政策に反映され始めていた。特にヴォルカーは景気への影響を懸念するカーター政権の反対を押し切って金利を引き上げ、インフレの鎮静化とドルの安定を図った。その結果として米国経済は一九七九年以降失速することになるが、緊縮的な金融政策という方針で米国と他の先進国は一致した。

後に財務省も一九七八年七月以降のドル安は「急速で無秩序」だったとし、それゆえ大規模な協調介入と金融引

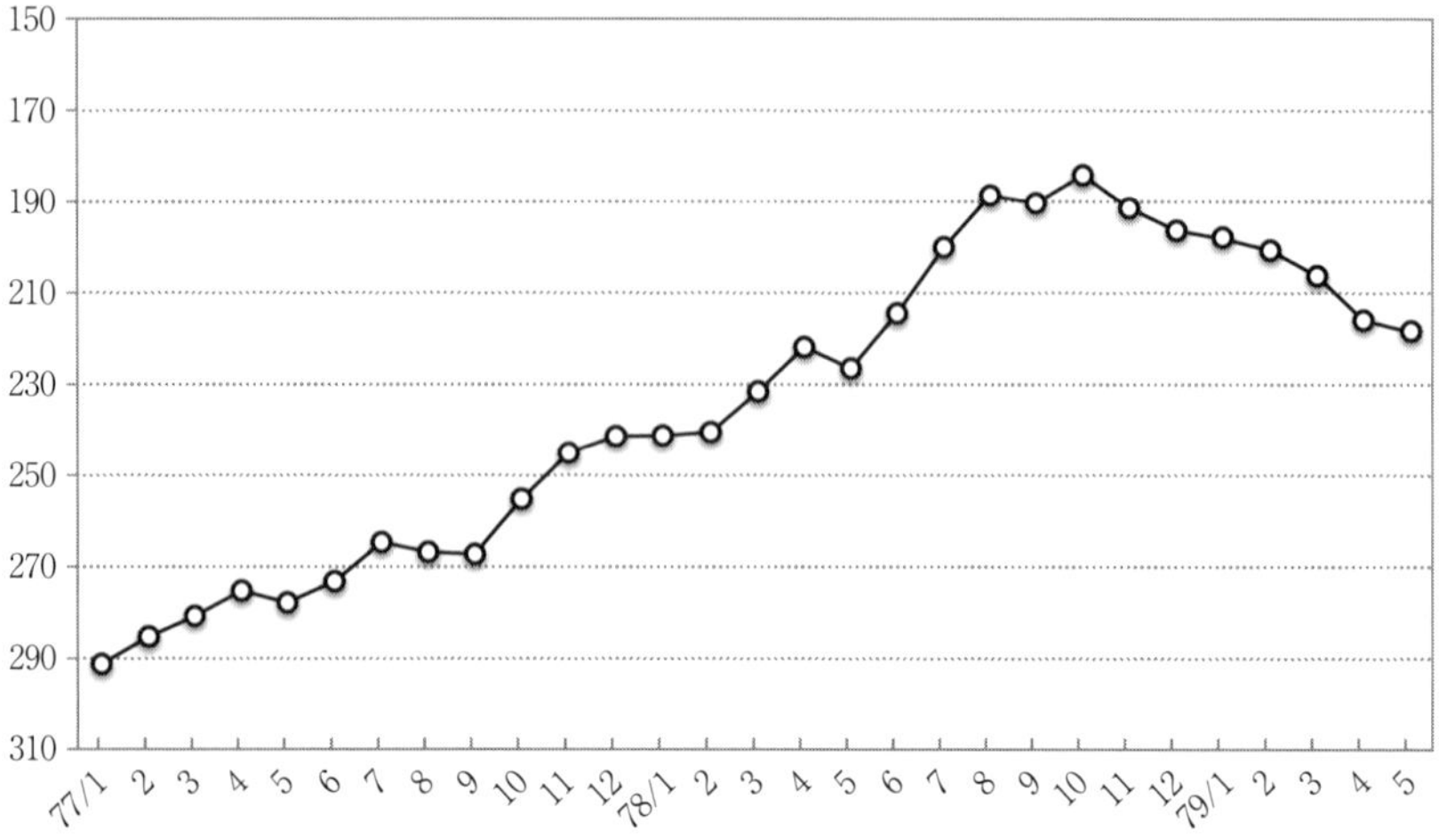

図6－2　円ドルレートの推移

出所：大蔵省国際金融局内大蔵省国際金融局年報編集委員会編『大蔵省国際金融局年報』各号を基に執筆者作成。

き締めに転換したと総括している。[44] 米国の方針転換は日本、特に自民党総裁選を一二月に控えて円高による国内の不満に直面していた福田にとっても朗報であった。[45] 翌一九七九年四月には日本も引き締め策に転じ、まず為替政策においてカーター政権の政策転換が主要先進国間の摩擦の軽減と政策協調をもたらすこととなった。

2　日米両国の方針転換

(1)　大平内閣の発足と経済成長率目標の撤回

一九七八年中に為替政策での対立が収束に向かったのとは対照的に、同年一月から一二月にかけての日本の経常収支黒字は一六五億ドルに達し、年末から更に激しい日米摩擦を惹起した。[46] 黒字は円高の影響を受けて一九七八年度初頭に一時縮小傾向に転じており、また九月にはイランの石油輸出が政情不安から一時途絶して石油価格が高騰したため、日本の輸入総額が急増していた。しかしその効果が実際に黒字縮小という形で姿を現すまでには時間が必要であった。

そして日本政府は、経常収支黒字を解消するべく採用した経済成長率目標を、黒字の減少傾向が明確になる前に撤回した。一一月三〇日に行われた自民党総裁予備選挙で大平が勝利し、新たに大平内閣が発足した一二月には、経済成長率七％という目標が達成不可能なのは明白となっていた。[47]そこで大平は、福田との全面対決の末に首相となり、経済中心の時代から文化重視の時代への変化を唱え、福田の経済政策にも批判的だったこともあり、一二月八日の就任後初の記者会見において「七％実現は困難と言われており、それが国際的信用をそこねるとは思わない」と述べた。一三日には経企庁も七八年度の実質経済成長率を六％と予想する報告を発表してこれに続いた。シェルパとして東京サミットに向けた準備を開始していた宮崎外務審議官もウィルフォード（Michael Wilford）在日英国大使に、七％は達成不可能であるものの、それにもかかわらず収支は減少傾向にあり、米国も正しい方向に向かいつつあることを理解するだろうと述べている。[48]

しかし財政出動に積極的な大平が目標をそのまま引き継ぐだろうと見ていた米国側は、他のサミット参加国と共にこの政策転換に強く反発した。[49]ボンサミットでの合意の履行状況を検討するために一二月一〇日、一一日と開催されたシェルパの会合では、日本は努力が不十分であるとして他の六カ国から強く批判されている。さらに米国ではオーエンがカーターに対し、経済成長率目標の撤回を懸念する書簡を大平に送り、一二月二二日と見られていた経済成長率目標についての閣議の前に日本政府に再考を促すよう提案した。

日本側で閣議が開かれる直前の二一日に送付されたカーターの書簡は、日米間で潜在的に最も大きな問題として経済を挙げ、政治的な負担の大きい米国のインフレ対策や西独のＧＮＰ一％相当の内需刺激策に触れつつ、日本が経済成長率七％という公約に向けた追加の刺激策をとることが最も望ましいと述べていた。[50]また米連邦議会からの保護主義的な圧力を考慮すれば自由貿易体制はいまだ不安定であり、東京サミットの行方も不透明だとし、これらを解決するには日本の経常収支黒字の劇的な減少が必要だと論じた。さらにサミットについては、シェルパが再度集まる三月までに国際収支不均衡を改善するための措置に合意できれば望ましく、日程はその後に決定できるようにすべきだとした。

この書簡の翌日には大平が各国に東京サミットの六月開催を提案する招請文を送付しており、翌一九七九年一月には米英仏独四カ国が政治問題についての協議の際にこの招請への対応についても協議している。[51]その際にも英国等が日程に同意する意向であったのに対し、米国は更なる収支削減策を日本が実施するという条件を付けることにこだわっていた。

カーターからの書簡については当時、米国が東京サミットに出席しないかもしれないとの揺さぶりをかけたという報道があった。[52]表現こそ遠回しだったものの、こうした書簡作成前後の経緯からすれば米国側の企図はまさにそのとおりであったと言えよう。オーエンは一〇月の時点で既にサミットの日程を確約せず圧力をかける梃子として取っておくようカーターに進言し、一一月にはド・ラロジエール（Jacques de Larosière）ＩＭＦ専務理事が日本に更に刺激策を取るよう圧力をかけるとオーエンに述べたことを引き合いに、日本への圧力強化を主張していた。[53]ボンサミットの時に西独に圧力をかけたように、日本に対しても自国開催のサミットを成功させたいという欲求を梃子に政策転換を迫ることができるというのがオーエンの見込みであった。

日本政府はこの書簡に対する対応を協議した後、二六日に返書を送付した。[54]円高による経常収支の調整やこれまでの国内需要刺激策等が効果を発揮しつつあり、経常収支黒字は減少傾向にあるという見方を示して反論する内容であった。また経済成長は円高等の影響によって減速し六％程度になるだろうが、これ以上の追加刺激策は今年度中に効果を発揮しそうになく、むしろ既存の総合経済対策の実行と翌年度予算の策定によって継続的に経済を刺激することが重要だと主張した。しかし米国側では、国務省や財務省、ＣＥＡが、より高い経済成長率や更なる輸入障壁の撤廃が必要だという意見で一致していた。日本側の応答を受けてオーエンも、サミットの成果についてよい感触が得られない限り日程を決定しないという方針を大統領に改めて推奨している。

さらにこうした意見対立を解消するため、まず黒字は減少傾向にあるという日本側の予測は違うと納得させるべく、一月二〇日に米国側の経済専門家が訪日することとなった。[55]また一二月末の書簡で日本側に伝えた保護主義や東京サミットの成否への懸念も、改めて日本側に伝えることになった。まずオーエンは大平からの書簡を受けてすぐに再度の書簡作成を指示し、各省庁による検討を経て、一月三日には米国側の懸念をより具体的に述べたカーターの書簡が日本側に送付された。この書簡では、サミットが成功すると判断できるまでは日程の決定を延期すること、その成功には日本の経常収支黒字削減の見通しについて両者が合意することが肝要であること、日本側の楽観的な見方に米国の専門家が同意していないこと、ボンでは協調した行動を打ち出すことで各国内部の政治的障害を乗り越えており、十分な準備があれば東京でもそれが可能だと考えていること等が述べられていた。

また当時米国政府は、日本の経常収支黒字削減を米国が本気で主張しているのか疑問視する声が日本政府にあるとの報告も受けていた[56]。そのため、専門家団訪日等の機会に改めて黒字削減のための更なる経済成長を求め、日本への圧力を強めようとしていた。しかしブルメンソールと会談した佐上武弘財務官は一九八〇年中に日本が経常収支黒字に戻ることはないだろうと示唆する等、日本側の楽観論は明確であった[57]。

こうした中、一九七九年一月に訪日した国務省、財務省、ＣＥＡ、ＦＲＢの計四人の専門家は、翌年度の日本の経済見通しについて日本側と議論を行った[58]。日本側の予測が妥当なのかどうかについて専門家による検討を行うのが目的であったが、その検討の結果は、双方が合意する結論こそ出なかったものの、日本の見通しは楽観的ではあれ信じがたいようなものではないことを示唆していた。この時日米両国の専門家は、一九七九年度の経済成長率が五から六・三％の間に、経常収支黒字が前年度の一七〇億ドルから大きく減少して九・五億ドルから一五億ドルの間に収まるという予測で一致した。また日本の経常収支黒字は当面続くと予想されること、日本側の財政赤字への懸念や財政均衡への強い要望ゆえに更なる公共投資による黒字解消は行わないと日本側が決定したことも報告されている。それは、日本が牛場・ストラウス合意で表明した経済成長率七％とそれによる経常収支均衡という目標を放棄することを意味していた。

代わって日本政府が採用したのは、より低い成長を維持しつつ長期的な資本収支の赤字で貿易収支での黒字を相殺する、つまり日本側が従来からあるべき目標として言及していた基礎収支での均衡を目指すという方針であった[59]。専門家団の分析によれば、それでも各国が日本の経常収支黒字を容認できない場合は、更なる経済成長、大幅な輸入増、そして大幅な円高の三つの対処手段がありえた。しかし経済成長については財政上の制約から日本政府は内需刺激に消極的な姿勢を変えそうになく、輸入増も日本経済の大変革が必要と見られたため、円高がもっとも蓋然性の高い調整手段であろうと分析されている。

一方ワシントンでは、オーエンが一月一九日に関係者を集めた非公式の夕食会を開き、日本の経常収支黒字にどう対処すべきかを検討した[60]。この夕食会の議題は日本の黒字の影響と対策だけでなく、黒字の社会的・経済的な発生要因についての幅広い検討も含まれていた。このため夕食会にはシュルツＣＥＡ議長をはじめとするカーター政権の経済政策担当者に加え、ライシャワー（Edwin O. Reischauer）元駐日大使や日本の経営手法の研究で有名なアベグレン（James C. Abegglen）ら研究者も招かれた。

この夕食会の背景には、日本が果たして米欧と同じ市場経済国なのかという疑問があった。バーグステンはこの夕食会について、日本を非市場経済国として扱うというブルメンソールの考えについて意見を聴くいい機会だとしている。またシュルツも政権を離れた後、「日本はコンピューターを持った封建社会だ」と述べている[61]。八〇年代に盛んとなった日本異質論にも通ずるこうした議論は、日本が市場主義経済とは違う原則で動いているのだからその原則を変更させる必要があるという主張と、逆に原則ではなく結果を要求すべきだという主張の双方につながりえた[62]。

この夕食会の後、オーエンは一月三一日に訪日を終えた専門家からの報告も聴取した。専門家らの結論は、これ以上成長率を高めるよう日本に求めるのは無駄であり、むしろ貿易や金融の自由化といった長期的措置に集中すべきだということであった[63]。そしてオーエンが選んだのも、結果より原則の一致を優先し、そのために長期的措置をとり、日本がこれに基づく約束を守れない時に米国は改めて対策を取るという方針であった。また専門家団の分析によれば日本の新たな方針は円高による経常収支の調整を視野に入れていたが、米国は前年一一月にファンダメンタルズの改善を通貨安定の主な手段とする方針から転換しており、この点についても新たな方針を受け入れることが可能だったと考えられる。

その後も米国は、ボンサミットでの目標達成に向けた日本の努力次第では東京サミットの開催を支持できない可能性もあるとし、日本に圧力をかけた[64]。しかしサミットが近づくに連れて、対日経済政策の焦点は次第に中長期的な経済政策へと移っていった。

(2) 米国の方針転換

その後日本の経常収支黒字は、日本側の予測通り一九七九年一月には前年同月を一〇から二〇億ドルも下回り、明らかな縮小傾向を見せた[65]。これは一九七八年後半からの日本の内需拡大や円高によって貿易収支黒字が縮小し、資本収支赤字が拡大し、さらには一九七八年末からの第二次石油危機による輸入額増大が影響したとされている。ただしこの傾向が一時的なものかどうかはまだ不明確であり、この点をめぐって日米間、及び米国政府内で意見が割れた。また米国側には他にも、米国が緊縮予算を組みながら日欧に内需刺激策をとるよう求めるのは一貫していないと日本側が考えていると見て懸念を強め、問題の重要性を改めて強調する必要があるとしていた[66]。

そのため、オーエンは既に日本の黒字縮小は一時的なものではないという判断に傾きつつあったものの、米国政府内部では依然としてこの問題への警戒感が残っていた[67]。外務省の小倉和夫アメリカ局第二課長は二月にコクレイン（James Cochrane）NSCスタッフ（国際経済担当）と協議した際、一九七九年度の日本政府の経済予測を擁護したのに対して懐疑的な反応を返されている。また牛場の後を引き継ぐ形で対外経済関係担当政府代表となった安川壮・元外務審議官が二月にモンデール副大統領と会談した時にも、日本の経常収支黒字削減の必要性や黒字が続いた場合の為替相場と米国内の保護主義への影響を改めて念押しされている。

とはいえ図6-3が示すように日本の黒字減少は月を追うごとに明白となり、二月末から三月にかけて、オーエン主導で対日経済政策はより中長期的な課題へと重点を移した[68]。新たな方針は日本の黒字が依然として問題だと強調しつつ、重要なのは個々の具体的な内需刺激策ではなく市場の開放とそれによる内需主導の経済成長であるとした。日本市場の閉鎖性は議会で反日的な保護主義を惹起し、日米関係全体に大きな打撃を与えうる。またこの問題について日本側はやれることは全てやったと感じつつも、米国との対立は避けたがっている。オーエンはこうした

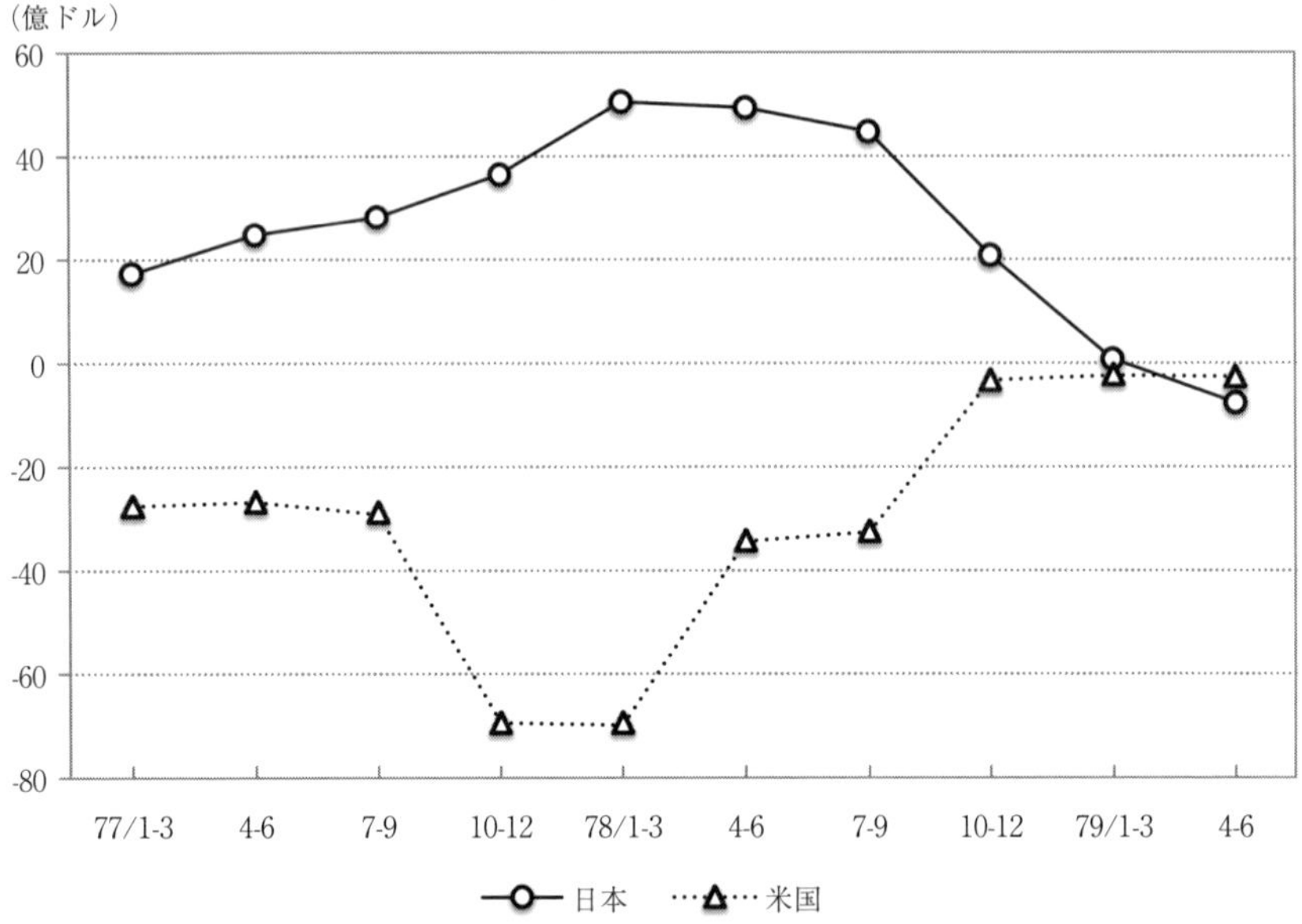

図6－3　日米両国の経常収支

出所：大蔵省『財政金融統計月報』及び OECD, *Economic Outlook* 各号を基に執筆者作成。

分析を基に、短期的には日本の国営企業による独占市場の開放が、中期的には市場開放についての取り組みが、多角的貿易交渉で締結した協定の審議を控える議会の対日感情を改善すると予測した。またこれが実現した場合、米国の石油消費量削減や日豪共同のウラン濃縮施設建設への協力などが考えられるとし、それによって日本政府が自らの措置を日米間でバランスのとれた施策だと公に説明できるとも論じた。

オーエンが姿勢を変えたことは、彼が前年末の強硬な内容の書簡の発案者であり、米国の対外経済政策決定過程の頂点に位置していたことを考慮すれば、非常に重要であったと言えよう。新たな方針が以前の対日経済政策と大きく異なるのは、国際収支調整の手段について柔軟な姿勢をとったことに加え、日本との協議の内容を政策の方向性や目標に的を絞ったことにあった[69]。これはカーター政権の経済政策や一九七八年のボンサミットに特徴的だった、国内経済政策の具体的な内容にまで踏み込んだマクロ経済政策協調とは対照的であった。

加えて米国側は、経済成長や国際収支問題に関して、日本は求められていた成果を挙げつつあると見るようになった[70]。既に触れた専門家団の分析の他にも一九七九年末から一九八〇年初頭にかけて日本の経常収支黒字が再び増加し始めるという予測があったが、一九七八年末からの黒字の大幅減少は、そうした懸念を一時的に打ち消していた。

(3) 中長期的な政策協調への移行

中長期的な政策目標の一致を目指すという新たな方針に沿って、オーエンは東京サミットと日米首脳会談の準備協議のため三月に訪日し、シェルパの宮崎外務審議官らと会談した[71]。ここでオーエンは当初、従来通り経常収支不均衡の是正措置とその実行を監視する手段の明示を主張したため、宮崎も監視という言葉に難色を示し数値目標を盛り込むことに反対した。前項で検討した米国政府内部の議論を踏まえれば、オーエンの意図は従来通り具体的な措置を要求することで経常収支問題の重要性を再確認させることにあったように思われる。いずれにせよ、ここで決定された日米首脳会談の声明草案も、米国が「適切な経済政策」による赤字削減の意思を表明し、日本が機械製品の輸入増加や内需主導型の経済成長への移行によって経常収支黒字を削減する意思を表明する等、それまでと比べて一般的な政策の表明にとどめ、「事態の進展と結果」を「検討」する日米賢人会議の設置で合意する内容となった。

この声明についてオーエンは、大平と会談した際、「日本が対外均衡を達成するまでには長期間（数年間）を要すること」を前提としており、その上で「両国の政治的要請」に応える必要があると指摘している[72]。具体的には日米間の経済問題について日本では米国の圧力があると解釈されないようにし、米国では議会や大統領選挙で取り上げられないようにするというものであったが、対象となる問題は今や多角的貿易交渉や中期的経済政策をめぐる日米協議であった。大平は、日本は世界の中でいかなる「スタイル」を取るべきか模索中であるとしつつも、オーエンの提案について前向きな検討を行うことを約束した。

この日米首脳会談の直前には日本電信電話公社の政府調達問題をめぐる交渉が頓挫し、日米間の緊張は高まっていた。しかし米国政府の関心は、今後も経常収支黒字が続かざるをえず、輸入障壁も未だ多いといった中長期的な問題に着目していた(73)。またこの首脳会談は日本側の要請を米国側が受諾しており、米国側にこの時期に大平と会談を行うべき理由は特に無かったものの、在日米国大使館は前年末の書簡が日米関係に与えた打撃を解消すべきだと主張していた。そこでマンスフィールドらが主張したのが、長期的な経済政策課題に焦点を絞り、これについて合意が得られるならば具体的措置について日本に圧力をかけないよう約束する、という方針であった。

以上の協議を経て、大平・カーター会談は五月二日、三日に行われた(74)。カーターは今後も日本が黒字を減らし、市場を開放する必要があると述べ、東京サミットでも意見交換や各国毎に異なる状況についての理解促進を行いたいと述べるにとどめる等、それまでのような数値目標にこだわる姿勢を見せなかった。事前の提案通り、経済問題については政策の今後の方向性が話題の中心であった。

こうした姿勢は六月末の東京サミットに向けた準備作業でも同様であった。米国はまず、前年のイラン革命を契機とした第二次石油危機への対応で協調態勢を築くことに重点を置いた。一方経済政策では、黒字国である日本が六%、西独が四%という現在の経済成長率目標を維持し、赤字国が生産性改善のための投資を増やすよう努力するという中長期的課題を念頭に置いた政策協調を提案した(75)。他国の関心も日本の黒字が急減する中でマクロ経済政策からエネルギー政策に移った(76)。またボンサミットと同様にシュルツCEA議長が率いるグループが行った各国のマクロ経済政策に関する分析も、ボンサミット以来の政策協調の成果を評価し、新たな政策の約束よりも既存の政策の実行を勧告していた。

他の分野でもサミット前には前向きな変化があった。日米間では、電電公社の政府調達問題について八〇年一二月三〇日までに決着をつけることで両国が合意した。米国はこれを大平の意欲を示すものであり日米経済関係の転換点を示しているとして高く評価している(77)。さらに東京サミットに合わせて米国交流庁が行ったサミット参加各国での世論調査も、日本を中心に国際経済問題での米国に対する信頼が戻りつつあることを示していた(78)。加えてこの時期には西側先進諸国の経済情勢が良好だったため、短期的・具体的な政策協調によって先進諸国の足並みが揃っていることを示す必要性は低下していたと言えよう。

この間、インフレ対策を重視する日本や西独とその両国に経済成長を求めるその他の国というそれまでの対立構図が消えたわけではなかった。しかし各国ともより時間のかかる規制緩和や新たな投資への税制上の優遇、補助金の減額、公共セクターの縮小といった課題での協調に重点を置くという意識は同じであった(79)。これはサミット前の六月一三、一四日に開かれたOECD閣僚理事会でも同様であり、前年に議題となった経済成長率や経常収支での目標設定は議題とならず、構造調整や需要限界の克服、輸入石油への依存度減少が重視された(80)。

なにより、六月二八日、二九日に行われた東京サミットで主題となったのは石油輸入量の抑制であった(81)。この問題は情勢が目まぐるしく変化し、サミット前の準備が間に合っていなかった。そのため首脳会議において合意に至った経緯も、議長国の日本が孤立したというより、米国やフランスの提案をめぐって最も激しく対立した米英独仏が苦心の末に合意にこぎつけ、その後に日本をはじめとする他国が自らの主張も反映させるべく合意の修正を求めるという複雑なものであった。石油問題で各国が激しく対立する中、時間の限られていた経済問題に関する議論も石油価格の上昇に伴うインフレへの対応が中心となり、前年とは対照的にマクロ経済政策協調は主題とはならなかった。

（4）対立の鎮静化とその後の再燃

こうして、東京サミットの前後から日米間のマクロ経済政策協調をめぐる対立は一時収束に向かった。その背景として重要だと思われるのは、米国の日本に対する認識の変化である。日本が日米独機関車論の下で米国に協力したことで、米国側には日本に対して必要に応じて圧力をかけることができ、かつそれに対する日本側の反応も期待できるという認識が生じた。東京サミット前の一九七九年四月、プラットはカーター政権の対日経済政策の方針である「不変の圧力」は「無関心と過剰な圧力の間にある最善の中間的な方法」であり、今後も機能するであろうと評価している。[82] 一九七九年になって日本の経済成長率目標の放棄を認めたのは、日本の担うべき責任について日米間で認識が一致し、適度な圧力をかけることで十分と米国側が認識するに至ったからであると言えよう。

一方日本側は、こうした今後の日本が担うべき責任について米国と認識を共有してはいなかったように思われる。確かに牛場・ストラウス合意は日本が世界経済の「機関車」となることに同意したものであり、それによってマクロ経済政策に関しては米国をある程度満足させた。また日本側においても、牛場のような交渉担当者にとっては、日本の国内事情を理由にした国際的責任の忌避がもはや不可能であることは明白であった。[83] しかし問題は、そうした認識が日本国内に拡がっているかどうかであった。

一九七九年五月の大平・カーター会談後、米国側は、今回の会談による日米経済関係の「緊張緩和（defusing）」が継続するかどうかは今後日本がその約束を果たすか否かにかかっていると分析している。[84] 約束を果たしたかどうかを測る指標とは、日本経済の内需主導型への構造改革や国内市場開放、円高の容認等であったが、その後の経済問題をめぐる日米摩擦を見る限り、約束は果たされなかったと言えよう。[85] むしろ、七〇年代末の交渉で日本は米国の要求に応じて責任を担うという期待感が形成された分、その後の日米間の摩擦はより激しいものとなったのである。

結語　先進国としての役割分担

以上のように、一九七七年からの先進国間のマクロ経済政策協調は、各国の国内経済政策まで含めた広範かつ詳細なものに発展し、しかも掲げた目標の履行が義務づけられたという点で他に類を見ないものであった。[1] しかしボンサミット後の一九七八年後半からは石油価格の上昇もあっていずれの国も目標未達となり、その経済的効果に対する評価は高いとは言えない。例えば西独では米国に政策を強制された結果として経済が混乱したという不満が強く、一九七九年以降の財政赤字と国際収支赤字の急増は日米独機関車論が原因とされる。[2] また協調を主導した米国や積極的に協力した日本でも、ヴォルカーや行天ら当時の関係者は経済成長の結果を数値として目標にする必要はなかったと批判している。[3]

しかしこれらの評価には結果論にとどまっている面がある。まず政策協調の経緯を見ると、サミット後の西独の内需刺激策は七〇年代中盤以降の西独の経済政策の流れに連なるものだったという指摘がある。[4] シュミット自身もサミット前から内需刺激を模索し、サミット後もこの協調の試みを高く評価していたという。また日本国内でも既述の通り、円高ドル安への不安等から内需刺激策には幅広い支持があった。その意味で米国から一方的に政策を強制されたとは言えないであろう。

次に政策協調の政治的側面を見ると、各国政府が進めようとしていたマクロ経済政策に対する反発を抑える役割もあった。日独における内需刺激策には政府内部の反発があり、英国等の赤字国におけるインフレ対策には国内政治上の反発があった。特に日本では、世界経済においてより大きな役割を果たすべきだという自覚はまだ乏しく、経済大国として円高や経常収支赤字を容認すべきという議論も支持されていなかった。自由市場経済の中核たる米国の「外圧」は、それらの反発を抑える理由として最も利用しやすく、かつ説得力のあるものだったと言えよう。特に日本の為替政策の変化について行天は、原因となった「ダーティ・フロート」批判はもっぱら外からのものだったと回顧している。(5)渡邊はこのような国際協調という「外圧」と国内各省庁の抵抗という「内圧」の間でサミットの合意を実施することの難しさを指摘するが、少なくとも七〇年代後半の経済政策協調に関しては、米国の圧力は日本を含めた先進諸国で「内圧」を打破するだけの力を残していたと言えるであろう。(6)

また国際収支不均衡への対処には民間の金融市場が貢献したという見方は既に触れたが、それはここで検討した先進国間の経済政策協調が奏功しなかったという意味ではない。七〇年代から八〇年代にかけての経済政策協調には、あるべき経済状態やその実現に向けてとるべき経済政策についての認識が一致していないという限界があった。(7)しかしその認識差を抱えながらも、日米独機関車論の下でサミット参加国は具体策にまで踏み込んだ政策協調を行い、共同で問題に対処する政治的意思を示し、日本に大きな役割を担わせることとなった。ボン、東京の両サミットで日本のシェルパを務めた宮崎外務審議官が述べたように、サミットで決定したということの心理的な効果は少なかったと言えよう。(8)

一方でこうした政策協調は特定の状況と問題を前提としていたため、その後も米国を中心とする西側先進国間では経済政策をめぐる摩擦が繰り返された。一九八一年に発足したレーガン政権は、市場重視の立場から他の先進諸国との為替市場への協調介入を止め、「優雅なる無視」へと回帰した。これに国防費をはじめとした政府支出の増加やFRBによるインフレ対策、民間貯蓄率の伸び悩み等が相俟って、米国政府の財政と経常収支の「双子の赤字」は記録的な額となっていく。(9)それはドルの暴落に繋がりうる事態であったが、レーガン政権は市場に任せるべきだとして介入しようとせず、また実際にこの赤字は成長を続ける民間市場によってファイナンスされた。そうした中で米国は、ドル安の原因を日欧の内需刺激の不足や日本による意図的な円安誘導に求めた。

同様に日米間でも、七〇年代末と同じ構図の「外圧」と日本の対応が繰り返された。例えば一九八三年一〇月から翌八四年五月にかけては、米国の民間企業が円ドルレートを指弾し、レーガン政権も日本の金融自由化が進まないことに不満を抱いたことから、日米円ドル委員会の下で集中的に会合が持たれた[10]。財務・大蔵間で開催されたこの交渉では、通常なら対外折衝は担当しない大蔵省の銀行局等も交渉に関わり、外務省は非公式に大蔵省の担当者から交渉の情報を得るといった新たな状況下での模索もあった。しかし日米間の対立構図は七〇年代末と同じであり、議会の不満を理由として日本の金融自由化や円の国際化を求める財務省に対し、大蔵省は既に自由化・国際化には取り組んでいるとして急激な改革に抵抗した。そして一九八四年五月の日米円ドル委員会による報告書提出以降も、日米両国は七〇年代末に経験した米国の圧力と日本の譲歩、そしてそれに伴う激しい摩擦を微妙に異なる状況下で繰り返し経験することとなった[11]。

ただ、日米独機関車論の際の経験がその後の政策協調において意味を持たなかったわけではない。明確な規則に基づくブレトン・ウッズ体制を代替したのは新たなシステムではなくその場限りの関係国による協調だったと言われるように、八〇年代にも数多くの経済政策協調が行われた[12]。一九八五年のプラザ合意前後から、他国との貿易摩擦やそれに伴う保護主義への懸念を前にしたレーガン政権も為替政策を再転換した[13]。そのプラザ合意の下での先進諸国の為替介入は、最終的に企図した通りのドル安をもたらした。そして日本はその後も、円高と経常収支黒字を抑えるために内需刺激策を取ってほしいという米国の要請に応じ、拡大的な経済政策を打ち出した。むろん日本の努力のみによって国際収支不均衡が解消されたわけではなく、先進諸国が市場に持つ影響力も縮小し、日米貿易摩擦は八〇年代後半に頂点に達した。それでもこれらの政策協調の成果は大きく、また米独が対立する中で日本が円高を容認する等して米国に協力したのは政治的に重要であった[14]。日米独機関車論はブレトン・ウッズ体制に代わるこれらの政策協調の先駆的な例と位置づけられよう。

こうした経験を日本の視点から捉え直すと、日本が摩擦を抱えつつも対米協調を基本としたことは、米国と距離を置いた西欧諸国と対照的であった[15]。変動相場制移行後の為替の乱高下や経済政策をめぐる米欧対立は、一九七八年の仏独による欧州通貨制度（EMS: European Monetary System）提案に結びついたと言われる。米国はブロック経済化などを懸念し欧州通貨統合に慎重な立場をとったものの、西側同盟の結束という政治的な利点もあってこれに表立って反対しなかった。

対して日本は、同じ米国の経済政策に協調を基本とする姿勢で応じた。近隣に有力な市場が無く、また新興経済大国として市場経済の原則に従っているのかも疑われていたという点で、同じ先進国とはいえ日本は米欧とは異なる立場に置かれていた(16)。それゆえ日本は米国の要求に応ずることを基本路線としつつ、要求の実現策をめぐって米国に方針修正を求めた。つまり第Ⅰ部で検討した日米防衛協力が日米関係自体の管理を念頭に置き、米国から求められた負担の実現のペースをめぐる協議となったのに対し、マクロ経済政策協調では米国の提案を実現するための手段そのものが協議された。そうした協議を通じて、後に同様の摩擦が生じたとはいえ、日本は自らの責任を果たす意志があるという信頼を米国から得た。それによって日本は、西側先進国間の政策協調というより大きな枠組みに影響を与えるに至ったと言えるであろう。

第Ⅲ部　原子力供給国間協調への参加

再処理施設に搬入される使用済核燃料
（1977年７月15日，茨城県東海村）（時事）

資源小国たる日本にとって、エネルギーの安定的供給は戦前から存在する最重要課題の一つである。戦後、広島・長崎での被爆体験から反核感情が強かったにもかかわらず日本政府が原子力発電所（以下、原発と表記）を多数導入してきたのも、原子力がエネルギー源として優れた特徴を持つためであると言えよう[1]。すなわち燃料として使用されるウランは少量でも莫大なエネルギーを生み、一度使用した核燃料を再処理してまだ燃えていない核分裂性ウランやプルトニウムを取り出せば再度利用でき、ウラン資源の大半は政治的に安定した先進諸国から産出する。特に六〇年代後半からはエネルギーの安定的供給が不安視され始め、石油危機の三カ月前にあたる一九七三年七月には資源エネルギー庁が設置され、同年には石油代替エネルギーの開発を目指すいわゆる「サンシャイン計画」も発表された[2]。その中で原子力は、核融合等の次世代技術が実用化されるまでの最も有望な石油代替エネルギーと目された。東日本大震災前の二〇〇八年度の時点で見ても日本国内の一次エネルギー供給量の約一割を占めており、「準国産エネルギー」として日本のエネルギー自給率を大幅に高めるといった役割を担ってきた[3]。

しかし原子力は優秀なエネルギー源である反面、核兵器の製造技術とも密接に関連する。例えば代表的な炉型である軽水炉の場合、使用する核燃料は天然ウランをある程度濃縮したものであるが、その濃縮を進めていけば核爆発装置に利用可能な高濃縮ウランとなる[4]。また再処理も方法によっては核爆発装置に転用可能なウラン二三九とプルトニウムが単体で分離される等、原子力関連技術は軍民の垣根が低い。

そのことへの懸念が顕在化したのが七〇年代であった。原子力平和利用の推進と核不拡散の両立は五〇年代以来の課題であったが、一九七四年にインドが平和目的で取得した原子力資機材を利用してプルトニウムを抽出し核実験を行ったことで、この危険性が現実のものとなったためである。この問題は核不拡散を重視する米国と原子力平和利用を重視する日本の間に深刻な対立を生み、一九七七年には茨城県東海村の再処理施設を稼働させるかどうかをめぐる東海再処理交渉が行われた。また交渉が妥結した翌月の一九七七年一〇月から一九八〇年二月にかけては、米国の提案で原子力平和利用の核拡散リスクを検討する国際核燃料サイクル評価計画（INFCE: International Nuclear Fuel Cycle Evaluation）が開催され、四六カ国と五つの国際機関の専門家が参加している[5]。

以上のような取り組みのうち、従来の研究はその大半が東海再処理交渉に焦点を当てている。一九七七年に行われたこの交渉は、日本が再処理技術を実証するべく東海村に建設した再処理施設の本格稼動の是非をめぐるものであった。この年に発足した米カーター政権は、再処理の過程で抽出されるプルトニウムが核兵器に転用される恐れがあるとして再処理とプルトニウム平和利用の中止を各国に呼びかけていた。そのため交渉初期には米国が施設の稼働延期を主張したものの、貴重なエネルギー源として原子力を重視する日本は施設稼働への同意を強く求め、半年間の交渉の末にこれを得ることとなる。

こうした経緯ゆえに、東海再処理交渉は時に「戦後史を飾る日米〝対等〟交渉」等と評価されてきた(6)。また先行研究もなぜ米国が譲歩したのかに焦点を当てるものが多く、その要因としては七〇年代後半の国際核不拡散体制の見直しの際の米国の孤立、日本国内での原子力開発への支持の強さ、日本原子力発電技術部長の今井隆吉外務省参与とナイ(Joseph Nye)国務次官(安全保障支援・科学・技術担当)代理の間の非公式交渉、一九七七年に着任したマンスフィールド駐日米国大使の活躍等が指摘されている(7)。しかしこれらの研究は、史料の不足ゆえに交渉の経緯や米国が譲歩した背景についての分析に限界があり、東海再処理交渉が日米原子力関係や国際的な核不拡散体制の再編に与えた影響も十分検討されていない。この交渉は原子力平和利用と核不拡散のバランスという同じ課題をめぐる国際協議と同時期に行われており、これまで本書で検討してきた安全保障や経済をめぐる日米関係以上に国際的な性格が強かったように思われる。日米関係の国際的な役割を検討するという本書の目的を考えても、この時期の日米原子力関係については、東海再処理交渉とともにＩＮＦＣＥを中心とした一連の国際協議も併せて検討する必要があろう。

なお七〇年代後半から始まった原子力問題をめぐる日米交渉やその間の日本の原子力開発については、日本が核拡散防止条約(NPT: Nuclear Non-Proliferation Treaty)の強化よりも核燃料サイクルの完成によるエネルギー自給体制確立という日本自身の利益を指向してきたと指摘する研究もある(8)。確かに日本の原子力政策については、核燃料サイクルを経済的に正当化しうる国のみに限定すべきという姿勢が途上国に対する差別だとする批判がある。また一国内で完結した核燃料サイクルの構築を進めていることについても、核拡散を進めかねないという批判が根強い。しかしこうした主張については、日本がこの間一貫してNPTをはじめとする核不拡散体制の強化に熱心であったこと、また日本政府や電力事業者に大きな負担を強いるＩＡＥＡ保障措置、つまりＩＡＥＡの査察官による核物質及び施設の査察や核物質の計量報告を積極的に受け入れてきたことに注意する必要があろう。むしろ原子力に関して国際的に問題とされてきたのは、自国の利益と国際協調のどちらを優先するかというより、原子力平和利用と核不拡散のバランスをどう図るかという点にある。

以上のような問題意識の下、第Ⅲ部では原子力問題が顕在化したカーター政権期に焦点を絞って検討を行う。具体的には、第七章で原子力開発をめぐる七〇年代までの日本内外の情勢と七〇年代における核拡散問題の顕在化という一連の経緯を概観する。第八章では、顕在化した問題に対処するべく始まった東海再処理交渉とＩＮＦＣＥ開催に関する西側先進国間の協議が、互いに連関しつつ進んでいく過程を検討する。第九章では、日米間の交渉が妥結に至り、それを踏まえて米国が国際的に批判されたＩＮＦＣＥでも日本が米国に協力し、それが最終的には米国の政策転換につながっていく過程を検討する。最後に結語においてこれらの検討を基に、七〇年代後半の一連の協議がその後の原子力・核不拡散問題における日米協調や日本の立場をどう規定したのかを考察する。

第七章　核不拡散体制の動揺と日本の立場

1　原子力平和利用の核拡散リスク

(1) 戦後初期の核不拡散体制

原子力平和利用と核不拡散をいかに両立させるかという課題は、一九五三年一二月に米国のアイゼンハワー(Dwight D. Eisenhower) 大統領が「平和のための原子力 (Atoms for Peace)」演説を行った頃から認識されていた。一九五七年に発足した国際原子力機関 (IAEA: International Atomic Energy Agency) も原子力平和利用だけでなく核不拡散も主目的の一つとし、平和利用を目的として取得された原子力関連資機材・技術の軍事転用をIAEA保障措置によって防止することになっていた。

ただしIAEA保障措置には各国の警戒感が強く、その対象範囲が限定されていたこともあり、米国が重視したのは相手国に対する米国自身の保障措置であった。[1] 米国の一九五四年原子力法で要求され、二国間原子力協力協定で規定された受領国に対する保障措置である。これが有効だったのは、米国で開発された軽水炉が西側陣営で広く普及し、それに必要な核燃料の濃縮役務も米国が事実上支配していたためである。原子炉には様々な種類があり、それに応じて利用する核燃料の種類も変わる。日本に初めて建設された原子炉も、天然ウランを濃縮せずに燃料に加工できる英国の黒鉛炉であった。これに対し米国は同盟国や友好国に対し、五〇年代には各種の実験に用いる研究炉を積極的に移転し、六〇年代に入ると発電用の軽水炉を急速に普及させた。[2] 米国は一九五七年に艦船用の軽水炉を基に開発したシッピングポート (Shippingport) 原発の運転を開始しており、運転実績や米国輸出入銀行によるた。

低金利の資金援助、軽水炉で使用する低濃縮ウランの供給保証、原子炉の性能保証、欧州原子力共同体（EURATOM: European Atomic Energy Community、以下ユーラトムと表記）への資金拠出といった措置によって普及を促進させた。

当時、軽水炉を製造できたのはゼネラル・エレクトリック（General Electric）やウェスティングハウス（Westinghouse Electric）等に限られ、他国が軽水炉を導入する際にはこれら米国企業から施設や技術を導入する必要があった[(3)]。また原子炉で使用する核燃料に関しても、天然ウランは米国の他にもカナダやオーストラリアに豊富に存在していたものの、軽水炉の場合には天然ウランにわずかに含まれる核分裂性のウラン二三五の割合を数％前後まで高めた低濃縮ウランを使用し、五〇年代には世界全体の濃縮能力の九〇％以上を米国が占めていた。

以上のような事情から、米国は当初は濃縮ウランを受領国に貸し出して使用済燃料を回収する方式を想定し、核燃料が民有化された六〇年代には米国起源の核物質の再処理や移転等には米国の事前同意を必要とするという事前同意権を協定で規定することで、核物質を自国の統制下に置くことができた。ソ連と違って同盟国の原子力平和利用の全てを統制していたわけではなかったが、米国も西側諸国の原子力平和利用に対する強い影響力を持っていたと言えよう。

その反面、核兵器の拡散は続いた[(4)]。一九六〇年頃まで、ウラン濃縮に必要な遠心分離機等の技術情報は学会誌をはじめとする公開の場で論じられていた。また五〇年代初頭には米ソ共に同盟国に対してこうした情報を提供しており、一九六〇年にフランスが、一九六四年に中国が、それぞれ核実験に成功した。このため米ソ両国はさらなる核拡散を防ぐべく協力を強化し、一九六三年からは核兵器を保有する米ソ英仏に加えて非核兵器国の西独、日本、そして途上国も参加してＮＰＴの締結交渉が開始された[(5)]。その主目的が仏中に続いて日本や西独等が核武装するのを防ぐことにあったため、ＮＰＴは当時既に核兵器を保有していた国にはそのまま保有を認め、それ以外の国には保有は認めないという不平等な構図を根本に抱えることとなり、交渉は難航した。しかし一九六八年三月には米ソが最終改定草案を一八カ国軍縮委員会に提出、七月に調印式が行われ、二年後の一九七〇年三月に同条約は発効した。

ただＮＰＴは、核兵器国の特権的地位を認める代償として非核兵器国の原子力平和利用を奨励するとしたものの、平和利用に伴う核不拡散を防止する措置を具体的に定めたわけではなかった。そのためＩＡＥＡ保障措置が強化された他、輸出規制の対象となる同条約第三条第二項の「核物質等」の定義について、ザンガー（Claude Zangger）スイス連邦エネルギー庁長官補佐（原子力・エネルギー技術担当）を長とする委員会が検討を行った。このザンガー委員会で定められた規制品目表（trigger list）はその後の輸出規制のさきがけとなったが、ここには核燃料の濃縮や再処理といった機微（sensitive）な技術は含まれていなかった。また規制品目表は対象品目を例示する形をとっていたためその解釈が問題となったが、米国が原子力市場で主導的な立場にあった六〇年代までは米国の解釈がそのまま標準となっており、問題は表面化していなかった。

(2) 米国の地位低下と西欧諸国の台頭

しかし原子力市場における米国の寡占的地位は、六〇年代から七〇年代にかけて次第に失われていく。この時期、石油の安定供給や将来の需給関係に対する不安もあって原発の新規建設計画が各国で進み、七〇年代に入ると米国内のウラン濃縮工場だけでは増える需要に対応しきれないという予想が出始めた[6]。さらに一九七三年の石油危機は安定的なエネルギー源としての原子力への期待を高め、ブラジルやインド、エジプトといった経済成長を続ける発展途上国は石油への依存度を下げることが可能な原子力への関心を更に増大させた[7]。

これに対して米国は七〇年代初頭から、濃縮事業の民営化と規模拡大を検討し始めた[8]。しかし議会は民営化による濃縮技術の拡散を懸念し、電力業界も採算性が不明確な濃縮施設を国から引き継ぐことに反発した。米原子力委員会（AEC: Atomic Energy Commission）も、濃縮能力が不足することによって米国が供給国としての国際的信頼を失い、既に揺らぎ始めている米国への信頼を完全に失墜させることになると注意を喚起した。しかしこうした反対意見は当時のニクソン政権では少数派であった。一九七三年からは、ウラン価格を高騰させて原子力産業の収益性を上げることで民営化を可能にするため、濃縮関連施設の増強が意図的に延期され始めた。ところが濃縮事業の民営化は議会の強い反対によって頓挫し、濃縮事業をめぐる混乱だけが残された。

これは六〇年代から様々な問題に見舞われていた米原子力産業にとって痛手であった[9]。米国内では順調に原発の建設が進んでいたものの、環境運動の高まりとともに原子炉の安全上の問題が指摘され、その対策費用が嵩み、さらにAECの許認可手続きに遅延が相次いだことで、良好とは言い難かった原発の採算性は既に悪化していた。一九七三年には原子炉の非常用炉心冷却設備の信頼性が米国内で問題となったことで反原発運動に火がつき、そこに濃縮事業の混乱が重なったことで原子力への信頼はさらに下落した。

こうした混乱に伴い、七〇年代中盤に原子力関係の行政組織は一新された[10]。原子力の推進と規制の双方を担ってきたAECは、許認可が遅れている、安全性を軽視している等の批判を浴び、一九七四年に原子力開発の推進を担当するエネルギー開発研究庁（ERDA: Energy Research and Development Administration）と安全上の規制等を担当する原子力規制委員会（NRC: Nuclear Regulatory Committee）に分割された。また議会で原子力問題を担当してきた上下両院原子力合同委員会（JCAE: Joint Committee on Atomic Energy）も、自身の廃止を提案する法案を自ら審査する規定となっていたため、いかなる法案もJCAEに付託されないとする法案が可決されて権限を剝奪され、その後正式に廃止された。

しかしこの組織改編以降も原発建設の際の許認可手続きは遅延し続け、米国内での反原発運動は支持を拡大した[11]。第Ⅱ部で述べたように七〇年代中盤以降は米国経済が不況に陥ったため電力需要も低下し、原発の新規受注や濃縮・再処理をはじめとする核燃料サイクルの整備は停滞した。

こうして国内原子力政策の混乱によって世界最大の供給国だった米国への信頼が急速に失われていったのとは対照的に、六〇年代後半から七〇年代にかけては英国、フランス、西独、スウェーデン等の新興供給国が登場した[12]。米国から原子炉や核燃料を調達していた西欧諸国では、以前から米国との協定によって課される核不拡散上の様々な規制に対する不満が強かった。そのため原子力技術をある程度まで自力で開発することが可能だった西欧諸国は、五〇年代から自国の原子力産業育成を図っていた。それが実を結び始めたのがこの時期であった。ただ、既に原発を導入した先進国には依然として米国との契約が残っており、世論の反対によって国内での原発の新設が難しい国も多かったため、新興供給国の市場開拓は容易ではなかった[13]。そこで各国は、独自の保障措置は課さずIAEA保障措置のみを課すといった条件で米国との差異化を図り、輸出先の開拓を試みた。その結果、七〇年代中盤には西独がブラジルに濃縮・軽水炉・再処理という核燃料サイクルを構成する一連の施設を輸出する契約を結び、フランスもパキスタン及び韓国と原子炉や再処理施設の輸出について協議を開始するに至った。特に西独では反原発運動が盛んであり、政府としても貿易振興に熱心であったため、海外原子力市場の開拓は重要課題の一つとなっていた[14]。

これに対し米国は、特に民軍の垣根が低い再処理等の機微技術・施設の輸出を懸念していた。既に六〇年代初頭には、原子力資機材を輸出可能な英国、フランス、カナダ、ベルギー、南アフリカの関係者を在英米国大使館に集め、核不拡散に関する会合を毎年開催している[15]。米国は機微な物質や技術を非核兵器国に輸出する際には保障措置と平和利用への限定を条件とするという合意を形成しようとしたが、輸出拡大を目指す他国は同意せず、米国主導の輸出規制はままならなかった。原子力貿易の規制は、経済的利益と核不拡散上の懸念が衝突するために、核拡散上の危険性を具体的に示せない限り協調は難しかったと言えるであろう。

（3）日本の原子力開発

一方日本も、独立回復直後から積極的に原子力開発に取り組んだ。一九五五年一二月には早くも原子力基本法が策定され、「民主」「自主」「公開」の平和利用三原則が謳われた[16]。この方針の下で進められた日本の原子力開発には、米欧と比して主に四つの違いがあった。

第一に、三原則が強く意識していた平和利用への特化である[17]。この原則は民主的運営によって軍事利用を阻止し、自主的に行うことで外国からの軍事機密を含む原子力技術の供与を阻止し、成果を公開することで開発した技術の軍事機密化を阻止しようとしていた。三原則の成立からほどなくして日本は米国からの技術導入を決定していたが、軍事転用の可能性も公に議論されていた西欧諸国とは異なり、日本は当初から米国からの平和利用に限定することを強調し続けた。

第二に、核燃料の調達・濃縮から再処理・処分までの一連の核燃料サイクルを国内で完結させることへの強い欲求と、その遅れである[18]。日本政府が長年策定してきた「原子力の研究、開発及び利用に関する長期計画」(以下、長計と表記)は、一九五六年に策定された第一次長計の時から、核燃料サイクルの全過程を国産化するという方針を掲げてきた[19]。

その核燃料サイクルの「上流」にあたる濃縮技術は、一九五三年の「平和のための原子力」演説直後こそ広く公開されていたものの、六〇年代になると核拡散への懸念から米国が技術の機密化を各国に要請するようになっていた。一九六五年には日本にも機密化の要請があったものの、平和利用三原則を理由に日本は応じていない。このため西欧諸国が機密化を受け入れて開発を進めたのとは対照的に、日本の濃縮技術開発は大きく遅れた。それでも一九六九年五月には原子力委員会内にウラン濃縮研究懇談会が設けられ、一九七二年八月にはウラン濃縮が最重要の研究課題として特別研究開発計画に指定される等、米欧に遅れをとりつつも研究開発は続けられた。

こうした事情は「下流」にあたる再処理技術も同様であった。再処理が可能となれば、その過程で抽出されたプルトニウムをウランと混合させて混合酸化物(MOX: Mixed oxide fuel)燃料とし、高速増殖炉で使用し、炉内にある核分裂しない種類のウランをプルトニウムに転換することができる。これによって、天然ウランのうち原子炉で核分裂を起こして発電に寄与する部分の割合が大幅に向上する。これは軽水炉では一%前後にとどまるが、高速増殖炉では最大で約六〇%にまで達する可能性があるとされており、ウラン資源が乏しい日本も海外ウラン資源への依存度を大きく下げることが可能となる。加えて再処理の際には使用済燃料を原発の使用済み燃料貯蔵プールから外部に搬出することができ、最終的に生じる高レベル放射性廃棄物を減容させるという効果もあるため、日本国内で本格的に原発の建設が開始された六〇年代末からはさらにその重要性を増した[20]。

しかし米欧と比べるとやはり開発は遅れた。そのため七〇年代になると、自国内の施設を使って再処理役務を提供し始めた英仏両国に当面の再処理を委託しつつ、日本国内ではフランスの技術を導入して実験規模の施設の建設を進めた。これが茨城県東海村の再処理施設であり、一九七七年には実際の使用済燃料を使うホット試験の段階に入ろうとしていた。同年には高速増殖炉実験炉「常陽」も臨界を迎えており、日本はカーター政権が発足し核不拡散上の規制強化を唱えたまさにその年に、核燃料サイクル開発を本格化させようとしていた。

第三に、日本国内ではこうした原子力開発への幅広い支持があった。[21]原子力は有力なエネルギー源としての価値を認められていただけでなく、他の先進諸国とは異なり、七〇年代までの日本国内の反原発運動は概して低調であった。七〇年代に急増した原発でトラブルが相次いだため批判は増し、一九七九年のスリーマイル島（Three Mile Island）や一九八六年のチェルノブイリでの原発事故後は日本国内でも反原発運動が盛り上がった。そのため原子力関連施設の立地探しは難航するのが常であったものの、同時に政府による原発周辺住民への補償や公共施設の整備といった協調的な対策もあり、反対運動は局地的なものにとどまり続けた。

また日本の原子力行政については、科技庁が研究開発を、通産省が商業利用を管轄するという「二元的」な対立構図が指摘されるが、両者は核燃料サイクル開発の推進という方針では概ね一致していた。[22]原子力に関する対外交渉を担当する外務省も、技術的知識が求められるため、通産省、科技庁、そして動力炉・核燃料開発事業団（以下、動燃と表記）といった関係機関の協力を得て交渉に臨んでいた。対外交渉や原子力開発の具体的な方針をめぐる摩擦はあったものの、基本方針をめぐる国内の亀裂は米国等に比してはるかに小さかったと言える。

特に七〇年代に入って核不拡散上の規制強化が議論されるようになると、日本国内での原子力平和利用への支持はますます強まった。例えば一九七六年に妥結に至ったＩＡＥＡとの保障措置協定締結交渉においては、日本は保障措置が原発の運転等を阻害せず、西欧の同じ非核国とも対応に差がつかないことを求めた。具体的にはＩＡＥＡが日本の保障措置制度による認定を検認する形で保障措置を実施することを原則とする、というユーラトム並みの扱いであり、交渉は難航したものの最終的には日本の主張が認められた。[23]また一九七〇年に署名したＮＰＴの批准をめぐる国会審議でも平和利用の権利が確保されるのかどうかが問題となった。[24] 日本は一九七六年のＮＰＴ批准によって非核国であり続けることを改めて確認することになるが、この選択に反対する自民党議員らを説得するため、国会において日本政府はＮＰＴ批准が平和利用の権利を侵すことにはつながらないと再三にわたって強調している。

最後に、日本は七〇年代に入っても米国に依存する形で原子力開発を続けた。[25] 日本も他の西側諸国も、米国の提供する低濃縮ウランを使用する、米国が開発した軽水炉を採用したという点は同じであった。しかし六〇年代後半から七〇年代になると、西欧諸国が米国への依存度を減らしていったのに対し、日本では国内産業の育成や米国以外の国との国際協力が遅れた。むろん既述の通り核燃料サイクルの整備は続け、新たな海外ウラン鉱の開発や権益の獲得にも乗り出し、軽水炉の主要部品を国産化するといった努力は日本でも行われていた。しかしこうした取り組みがある程度の成果を生むのは八〇年代に入ってからのことであった。

特に問題となったのが、一九六八年に改定された日米原子力協力協定の規定である。同協定の第八条Ｃ項では、米国起源の核燃料を再処理するか形状・内容を変更する際、実施する施設に効果的な保障措置がかけられているという「両当事国政府の共同の決定」が必要だと定められていた。[26] この条項について日本側は純粋に技術的な判断を意味していると考えていたが、カーター政権はこれを日本国内での再処理に対する事実上の拒否権として活用することとなる。[27] 一方で当時の米ユーラトム協定には、米国が使用済燃料を引き取ることを想定していたこともあり、域内での米国起源の核燃料の再処理や移転に対する事前同意権が規定されていなかった。このため例えば日本と西独を比べると、同じ非核先進国で原子力発電に積極的であったにもかかわらず、米国が及ぼしうる影響の範囲に大きな違いがあった。

ただ、日本が一方的に米国の影響下にあったわけではない。[28] 日本国内で原子力が総発電量に占める割合は六〇年代末から急増し、一九七三年の二・七％が一九七八年には一〇・八％に、一九八二年末には一九・五％となった。世界全体の原子力発電容量に占める割合で見ても、図7-1が示すように、一九七〇年代には英国、フランス、ソ連といった核兵器国に並ぶ世界有数の原子力利用国となっていた。原子力市場の自由化と供給国の多様化が進んだ

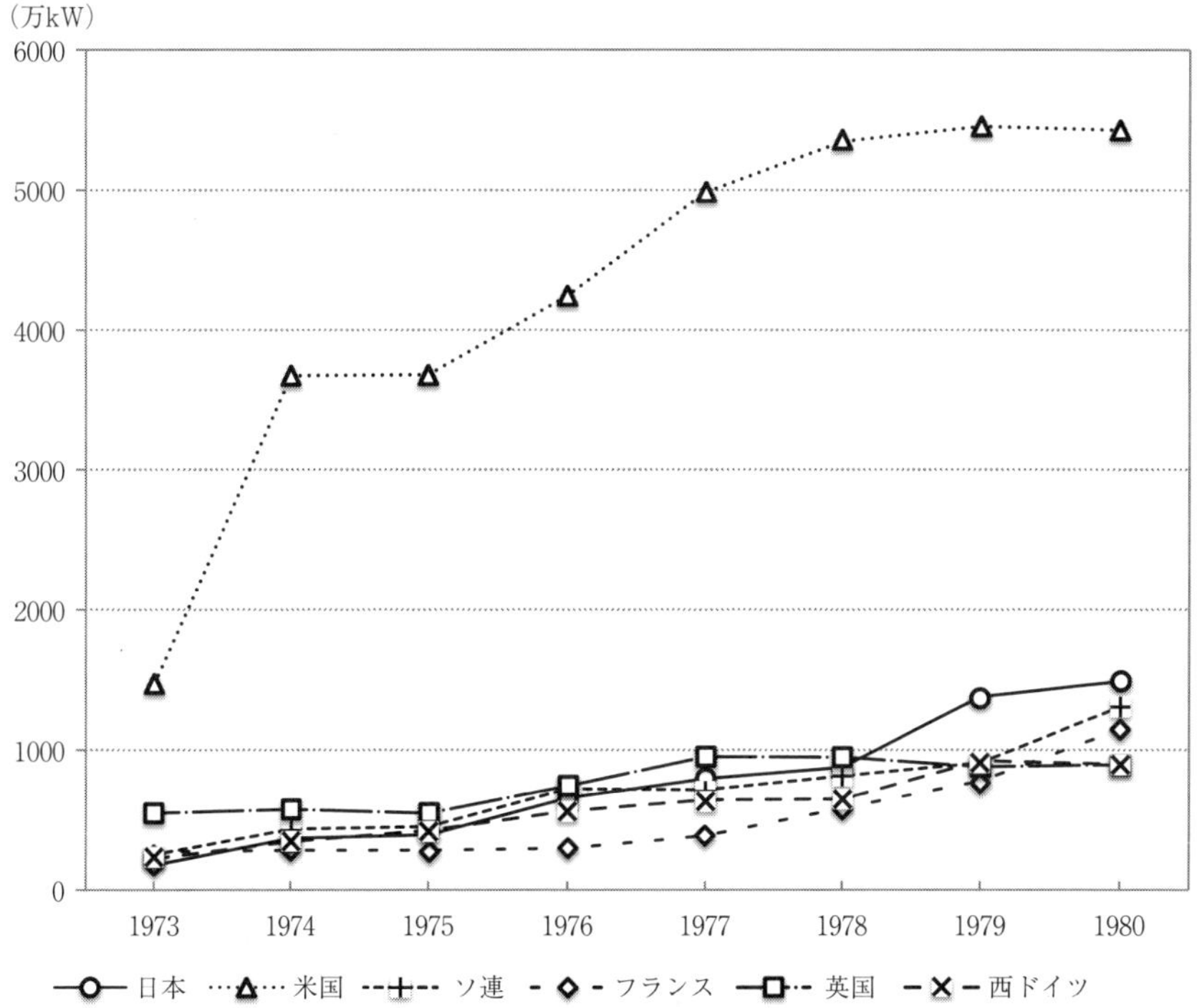

図7－1　主要国の原子力発電設備容量

出所：原子力委員会編『原子力白書』及び日本原子力産業会議編『原子力年鑑』各号を基に執筆者作成。

七〇年代において、日本は有力な大口顧客となっていたと言ってよかろう。

それゆえ日本は、まだ受領国だった七〇年代から原子力先進国の一員として扱われるようになっていた。しかし原子力平和利用を重視する日本に対し、やがて米国は原子力先進国としての核不拡散への責任を要求するようになる。それによって発生した日米間の摩擦を収めるべく行われたのが一九七七年の東海再処理交渉やその後の日米交渉であり、同じ問題をめぐって発生した主要国間の摩擦に対応するために東海再処理交渉が妥結した直後から開始されたのがＩＮＦＣＥであった。そしてこうした摩擦が生じた直接のきっかけが、一九七四年のインド核実験であった。

2　原子力供給国間の摩擦

(1) インド核実験の衝撃

国内に天然ウランや豊富なトリウムを有するインドは、米国から導入した軽水炉の他にもこれらを燃料とする重水炉（CANDU炉：CANada Deuterium Uranium reactor）をカナダから輸入し、一九六七年に運転を開始していた[29]。表向き平和利用が目的とされたが、インドは原子炉運転中も燃料棒の交換が可能なCANDU炉の特性を利用し、燃料棒を短期間使用した後に取り出して再処理することで核分裂性のものの割合が高いプルトニウムを抽出し、核爆発装置を製造し、一九七四年五月に「平和的核爆発」実験を成功させた。

インドに技術や資機材を輸出したカナダや旧宗主国の英国は六〇年代からインドの核武装を警戒し、米国も一九七二年頃からNSSM156の下で対処方針を検討していた[30]。しかし加印原子力協力協定にはカナダの供給する施設の核爆発目的への転用を禁ずる規定がなく、米国が移転した重水等もインドが反対したため保障措置下になかった。そもそも米国がNSSM156で検討していたのも、インドが核実験を実施した場合の影響と対策が主であった。こうした事情は、国内に天然ウラン等の資源が存在し、しかも既に必要な技術も導入していたインドのような国が核開発を計画した場合、供給国がそれを阻止しうる手段が限られていることを示唆していた。

このためインドの核実験は、原子力平和利用に伴う核拡散の可能性を現実化したものと見られた。当初米国の反応は鈍かったものの、英国の働きかけもあり、一九七四年七月から米国の提唱で英仏や日本、ソ連等を集めたロンドン供給国会議が開催され、原子力資機材や技術の輸出規制が検討された[31]。また米国内でも輸出を積極的に進めてきた国務省やAECが批判され、米連邦議会でも原子力協力協定の核不拡散要件や輸出時の条件の厳格化が検討される中、フォード政権は核不拡散政策全体の再検討も開始した。その作業は、一九七五年に開催される初のNPT再検討会議やロンドン供給国会議に備えて新設の検証委員会（Verification Panel）の下で作成していたNSSM202の一環として行われ、米国が依然として優位を保つ濃縮ウランの供給能力を使っていかに原子力貿易への規制を強化するかを主題としていた。市場でのシェアが低下しつつあったとはいえ、米国は依然として西側諸国が利用する濃縮役務の過半を提供していた。濃縮や再処理といった原子力の役務契約は数年から十数年に及ぶ長期のものが珍しくないためである。そこで米国は、現在の契約よりもさらに長期に渡る核燃料の供給を受領国に保証し、相手国がウラン資源の有効利用や安定供給のために濃縮・再処理といった機微技術を開発する必要性を少なくしつつ、他の供給国にも機微な原子力資機材や技術の輸出を自粛するよう求めようとした。

ここで留意すべきなのは、七〇年代に入って核拡散問題が急速にグローバル化しつつあったということである。この時期、原子力を求める需要側では民生用原子力技術の取得が可能な国や実際に取得した国が急速に増大し、先進国にとどまらなくなっていた[32]。そして供給側でも、既に述べたように西欧諸国も原子力技術・資機材の輸出が可能となり、実際にこれら新興供給国は米国より緩い規制の下で輸出先を開拓しようとしていた。こうして需要と供給の双方が拡大したことに伴い、核拡散問題は従来の核兵器国、特に米ソ間の協力だけで解決できる問題ではなくなっていた。七〇年代を通じて米国が核武装を懸念していた国には、日本のような経済大国やインドのような地域の大国だけでなく、イスラエル、南アフリカ、台湾といった中小の国々も含まれていた。米国以外の新たな供給国やインド、ブラジルといった新たな受領国を説得する必要があったという意味で、核拡散問題は七〇年代にグローバルな性格を強めたと言えるであろう。こうした情勢の変化に伴って米国の核不拡散政策においても、核武装が懸念される個々の国への外交上の説得だけでは間に合わず、核武装につながりうる機微技術の拡散防止も重要性を増した[33]。そして後者について協議する場となったのが、既述の通り一九七四年から開催されたロンドン供給国会議であった。

（2）ロンドン供給国会議での対立

ロンドン供給国会議の参加国、後の原子力供給国グループ（NSG: Nuclear Suppliers Group）には、原子力資機材を輸出しているという共通点はあったものの、輸出をどこまで規制すべきかをめぐって内部に温度差があった[34]。米国やカナダ、オーストラリア等の天然ウランを豊富に産出するウラン資源輸出国は規制強化に熱心であり、輸出の際に軍事転用を防ぐ厳格な条件をつけようとし、カナダに至っては現在の輸出相手先がそうした条件に同意するまで相手国へのウラン輸出を停止するという強硬策まで表明していた。しかし原子炉の他に核燃料の濃縮、再処理といった機微な技術も輸出しようとしていた西欧諸国は、軍事転用を防ぐため保障措置を強化するという総論では賛成しつつも、どこまで厳しくするかという具体論では慎重な姿勢を見せ、既に成立した契約の履行や新規の契約受注を進めていた。特にNPTにまだ加盟していなかったフランスは、この会議が事実上NPTの定める規制を実施するものだと警戒していた。また規制強化を唱える米国政府自身、インドへの輸出規制には慎重であった。第Ⅰ部で見たようにソ連が南西アジアに進出を続けており、それに対抗する上でインドは戦略的に重要であった上、将来的には原発を大量に導入する可能性のある有力市場と見られていたためである。

一方日本は、まだ原子炉関連の設備を輸出した実績しかなかったにもかかわらず米国の説得を受けてこの会議に参加することとなる[35]。しかしその方針は、規制を強化したい米国とは異なり、参加国中唯一の受領国として輸出規制が日本にとって不利にならないよう留意しつつ最大限の協力をするというものであった。それは具体的には、会議で検討された輸出の際の保障措置等の条件が、受領国の原子力平和利用を不当に制限しないようにするというものである[36]。日本は他の参加国とは違う立場に置かれ、国内でもNPT批准をめぐる国会審議が山場を迎えていたため、批准を先取りしたと非難されるのを懸念した日本政府に出来ることには限界があった。その後一九七五年一一月の第四回会合で暫定的な輸出規制方針が決定された際も、日本はNPTとは関係無い決定であり現行法令の範囲内で対処するという姿勢をとっている。一連の会合で「発言らしい発言ができなかった」と言われるのもこうした事情ゆえであろう[37]。

ただ、ロンドン供給国会議自体も画期的な成果を出したわけではない。米国はこの会議で機微な技術・資機材の輸出を制限する協定を結ぶこと、使用済燃料を引き取る多国籍再処理センターを設置すること等を提案した。しかし自国の原子力産業が新たに獲得した輸出契約の成否がかかっている仏独は輸出規制に反対し、具体的で拘束力を持った合意は成立しがたい状況にあった。そのため一九七五年一二月に成立した第一次合意は、核爆発に転用せずＩＡＥＡ保障措置も受け入れるといった受領国の誓約を輸出の条件とするという、従来の取組みと大差ないものとなった[38]。また合意の形式も、この方針に規制対象の技術・資機材のリストを加えた文書を参加国が相互に発出するという非拘束的なものとなった。

最終的に一九七八年九月の第八回会合で合意に至り、翌一九七九年一月に従来の各国間の相互通報に加えてＩＡＥＡ事務局長にも通知するという形で公表されたロンドン輸出ガイドラインも、こうした妥協の結果として曖昧なものとなった[39]。まず輸出全般に関わる基準については、ＩＡＥＡによる包括的保障措置の受け入れを条件とするかどうかで賛成派の米加と反対派の仏独の対立があり、最終的にこの条件を輸出基準に含めるかどうかは各国の裁量に任せられた。また規制品目表についても再処理、濃縮、重水製造といった機微な技術は原則として輸出を禁止するよう米国は主張したが、やはり仏独の反対で規制品に準じた品目として輸出を控えるよう努力すると記すにとどまった。

（3）カーター政権の登場と米国の政策転換

以上のようにフォード政権は、他の主要国との協調を通じて漸進的に原子力技術・資機材の輸出規制を強化した。それに対し一九七六年の大統領選挙に立候補したカーターは、選挙戦中からこの方針を批判し、プルトニウム利用自体が問題であると主張した[40]。核軍縮を重要な外交課題の一つとして掲げたカーターは、原子力平和利用に関しても国内外を問わず現行の核燃料サイクルを全面的に見直し、その見直しを行う間は原子力関連施設の新規建設を一時中止することまで主張していた。

カーター自身は海軍で原子炉の設計や製造に関わった技術者だったこともあり、この問題については意欲だけでなく知識も豊富だったと言われる[41]。しかし、米海軍で唯一溶融金属冷却炉を搭載した原子力潜水艦であるシーウルフ（SSN-575 Seawolf）の建造に携わったとはいえ、関連する原子炉工学等の知識は約半年間の詰め込み教育で得たものであった。カーターはその後、シーウルフが就役する直前の一九五三年一〇月に父が死亡したため海軍を退役し、実家のピーナッツ農場を継いでいる。こうした来歴を考えれば、カーターが原子力平和利用、特に使用済燃料の再処理やその軍事転用に関する専門的知識を持っていたのかどうかについては疑問符をつけざるをえない[42]。

ただ、核不拡散問題に取り組むカーターの熱意とプルトニウム利用を悪とする単純明快な主張は米国内で支持された。カーターの批判もあって、フォード政権は一九七六年七月末から更に抜本的な核不拡散政策の見直しを開始した[43]。主導したフライ（Robert W. Fri）ERDA次長にちなんで「フライ報告」と呼ばれることになるこの作業で強調されたのは、プルトニウム利用の自粛という米国内の原子力政策を模範として示し、それに追随するよう発展途上国や他の先進諸国に求めるという形での国内政策と外交政策の連関であった。ただしフライ報告は、日本や西欧の先進諸国には再処理事業の続行を認める一方、発展途上国にはこれを認めず先進国の提供する役務や多国間施設の利用を求めるとしており、両者を明確に区別していた。

しかしフォードが発表したのはさらに踏み込んだ声明であった[44]。大統領選挙の投票日を間近に控えて声明の内容は大統領府で調整され、フライ報告の全てが反映されたわけではなかったためである。一〇月二八日に発表された新政策は、再処理とプルトニウム利用が核武装に直結しうる可能性を最重要課題とし、米国は率先して国内での再処理を中断するとし、各国に再処理施設や濃縮施設の輸出自粛を求め、使用済燃料の国際管理を呼びかける等、フライ報告より踏み込んだ内容となった。これはプルトニウム利用自体を問題視し、その自粛を目標とした点で後のカーターの主張と同じであった。

それでも目標を実現するための手段において、フォード政権は依然として他の原子力供給国との協調を重視した。例えばフォードの演説は、後のカーター政権と同じく核拡散問題をめぐる「原子力先進国会議（conference of nuclear industrial states）」の設置に触れているが、その議題は原子力技術・資機材の輸出規制に限定され、ソ連とフランスに事前に打診して前向きの回答があれば進めるとされていた[45]。

一方カーターが大統領選挙戦の最中から主張し、政権発足後に各国に提案した政策は、目標は同じでも手段が異なっていた。カーター政権は前政権と同じくプルトニウム利用を危険視し、米国等の先進諸国も含めた全ての国が再処理やそれによって抽出されたプルトニウムの利用を中止すべきだと主張した。[46] フォードを含めた米国の歴代政権は、原子力の中でも機微技術が関わる核燃料サイクルの開発について、許容する国としない国を分けてきたが、この方針にはどのような基準で両者を区別するかという問題が常につきまとっていた。その問題に対して、核開発が可能な国が急速に増大する中、米国自身も含めて一律に核燃料サイクルを規制するという解答を示したのがカーター政権であった。

こうした急激な政策転換の土台となったのが、フォード財団（Ford Foundation）の援助の下、マイター・コーポレーション（MITRE Corporation）と社会科学者を中心とした「原子力政策研究グループ」が発表した「原子力をどうするか、その課題とその選択」（以下、「課題と選択」と表記）である。[47] 同グループへの参加者の三分の二は研究者、しかもその大半は軍備管理や国際政治を専門とする社会科学者であり、産業界や核燃料サイクルを推進する立場の者はいなかった。カーターは一九七六年夏頃からこのグループと意見交換していた他、報告書を執筆したナイが国務次官（安全保障支援・科学・技術担当）代理に、ファーレイ（Philip Farley）がスミス（Gerald Smith）無任所大使兼特別代表（核不拡散問題担当）の補佐官に就任している。三極委員会と同じように、この二つの組織もアイデアと人材の両面で新政権の原子力・核不拡散政策を支えることとなった。

「課題と選択」はフォード財団のエネルギー政策プロジェクトに続いて企画されたもので、当初は超党派的で客観的な政策指向の研究と見られていた。[48] しかし作成者の構成が示唆しているように、一九七七年三月に発表された報告書は政策の全面的な見直しを提唱した。報告書はプルトニウムの軍事転用の可能性を指摘し、再処理とプルトニウム利用の経済性に疑問を呈した上で、従来の核燃料サイクルは開発・運用を中止すべきだと主張した。その代案として提示されたのが、一度使用した核燃料を使い捨てる「直接処分（once through）」方式や、現行の方式とは違ってプルトニウムを単体で分離しないような核燃料サイクルの開発であった。

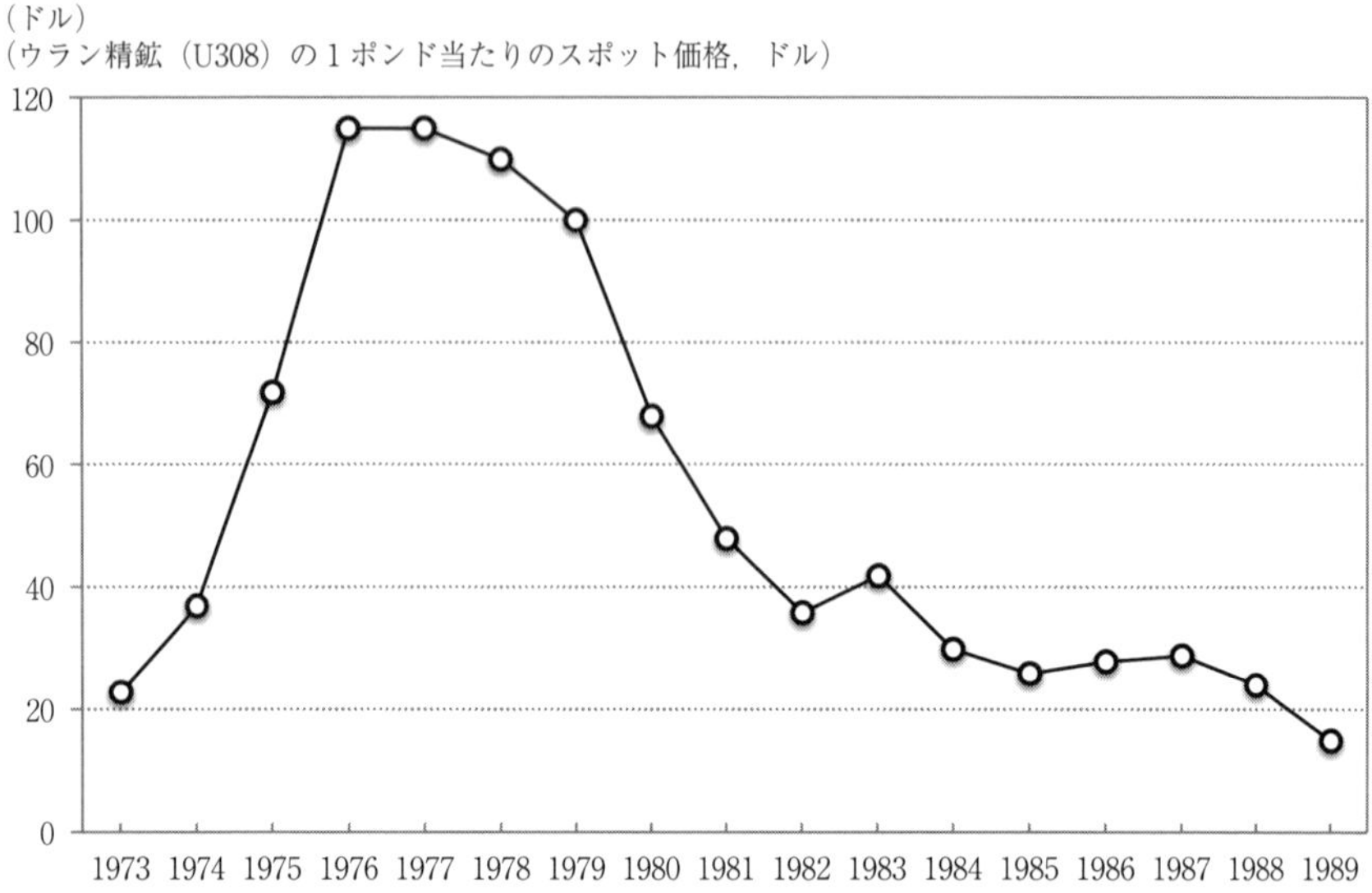

図７－２　ウランのスポット価格

出所：Trade Tech, *Nuclear Market Review*, December 31, 2007, http://www.uranium.info/index.cfm?go=c.page&id=39 (latest access: December 11, 2010) より抜粋。

こうした提案がなされた背景には、この報告書の楽観的なウラン需給予測があった[49]。天然ウランの需給状況は経済性が疑わしい再処理を行う必要があるほど逼迫してはおらず、逆に憂慮すべきは核拡散のほうだという議論である。カーター政権期にプルトニウム利用に強硬に反対したギリンスキー（Victor Gilinsky）ＮＲＣ委員も、再処理とプルトニウム利用の経済性が疑わしかったことをカーターによる政策転換の理由として挙げている[50]。

しかし日本をはじめとする西側諸国は逆に、天然ウランの価格が一九七九年まで上がり続ける中、ウラン資源が十分に存在するとしても長期的・安定的な供給が保証されているわけではないと見ていた[51]。また米国内でも、「課題と選択」に見られるような楽観的予測に異論が出た。例えば同報告と並行して全米研究評議会の原子力・代替エネルギー委員会（CONAES: Committee on Nuclear and Alternative Energy Systems）ウラン資源グループが行った研究は、「課題と選択」と同じくＥＲＤＡが一九七六年に作成した資料を基にしていたにもかかわらず、同報告よりかなり悲観的な数字を算出していた[52]。

また「課題と選択」を基にした原子力・核不拡散政策をめぐっても、カーター政権内部には意見対立があった[53]。まずカーター自身は大統領選挙の公約の一つに核拡散対策の強化を掲げ、選挙戦中の一九七六年五月には国連総会で再処理施設などの輸出自粛を呼びかける演説を行った。しかし具体的な政策についてはカーターも示さず、政権内部にも対立があった。従来通り国際協調を重視する国務省やＥＲＤＡの「穏健派」と、米国単独でも核不拡散体制強化を進めるべしとする大統領府の「原理派（purists）」の間の対立である。前者にはカーター政権の原子力・核不拡散政策を担う中心人物となったナイや、長年この問題を担当してきたヴァンドレン（Charles Van Doren）ＡＣＤＡ核不拡散・高等技術局次長補らが含まれ、数の上では主流派と言えた。むろんナイやナイ付きの上級補佐官を務めたシャインマン（Lawrence Scheinman）らも、それまでこの問題を担当してきた国務省海洋・国際環境・科学局に比べればプルトニウム利用に対して批判的であり、カーターや原理派と大差ない。しかし一九六二年からＡＣＤＡで勤務してきたヴァンドレンや社会科学者であるナイは、同盟国との摩擦に注意を払いながらプルトニウム利用を抑制しようとしていた。

これに対し後者は、米国主導の急速な核不拡散体制強化を目指した。数的には劣る原理派であったが、ＮＳＣで核不拡散等のグローバル問題を担当するタックマン（Jessica Tuchman）や内政評議会でエネルギー政策を担当するシルマー（Katherine Schirmer）のような、大統領に直接助言を行うことが可能な大統領府のスタッフが含まれていた[54]。加えて序章で概観した通りカーターは各スタッフの意見を個別に聞くスタイルを好み、一九七四年のＡＥＣ解体に続いて一九七七年一〇月にはＥＲＤＡや連邦エネルギー庁等を合併する形でエネルギー省が発足するという省庁再編が行われていた。そのため大統領と親しい少数のスタッフが政策を左右することが可能であり、政権発足当初は政策決定過程が安定しなかった。こうして経済問題等と同じく原子力問題においても、政策決定過程の問題がカーター政権と同盟国の間の摩擦をますます激化させることとなった。

第八章　米国の孤立と日米協調の模索

1　日米交渉の開始

（1）初期の折衝と認識の差

一九七六年の大統領選挙で明らかとなっていた米国の原子力・核不拡散政策の転換は、フライ報告が完成した直後の一九七六年一〇月四日に英仏日加四カ国に書簡で伝えられ、ソ連にも口頭で同様の内容が伝えられた。[1] こうした措置は政策転換について事前に関係国の意見と了解を求めたものであり、かつての「ニクソン・ショック」とは対照的な措置であった。

ただ、その内容は日本に大きな影響を及ぼす可能性があった。[2] 既に一〇月には、従来迅速に認められていた再処理のための英国への使用済燃料輸送に対する米国の許可が遅れていた。そのため日本では書簡送付から一カ月が経った一一月末、原子力委員会が外務省、通産省、科技庁、電力業界の四者を集めて本格的な協議を開始した。その結果を受けて東海村再処理施設を保障措置の実験場とすること、プルトニウムの国際管理を受ける用意があることと等を方針として決定し、福田内閣発足後の一二月二八日に米国に書簡を送付している。また科技庁も一〇月に米国側の通告を受けた直後から、新たな政策が協定第八条C項を介して東海村再処理施設の運転に影響するのではないかという懸念をＥＲＤＡに表明していた。こうして第Ｉ部で取り上げたアジア太平洋における米軍事プレゼンス、第Ⅱ部で取り上げたマクロ経済政策協調に続いて、原子力問題がカーター政権発足後の日米関係における重要課題として浮上した。

年が明けた一九七七年一月、カーター政権が外遊に派遣したモンデール副大統領との会談から日米間の予備的な折衝が開始された。西欧諸国を歴訪した後の一月末に訪日したモンデールは福田らと会談し、米国が西独やフランスに原子力関連技術・資機材の輸出を止めるよう要求していることを説明し、「兵器級の物質を生産できる再処理施設は単なる爆弾工場である」として核不拡散問題への注意を喚起した。(3) これに対し福田は、日本人は核の軍事利用に敏感であり、これに反対してきたものの、エネルギー資源を欠いているため原子力平和利用は別個の問題と捉えていると応じ、両者は互いの主張を確認するにとどまった。

同時に福田・モンデール会談では、協議のため日本から訪米団を送ることでも合意し、二月一八日から井上五郎原子力委員長代理らが訪米した。(4) 再処理の重要性を主張する井上に対して米国側はまだ方針を決定していないとしたものの、井上自身は帰国後、米国の核不拡散への決意は堅く譲歩の余地は少ないとの印象を報道陣に語っている。これは米国側にとっては誤解であり、日本政府に再処理中止という既成事実を提示したと受け取られて問題を政治化させる危険もある、望ましくない事態であった。

井上の印象とは逆に、米国では原子力・核不拡散政策の具体的な検討はまだ始まったばかりであった。(5) モンデール外遊の報告は日本の核燃料サイクル施設に関してただちに方針を決定する必要があると指摘しており、国務省が井上訪米に備えて作成した文書でも米国が明確に政策を打ち出していないことが指摘されている。また具体策をめぐっては前章で述べた通り政権内に対立があり、決定権を握るカーターの意見も具体的なものではなかった。

日本側にとっては米国に譲歩を迫るため、また米国側にとってはこうした誤解を解消するため、三月中旬に訪米した日本原子力発電技術部長の今井外務省参与に対する日米両政府の期待は大きかった。(6) 米国政府の評価では、今井は必ずしも日本政府の意見を代表しているわけではなかったが、原子力問題にも国際関係にも明るく、ナイともハーバード大学在籍中に面識があった。このため米国の立場をより正確に理解し、日本政府の立場をより正確に説明できるはずであった。

こうした事情から、今井訪米は非公式なものではあったが、ナイやアーマコストＮＳＣ上級スタッフら主要な担当者らとの会談が実現した。会談で今井はまず、日米間ではエネルギー事情が異なっており日本にとってプルトニウム利用は必要不可欠だと主張した[7]。その上で、核燃料サイクルを正当化できる米国、ソ連、西欧諸国、日本のみが再処理技術の開発・運用を行えば核不拡散という目的は達成できると主張している。ナイらはこれに対し、東海村は米国の原子力・核不拡散政策の先例たりえるため今の時点で稼働を許可することはできない、しかし現段階で明確にこれを拒否することも避けたい、何らかの形での運用はありうると返答した。つまり米国側は東海村再処理施設そのものを問題視したわけではなく、それが再処理技術拡散の先例となって他国の原子力開発に及ぼす影響が問題だと主張していた。また日本側が懸念していた英国への使用済燃料輸送については、現在進めている政策の検討作業が終われば米国側は許可を出すことが可能になると述べるにとどまっている。

このような初期の折衝における意見の違いは、原子力問題の現状認識をめぐる三つの相違点から生み出されたものであった[8]。

第一に前章でも触れたウラン資源の需給予測である。米国は、日本が既にＥＲＤＡと結んでいる濃縮ウラン供給契約があれば八〇年代中盤から九〇年代頃までは日本国内の需要を満たすだろうと推測しており、ウラン供給に対する日本側の危機感は誇張されていると考えていた。反面、日本側のウラン供給に対する危機感は七〇年代前半の米国の混乱もあって相対的に高かった。

第二に東海村再処理施設や再処理技術への評価である。日本は再処理を核燃料サイクルの要としており、いかなる遅延も許容できないとしていた。しかし米国は、東海村再処理施設は多額の資金がつぎ込まれたものの経済性が不確実な厄介な施設であり、日本は「いまだ一九七六年以前の我々と同じ考え方に囚われている」と見ていた。日本側が計画通りの稼働にこだわっているのも、実際的な理由からではなく、政府が管理に失敗し既に多額の資金を投資しているためこれ以上の遅延は許されないという面子の問題があるからだと推測していた。また日本が主張する再処理による使用済燃料の搬出や高レベル放射性廃棄物の減容についても、米国は急いで再処理するほどの必要性はないとしていた。

最後に核燃料サイクルの核拡散リスクへの評価である。日本では、発電に使用した使用済燃料は核分裂性のプルトニウムの割合が低いため、軍事転用するとは考えにくいとしてその蓋然性の低さが指摘されていた。一方米国は、再処理という技術自体は同じものだとして軍事転用の可能性を危険視しており、両者はそもそも評価基準が異なっていた。これは核燃料サイクルを核拡散上どこまで危険と見なすかという、根本的な問題認識に関わる重大な差であった。日米両国はこれらの認識差を抱えながら政策をすり合わせる必要に迫られていたのである。

(2) 交渉への準備

今井訪米後、三月に福田とカーターにとっては初の首脳会談が行われることとなった[9]。この時の福田の関心は、日本が既に再処理施設を運用していた国、特に西独と同じ扱いを受けることができるかどうかにあった。しかし米国側は、この会談で東海村再処理施設について何らかの決定を下すつもりはなかった。むしろ将来の核燃料サイクルのあり方についての作業に日本側の注意を向け、再処理技術拡散に対する米国の一般的な懸念を示すことに重点が置かれていた。

首脳会談は三月二一、二二日に行われ、このうち二二日に行われた両首脳間の個人会談では、カーターが「課題と選択」の写しを福田に手渡して核不拡散への強い意欲を示した[10]。それに対し福田はNPT批准時の経緯を例に日本にとっての再処理の重要性を主張し、カーターの言うような再処理・プルトニウム利用中止に協力するのは極めて難しいと返答した。しかし既存の再処理施設にどう対応するのかを福田に問われたカーターは、米国を含め全世界の再処理施設の使用中止を目指すと述べている。双方の閣僚を含めた全体会合も同様で、再処理は「無駄で不必要」とする米国側と自国への差別的待遇を懸念する日本側という構図が続いた。カーターはこの問題の位置づけについて、再処理中止を含む原子力・核不拡散政策の見直しが日本だけでなく世界各国に適用されるのであり、東海村はその最初の例だと述べている。

互いに主張を明確にした首脳会談後、日本側は正式な交渉に向けた態勢を整えた[11]。福田は宇野科技庁長官・原子力委員会委員長を対米交渉の責任者に指名し、早くも三月二九日には対米交渉方針を決定するための「核燃料特別対策会議」（以下、対策会議と表記）を設置した。この会議は宇野、鳩山威一郎外相、田中龍夫通産相の三人で構成され、科学技術庁原子力局長、原子力安全局長、外務省国連局長、資源エネルギー庁長官からなる幹事会も設置された。前日の二八日には原子力委員会と原子力産業界の代表からなる「再処理問題懇談会」も設置されており、日本側は国内の意見の一致を反映して早期に交渉態勢を整えた。

一方米国側では、対日交渉をどのレベルで行うかが問題となった[12]。首脳会談で福田に早期の交渉開始を提案された時にカーターはシュレジンジャー特別顧問（エネルギー問題担当）が代表を務めると返答していたものの、アーマコストは代表にナイ国務次官代理を推した。シュレジンジャーはエネルギー省設置を担当していたため振り向けることのできるスタッフも時間も限られていた。その上シュレジンジャーが代表となれば日本側も科技庁長官と通産相のどちらを代表にするかで揉めるかもしれず、しかも両者とも再処理推進に相当の威信を掛けていると予想された。その点ナイならば実務レベルでの協議となり、再処理に懐疑的で米国との対立による政治的影響に敏感な外務省が関与することになる、そのほうが米国としては与しやすい、というのがアーマコストの分析であった。

日本側の状況を考えればこれは的外れな分析であったが、最終的に米国は、対日交渉全体の代表をシュレジンジャーとしつつ、第二次交渉までは中堅（mid-level）の政府関係者による協議を行うことを決定した[13]。これは具体的には国務省のナイとホルブルック、ＮＳＣのタックマンらが協議にあたることを意味しており、早期の政治決着を避けて問題の解決を先送りし、日本側に議論の余地があることを示すという狙いもあった。米国側は資源小国の日本がエネルギー上の自立を米国に拒否されたと解釈されて日本国内で反米感情が高まり、福田をはじめとした自民党への信頼感が低下することを懸念していた。そこで交渉の余地はあるという柔軟な交渉姿勢を示すことで、こうした事態を防止しようとしていた。

(3) 第一次交渉と米国の手詰まり

首脳会談を経て、東海村再処理施設をめぐる第一次交渉は四月二日から一八日までワシントンで行われた[14]。米国側の希望通り、交渉には西田誠哉駐米公使や内田勇夫科技庁原子力局動力炉開発課長、ナイ国務次官代理ら事務方が参加し、主として技術的な問題点について意見を出し、更なる協議を開催することで合意するにとどまった。これはプルトニウムを単体で分離しない形で東海村再処理施設を運用する可能性を探りつつ日本側の意見を聞き、最低でも既に再処理を始めた西欧諸国との協議の結果が出るまでは東海村に関して何も決定しない、という米国側の交渉方針に沿った展開であった。

とはいえ、並行して行われた非公式の会談では既に妥協点が探られ始めていた。第一次交渉に同行した今井は、ナイやアーマコスト、ギリンスキーらと再度会談した[15]。この時今井は、日本がプルトニウムは長期的には核拡散上危険でありすぐには必要でないという米国の主張を公式に支持し、その見返りとして米国、欧州共同体、ソ連、日本という主要先進国にのみプルトニウム利用を認めると両国が合意するという私案を提示した。この私案は外務省のみが承認し、他省庁の了承は得られていない案であったという。この他に今井はナイと会談した際、米国が提案したINFCEの期間が三年であることから、まずはその三年の間の作業計画を立てて東海村再処理施設を運用するという妥協案も提示している。

これらの提案は、同年九月に日米両国が達することになる合意と大枠では同じものであった。国務省はこれを今後の交渉の枠組みとなりうるものであり、解決策は技術的解決よりも幅広い範囲の協力に基づくべきだとした[16]。また穏健派と意見を同じくするアーマコストも、今井らとの議論から日本の政治的な支持を見返りに施設稼働を認めるという妥結の可能性を見出せたとブレジンスキーに報告している。この他にもアーマコストは、動燃が東海村再処理施設の日米共同管理を検討しているとも述べており、この時期日本側が様々な譲歩案を検討していたことが窺える。

しかし問題は、日本側の譲歩と協力によって、東海村再処理施設の稼働を認めた場合の対ユーラトム交渉への影響を抑えることができるかどうかにあった[17]。すなわちプルトニウム利用中止という方針に例外を設けることをいかに正当化するかという問題である。これについて日本側は既述の通り、米ソ欧日の四者を特別扱いするよう提案していたものの、そうした特別扱いこそがいずれの国も等しく規制の対象にしようとするカーター政権の政策と最も鋭く衝突する点であり、政権発足直後のこの段階では現実的な案とは言い難かった。妥協の可能性があると見るアーマコストも、今井の示した日本の見返りは「口先の支持（rhetorical support）」でしかなく、第一次交渉で日本側が示した提案全体についても稼働容認に対する大した見返りは示さなかったと評している。むしろ重視されたのは、施設稼働を認めつつも実際の稼働を遅らせる、施設を改造する、実験的な施設と位置づけて第八条C項の対象から外すといった方法で最終決定を先延ばしにし、西欧諸国との交渉を進める時間を稼ぐことができそうだということであった。この他に原理派のタックマンは、そもそも妥協を模索すること自体に批判的であり、東海村再処理施設は西独の運用する小型の再処理施設とは違って実験的なものではなく、先例として対ユーラトム交渉への影響も大きいため、日本を西独等と同一に扱うべきではないと見ていた。

このように、日欧との交渉の進め方をめぐって米国政府は早くも手詰まりの状態に置かれた[18]。もし米国が早期に東海村再処理施設の稼働に同意すれば、欧州との同様の交渉やカーター政権の新政策に悪影響が出かねない。東海村が先例となれば、インドのタラプール（Tarapur）再処理施設のような類似の施設についても稼働を承認せざるを得なくなって米国の主張が弱くなる可能性があった。しかし先送りしても再処理施設を既に運用している西欧諸国を説得できなかった場合、米国が核兵器国と非核兵器国の間だけでなく、非核兵器国の間でも扱いに差をつけようとしているという日本側の疑念を強めかねない。現行の核燃料サイクルを放棄するというカーター政権の目標を維持しつつ、この「深刻な制約（genuine bind）」を打開するには、東海村再処理施設を何らかの理由で例外扱いするか、米ユーラトム協定を改定し日米協定と同様に事前同意権を設ける他なかった。

ここで米国が選んだのは、双方の選択肢を追求するという道であった[19]。まず対日交渉は当面技術的な方法に絞って協議を続行する方針となった。第一次交渉時に今井は、日本側には再処理時にウランとプルトニウムを混ぜた状態で抽出する混合抽出法等を念頭に、施設の技術的改造を受け入れる用意があると述べていた。カーター政権は当初から技術的な解決策を探っていたこともあり、東海村再処理施設の運転方法を技術的に米国の方針と整合させる可能性を探ることになった。一方ユーラトムとも協定改定交渉を進め、日米協定の第八条C項のような米国起源の核物質の再処理に関する事前同意権を設け、規制を強める方向で日本と西欧諸国の間の格差を解消することを目指した。

後に日米交渉が大詰めを迎えた八月になると、米国側は日本の「口先の支持」を重視するようになる。しかしその変化にはまだ、米国の新政策に対する国際的批判と、明確に日本は例外だと言えるような核不拡散上の日本の協力が不足していた。

（4）日本側の認識

一方日本からは、第一次交渉と並行して四月一五日から二四日までの日程で、前科学技術庁長官の佐々木義武と元日本原子力発電社員の与謝野馨ら原子力問題に通じた自民党議員が訪米した[20]。訪米団は米国側の議会関係者らに日本の立場を説明し、その際米国の議員らが日本の事情への理解を示したこと、カーターの政策に対しても慎重な姿勢を見せていることなどを帰国後に報告した。この他にも第一次交渉の際には、在米日本大使館はナイから再処理交渉にはナイ以外にも様々な関係者が関わっていること、交渉の余地はまだあること等を伝えられている[21]。加えて次項で述べる新たな原子力・核不拡散政策の発表の際、カーターは記者との質疑応答で日本と西独が「再処理をすすめ且つ継続する完全な権利を有している」と述べており、日本側は国務省にこの発言を否定されつつも米国の譲歩の可能性に期待を示していた[22]。この発言そのものはカーターの単なる失言であったと言われるものの、まだ交渉の余地があることは日本側にも明確となった。

これらの情報を基に、日本側は再処理への同意を得るための対米協力を本格的に検討し始めた。四月二五日には第二回対策会議が開催され、米国との核不拡散上の協力の重要性が確認され、具体的にどのような協力案を米側に提示するか等の今後の対処方針を三省庁で検討することとなった[23]。方針は一週間後に作成され、米国の新政策はまだ固まっておらず交渉の余地があることと、核兵器国たる英仏両国だけでなく西独とも扱いに差がつきかねないがそれは受け入れ難いことの二点が基本方針として挙げられている。ただし検討するはずだった具体的な対米協力案については先送りされ、カーター自身を含めた高官級の協議で交渉を行うことで譲歩を引き出すべきとするにとどまった。

いずれにせよ、日本側では再処理施設稼動は疑う余地のない目標であった。その背景にはエネルギー源に乏しい経済大国という日本の特徴があったが、東海再処理交渉ではこれに加えて、第Ⅱ部で検討した日米独機関車論の下で日本が経済成長を求められているという事情もあった。交渉を担当する宇野は、三月にギリンスキーNRC委員やナイの上級原子力補佐官を務めるシャインマンらと会談した際、日米独機関車論を引き合いに出して日本に求められている内需拡大のためにも原子力によるエネルギー源確保が必要だと論じている[24]。つまり先進国としての日本の責任について、日本はエネルギーの安定供給による経済成長と捉え、米国は再処理の中止や計画変更による核不拡散への協力と捉えていた。

なお第一次交渉までは重要な役割を担い、先行研究においても東海再処理交渉の妥結に大きく貢献したと言われる今井とナイの間の非公式交渉であるが、第一次交渉以降、現在利用可能な一次史料からは今井の足跡が途絶えている[25]。単に史料が残っていないという事情もあろうが、ここまでの分析からすれば、この問題に関係する省庁が多いゆえに今井ら個人の果たせる役割には限界があったということも考えられる。例えば後述する六月の第二次交渉の時点で、在日米国大使館によれば、外務省が宇野率いる科技庁の反対等もあって政府内部の意見をまとめられず、今井が米国側に提示した案に日本政府としての支持が得られなかったため、今井と外務省の関係に亀裂が入っていたという[26]。実際、以下で検討するように、今井が当初提案した東海村再処理施設の改造という選択肢を日本政府は最後まで拒否し続けている。当初は日米間の協議体や両国政府の担当組織の整備が進んでいなかったこともあり、個人的な関係が大きな役割を果たした可能性は否定できない[27]。しかし今井とナイの間のつながりが交渉を最後まで左右したとは言えないように思われる。

2　新政策の発表と反発

（1）政権内部の対立と新政策の発表

こうして開始された東海村再処理施設をめぐる日本との協議と並行して、米国政府内部では一月からＰＲＭ-15の下でカーター政権の新たな原子力・核不拡散政策の検討が進められていた。しかし国内での再処理とプルトニウム利用の中止では合意が得られたものの、それを外交にどう活かし、諸外国での再処理にどう対応するかをめぐって対立が発生した。

当初ＰＲＣでの協議に国務省が提出した案は、国際協調を重視したフォード政権のそれに近いものであった(28)。米国が主導する形でＩＡＥＡ保障措置や輸出時の核不拡散要件を強化するとともに、核燃料の供給保証と引き換えに相手国の核燃料サイクル開発を一時中断させ、その間に新たな燃料サイクルを検討するという方針である。またこうした提案は各国との関係を緊張させるため注意が必要であり、長期的には非核兵器国での核燃料サイクル開発も容認すべきだとしていた。当時はカーター政権発足当初の連絡不足もあって、フランスや西独、ＩＡＥＡが米国は単独行動も辞さない姿勢をとっているとして反発していた。そのため国務省は関係国との事前協議を通じて関係を修復しようとしていたが、タックマンらはむしろ圧力を強めるべきだとして反対し、三月になっても合意点は見出せていなかった。ところがタックマンは、大統領に対してＰＲＣでの議論を報告する立場にあったことを利用し、圧力重視の強硬な意見が多数を占めたと大統領に報告した。一時これを基に新たな政策の骨子が作成されたが、発表前にナイが気づいて大統領を説得し、発表は延期となった。

もっともこの時点で既に、プルトニウムをＩＡＥＡが国際管理するというフォード政権期以来の「国際プルトニウム貯蔵（IPS: International Plutonium Storage）構想」については、再処理を正当化しかねないとして慎重な姿勢をとるという方針で一致が見られていた。(29) つまりプルトニウム利用に反対するという目標では一致していたものの、その目標と同盟国との関係といった他の外交課題が衝突する場合にどちらを優先するのかがＰＲＭ-15での争点であった。

最終的にＰＲＭ-15を基に三月二四日に決定されたＰＤ-8は、諸外国にプルトニウム利用を一時中断し、米国の提唱するＩＮＦＣＥに参加するよう呼びかけることを定めたものの、具体策はＮＳＣ核不拡散特別グループ（NSC Ad Hoc Group on Non-Proliferation）を設置し更に検討することとなった。(30) これを受けて日米間で第一次交渉が行われている最中の四月七日、完成間近だったバーンウェル（Barnwell）再処理施設と建設計画案が議会を通過しようとしていたクリンチリバー（Clinch River）高速増殖炉への予算割り当て中止も含めた、新たな原子力政策が発表された。米国は自国のウラン濃縮能力を諸外国の需要に応じられるよう増強する意向も表明し、核燃料サイクル中断の呼びかけに説得力を与えようとした。それはいわば、米国が圧倒的な能力を持つ供給国としてこの問題に影響を及ぼしていた七〇年代以前の図式への回帰であった。この発表ではＩＮＦＣＥの開催にも触れられ、さらに同月二七日に発表されたカーター政権の核不拡散法案では、原子力貿易や原子力協定の核不拡散要件の厳格化が提案されている。

これらの提案に対する国内の反応は芳しいものではなかった。民主党は前年の選挙において上下両院で多数派となっていたものの、カーターがジョージア州知事だった時代のスタッフが多い政権側にはワシントンでの経験が不足しており、議会対策が充分とは言えなかった。(31) 一方議会には上院を中心に、グレン（John Glenn）議員（民主・オハイオ州）、クランストン（Alan Cranston）議員（民主・カリフォルニア州）、パーシー（Charles H. Percy）議員（共和・イリノイ州）ら核不拡散問題に熱心な「不拡散派（nonproliferation coalition）」の議員とその議員スタッフ、関係委員会の議会スタッフらがいた。(32) グレンらは必ずしも有力議員ではなかったものの、この問題に関心を持つ議員は少なく、ごく少数の熱心な議員が大きな影響力を持ちえた。このためカーターの大統領就任直前にはナイがグレンを訪問し、原子力技術・資機材の輸出規制に関する法案の提出を新政権が立場を固めるまで三〇日間待つよう要請している。グレンは期間が長すぎると反論し、法案提出に向けて政権と議会の間で調整を行うよう要請したものの、カーター政権は三月三日に政権独自の輸出規制法案を上下両院に提出した。

こうした経緯もあり、カーター政権の新たな原子力政策は原子力産業を支持する議員が多い共和党だけでなく民主党からも批判された[33]。米国内の核燃料濃縮能力強化という方針に具体的な措置が示されていなかったこと、バーンウェルやクリンチリバーの建設を中止すればプルトニウム利用施設への保障措置の開発という重要な取り組みに支障が出ること等を理由に、議会は六月から七月下旬にかけて両施設の稼働を前提とした予算案を通過させている。直接処分や使用済燃料の国際管理を呼びかけるといった核不拡散に関する提案については、米国が再度この問題で主導権を握ることにつながるとして議会も好意的であったものの、そのために国内の原子力産業を犠牲にすることに対しては批判的であった。

(2) INFCEへの同盟国の反発

一方国際的にも、日本や西独、英国、フランスといった同盟国が新たな核不拡散政策に懸念を表明した[34]。各国とも核不拡散規制の強化には同意していたが、核拡散への危機感は米国ほど切迫しておらず、プルトニウム利用中止という急激な変化への懸念も拭いがたいものがあった。この認識差を埋めるために米国が用意したのが、各国の専門家を集めて核燃料サイクルの技術的検討を行うＩＮＦＣＥであった[35]。できるだけ多くの国、特に主要な供給国と受領国の双方を会議に参加させ、米国の提唱する直接処分やプルトニウムを単体で分離しないような代替核燃料サイクルの開発に向けて国際的な協調体制を再構築しようというのが米国の狙いであった。政策転換を一方的に発表したとはいえ、核不拡散を実効的なものとするためには他の供給国や核燃料サイクルを自力で開発できるようになるであろう主な受領国の協力も重要である、という認識はカーター政権にもあった。ただし同時に、既にある国際組織のうちＮＰＴは非核国の力が強いため原子力平和利用の規制について合意を得る見込みは薄く、ロンドン供給国会議でも既述の通り他の供給国が規制強化に反対していたため、ＩＮＦＣＥという新たな場が提案されたのであった。[36]

しかし米国が具体的な説明を行うにつれてこうした構想への批判は強まった。[37] まず五月二日からＩＡＥＡ主催でザルツブルグにおいて開催された「原子力発電と核燃料サイクルに関する国際会議」では、集まった各国の専門家から批判が集中した。フランス等の新興供給国は、米国の提案が他国の平和利用を足止めすることで米原子力産業の巻き返しを図るものだと批判した。これは反原発運動や原子力開発政策の迷走等によって米国が核燃料サイクル開発で西欧諸国に遅れをとっていたためであった。[38] 日本も米国が唱える代替核燃料サイクルは技術的にまだ未成熟だと指摘し、米国の原子力産業関係者はカーター政権の楽観的なウラン需給見通しを批判した。水面下でのＩＮＦＣＥへの参加打診には各国とも前向きな意向を示していたが、それも米国側が予断を持たず、こうした批判を展開できる余地があればという条件がついていた。

続いて五月七、八日に開催されたロンドンサミットでも、各国首脳から批判が相次いだ。第Ⅱ部で見たようにサミットは本来経済問題を扱っていたが、カーター政権は「経済サミット」という呼称から「経済」を除くよう求め、兵器の移転や核不拡散、人権といった政治問題を議題とするよう求める等、サミット参加国間での政治問題の協議に熱心であった。[39] 核不拡散について米国は、エネルギー資源に乏しいため核燃料サイクルの整備を進める西独、日本、イタリアと、ウラン資源供給国として米国以上に原子力平和利用の規制に熱心なカナダの間で意見が割れるであろうから、その認識差をＩＮＦＣＥでの検討作業を通じて収束させたいとしていた。

しかしサミット初日午後の討議では、核不拡散が問題だという認識では一致したものの、ＩＮＦＣＥの開催に関して各国の意見は割れた。[40] まず一般論として、西独のシュミット首相は各国毎に事情が異なること、ＮＰＴで非核兵器国には原子力平和利用の権利が定められていることを強調し、イタリアのアンドレオッティ（Giulio Andreotti）首相や福田も同様に平和利用の必要性と権利を主張した。フランスのジスカールデスタン大統領はパキスタンや韓国への再処理施設輸出を米国と協議の上で中断したことについて、あくまで相手国が核開発を計画しているとの情報があったためだと述べた。また西独、日本、欧州ウラン濃縮機構（Eurodif: European Gaseous Diffusion

Uranium Enrichment Consortium）は放射性廃棄物を処理するために、フランス、西独、ソ連、英国は開発中の高速増殖炉のために、それぞれ再処理技術を必要としているとも述べている。これに対しカーターはプルトニウムが抽出される再処理技術そのものに核拡散上の危険があるとし、自国の輸出した原子炉がインド核実験につながったカナダのトルドー（Pierre Elliott Trudeau）首相も差別的な対応は問題だとし、現状のままなら実施中のウラン輸出停止措置を続行すると述べている。既に原子力産業が発展しつつある日本や西独への規制は愚かな行為だとするジスカールデスタンらとの意見の差は大きかった。

またそもそも、八〇年代後半にウランの需給状況が逼迫するかどうか、つまり増殖炉によるウランの有効利用が必要かどうかをめぐっても、「二五〜三〇年は」問題ないとする米国と悲観的な他国の間には依然として隔たりがあった(41)。再処理の目的の一つである放射性廃棄物減容についても、廃棄物を埋めるのに「そんなに大きな空間はいらない」とする米国とこれに反発し廃棄物管理のために再処理が必要だとする日独仏の見方は対照的であった。

こうした対立を一応収めたのがホスト国である英国のキャラハン首相であった(42)。INFCEの提案をはじめとするカーター政権の提案は英国にとっても問題であったが、むしろ米国と協調しつつその政策を修正しようとしていた英国はサミット参加国の専門家を集めた「サミット核不拡散専門家会議（Summit Non-Proliferation Experts Meeting）」を開催してINFCEの開催を検討するという妥協案を提示し、各国は同意した。一連の対立は、報道されないよう会議終了後の報道陣への対応を議長のキャラハンに一任するほど激しく、サミット後の宣言もこの問題について「効果的であるためには、先進工業国と開発途上国双方にできるだけ広く受諾可能なものでなければならないことに合意した」と述べるにとどめている。

このようにサミットでは、核拡散問題に取り組む必要があるという米国の主張が否定されたわけではなかったものの、米国の企図に沿った形でのINFCE開催には各国とも否定的であることは明確となった(43)。米国は現在の核燃料サイクルに代わる技術を検討したいという自らの企図への批判を抑えることはできず、INFCEの目的や議題は専門家会議において二カ月以内に予備的な検討を行うこととなった。

(3) INFCEの設置協議

その専門家会議において、米国はサミットで提示した草案を修正した上でサミット参加国に回覧し、反応を見て更に修正するという慎重な方法で協議を進めた(44)。この過程で米国は、プルトニウム利用の中止が前提になっているという批判に応じてINFCEの主目的を変え、代替核燃料サイクルの検討からより幅広く原子力平和利用や核燃料サイクルについての情報交換と議論へと目的を拡げた。また当初は受領国や発展途上国が多いIAEA等の既存組織とは切り離してINFCEを設置しようとしていたが、以前から発展途上国の反対が強かったことを考慮してこれら国際機関との研究成果の交換やその代表者のINFCEへの参加も盛り込まれた(45)。専門家会合の運営でも米国は譲歩し、六月初旬に開かれた第一回会合の開催地は、ワシントンを希望した米国がパリを主張するフランスに譲っている(46)。

とはいえ、米国に最も批判的なフランスとの間で意見対立は続いた(47)。五月末になると、フランスは第一回会合に向けて独自の草案を作成し各国に配布した。仏案の配布自体は米国も承知していたが、その内容はINFCE参加国が抱える状況や技術はそれぞれ異なることを強調し、その原子力開発が法的に問題ないならINFCE終了まで介入すべきではないとしていた。このため各国の原子力政策の統一を指向する米国は急遽フランスと協議し、米国案を基に仏案の要素を加えた草案を作成することになったものの、六月八日、九日の第一回会合には間に合わなかったため米仏が個々に草案を提出している。

この第一回会合ではINFCEの委任事項(terms of reference)で概ね合意に至ったものの、各国間の溝は埋まらなかった。INFCE期間中は互いの核燃料サイクル政策に介入すべきでないとする仏案をめぐり、強く賛成する英国と西独、控えめに賛成する日本とイタリア、強く反対する米国とカナダ、という対立構図である(48)。このため暫定的に両案を併記した案で合意し、当初の期限であった七月初旬に向けて協議は続いた。プルトニウムの拡散を防げば核拡散の危険性も減少するだろうという一般論では一致していたものの、問題は具体的にそれをどう原子力平和利用の推進と一致させるかであった。

米国は最も強硬なフランスとの二国間協議で事態の打開を目指した[49]。七月に入るとフランス側から、第一回と同様パリで七月二六、二七日に第二回会合を行いたいという申し入れがあり、同時にフランスの提案した議題案の検討が米国政府内で始まった[50]。ここで問題となったのは、仏案の現状分析がＩＮＦＣＥ参加国は核燃料サイクルをめぐって二分されており合意が難しいとしていたこと、米国が他国の核燃料サイクル戦略に圧力をかけようとしていると説明されていたことの二点であった。米国は仏案の大部分を取り入れつつ両者を修正して合意は達成可能だという論調に修正し、フランスもこれに同意した[51]。この案で原子力・核不拡散政策をめぐる合意は可能かつ必要なものだと各国に示すのが米国の狙いであった。

第二回会合は七月二七、二八日に開催され、ＩＮＦＣＥでの議題等について検討した[52]。米仏両国が作成した案を基にこの協議で出た核燃料サイクルに関する意見の相違を加えて合意案が検討され、これらの違いを考慮すると客観的な研究が必要である、という点で参加国は合意した。ただ、既に日欧に対するウラン禁輸に踏み切っていたカナダをフランスが激しく批難し、従来通りフランス、西独、イタリア、日本はプルトニウム利用に積極的であった。特にフランスは強硬なままであり、ＩＮＦＣＥはあくまで意見交換の場であるとし、各国の政策には影響を与えないという前提でＩＮＦＣＥへの参加に同意している。それでもこの合意で、ＩＮＦＣＥの組織構成や目的、開催日程の概略が決定された。これ以降米国は、ＩＮＦＣＥの中に更に特別なグループがあるとの印象を避けるため、サミット専門家会議ではなくサミットに参加していない国への参加打診に移った[53]。

3　第二次交渉での前進

(1) 米国側の交渉方針再検討

ＩＮＦＣＥの検討に向けた先進国間協議と並行して、ユーラトムとの協定改定交渉に目処が立たない中、米国政府では五月下旬から対日交渉方針の具体的検討が始まった[54]。当初五月末に予定されていた第二次交渉に向け、技術的な解決策によって日本の求める東海村再処理施設の稼働と米国の求めるプルトニウム利用の自粛を両立できないかが検討された。そこで注目されたのが、今井も言及していた混合抽出法であった。この技術は確立されたものではなかったが、既存の再処理技術と違ってプルトニウムが単体で抽出されないため、その軍事転用が困難になると考えられていた。

この混合抽出法を軸に省庁間で調整がなされ、六月初旬に行われた第二次交渉の直前に大統領に提出された交渉方針案では四つの選択肢が挙げられた[55]。東海村再処理施設の稼働を暫定的・実験的、かつIAEAも参加する多国籍なものとして承認する選択肢一、技術的手段によって施設を改造し通常の再処理法と米国の提案する混合抽出法の双方で運用する道を探る選択肢二、純粋なプルトニウムが抽出されないような方法でのみ施設を運用する道を探る選択肢三、そして施設の運転を延期しなんらかの見返りを米国が提供する選択肢四である。このうち各省庁が一致して推したのは混合抽出法で施設を運用する可能性を探る選択肢三であったが、細かな条件では意見が割れていた。見返りとして米国が研究炉で使用するためのプルトニウムを日本に提供するかどうか、また交渉難行時の代替案として選択肢一ないし二への譲歩を許可するかどうかについて、協調重視の国務省とERDAは双方に賛成、プルトニウム利用自体に批判的なNSC、ACDA、国防総省は双方に反対であった。

この中からカーターは、選択肢三に加え米国からのプルトニウム提供はしないという方針を選んだ[56]。ブレジンスキーはこれに加えて交渉難航時には選択肢一を基に一般的な議論も行うことも認めるべきだとしていたが、カーターは日本を特別扱いすることと一律に再処理中止を求める方針との間で矛盾が生じないか分析するよう指示している。その後の検討結果は明らかでないが、後述する第二次交渉の経緯からすると、米国側代表団は譲歩案を許可されないままに交渉に臨んだようである。

以上の過程から見えてくるのは、原子力・核不拡散政策の決定過程が次第に組織化され始めていたということである。省庁間協議の際、タックマンは選択肢三にも反対し、オクセンバーグ（Michael Oksenberg）NSC上級スタッフ（東アジア・中国担当）は日本側の提案を待ってから選択肢三を示すよう主張した[57]。しかし大統領に提出された文書にこうした提案は入っておらず、一連の選択肢の作成や調整を担当したのも三月に設置されたNSC核不拡散特別グループの実務担当者であった[58]。同グループはナイを議長とし、国務省、ERDA、ACDAら関係機関の実務レベルで構成され、INFCE等に関する省庁間の調整や米国政府の方針を検討するとされていた。また決定された方針に基づく施策の決定や実施は国務省を中心とする省庁間グループが、技術的側面やINFCEの作業計画についてはERDAを中心とする省庁間グループが、それぞれ担当することとなった。さらにナイは、七月に無任所大使となるスミスら関係者による昼食会も開催して関係者間の意思疎通を図っている。対日交渉やINFCEの具体的検討が始まるに連れ、責任者たるスミスと実務レベルをまとめるナイ、ノセンゾ（Louis V. Nosenzo）国務次官補代理（海洋・国際環境・科学担当）ら穏健派の役割は次第に大きくなっていた。

それでも大統領に個人的に意見を述べることのできる原理派の影響力は残り続けた。再処理を一律に規制するという理想をカーター大統領やその補佐官らが放棄したわけではなかった。その理想と関係国との摩擦という現実の間で依然として折り合いはついておらず、それは対日交渉に関しても同様であった。カーター自身もこの時期には日米首脳会談で東海村の稼働そのものはやむをえないと述べていたものの、施設の稼働と米国の新たな政策をどう整合させるかという問題は残されたままであった[59]。

（2）日本側の交渉方針検討

米国と同様、日本側でも五月中旬から交渉方針の検討が本格化するに連れて対立が現れ始めた[60]。科技庁は再処理施設の稼動を主たる目的、海外再処理委託の円滑な推進を副次的な目的とする案を示したが、通産省は両者を対等とする修正案を提示した。またプルトニウムは核拡散上危険であるという米国の認識についても、これに同意することを主張する外務省と、適切な手段によって拡散を防止しうることやエネルギー政策上必要不可欠であるといった留保を付けるべきとする科技庁の間に差があった。

この対立は、米国との協調を重視する外務省、東海村再処理施設を含めた日本国内の研究開発を重視する科技庁、海外への再処理委託を含めた商業利用が交渉で犠牲にされることを懸念する通産省、というそれぞれの所掌を反映した意識の差であったと言えよう。東海村再処理施設は科技庁の担当であり、交渉責任者も宇野科技庁長官ではあったが、この交渉の影響が東海村にとどまらないのが問題であった。例えば外務省は、交渉が決裂すれば日本国内の反米感情を刺激しかねないことを懸念していた[61]。通産省は、しばしばテクノナショナリズム重視の姿勢が指摘されるものの、原子力に関しては商業利用にとって重要な経済性や効率性、原発の円滑な運用を求めた[62]。特に使用済燃料の再処理やそのための再移転については、前年一〇月に実際に起きたように米国の事前同意の付与が大幅に遅れるのではないかと懸念していた。このように様々な問題が絡むだけに、日本側は具体的な交渉方針の策定にあたって各省庁の懸念に配慮しなくてはならなかった。

こうした構図の中で決定された日本政府の交渉方針は、施設稼動を主目的とすると「同時に」再処理海外委託への理解を求め、プルトニウムについては米国側の認識に同意すると「述べるとともに」日本にとっての重要性を米国が確認するよう求めるという、三者の意見を全て盛り込んだものとなった[63]。各省庁ともできるだけ具体的な提案の検討が望ましいという認識では一致していたが、出来上がった方針は従来と変わらず曖昧なものであった。この点について第二次交渉直前に米国側と協議した外務省の矢田部厚彦駐オーストリア公使兼ＩＡＥＡ特別代表部代表と太田博国連局科学課長は、具体案をまとめる努力は日本政府内でもなされたものの、合意には至らなかったと述べている。二人は高い費用と更なる遅延を生じさせるような施設の改造は国内政治上受け入れがたいとし、混合抽出法には難色を示したものの、日本側に具体案がないのは柔軟であることの証左だと強調した。なお今井はなおも東海村再処理施設の運転を遅らせる等の譲歩案を主張していたが、日本政府が採用するには至らなかったようである[64]。

これに米国は不満であった[65]。そもそも五月末という第二次交渉の時期は米国側にとっては早すぎた。第一次交渉の時からほとんど状況に変化が無く、スミスに対日交渉の責任者を引き受けるよう要請している最中だったためである。それでも早期に交渉を持ちたいと日本側が要請し、五月末の開催が決定したという経緯があった。それゆえ在日米国大使館も、日本側が早期の交渉を提案したにもかかわらず政府内部の対立から具体的な提案をすることができそうにないとして失望感を示している。もっとも米国側でも、東海村再処理施設を混合抽出法で運用しうるのかどうかは不透明なままであり、いずれにせよ具体的な合意が得られる見込みは薄いままに両国は第二次交渉を迎えた。

(3) 第二次交渉と現地調査の決定――妥結への第一歩

一連の国際会議のため当初の予定より延期された第二次交渉は、六月二、三、六日の日程で行われた[66]。交渉には米国側からベンソン（Lucy W. Benson）国務次官（軍備管理・国際安全保障担当）、ナイ、シャインマンらが、日本側からは外務省出身の新関欽哉原子力委員会委員、矢田部公使、山本幸助資源エネルギー庁原子力産業課長らが参加しており、前回より高いレベルでの実務者協議となった。予備日とされていた六日も含めて三日間行われたこの交渉では、米国側が東海村再処理施設を混合抽出法で運用することを提案し、計画通りウランとプルトニウムを単体抽出したい日本側と対立した。最終的に米国が混合抽出法のみに拘らないという姿勢を示したこともあり、米国が提案した東海村再処理施設の現地調査で両国は合意した。両国の専門家が実際に施設を調査し、技術的観点から見て妥当な運転方法を検討しようというものであった。

現地調査については、双方とも自らに有利な材料になると捉えていた[67]。交渉後の邦人記者会見で日本側は「東海村工場は結局動くということか」という質問に対し「動かすという方向で、前向きに検討しようということだ」と述べている。時間はかかるものの、米国は計画通りの方法で動かすのが唯一可能な方法であるとの結論に至るだろうというのが日本側の見込みであった。一方米国側では国務省が、プルトニウム利用中止という方針に沿う形での施設稼動を検討するためには、第二次交渉後は現地調査をやることになるだろうと事前に予想していた。これは米国側が、三月の第十回原子力産業協会年次大会で動燃が混合抽出法に言及したこと等を理由に、日本政府が反対していたとはいえこの方法を東海村再処理施設に適用することは可能と見ていたという事情もあったと考えられる[68]。

もう一つ公表はされなかったものの重要だったのは、この交渉で両国が、原子力平和利用と核不拡散に関する立場と東海村再処理施設の運転方式に関する「原則的事項の見解擦り合わせ（meeting of mind）」で合意したことである。[69] 今のところ日米共に第二次交渉の議事録を公開しておらず、この原則的事項での合意に至った経緯は明らかではないが、その内容は日本が米国のプルトニウムに対する懸念を共有し、米国が日本の「長期核エネルギー戦略」を妨害せず、原子力平和利用に関して日本を差別する意図もないことを確認し、日米両国はＩＮＦＣＥに新たな情報を提供するような方法で施設を運転する策を見出すというものであった。事前の予想どおり具体的合意ではなかったが、今後の合意の枠組みを設定するという意味では交渉は前進したと言えよう。特に米国政府が日本に受け入れ可能な形での妥協の意思があると明示したことは日本にとって大きな意味を持ち、後述するようにこの合意が具体的な米国への協力案を検討する際の基礎となった。また通産省が懸念していた再処理のための使用済燃料再処理の再移転に対する事前同意の問題についても、米国は当時東京電力から提出されていた申請を許可する意向を日本側に伝えた。[70] あくまで一つの案件に関する判断であったが、翌一九七八年には関西電力の別の申請も許可されており、米国は同盟国にある程度配慮していたと言えよう。

（4）対立の継続——米国と欧加豪の間の溝

以上のように政権発足から半年をかけてカーター政権の原子力・核不拡散政策は具体化の段階に入ったが、この過程で明らかになったのは、政策転換に強く反発する西欧諸国と基本的には米国に協力する日本という構図であった。日本は五月のロンドンサミットでも「原子力の平和利用に関して核兵器国とＮＰＴ加盟の非核兵器国との間で差別があってはなら」ず、「原子力の平和利用の推進と、核不拡散の防止の両立をはかるべき」であるという方針をとる等、それまでの主張を繰り返すにとどめていた。[71] サミットで核拡散問題が討議された場合の福田の発言も他の首脳と比べ明らかに少なく、数少ない発言の際も、カーターを直接批判するよりむしろ西独やフランスと米国の間を取り持とうとしていた。

一方サミットで米国に批判的な立場をとった西欧諸国は、その多くが日本とは違ってユーラトムという地域機構の下にあり、米国からのある程度の自立を達成し、カーター政権の新たな政策にも批判的であった。ただ、その中にも温度差はあった。[72] 米国がフォード政権期から問題視してきた再処理施設等の機微な施設の輸出に関して、英国とフランスは方針を変えたが、西独は強硬に反発していた。特にフランスは既述の通り、パキスタン及び韓国が核開発を検討しているとの情報を受けて一九七八年中盤までに事実上両国への輸出を取りやめた。この点についてレイク（Anthony Lake）国務省政策企画局長は、カーター政権発足前後からフランスと緊密に連携して西独の疎外感を高め、この問題で効果的に圧力をかけることができたとしている。その西独は最後まで米国や英仏両国の説得にも応じなかったものの、ブラジルの財政難もあって最終的には契約は履行されなかった。[73]

もっとも、比較的協力的だったフランスも、日米協定と同じように事前同意権を設定したいという米国の要求にはユーラトム加盟国の中で最も強く反発していた。[74] 一九七八年三月には、米国で不拡散派の議員らが一九七八年核不拡散法（NNPA: Nuclear Non-Proliferation Act）を可決させ、既存の協定も再交渉して核不拡散上の規制強化や事前同意権を盛り込むよう行政府に義務づけていた。カーター政権はこの法律に反発する西欧諸国に考慮して、NNPAの規定に沿って事前同意権の設定に応じないユーラトム加盟国への濃縮ウラン輸出を一時停止した際、直前に既契約分の濃縮ウラン輸出を一括認可している。これによってフランスも態度を和らげ、一九七八年七月に米欧はこの問題の議論（discussion）を開始することで合意したものの、それすらも協定改定を前提としないという条件付きであり、協定改定交渉は遅々として進まなかった。

またウラン資源国の側を見ても、米加豪の間でウラン供給に関する条件を共通化するには至っていなかった。[75] カナダは既に述べた通り自国との協定改定交渉が難航していた日本やユーラトム加盟国に対して一九七七年一月からウラン禁輸を実施するという強硬策に訴え、逆に豪州は自国起源の核物質の再処理を長期的に認める方向で日欧との交渉を行っていた。米国はいわば両国の中間に位置しており、原子力供給国間で足並みが揃わない中、米国にとって原子力問題で早期に成果を出せる可能性があるのは日本との交渉だけになっていた。

第九章　日米欧関係と米国の方針転換

1　第三次交渉と米国の譲歩

（1）現地調査と技術的解決策の否定

米欧協議が停滞する中、日米両国は六月二九日から七月六日にかけて東海村再処理施設の現地調査を行った。日本と再処理技術を提供した仏サンゴバン（Saint-Gobain Techniques Nouvelles）社の間の調整に時間がかかり、予定より一週間あまり遅れての調査であった[1]。調査団には米国側からシャインマン上級補佐官らが、日本側から内田勇夫科技庁原子力局動力炉開発課長らが参加し、その大半は再処理技術や保障措置に関する両国の専門家であった[2]。現地調査を終えた後は、東京で日米両政府に提出する報告書の作成が始まった。調査の主眼は混合抽出法等の代替案の可能性についての技術的検討が主であり、一五の運転方法を比較した。その中には計画通り再処理を行う場合や混合抽出法を部分的あるいは全面的に運転方法に含める場合といった日米それぞれの主張する案に加え、既存の方法で再処理を行った際に分離されるウランとプルトニウムを混ぜて保管するといった新たな方法も含まれていた。この際に米国側調査団では、調査団長のシャインマンが各運転方法の順位付けを提案したところ技術者がこれに反対し、日本側に混合抽出法への疑問を漏らす者も現れる等、意見の対立が見られた[3]。

一連の作業は七月一一日に終了し、作成された報告書では、東海村再処理施設の重要性や保障措置の改善、INFCEへの貢献等を強調する日本側の意見と、施設が再処理問題の世界的な先例となるため慎重になるべきであり、既存の運転方法以外の可能性を徹底的に検討すべきだとする米国側の意見が併記された[4]。また一五の事例の検討結果でも、代替方法による運転が計画の遅延と追加の費用を要すると結論づけた上で、その負担は「極めて悪い影響を及ぼす」とする日本側の見方と、「補助的な活動によっておそらく縮小されうる」とする米国の見方の双方が記されている。

日本側の調査団長を務めた内田は、このように両論併記となった報告書に米国側団長のシャインマンは困惑していたと回想している。(5)実際、後述するように米国政府内では、共同調査の結果を基に既存の方法以外で施設を稼働させるのは過大な負担を日本にもたらすと論じられることとなる。共同調査は東海村再処理施設への技術的評価を日米間ですり合わせ、混合抽出法の技術的な未熟さを浮き彫りにすることで、後の米国側の譲歩を生み出す土台となったと言えよう。

（2）日本側の交渉方針

現地調査終了後の七月一五日、日本では国内初の原子炉である動力試験炉（JPDR: Japan Power Demonstration Reactor）から東海村再処理施設への使用済燃料搬入が開始された。しかし夏を予定していた施設稼動が遅れることは確実であり、宇野や福田らはこの時期、政府高官レベルの交渉による早期決着を探った。(6)例えば宇野は共同調査終了時にシャインマンらと会談した際、七月中に実務レベルによる第三次交渉を開催するか、早期に高官級協議、つまり宇野の訪米を実現し合意を模索できないか米国側に打診している。これは福田も支持する案ではあったが、関係省庁は悲観的であった。この会談の前にも科技庁関係者は、宇野にワシントン訪問を思いとどまらせるよう米国側に要請している。外務省も更に日米協議を行った上で訪米した宇野が次回交渉での合意事項決定という成果を得るという手順を考えていたため、早期訪米には反対であった。最終的には米国側もカーターが交渉方針を改めて決定するまで交渉を動かすことを嫌い、宇野訪米は実現していない。(7)

政治レベルとは逆に、共同調査後の科技庁や外務省は、第八条C項に基づく共同決定の延期や第三回以降の交渉継続も視野に入れていた。(8)つまり交渉が長引くに連れ、政治レベルと実務レベルの間で交渉の決着のさせ方をめぐって亀裂が生じつつあった。特に宇野は再三自らの手で交渉を前進させようとして足元の科技庁をはじめとした関係省庁と対立しており、東海再処理交渉が妥結した後の国務省の報告によれば、「実際に問題の解決に寄与した以上の政治的名声を得ようとしているとして憤慨する声」すら日本側にあったという(9)。

とはいえ、日本側の基本的な交渉方針は不変であった(10)。この交渉によって新たな費用分担や義務、再処理計画の遅延が生まれることを許さず、再処理の権利を主張し東海村の既定方法での運転を求めるという方針である。共同調査後の検討作業では、これを実現するための見返りとして必要な対米協力の具体案が議論された。外務省等から在日米国大使館に寄せられた情報によれば、日本は米国の核不拡散政策を積極的に支持し、ＩＮＦＣＥ終了まで東海村再処理施設の運転方法を既存のものにするか混合抽出法にするかについて結論を出すのを延期するという方針を検討しており、次項で検討する米国側の交渉方針と同じ方向を向いていた。

これらの協力の中でも特に日本側が交渉の梃子にしようとしていたのが、軽水炉でのプルトニウム利用、いわゆるプルサーマルであった(11)。米国側が広く普及している軽水炉でのプルトニウム利用を特に懸念していることは日本側も把握していた。一方、日本はまだプルサーマルを商用炉で実施できる見通しが立っていなかったこともあり、研究開発と実証試験ができればよいとしていた。そのため交渉開始直前の八月二六日に開催された第六回対策会議では、プルサーマル延期をいつ米国側に示すかが議論されている。また非公式には七月末の時点で、プルサーマルの商業規模での実施を今後約一〇年は行わない方針であることを米国に伝えていた(12)。この他にＩＮＦＣＥへの積極的協力等も加えた提案を手に、日本側は第三次交渉に臨んだ。

(3) 米国側の交渉方針再修正

一方米国側でも、現地調査終了と相前後して交渉方針の検討が改めて開始された(13)。七月にマンスフィールド駐日大使が着任した米国大使館からは、再処理問題での米国側の譲歩を促す長い電信が国務省に送られた。これはブルーム（Justin L. Bloom）科学技術担当参事官が起案し、マンスフィールド自身も手を入れたものであった。具体的には再処理交渉が「我々の将来の関係に重大な悪影響を与えうる」と述べ、共同調査で東海村再処理施設の改造が多大な時間と経費を日本側に強いることが判明したとし、米国への反発と不信から日本側にソ連やスウェーデンの技術・資材を求める動きが出始めていることを指摘し、施設稼働を含む早期の問題解決が日米同盟の維持には必要だとしていた。

これに対しカーターは、自分が個人的にも交渉妥結に努力すると福田に伝えるようマンスフィールドに指示した[14]。これを受けてマンスフィールドは、七月一五日に福田らと会談した際、スミスが米国側の交渉責任者となることを伝え、カーターが交渉妥結に向けて「努力を惜しまない」と述べた書簡を手交し、カーター自身が「個人的に妥結策決定を急がせる（will personally expedite a compromise decision）」と福田に伝えるよう大使に指示したと述べている。

その後もこのカーターの書簡を引き合いに日米関係全体を考慮すれば早期の交渉妥結が不可欠だと論じたマンスフィールドは、カーターが態度を軟化させ交渉妥結に至る上で重要な役割を果たしたと言われる[15]。しかしこの点については、一定の留保が必要であろう。確かにマンスフィールドは上院民主党の大物議員として党派の別なく尊敬され、カーターからも信頼されていた。マンスフィールドの書簡を読んだカーターも調査団の報告の検討が終わり次第選択肢をまとめるよう求め、その際にはブレジンスキーも「大統領はこれが非常に緊急（very urgent）のものだと感じている」とスタッフに書き送っている。ただ、カーターはロンドンサミットの際の日米首脳会談で既に交渉妥結に向けた意欲を示していた。また逆にこの後も、妥結の条件をめぐって日本側に厳しい姿勢を幾度となく示した。マンスフィールドに日本側の負担増大への関心が薄いという問題があることも、ブレジンスキーやカーターは彼の駐日大使就任前後から承知していた[16]。政策決定過程を見ても、七月になって原子力・核不拡散政策全体を統括するとともに対日交渉の責任者にもなったスミスは、三極委員会で活動していた時代にカーターから外交政策上の「先生（mentor）」と呼ばれていた[17]。これらを考慮すると、マンスフィールド個人の影響力を高く評価することは難しい。

むしろ重視すべきは、共同調査団の報告を受けて技術的解決は意味がないという認識が米国政府内で拡がりつつあった点である。[18] 日本への譲歩に反対してきた原理派は七月以降も施設の稼働を遅延させる新たな選択肢を検討するよう主張したが、そうした検討が為された形跡はない。ギリンスキーＮＲＣ委員も原理派と同意見であったが、核不拡散上の規制も担当するＮＲＣの委員会としての意見は、技術的な改良による核不拡散上の貢献には限界があるというものであった。

こうした中、共同調査後から八月はじめにかけて省庁間グループで交渉方針が検討され、八月初旬にカーターに提出された。この時点で提示されていたのは三つの選択肢であった。[19] 東海村再処理施設を保障措置の実験施設と位置づけ既存の方法での再処理を許可する選択肢一、既存の方法での運転を許可するが将来的に「両者にとって許容可能な」混合抽出法の実験を行う選択肢二、そしてあくまで混合抽出法を主張する選択肢三である。第二次交渉前の案と違って、選択肢の全てが東海村再処理施設を米国の政策の例外として稼働を認めるとし、一と二は共同調査で検討された代替案について「いずれの選択肢も我々の核不拡散上の利益に大いに資するものではない」としていた。つまり施設稼働を認めるという前提の下、米国の核不拡散政策に与える損害をできるだけ抑えるためにはどうするかという観点から作成されたのがこれらの選択肢であった。

またこの検討作業では日本からどのような政治的支持を得るかも重要な論点となった。米国への政治的な核不拡散協力によって日本が例外であり他国の先例とはならないと説明できれば、日本と同様に再処理とプルトニウム利用を求めるインド等の要求を拒否し、西欧諸国に対して圧力をかけ、海外でのプルトニウム利用に批判的な議会を説得する材料となりうる。そのため日本に求める政治的支持も具体的となり、プルトニウム利用は時期尚早であるとの公式声明やＩＮＦＣＥへの積極的支持といった六つの措置が挙げられていた。

以上の選択肢のうち、各省庁が一致して推したのが選択肢二であった。シュレジンジャーに代わって米国側交渉代表となったスミスは、選択肢二が米国の政策を適度に支持しつつ日本による再処理も容認しているとし、これに沿った方針案を大統領に提案するよう七月末にはヴァンス国務長官に要請していた。[20] これにホルブルック国務次官補も賛同し、ヴァンスもカーターから福田への書簡に合致するとして同様の方針をとるよう主張している。ただ、この選択肢を提示する際の細かな付帯条件、特に商業利用とは別に研究開発を目的としたプルトニウム利用を日本に認めるかどうかについて意見は一致していなかった。

そこで有力となったのが、選択肢二に施設を保障措置に関する実験施設と位置づけるという選択肢一の方針を加えたACDAの提案であり、ブレジンスキーもこれを推した。[21] この案では、たとえ研究開発であってもプルトニウムの商業利用を目的としたものは明確に除外するよう日本側に求めることになっていた。日本側は前項で論じたように、研究開発目的でのプルトニウム利用は認めるよう求める方針であった。しかしその研究開発が最終的に商業利用を目的とし、米国起源の核燃料から抽出されたプルトニウムを使用していた場合、米国はプルトニウムの商業利用を自らの手で促進することになる。ACDAやブレジンスキーの主張の背景にはこうした懸念があった。

これらの議論を踏まえてカーターは選択肢二を選んだが、選択肢一と二を合わせた案を更に検討した上で再度関係省庁と大統領との協議を開催するよう指示した。[22] この再検討作業では、選択肢二を日本側が受け入れるかどうかが問題となった。[23] マンスフィールドはこの点に悲観的で、再処理交渉に関して日本国内で反米感情が高まっているために第三次交渉にはなんらかの進展が必要であるにもかかわらず、混合抽出法採用の確約（commitment）を求めるという方針はそうした進展のないままに交渉を失敗させる恐れがあると主張している。これを受けて国務省も、日本側は重い負担を強いるこの確約を避けようとしているとし、交渉での譲歩案として選択肢一の条件を厳しくしたものを認めるよう提案した。またアーマコストNSC上級スタッフも、いずれの選択肢でも米国の原子力・核不拡散政策への打撃は避けられないと見て、選択肢一に譲歩する余地を交渉担当者に与えるべきだと主張している。

こうした議論の後、八月一九日にはカーターの指示していた会合が開かれ、米国が提示する合意草案が検討された。[24] 草案は全体としては選択肢二を踏襲しており、プルトニウムについてはプルサーマルの基礎的研究や高速増殖炉の開発に必要な、極めて限定的な規模の利用のみを容認するとされていた。各省庁はこの草案を支持することで一致し、INFCEへの参加や再処理を行う核燃料の量的制限といった日本側の政治的譲歩によって、東海村が先例として使われる危険をできるだけ抑えるという方針が大統領に提案された。これをカーターが承認し、交渉開始直前の八月二四日に方針は決定された。ただし米国から研究開発を目的として日本にプルトニウムを提供するかどうかについては、日本側が求めてきた場合に議会の反対といった米国側の政治的問題を強調した上で可能性を排除しないと応えるべしとされた。またカーターは譲歩案としての選択肢一に言及しておらず、マンスフィールドや国務省の提案は受け入れられなかった。この譲歩は、二年間の予定だったＩＮＦＣＥでの検討作業終了後に米国の原子力・核不拡散政策の例外が解消されるかどうかを意味する。決定権を握るカーターは、第二次交渉の時と同じく例外の恒常化を依然として認めていなかった。

（4）第三次交渉での妥結——米国の譲歩

日米両国は交渉方針検討のために何度か日程を延期した後、両国首席代表による第三次交渉を八月二九日から九月一日にかけて東京で開催した。交渉の冒頭で米国側は、再処理施設を既存の方法で二年間運転し、その間に混合抽出法の研究を行い、抽出されたプルトニウムはウランと混ぜて混合貯蔵し、二年後に「ただちに通常の再処理から全面的な混合抽出法へと転換」するという合意案を示した[25]。これに対し日本側は、二年間は再処理量百トンを上限として運転を行い、プルサーマルについては事前の方針通り商業利用に関する米国の懸念に同意して当面行わないという案を示したものの、関連する研究開発と実証実験は妨げられないことを条件とした。そして国務省が懸念していた二年後の運用方式については、「初期の運用に続く運転方式を決める協議を行う」とし、やはり混合抽出法への転換を確約するのを避けた。その後は日本側のプルトニウム利用に関する研究開発計画といった双方の提案の細部について意見交換し、交渉一日目を終えた。

続く二日目も対立は続いた[26]。双方が譲らなかったのは、再処理の過程で抽出したプルトニウムを混合貯蔵する方式を採用するかどうかと、東海村再処理施設を二年間運転した後の混合抽出法採用を現時点で確約するかどうかの二点であった。日本側は前者については改造の費用や時間が嵩みすぎるとし、後者も国会の承認が必要となるため確約は不可能とした。日本側の提案は意向を表明するにとどめたいというもので、これは合意案の文言上、東海村再処理施設を二年間運転した後、混合抽出法の無効性に共同合意しない限り（unless）これを採用するのか、その有効性に共同合意するならば（if）採用するのか、という対立となる。既に述べた通り、スミスが受けた訓令ではこの点に関する譲歩は不可能であった。また混合抽出法の技術面に関する協議も午後から行われたが、東海村再処理施設の改造に必要な時間や費用をめぐる見解の相違は共同調査の時と変わっておらず、議論は平行線を辿った。

こうした対立の一方で、日本側はこの時点で米国への三つの重要な協力を提案した。第一に日本は交渉初日にプルサーマルの延期を表明した。[27] 既に触れたように日本はまだ実験的なプルサーマル計画しか持っておらず、この延期による実害はなかったと言える。しかし米国にとっては、再処理の必要性を強く主張してきた日本でさえプルトニウム利用を延期したとして他国を説得する際の格好の材料となりえた。事前にこの方針を知らされていたとはいえ、ＩＮＦＣＥ開催中はプルトニウム利用に関する計画の推進を見合わせるよう参加予定国に求めていた米国にとって、この譲歩案は自国の立場を強化する価値の高いものであった。

第二に、この交渉とは別に行われたスミス大使付のファーレイ補佐官と大川美雄国連局長の会談で、日本はＩＮＦＣＥで設置される作業部会で議長を務めたいと表明した。[28] 次節で検討するように、実際に核燃料サイクルの技術的検討を行う作業部会の議長国をどの国が務めるかは、ＩＮＦＣＥを通じて核不拡散上の規制を強化したい米国にとって重要な問題であった。西欧諸国と違って米国に比較的協力的だった日本が議長国を務めることは、ＩＮＦＣＥにおける米国の孤立を避ける意味があった。

最後に日本は、再処理で回収された硝酸プルトニウム溶液を核燃料として使用するために酸化物へと転換するプルトニウム転換施設について、建設を延期する意向を表明した。[29] 再処理の過程でウランとプルトニウムの混合体を抽出する混合抽出法とこれらを別々に抽出する単体抽出法では、当然転換施設の仕様も異なる。そのため同施設の建設延期は、東海村再処理施設での混合抽出法の実験結果を待ってから再処理の方式を決定するという日本政府の方針を裏付けるものであった。加えてプルトニウム転換施設が無ければ再処理施設で抽出されたプルトニウムは液体のままであり、そのまま燃料や核爆発装置に転用することはできない点を米国側は評価した。

交渉前の八月上旬の時点では、日本側は混合抽出法の研究開発を待たずに転換施設の建設を進める意向を米国側に示していた[30]。その方針を変更しプルトニウム利用を見合わせるということは、他の二つの提案と同じく、米国が主張してきたＩＮＦＣＥ期間中のプルトニウム利用延期の先例となる。日本はその代償として研究開発に利用するプルトニウムを米国が供給するよう求めたものの、これは事前の予想通りであり、プルトニウム転換施設の建設を延期するという提案の重要性は変わらなかった。

一連の譲歩を受けて米国側代表団は三〇日の協議終了後、二年後の混合抽出法採用の確約を除いて日米は合意に達しており、混合抽出法採用の「確約」については譲歩を許可するようワシントンに求めた[31]。西欧諸国は依然として再処理・プルトニウム利用中止という米国の主張に批判的であったために、日本の一連の提案は重要な意味があった。加えて「if」を主張する日本案でも二年後に日本との協議の場を確保できることに変わりはなく、それで十分だというのが米国側代表団の判断であった。これを受けて国務省は日本案の受け入れをカーターに進言したものの、まだ譲歩の許可は出なかった。

このためスミスは三一日にも再度譲歩を求め、ブレジンスキーも代表団が交渉を終えて帰国するのは約一二時間後だと指摘してスミスの要請に応じるよう求めた[32]。カーターはこの時、原理派のシルマーとタックマンに意見を求めていた。ブレジンスキーがこの覚書を作成した時点での意見は、タックマンは従来通り「確約」を得るべきだと主張したものの、シルマーは日本側の協力を評価して譲歩すべきだという立場であった。ナイらの意見も合わせると、米国政府の主な担当者はほぼ全員が譲歩に賛成という状態となった[33]。そして最終日の交渉開始を前にして、カーターはついに譲歩を決定した。東京の米国側代表団にこの決定が正式に伝えられたのは、日本時間で九月一日の早朝であった。

交渉最終日の九月一日、米国側は一〇時の正式協議開始まで折衝を続け、日本側に譲歩を求めた[34]。しかしスミスと宇野が参加して始まった最後の公式協議の冒頭、一転して日本案を受け入れる意向を表明し、交渉は決着した。東海村再処理施設での再処理量の上限を九九トンとすること、混合抽出法等の検討を東海村再処理施設に付属して建設される運転試験設備（OTL: Operational Test Laboratory）で実施すること、現行の方式で二年間運転した後に混合抽出法が技術的に可能であると両国政府が合意すればこの方式に施設を改造すること、二年間はプルトニウム利用を目的とした施設建設に向けた主要な措置とプルサーマルを実施しないこと、米国の提唱するＩＮＦＣＥにも積極的に参加すること、混合貯蔵についても具体的な方法を検討すること等の様々な協力を約束することによって、日本は東海村再処理施設稼働への米国の同意を得た。この決定を受けて宇野は九月一二日に訪米し、ワシントンで共同決定書に署名し、二二日に施設は稼働を開始した。

（5）暫定的な解決の意味

以上のように暫定的とはいえ決着した東海再処理交渉について、交渉当事者は様々な評価を下している[35]。まず日本側交渉団の中心であった科技庁原子力局や外務省国連局科学課は「我が国の当初の提案は、ことごとく了解された」「今回の合意は実質的に米側の大きな譲歩と言える」と肯定的に評価している。実際、運転の直接的な制約である「二年間で九九トン」という数値は東海村再処理施設の年間最大処理量二一〇トンという数値よりは低いものの、初年度二七トン、第二年度四〇トンという動燃の事業計画からすればその後二年間の運転への影響は無かったように思われる。混合抽出法についてもその後米国側との更なる交渉がなされたものの、ＯＴＬでの実験結果が思わしくなく、採用には至らなかった。一方混合貯蔵に関しては、再処理で回収された単体のウランとプルトニウムを混ぜて酸化物に転換し貯蔵するマイクロ波加熱直接脱硝法（混合転換法）が予想外に良好な成果を挙げた[36]。この方法は動燃が交渉妥結後に急遽開発に乗り出したものであり、技術的課題が多いという当初の予想とは裏腹に、開発は順調に進んだ。そのため後述するＩＮＦＣＥの検討が終了した後の一九八〇年七月、混合転換法を使うプルトニウム転換施設の建設が共同決定され、一九八三年一〇月にはホット試験が開始されている。このように東海村再処理施設に限っていえば、この交渉を契機として日本側は求めていたものを概ね達成したと言ってよかろう。

ただ、こうした米国側の譲歩を引き出した背景には、米国への協力という日本側の譲歩があった[37]。第三次交渉で日本側代表代理を務めた小林智彦外務省国連局参事官は、日本のＩＮＦＣＥへの協力とプルトニウム利用の延期を譲歩の要因として挙げている。日本国内での報道も、二年間の暫定運転と米国の原子力・核不拡散政策への協力という形で双方が妥協したという論調が大半であった。

また米国側でも、日米関係への影響と日本側の譲歩の双方が妥結の理由として挙がっているものの、米国政府内部の協議を見る限り交渉の行方を左右したのは日本側の対案であったように思われる[38]。カーターにとって核不拡散は大統領選挙戦中から唱えてきた外交政策の柱の一つであり、それだけにプルトニウム利用の一律規制という当初の方針に例外をつくることは重大な決定であった。それが可能となったのは、東海村が先例とならないと言えるだけの協力を日本が提示し、しかもカーター政権への国内外の批判の中で日本が協力的であり続けたためと言えよう。特に前者は重要で、交渉後に宇野が訪米し正式に共同決定書を作成した際も、ファーレイ補佐官は東海村再処理施設が混合抽出法と保障措置の実験の場であって他国での再処理施設稼働の先例とはならないという見解を示し、日米合意にはこの見解が含まれるという理解でいいかどうかを日本側に確認している[39]。

もっとも、日本側が米国への国際的な批判を意識的に交渉に利用する意思があったかどうかは不明である。日本もロンドン供給国会議やＩＮＦＣＥの設置をめぐる協議の際には西欧諸国と協議しており、当然米ユーラトム間の交渉の停滞も把握していた[40]。しかし日本側では外務省等に、むしろ両者を切り離すことが再処理交渉への「側面協力」になるという見方があった[41]。

いずれにせよ、この交渉で日米両国が合意したのは東海村再処理施設の暫定的な運転開始であった。米国は譲歩したとはいえ方針を変えたわけではなく、ＩＮＦＣＥでの検討を通じてプルトニウム利用の中止という国際合意を形成しようとしていた。そのＩＮＦＣＥは再処理交渉が終結した直後の一九七七年一〇月から開始され、日本は西欧諸国や非同盟諸国も交えつつ、米国との間で更なる協力と対立を続けることとなった。

2　ＩＮＦＣＥでの検討と米国の政策再検討

（1）設立総会の開催

ＩＮＦＣＥ開催に向けた準備作業は、東海再処理交渉が最終段階に入っていた八月になって本格化した[42]。前月末の専門家会議でサミット参加国の同意を得た米国は、サミット参加国以外にも幅広くＩＮＦＣＥへの参加を打診し、五月の一連の国際会議の時とは違って前向きな回答を得ていた。八月上旬の時点で、米国は設立総会に少なくとも三五カ国が参加すると見込んでいる。当初慎重な姿勢を見せていたブラジル等の途上国やソ連をはじめとする東側諸国も参加を表明し、東海再処理交渉後の九月末には米国が招請した国の大半が参加の意思を表明した。

ただ、参加を表明した国の中でも実質的な検討作業を行う作業部会に参加する国やその議長国を務める国の数は不確かであり、九月からは各国への正式な招請とともに先進国間で議長国をめぐる調整が始まった[43]。ＩＮＦＣＥには、検討作業全体の調整を行う技術調整委員会（TCC: Technical Coordinating Committee）と、技術的検討を行う作業部会が設けられることとなっていた。このうち後者は核燃料の供給や再処理、高速増殖炉等の課題毎に八つを設置し、その下にも必要に応じて小部会が置かれる予定であった。これらの部会に参加国がどの程度専門家を派遣するか、議長候補を出すか否か、といった関与の度合いは各国の判断に任されていた。また議長は担当部会の報告書を最終的に決定する等の大きな権限を持っていたため、各国の関心の高い問題を扱う部会には必然的に議長国の希望が集中した。このため、議長国を希望する国同士で調整が必要となった。

再処理とプルトニウム利用を担当する第四作業部会はその最たる例であり、英国、フランス、日本の三カ国が議長を希望した[44]。英仏は共同で第四部会の議長を務めることを希望していたため、一時は日本が譲歩して同部会でプルトニウム利用ないし再処理を検討する小部会の議長、あるいは高速増殖炉を担当する第五部会等の議長に回っても良いという意向を示していた。しかしフランスが濃縮を担当する第二作業部会の共同議長を務めることになったこともあり、米国による調整を経て、日本が英国とともに第四作業部会の共同議長を務め、フランスが再処理問題を担当する同部会の小部会で議長を務めることとなった。

日本にとってこれは重要な意味を持っていた。日本はＩＮＦＣＥにおいて、「原子力の平和利用と核拡散の防止とは、両立し得る」ことを基本方針とし、両立させるための具体策について東海村再処理施設での経験を提供するとしつつも、米国の主張する代替核燃料サイクルについては慎重な検討を主張するとしていた。(45) 日本は東海再処理交渉もあって当初から再処理への関心を示しており、前節で見た通り施設の最終的な運転方法もＩＮＦＣＥの結果を待って決定することになっていた。(46) つまり第四部会の議長を務めることは、報告書において核不拡散と平和利用を両立させうることを示し、東海再処理交渉での暫定的な合意を安定的なものにする可能性を高めるはずであった。

その後米国による調整を経て他の部会の議長も決まり、設立総会は一〇月一九日から米国の首都ワシントンにおいて開催された。(47) 総会後の声明はＩＮＦＣＥの目的を「原子力平和利用を阻害することなく、核拡散の危険を最小化する最良の方法の探求」にあるとし、同会議が分析研究であって交渉ではないこと、期間を二年とすること、評価の結果を予断しないこと等を決定した。この時点で米国は、ＩＮＦＣＥの開始にこぎ着けたことを積極的に評価し、米国が原子力市場を独占しようとしているという疑惑を払拭できたとしている。(48) しかし開始されたＩＮＦＣＥの方向性は、代替核燃料サイクルの検討とその採用に向けた合意の形成という当初の米国案とは明らかに異なるものであった。

(2) 作業部会での議論と米国への批判

設立総会後の一二月からは、その後二年以上も続くことになる検討作業が開始された。(49) 各国から派遣された専門家がそれぞれ割り振られた検討作業を自国で進め、その結果を部会に報告し、議論の後に報告書を作成するという手順で作業は進められた。これらの作業に対応するため日本では、一九七七年九月、原子力委員会の下に動燃や電気事業連合会から専門家を集めてＩＮＦＣＥ対策協議会が設置され、八つの部会に概ね対応する形で八つの研究会が発足した[50]。第四作業部会は最重要と目されており、共同議長を務める日本と英国との間でプルサーマルの有用性等をめぐって意見の違いはあったものの、検討は順調に進められた[51]。

しかし中立的な検討を目指すＩＮＦＣＥでも政治的な議論は避けられず、また米国の主張が容易には受け入れられそうにないことも早々に明らかとなった[52]。一九七七年一二月一二日、一三日に開かれた第一回ＴＣＣ会合では早速、フランスが大半のＩＮＦＣＥ参加国の目的は再処理施設と高速増殖炉の早期導入だと述べ、フィリピンとアルゼンチンは米国からＴＣＣ議長を出す案を核兵器国による支配だと批判した。その後の議論でもインド等の途上国は、技術的な分析無しに自国の政策を擁護する内容の文書を作業部会に提出している。

またこのＴＣＣ会合では、作業全体を統括し大きな権限を持つであろうＴＣＣ議長の人選も紛糾した[53]。提唱国である米国はＩＮＦＣＥでの検討が中立的・技術的・非拘束的なものであると強調していたものの、主要な供給国、受領国、そして将来受領国となるであろう途上国のほとんどが参加する中、ＩＮＦＣＥの検討結果は各国の原子力開発に影響を与えると見られていた。米国は第一回会合でＴＣＣ議長を常任職とし、会合開催時に議長を務めるだけでなく各部会間の調整も担当できるとする案を提案したものの、より小さな役割を求めるフランスが反対し、日本も留保した。

ただ、提唱国である米国がＩＮＦＣＥでの作業に大きな役割を果たすこと自体には各国とも異論はなかった[54]。ＴＣＣ議長の人選も、米国のシェイズ（Abram Chayes）国務省参与が暫定議長を務めることで妥協が成立した。フランスは一時エクランド（Sigvard Eklund）ＩＡＥＡ事務局長を推したものの、エクランド自身が消極的だったこともあってシェイズ暫定議長案に賛成した。その後は西独、日本、イタリアが議長を持ち回り式とするよう主張したが合意が得られなかったため、シェイズが暫定議長を務め続け、二年余り後の最後のＴＣＣ会合では各国の推薦を受けて正式に議長となっている[55]。

このように、米国はＩＮＦＣＥにおいて批判を浴びた一方で、会議の提案者として重要な役割を担い続けていた[56]。フィリピン、アルゼンチン等の例外を除けば大半の参加国が政治的な議論を避け、ＩＮＦＣＥ本来の技術的検討に協力した。米国に批判的なフランスや西独も、検討を進める中で核拡散上の懸念が原子力平和利用においても重視されるべきだという米国の主張に同意するようになった。また逆に強硬に核燃料サイクルを規制するよう主張していたカナダも、再処理を進めざるを得ない国もあると認めるようになっていた。

しかし米国にとって問題だったのは、こうした認識の変化がプルトニウム利用は危険であるという合意に結びつかないということであった[57]。仏独両国は米国の立場に理解を示す一方、自国が再処理を中心とする核燃料サイクルを必要としていることを理解するよう米国に求めた。再処理施設での保障措置についても、できるだけ厳格にしたい米国と、そうした厳格な措置では施設の運転に支障が出て現実的には不可能だとする日欧の間で意見は対立したままであった。米国に協力的だった日本も、自国を念頭に技術的・経済的に可能な場合にはウラン濃縮施設の建設を容認すべきだと主張し、非核兵器国の濃縮施設保有を阻止したい米国との溝は埋めがたいものがあった。

さらにこれまで核不拡散政策では例外的に協力関係を保ってきたソ連との間でも、高速増殖炉を担当する第五作業部会の報告書をめぐり、高速増殖炉の将来に楽観的なソ連と悲観的な米国の間に対立が生じた[58]。ＩＮＦＣＥでソ連代表を務めたモロゾフ（I.G. Morozov）はＴＣＣに出席していたカーネセール（Albert Carnesale）米国代表との会談で、米国は他国の高速増殖炉開発を規制することで原子力市場における自国の優位を保とうとしているという批判を繰り返し、安全性の問題を指摘するカーネセールに米国内の反原発世論は感情的すぎると述べている。

米国はＩＮＦＣＥ開始当初、核拡散問題に対処するための技術的分析を共有し、原子力の核拡散リスクを最小限にするための技術的・組織的な枠組みについて参加国の合意を得ることを目標としていた[59]。しかしＩＮＦＣＥでの作業開始から一年余りが経つと、技術的分析は進み、核拡散リスクへの問題意識は高まりつつあったものの、それが問題に対処するための枠組みに関する意見の一致にはつながっていないことも明白となりつつあった。ウラン需給に関する米国の楽観的な見通しは共有されず、従来の核燃料サイクルに代わる新たな技術はまだ萌芽期にあるとされ、事前同意権についても厳格な審査を主張する米国とは逆に予見可能な形での行使を求める方向で議論が固まりつつあった[60]。そのため米国は一九七九年初頭から各作業部会での議論を修正しようと試みたが、後述する最終報告書の内容から判断する限り、その努力は徒労に終わった。ＩＮＦＣＥでプルトニウム利用中止に向けた合意を形成するという米国の当初の方針は頓挫しつつあった。

（3）日米協議と米国の政策再検討

以上のような情勢は、ＩＮＦＣＥと並行して行われた主要国首脳会議や二国間交渉でも同様であった。米国政府は既述の通り、ＮＮＰＡによって既存の協定にも核不拡散上の規制強化を反映させる必要があった。しかし事前同意権の受け入れやＮＮＰＡという国内法に基づいた要求に反発するユーラトム加盟国はこれに応じず、まずは米国と早期に協力関係を築きたい日本との間で予備的な協議を開始した[61]。事前同意権の有無に関する格差が固定されることを警戒する日本に配慮して成立したばかりのＮＮＰＡに関する説明が目的となった協議は、外務省大臣官房審議官となっていた矢田部とノセンゾ国務次官補代理が参加して一九七八年四月から開始された。実際には原子力・核不拡散政策全般が協議されたものの、ウラン需給予測で楽観的な米国と悲観的な日本、それゆえにプルトニウム利用の必要性を認めない米国と認める日本といった対立構図は変わっていなかった。

こうした中で米国政府内部では、一九七八年末からスミス大使を中心に政策の再検討が始まった[62]。日英独仏四カ国に駐在する米国大使から各国の認識を聞いたスミスは、プルトニウム利用を先進国での研究開発に限定して認めつつ、その間にプルトニウムの商業利用の得失について検討するという構想を提案した。

この構想は一九七八年末のＩＮＦＣＥ総会で主要国に示され、翌一九七九年二月からの日米協議でも日本側に示された[63]。この協議で、ナイの後を引き継いだピッカリング（Thomas R. Pickering）国務次官補（海洋・国際環境・科学担当）は、この新たな構想や使用済燃料を国際管理する「太平洋貯蔵基地構想（Pacific Basin）」をはじめとした米国の提案に協力するよう求め、事前同意権に関する米国の態度もこれらに関して日米が同調できるかどうかにかかっていると述べた。

これを受けて日本側は同年五月、日米の原子力政策・核不拡散政策を協調させるための「共通アプローチ

（common approach）」を提案した[64]。米国は一定規模以上の原子力発電所を有する国に限ってプルトニウム利用を自動的に認め、日本国内での商業再処理施設の建設・運転を容認するとともにプルトニウム利用には自動的に承認を与えるのに対し、日本はＩＡＥＡで検討されてきたＩＰＳ構想の下、余剰プルトニウムを日米共同で管理することに同意し、プルサーマルも早計には行わないという内容であった。当時日本は、米国の協定改定要求を拒否できる西欧諸国とは異なり、海外への再処理委託や二年間・九九トンという枠を使い切った後の東海村再処理施設の運用に関して更に米国と交渉する必要のある不安定な状態であったため、このような具体的な提案に踏み切ったものと見られる[65]。

日本の提案にはプルトニウム利用の条件等で異論があったものの、日欧から協力を得たいスミスは日本案を歓迎し、同案を基に日米合意に向けて協議を進め、それを西欧諸国や途上国との交渉の梃子とするべきだと主張した[66]。しかしタックマンと同じくＮＳＣでグローバル問題を担当するオプリンガー（Gerald Oplinger）らの譲歩に対する見返りが不明確だという反発は大きく、膠着状態は続いた[67]。

3　ＩＮＦＣＥの帰結

（1）ＩＮＦＣＥの終結

こうした中、ＩＮＦＣＥにおいては懸念されていた途上国の反発が表面化した。一部の先進国にのみプルトニウム利用を認めるという米国の新たな提案は、ＩＮＦＣＥ参加国の中でも再処理施設や高速増殖炉を計画していたインド等から強い反発を招いた[68]。米国はインドやエジプトをＩＮＦＣＥに参加する途上国のリーダー格として最も重視していただけにこの反発は深刻に捉えた。そこで以後の二国間協議やＩＮＦＣＥの各部会での報告書作成を通じて、米国をはじめとする先進諸国は出来る限り途上国側の意見に配慮することとなった。

しかしこうした配慮も空しく、先進国と途上国の間の対立はＩＮＦＣＥの検討結果をまとめる最終報告書の作成が本格化するに連れてさらに顕在化した。まずＩＮＦＣＥの報告書では、検討内容の「要約と概説（Summary and Overview Report）」と、その技術的要点を五～一〇頁程度にまとめた「結論（Conclusions）」が作成されることになっていた。このうち前者の「要約と概説」は一九七九年七月の第五回ＴＣＣ会合でシェイズＴＣＣ暫定議長に作業が一任され、供給国寄りになっている等の批判が日独から出たものの、翌一九八〇年一月の第七回ＴＣＣ会合で合意に至った(69)。ただ第六回ＴＣＣで作成が決まった後者の「結論」は、「要約と概説」のうち技術的に重要な部分を更に抜粋し、報道陣と各国の政府関係者向けに配布するものであったため、更に作業が難航した(70)。先進国と途上国、供給国と受領国という立場の異なる国々の意見を反映した最終報告書は二万頁以上もあり、それをわずか五～一〇頁の文書に要約する作業は予定されていたＴＣＣ会合では終わらず、最後には一九八〇年二月二三日の深夜、最終総会の直前にようやく妥結に至った。

対立は最終総会でも続き、米国が中心になって進めてきた最終総会議長の人選に非同盟諸国が反対した(71)。当初米国は、ＴＣＣ参加国の大半が推していたシェイズが総会議長を辞退した後、第四作業部会の共同議長を務めた電気事業連合会顧問の田宮茂文と英国の科学担当副次官（Chief Scientist）であるサー・ヘルマン・ボンディ（Sir Hermann Bondi）、そしてザンガー委員会で輸出規制基準を作成し当時はスイス連邦エネルギー庁副長官（国際エネルギー問題担当）を務めていたザンガーの三人を有力候補としていた。このうち第四作業部会の報告書が高い評価を受けていたため田宮とボンディを有利と見た米国は、ＩＮＦＣＥでの対立に注目する報道への対応を考慮して英語の流暢なボンディを候補とし、各国に打診していた(72)。ベルギーはできれば非核兵器国出身者が望ましいとしていたが、非核先進国のうち西独のＩＮＦＣＥ代表団には適任者がいないと米国は見ていた。また日本については金子熊夫外務省原子力課長が、ボンディ議長案への反対があった場合には矢田部首席代表が最善の妥協策かもしれないとしていたが、当の矢田部も、また田宮も、議長職を受ける意思はないとしていた(73)。それゆえ米国はボンディ案を推しており、英国も最終総会の前の週にアルジェで非同盟諸国が開催する原子力問題に関する協議の結果がどうなるのかはわからないとしつつも、ボンディへの反対はないと見ていた(74)。

ところが二二日になって非同盟諸国グループは、設立総会で核兵器国の米国が、中間総会で非同盟諸国のエジプトが議長を務めたことを挙げ、先進国であり非核兵器国である国から議長を出すべきだと主張した(75)。その理由は定かではないが、前年にはフランスが核兵器国として初めてＩＡＥＡ理事会議長を輩出しており、核兵器国が原子力関係の国際会議で連続して議長を務めることに反発した可能性もある。いずれにせよ非同盟諸国の反発が強かったためボンディは立候補を辞退し、英国の提案で日本の矢田部首席代表が急遽総会議長に就任した。

土壇場で矢田部が選ばれた理由はいくつか考えられるが、最も大きいと思われるのは日本がどの参加国からも反対されないほぼ唯一の国だったということである。日本は非核先進国という非同盟諸国の要求に適う数少ない国の一つであった。将来の原子力供給国と目されてはいてもまだ実績が乏しく、原子力資機材の輸出という争点が無いため、自国内での原子力開発が保障されるなら米国と協調することができた。ＩＮＦＣＥでは再処理問題を扱う第四作業部会の共同議長国として検討作業を順調に進めて各国から高い評価を受け、矢田部自身も各国の原子力・核不拡散関係者によく知られていた(76)。加えてＩＮＦＣＥはあくまでも技術的な検討の場であり、使用済燃料やプルトニウムの国際管理、核燃料の供給保証の検討といった実際の供給国としての能力が問われる場ではなかった。こうした状況の下で、原子力先進国ではあっても有力な供給国ではなかったにもかかわらず、日本がその独特な立場ゆえに議長の大役を担うことになったと考えられる。

矢田部議長案で決着した後、二月二五日から二八日にかけて開催された総会は、各国が声明を述べた後に無事最終報告書を採択した(77)。「結論」はＴＣＣ参加国以外の国から異論が出て採択するには至らなかったが、当初の目的通り総会議長による記者会見で参考資料として使用された。

(2) その後の米国の模索

こうしてＩＮＦＣＥは終結し、その結果を米国は前向きに評価した(78)。プルトニウムや濃縮ウランの平和利用に伴う核拡散上の危険性が幅広く認識され、核燃料サイクルについてもプルトニウムの利用は電力需要が大きい先進国とそれ以外の国とで必要性を区別することができたことがこうした評価の主な理由となっている。

しかし米国はそもそもＩＮＦＣＥでの技術的検討によって、それまで広がる一方だった他の原子力供給国・受領国との見解の相違を埋め、従来の核燃料サイクルに代わって直接処分や新たな技術の採用が必要になるという方向で国際的な合意を形成し、後の二国間・多国間の交渉の基礎としようとしていた。それに対してＩＮＦＣＥの最終報告書は合意を重視した総花的なものとなり、いかようにでも解釈できるものとなった。その意味でＩＮＦＣＥはカーター政権にとって明らかな失敗であった。むしろ批判を受けて変化したのは米国のほうで、当初主張していた技術的な解決策から日本や西欧諸国の唱えていた国際組織の活用、供給国間の協力等へと、その政策の重点は移りつつあった。

こうした変化について従来の研究はレーガン政権への交代を理由としているが、その原点はカーター政権期のＩＮＦＣＥをはじめとした国際協議にあるように思われる。[79] 確かにカーター政権下ではその後も、スミスら国務省関係者による政策転換の努力が実を結ぶことはなかった。[80] しかし次のレーガン政権が一九八一年七月に決定し、翌一九八二年六月に細部を定めた新たな原子力・核不拡散政策は、スミスの提案とほぼ同じものであった。[81] それは先進的な原子力技術を持った核拡散の危険がない国、具体的には日本とユーラトム諸国に安定的なプルトニウム利用を認め、その見返りとして輸出規制や核不拡散規制の強化を求めるというものであった。[82] また再処理等に関する事前同意の付与についても、個別に厳格に審査するカーター政権の方針とは対照的に、スミスの提案していた一定の条件を満たすものは事前にかつ包括的に事前同意を付与するという包括的事前同意制度が導入された。

こうして米国は政策を転換した。そして日本は、核不拡散規制の強化に振り回された四年間を経て、安定的な原子力開発を可能にする環境を手中に収めたのである。

結語　原子力先進国としての責任と権利

以上のように、カーター政権期に原子力問題をめぐって日米両国が試みた政策協調はあくまで暫定的なものであり、その最終的な解決はレーガン政権の登場を待たなくてはならなかった。それでもこの時期の日本は対米協調を通じて、日米原子力関係のその後と原子力をめぐる国際政治の行く末に少なからぬ影響を及ぼしたと言える。

この問題をめぐって模索を続けたカーター政権期についてスミスは後に、核不拡散原則の一律適用に重点を置いたのが問題だったと振り返っている(1)。一律適用の試みは大統領から交渉上の柔軟性を奪い、同盟国には一方的な政策転換を行う米国という印象を与えた、という指摘である。また今井もＩＮＦＣＥが始まった後、米国政府が自分の「解釈した真実を強引に世界に提示する」というやり方で進めようとしたため、国内外から批判を浴びていると指摘している(2)。こうした手法は同盟関係に深刻な摩擦を惹起したが、同時に対米協力の姿勢を保つ日本の価値を高め、米国政府における方針再検討の作業においても日本の協力に重要な意味を持たせた。様々な条件を付けつつも米国の求める核不拡散上の規制強化に応じようとする日本は、カーター政権にとって時に模範的な存在であった。

実際、一九七七年の東海再処理交渉妥結後も、国務省は西欧諸国やインド、パキスタンといった再処理を求める国々の米国大使館に電信を送り、東海村再処理施設が核不拡散上の研究開発も目的とした独特のものであり、かつ日本の核不拡散上の協力は異例のレベルに達しているために、日本がプルトニウム利用の先例にならない旨を任地国政府に説明するよう指示している(3)。そこで例示されていたのは、日本がＮＰＴ加盟国でありＩＮＦＣＥにも積極的に参加すること、プルサーマルと転換施設建設を控えるという重要な譲歩を約束したこと、再処理が量も時期も限定されていることといった日本側の協力であった。また後にインドが日本と同様に再処理への同意を求めてきた際にも、こうした条件を理由に日本は例外であると反論している。日本はこうした協力によって、交渉を拒否することで米国に対抗した西欧諸国とは対照的な方法で、米国の急激な政策転換に歯止めをかけた。その後のＩＮＦＣＥでの議論やその最終総会での議長選出の過程は、こうした選択ゆえに日本が担うことになった国際的役割を表すものであった。

繰り返すが、これまでの検討が示すように日本側が自らの国際的な立場を自覚しつつ交渉を進めていたのかどうかは不明である。宇野のように「機関車論」を援用して日本の経済大国としての責任という文脈で再処理の必要性を説く声もあったものの、一連の交渉で日本側が主に主張したのはあくまで日本が再処理の権利と必要性を持つということであって、経済大国としての責任や、原子力平和利用についての普遍的な見解を示したわけではない。

しかし日本政府の認識いかんにかかわらず、カーター政権期の原子力問題をめぐる一連の国際交渉は、日本にこれまでよりはるかに大きな役割を付与した。東海再処理交渉の時点で既に、米国への批判は日本の協力の価値を高め、米国側の譲歩につながった。さらにＩＮＦＣＥ後には、再処理やプルトニウム利用は事実上原子力先進国にのみ許された技術となり、日本はいわば原子力平和利用における「持てる国」となった。八〇年代に入ってもなお、技術上の自立性や供給国としての実績という点から見れば、日本が米欧に並ぶ原子力先進国であったとは言いがたい[4]。しかし国際的に認められたステータスという点を見れば、本書で取り上げた七〇年代末の交渉を経て、日本は特別な権利を持つ原子力先進国の仲間入りをしたと言えるであろう。

その後日本は、一九八二年から一九八七年にかけての交渉を経て日米協定を改定し、国内での再処理や英仏両国への再処理委託、再処理によって回収されたプルトニウムの利用といった幅広い活動に米国の包括的事前同意を得た[5]。包括的事前同意という制度はその後も維持され、日本だけでなくユーラトムやインドとの原子力協定にも同様の規定が盛り込まれ、現在に至るまで米国の対外原子力協力政策の基礎となっている。しかも八〇年代後半になると米欧では核燃料サイクル開発が相次いで頓挫したため、日本は批判を浴びつつも核燃料サイクルの開発を進める非核兵器国という、類例のない存在となった[6]。

こうした構図は、同盟国としての負担をめぐって協議した第Ⅰ部の防衛協力、米国の求めた目標の実現策をめぐって協議した第Ⅱ部の経済政策協調とは明らかに異なる。日本は核不拡散と原子力平和利用のバランスを保つ上で何が問題か、何をなすべきか、そのために先進国がどのような負担を負うべきかの全てにわたって米国と協議し、国際会議において議論した。

なによりもその結果として、日本は背負った負担に見合うだけの果実を視野に入れた。かつて日本は、米国が原子力平和利用に関して圧倒的に優位な立場にあった時期に結ばれた日米協定の下で原子力開発を進め、東海再処理交渉に象徴されるように米国の強い影響下にあった。そうした関係の全体枠組みは変わっていないものの、現在では日米両国の原子力産業間の合併や協力を経て、平和利用に限って言えば日米間に対等の協力関係が生まれていると言える。その基礎となったのが、七〇年代後半からの一連の交渉を通じて日本が獲得した「持てる国」としての権利であったと言えるであろう。

終章　日米政策協調の帰結

1　その後の模索

（1）米国での議論――対日政策ＮＳＤＤ62

本書で検討してきた七〇年代後半の日米関係は、次々と現れる二国間摩擦と国際的課題に短期的・具体的な政策協調で対処するという共通項を持っていた。それはカーター政権期の日米関係に特に目立ってはいたが、その後日本の国際的役割をめぐって日米両国で行われた議論を見ると、八〇年代以降にも当てはまることが分かる。

まず米国においては、対日政策の取り扱いが特徴的である。第一章で見たとおり、七〇年代前半のニクソン・フォード両政権下には対日政策が四度検討され、最初のＮＳＳＭ５こそＮＳＤＭ13となったものの、以後の三つは決定に至らなかった。そしてカーター政権では、ＮＳＣにおいて対日政策を総合的に検討した文書を決定しないままに任期を終えた。これに関してＮＳＣのオクセンバーグとアーマコストは、政権発足直後に前政権までの政策決定文書の取り扱いを検討した際、ＮＳＤＭ13のうち沖縄問題に関する部分は既に実施されたものの基本方針は依然として妥当であり、有効なままにすべきであるとブレジンスキーに推奨している(1)。ところが半年後の一九七七年六月、ケネディ・ジョンソン両政権のＮＳＡＭ（National Security Action Memorandum）とニクソン政権期のＮＳＤＭの扱いを記した文書では、ＮＳＤＭ13は更新ないし改定が必要とされている(2)。

それでもなお作業がなされなかった理由については、現在利用可能な史料に確たる証拠を見つけることはできない。ただ、本書での検討を踏まえれば、以下の三つの背景があると考えられる。

第一に、既に日本が国際的な立ち位置を明確にしつつあったということが考えられる。日本は既に一九七二年の沖縄返還によって戦後処理に区切りをつけ、一九七五年からはサミットに参加し、一九七六年にはNPTを批准していた。カーター政権下ではNSC、国務省、国防総省、財務省等の実務者間で頻繁に人事異動が行われたこともあり、担当者の考え方が似通っていたという証言もある(3)。同政権で日本は既に西側の一員となることを明確にしたという共通認識があった可能性は否定できない。実際、第三章で検討した一九七九年の対日安全保障政策の再検討作業においても、「新たに取り組むべき課題がなくなった」日米関係にとって最善の道は「規定の路線に沿って着実に取り組みを進めること」だと指摘されている(4)。

もっとも、例えば安全保障面では、日本中立化への不安は小さくなったとしても、保守政権下で日本が米国から自立することへの懸念は残っていたという(5)。したがってこの理由だけではNSCにおける対日政策の不決定を説明するには弱いであろう。

そこで第二に、カーター自身の傾向を反映していたということも考えられる。序章で触れたように、外交政策の細部にまで自ら関与したカーターには、各々の問題や政策の間の調整を図らないままに個々の問題の解決を図ろうとする傾向があった(6)。同様に対日政策でも、日米間の様々な問題を個々に解決しようとしたと見ることは可能であろう。

最後により大きな変化として、米国の外交政策における日本の重要性増大という事情も考えられる。この点についてカーター政権で東アジア・太平洋担当のNSCスタッフと国防次官補代理を歴任したアーマコストは、「国際的な施策のほぼ全てに日本の同意と支援が必要とされる」ようになったため、対日政策単独での検討が難しくなったと述べている(7)。山崎外務省アメリカ局長も、一九七七年三月の福田・カーター会談で扱われた議題について、純粋な二国間問題と言えるのは日本製カラーテレビの対米輸出問題のみであったと評価している(8)。断片的ではあるがこれらの見解から、日本が様々な国際問題に影響を与えるようになったことで、日本という地域に絞った全般的な政策の検討が困難となっていたと考えられる。

いずれにせよ、対日政策の基本方針を特に取り上げないという傾向は、一九八一年に発足するレーガン政権も同様であった。同政権ではＮＳＳＤ（National Security Study Directive）６の下で対日政策が検討され、一九八二年一〇月二五日にＮＳＤＤ62として策定された(9)。しかしその性格は、対日安全保障政策の基本方針を論じたＮＳＤＭ13とは異なっていた。ＮＳＤＤ62は、対日政策の全般的・長期的方針を述べるのではなく、当時レーガン政権が日本との間で抱えていた防衛力増強や武器技術交流、貿易摩擦解消に向けた日本の輸入障壁撤廃や国内市場開放の促進といった、日米二国間にとどまらない影響を持ちうる具体的な問題への対処方針を並べていた。

その理由としては、既に述べた三つの変化に加えて、それまで日本への個別の要求が統一されていなかったという事情が考えられる。次節で論じるように日米関係はこの時期多元化し、様々な省庁や議会が各々の不満を各々の日本側カウンターパートに伝えていた。マンスフィールドはこれについて、米国政府が「一つの声（single voice）」で日本側と話せていないと懸念し、その懸念をＮＳＣも共有していた(10)。しかし国防総省は「ちくはぐなメッセージを出している」としてはいたものの、米国側の足並みを乱しているのはむしろマンスフィールドであると見ていた(11)。

個々の課題に対する具体的な方針を束ねたＮＳＤＤ62が決定されたのは、レーガン政権で「支離滅裂」と評されたこの状態を改善することが目的であったように思われる。翌一九八三年一月には、中曽根訪米に備えて、ＮＳＤＤ74の下で改めて対日政策の具体的課題と目標が確認された(12)。全ての当局者が貿易・防衛問題において同じ方向を目指すようにすることが作成の理由であった。国務省はこれらの決定によって、一九八三年四月からの資本自由化をめぐる協議で米国の「外圧」が効果を発揮し、日本政府の譲歩を引き出したと評価している。当時、米国の再生を掲げるレーガン政権の下で米国は復活したと言われたが、財政赤字等の制約は消えず、日米間の摩擦や反日感情の高まりも解済されていなかった。それゆえ対日政策では八〇年代に入ってからも、長期的な方針より具体的な課題に関する方針が必要とされていたと言えるであろう。

(2) 日本での議論――総合安全保障論

一方日本でも、個々の課題における日本の対応、具体的にはその経済力に見合った国際貢献のあり方についての検討が続けられた。そうした検討の一つの例が、この時期に日本で盛んに論じられた総合安全保障論である。総合安全保障という言葉自体は七〇年代前半から使われていたが、国防体制が軍事力だけでなく国内政治の安定や経済的繁栄、社会の国防に対する支持といった幅広い要素にも左右されるという、軍事的脅威への様々な手段による総合的な対処についての議論であった(13)。

しかし脅威自体を幅広く捉える議論は六〇年代後半から存在しており、七〇年代後半になると、国際環境の混乱やエネルギー・食糧の供給途絶、大規模災害の発生といった脅威への対処を総合的に考えるという意味での総合安全保障論が登場した(14)。こうした議論は中曽根や大平ら多くの政治家も言及するようになり、大平内閣では九つの政策研究会の一つである「総合安全保障研究グループ」において検討され、大平の死後の一九八〇年七月に報告書としてまとめられた(15)。報告書の内容は概ね従来の議論に沿ったものであったが、さらに踏み込んで様々な政策手段が「トレード・オフの関係」にあるために苦しい選択を迫られることもありうるとした他、国防会議に代わって「国家総合安全保障会議」を設置することも提案していた。

これらの議論を踏まえ、一九八〇年一二月には鈴木内閣の下で総合安全保障関係閣僚会議(以下、総合安保会議と表記)とその運営にあたる関係省庁の官房長レベルの連絡会議、局次長・課長レベルの担当者会議、庶務を担当する内閣審議室の総合安全保障担当室等が設置された(16)。ただ、この会議を政策決定の場とするかどうか等をめぐって各省庁や内閣審議室の間で意見が対立し、最終的には決定の場ではなく、関係閣僚による連絡や協議、自由討議の場であるとされた。また総合安全保障研究グループの報告書とは異なり、防衛庁や外務省の主張が取り入れられて国防会議は国の安全が損なわれた場合の対処方針や防衛力整備を担当する組織として存続し、総合安保会議は安全を損なわないための政治的・軍事的安全保障政策や損なわれた場合の事前対処方針を担当することとなった。

このように設置の段階で問題となったのは、扱う議題に加えて総合安全保障に含まれる政策を進めるにあたっての総合調整や省庁間の分担のあり方であった。特に「外交一元化」を掲げる外務省は次節で見るように他省庁の外交への関与に警戒感を強めており、安全保障政策については防衛庁との間で、対外経済政策については通産省や大蔵省との間で既に摩擦が生じていた[17]。このため総合安保会議についても、多種多様な脅威を全て一律に扱うのは現実的でないため総合的な観点からの討議や認識共有にとどめ、危機予防の実施は外務省に、危機対応は国防会議に任せるべきというのが外務省の意見であった[18]。

ただ、開始された総合安保会議では、総合的な観点からの討議よりも個々の分野における日本の対米協力等が、また議論よりも国際情勢・国際会議の報告が、議論の中心となったとされる[19]。各省庁の審議会等でも自らの所掌のうち総合安全保障に関わる課題について検討が行われたものの、安全保障の視点を導入することで問題認識や対応策に変化が生じたわけではなかった[20]。検討の結果は、農業効率化や商船隊の維持、相互依存の深化を踏まえて費用対効果を検討した上でのエネルギー安全保障政策の展開等、従来からの施策を安全保障という観点から改めて正当化するにとどまっていた。

こうして政府でも議論されるようになった総合安全保障論について、外務省で安全保障政策の総合的調整を担当していた調査企画部企画課の内田勝久課長は、狭い意味での防衛政策が国の安全と繁栄の確保という目的に果たす役割を国民に明らかにし、各省庁が安全保障の視点に立った行政を展開することも容易にし、政府部内で次第に定着してきていると論じた[21]。しかし会議での議論や設置の経緯から判断すれば、総合安全保障論が日本の対外的な方針として定着したとは言いがたいように思われる。むしろ日本も米国と同じく、対外交渉を「一つの声」の下で行えないという問題を抱え続けていたと考えるべきであろう。

なお米国は、少なくとも総合安全保障の名の下で、日本により大きな責任を求めようとしていた[22]。またさらに積極的に、前項で論じたＮＳＤＤ62の検討過程で総合安全保障論の考え方を取り入れ、様々な負担分担問題の間のリンケージを意識したという指摘もある[23]。防衛費から対外援助までの様々な分野における負担を総合的に考え、各種の負担の間の代替可能性やリンケージを視野に入れてＮＳＤＤ62を策定したという主張である。ただ米国政府には、こうしたリンケージによって日本への防衛力増強要求が効果を失い、議会の対日批判も煽りかねないという懸念が常にあった[24]。リンケージの有無は、この時期の米国の対日政策が統制のとれたものであったのか個別具体的な問題への対処に終始したのかという評価にも関わるだけに、更なる史料調査と検討が必要となろう。

2 七〇年代後半の日米関係

(1) 具体的協調の成功と限界

以上のように八〇年代初頭の展開も含め、本書で検討した時期の日米関係は実務レベルでの、いわば下からの具体的な政策協調を基調としていた。その協調は、両国の当面の政策をすり合わせることで摩擦の激化が日米関係を破壊する事態を回避しただけでなく、結果として日本の国際的な役割にも変化ももたらした。

まず第Ⅰ部で検討した安全保障政策をめぐっては、米国の前方展開を支える在日米軍基地経費負担だけでなく、有事の日米共同作戦立案やそれを踏まえた防衛力増強も始まった。それはアジア太平洋における米軍縮小とソ連軍拡を踏まえた同盟管理策であり、日本の西側同盟に対する軍事的貢献であった。米ソ対立という権力政治に関わる安全保障問題において、日本は米国が描いた構図の下で米国に求められた役割や負担の分担に注力した。

一方、第Ⅱ部で検討した経済政策をめぐっては、日本は米国の唱える国際収支不均衡解消に賛同し、その実現に向けたマクロ経済政策協調において世界経済の牽引役という重要な役割を担った。日本の内需刺激策や金融政策は必ずしも米国の要求に沿ったものではなく、米国の求める結果を生むための政策をめぐり、日米両国は激しい対立を経験した。相互依存の深化によって顕在化した経済問題では、日本は米国主導の政策協調に参加しつつも、求められた役割を果たすために必要な政策や負担について米国に方針転換を求めることが可能であった。

そして第Ⅲ部で取り上げた原子力・核不拡散政策をめぐっては、日本は国内での原子力開発計画の一部自粛や米国の構想への協力によって米国に再考を促し、原子力供給国間の国際協調体制を再構築することに貢献した。すなわち権力政治と相互依存状況の狭間で新たに浮上した原子力問題において、日本は経済力を背景として核不拡散という安全保障問題をめぐる協調枠組みの再構築に寄与した。

むろん原子力問題は、戦後日米関係において主要な位置にあり続けていたわけではない。エネルギー安全保障と密接な繋がりを持った重大な課題ではあったものの、日米間に深刻な摩擦を引き起こす問題となったのは七〇年代になってからである。その意味で、この分野での日本の活躍は原子力問題のみに見られる例外的なものだったと論じることも不可能ではない。

しかし本書の三つの分野における日米関係の検討を踏まえれば、原子力問題の背景には、米国の覇権の揺らぎをはじめとする国際環境の変容、他国に比して急激な政策転換が多い米国とその同盟国の間の摩擦、そして米国との政策協調を通じた日本の国際的役割の拡大といった他の問題にも通じる現象があったように思われる。原子力問題ではこれらの変化が顕著に表われたというだけで、質的には同様の変化が安全保障問題や経済問題でも起きていたと言うべきであろう。

以上の考察を踏まえれば、序章で概観した七〇年代後半の日米関係への評価は修正される必要があろう。すなわち、その場しのぎの協調に過ぎず日本のアイデンティティを確立できなかったという否定的な見方は具体的な政策協調がもたらした成果を過小評価しており、「国際化」「成熟化」「同盟化」といった肯定的見解は逆に協調の限界を見逃しているのではないか。

まず具体的協調の肯定的な側面としては、日本の国際的な立ち位置を明確にさせたという点を指摘できる。安全保障、経済、原子力という日本の平和と繁栄を左右する重大な課題において、日本は具体的な政策協調の成立や維持に成功し、それによって良好な日米関係の維持に貢献し、米国との協調を通じて国際的課題への対処にも貢献した。

この点については、七〇年代の日本外交が「国際社会の中での自己の位置づけにはっきりしたイメージを持てなかった」とも言われる。(25) しかし日本は少なくとも、具体的な行動を通じて事実上自らの国際的な立ち位置を確定させたのではなかろうか。革新勢力による中立化や保守派による軍事大国化によって西側同盟から離反するのではないか、自由貿易の原則に反する経済大国になりつつあるのではないか、成長しつつある原子力産業を利用して核武装する可能性があるのではないかと疑われた日本は、七〇年代後半の一連の対米政策協調を通じて、西側同盟国であり、市場経済国であり、非核原子力先進国であり続ける意思を示した。日本の国際社会における立ち位置を具体的に示したという意味で、七〇年代後半の日米政策協調は高く評価されてよかろう。

一方でこの政策協調には、その後も同様の摩擦や対立を避けることはできなかったという点で限界があった。この時期の日米政策協調はいずれも目前の課題、あるいは目前の交渉にいかに対処するかを重視したものであり、長期的な協力枠組みを構築するものではなかった。八〇年代の日米関係においても、七〇年代後半に米国が日本に期待した政策、例えば防衛努力の強化や国内市場の開放、核不拡散上の規制強化といった本書で取り上げた課題が改めて摩擦の焦点となった。下からの政策協調とは、その時々の問題に対する実務者間での対応策をめぐる調整であり、その背後にある脅威認識や問題認識をめぐる調整ではなかったと言えよう。また政策協調に直接携わった関係者の間では認識が一致していても、第Ⅰ部で検討した海上交通路防護問題で日米両政府の理解が微妙に異なっていたことが示唆するように、その関係者の範囲は狭かった。

具体的な政策協調が必ずしも問題認識の一致を伴っていなかった理由については、当時の国際関係を見る必要があろう。序章で論じたように七〇年代初頭には次々と国際的な危機が生じ、七〇年代後半にはそれに対処するための枠組みが次々と生まれた。その中で日米両国は具体的な政策協調に集中せざるを得なかった。しかしそれらの変化は同時に、東西対立という冷戦下の最も大きな対立構図を直ちに崩壊させるほどの力は持っていなかった。主権国家の影響力に翳りが見え始めていたとはいえ国際政治の主役は依然として主権国家であり、西側先進諸国間の政策協調も効果を発揮した。七〇年代後半には、相互依存の深化をはじめとする変動は見られたものの、その後の冷戦終結やグローバル化に比肩するほどの大変動ではなく、日米両国が対処すべき問題は一見して明白であった。それゆえに改めて何が問題であるかについて協議する必要はないと見られたとしても不思議ではない。七〇年代後半の日米関係について国務省の日本部が「成熟し、戦後のいかなる時期よりも両国の負担と利益の調和が取れている」としただけでなく、アーマコストも日米が互いに「現実的な期待」を抱けるようになったと述べているのは、そのような前提に立っていたがゆえに生まれた認識だったのではなかろうか(26)。

なおこの点については、逆説的ではあるが、認識の差が具体的課題をめぐる政策協調にとってはむしろ好都合だったと言える。日米両政府が問題認識や具体的な政策の意義に関して認識を一致させていたならば、互いに自国の企図には反するとして相手国に政策の修正を要求せざるをえなくなっていた可能性もある。既に相手国に対する反発が顕在化しつつあったこの時期の日米関係を考えれば、そのような状態では日米両政府とも政策協調に対する国内での支持調達が困難であったろう。第Ⅱ部で紹介したように政策協調に参加する国の間の認識差は協調の阻害要因として扱われるが、七〇年代後半の日米関係の場合、両国間の認識差はむしろ政策協調を後押ししたように思われる。

(2) 日米関係における七〇年代後半

このように日米がそれぞれに異なる企図から進めた日米政策協調は、同じく政策協調が模索された米欧関係とは異なるものであった。

米国の外交政策は七〇年代を通じて揺れ動き、それによる軋轢は西側同盟諸国の反発を招き、時には米国を孤立させた。それは米国にとって不本意であったが、だからといって冷戦期に同盟国への関与を弱めることは不可能であった(27)。この問題は西側同盟の盟主としての米国の信頼性が疑われたベトナム戦争やその後の時代においては特に深刻であり、だからこそ批判を受ける米国への協力が梃子となりえた。

本書の検討からは、日本も米国の政策を支持することによって米国からの信頼を得、それを対米交渉の梃子としたことが分かる。ただし日本が異なっていたのは、西欧諸国をはじめとした他の主要国が米国の政策に公然と反対する中、あえて具体的な対米協力案を示すことで米国の政策に影響を与えた点にある。つまり「特別な関係」を謳われ、米国と価値を共有し、「つねにアメリカ側に立ちその懐に入って影響を与えようとした」英国やその他の西欧諸国が時には公然たる対立を避けなかったのに対し、日本は対米協力を基本路線とした[28]。米欧関係の悪化した七〇年代後半には、それが米国にとって大きな意味を持つようになっていた。

そうした対米協力の姿勢を崩さないという方針は、「多かれ少なかれ、状況の産物であり、物の見方の一致、あるいは伝統の共有ということから生まれたものではない」戦後日米関係においては必然であり、七〇年代後半に限った方針ではなかったとも言えるであろう[29]。それでもなお、七〇年代後半の短期的・具体的な日本の対米協調には、それまでの時期と比較して以下の二つの特徴があるように思われる。

第一に、日本の国内事情ではなくグローバルな課題に関する日本の貢献が米国の譲歩を引き出す梃子となった。ソ連の脅威に対抗するための共同作戦能力の向上、国際収支不均衡に対処するための内需拡大、核拡散に対応するための日本の原子力開発の一時自粛といった日本にしか出来ない種類の貢献が、米国の譲歩を引き出した。そうした取引によって、日米両国は各分野での国際的な課題に対処するために必要な日米間の政策協調を形成し、維持することができた。

第二に、日本の協力を求める米国の「外圧」をめぐって、日本側だけでなく米国側でも対立が生じた。本書冒頭で概観したように従来の研究は、「外圧」はそれを歓迎するものが対象国に存在する場合に効果を発揮すると指摘してきた。それに対して本書が示すのは、「外圧」の是非をめぐってむしろ圧力をかける側の米国政府で意見が割れるという構図である。防衛費増額や内需刺激策の拡大、東海村再処理施設の稼動中止といった要求は最終的に実現せず、日米対立や日本国内の反米感情を刺激するという副作用も持っていた。同盟国としての米国への信頼感低下が問題視されていた時期であったがゆえに、米国政府内部では圧力の副作用が問題視され、省庁間で対立が生じ、「外圧」が効果を失う場面もあったと言えよう。

（3）変化の背景――日米関係の多元化

以上のような変化の背景には、日米関係の多元化があるように思われる。すなわちコヘインとナイの言う複合的相互依存の三つの特徴のうち、先進国間の接触が増え、軍事安全保障以外にも新たな外交課題が現れたという二つの現象が日米関係に波及し、多元化を生じさせたのである。[30]

本書で見てきたように、七〇年代後半の日米関係では外務省や国務省だけでは対処できない問題が増加し、対外交渉とは縁の薄かったその他の省庁・部局も交渉に関与するようになった。[31] 米国においては議会が行政府の外交方針に異議を唱える場面が増え、貿易問題や防衛問題を中心に日本への関心や不満を高めた。特に八〇年代に入ると日本への不満が国防関連の法案でしばしば言及されるようになり、一九八二年一二月には、日本に対してただちに防衛費を増大させ日本防衛に必要な米国の経費も更に負担するよう求める決議が上院で成立している。[32] 議会指導部は貿易摩擦が防衛協力に悪影響を及ぼすべきでないという行政府の意見に同意していたものの、それも拡大する防衛摩擦と日本への「ただ乗り」批判の前にかき消されがちであった。[33]

こうした中、米国では日本専門家への反発が高まり、本国の対日政策に大きな影響を与えてきた在日米国大使館も批判を浴びた。[34] また本国でも、国務省の日本部や国防総省の国際安全保障局といった従来から対日政策に関わってきた省庁が、国務省や国防総省の他部局、あるいはＳＴＲといった対日政策以外も所掌する省庁から絶えず批判された。

さらに制度面でも、カーター政権期の一九七八年に上級管理職（Senior Executive Service: SES）制度が創設され、政治任用者が増加し、職業公務員の配置転換が容易になった。[35] レーガン政権でも国務省のキャリア官僚に不信感を抱いていたヘイグ（Alexander Haig）国務長官が、次官補に加えて次官補代理レベルでも政治任用者を配置した。こうして政治化の進んだ人事制度の下で、首都ワシントンで批判を浴びる日本専門家は重用されにくくなった。

また日本への対応をいずれの省庁が担当するかも対立の火種となった。例えば日米両国で新政権が発足した直後の福田・カーター会談に向けて米国政府の各省庁が準備を行った際、当初国務省は全てのブリーフ用文書の草案作成を担当し、他省庁には関係する文書のみ閲覧と承認を求めるつもりであった。[36] しかし国防総省が反発し、日米防衛協力についての文書は同省が草案を作成することとなった。

こうした現象は日本側でも、外務省とそれ以外の省庁の間の「外交一元化」をめぐる争いに見ることができる。[37] 例えば安全保障政策においては、米国側は外務省が主導的な立場を維持し続けたと見ていた。[38] しかし前節で触れたように防衛協力が具体化・専門化するにつれて防衛庁・自衛隊の役割は拡大し、外務省との間で摩擦が生じていた。

その一例が、日米間の武器技術交流をより相方向的にするべく開始された装備・技術定期協議（S&TF : System and Technology Forum）である。[39] 協議の開始前、外務省は資金や特許、兵器の輸出等に関する制約を考慮して当面は装備・技術の交換は不可能だとしていた。[40] しかし防衛庁はそう考えておらず、外務省を経由せず国防総省と直接協議を進め、外務省との間で軋轢が生じた。この時外務省は、S&TFを担当する間淵直三防衛庁装備局長の訪米時の会談記録を米国側から入手し、ペリー（William J. Perry）国防次官（研究・技術担当）が防衛庁を訪問した時にも一カ月以上経ってから防衛庁側の説明を受ける有様であった。最終的には外務省が日米安保の運用に関わる上に外交一元化の観点からも問題だとして緊密な連絡を求め、一九八〇年八月に外務省もS&TFに関与することでようやく両者の間の了解が成立している。[41]

こうして日米両政府で激化した省庁間対立は、日米間でカウンターパートとなっている省庁の間の連携も生んだ。一九七八年一月の牛場・ストラウス合意に向けて通産省がSTRに経済成長率八％の要求を維持するよう要請したのは第Ⅱ部で触れた通りであるが、それ以外にも、マクロ経済政策協調では日米間で国境を超えた省庁間の対立と連携が起きた。

例えばサミットで扱う国際金融政策である。第Ⅲ部で触れたように、金融問題はそれまで各国の財務省や通貨当局の専門家の間で協議が進められてきた。このため日本では、サミット参加へ向けた準備の中で従来通りの役割を担いたい大蔵省が、サミットは首脳間の政治協議であるとして関与を強めたい外務省と衝突した。大蔵省は一九七七年二月に吉野外務審議官とブルメンソール財務長官の会談が決まった際にも、その会談の直前に松川財務官を急遽訪米させブルメンソールらと会談させている。[42] この時松川は今後も両省の「特別な関係」が続くことを確認しており、吉野が米国留学時代の友人だったブルメンソールとの個人的なつながりを利用して外務・財務間の関係強化を図ることを大蔵省は恐れていたのであろう、と財務省は分析している。

もっともその財務省の方も、「特別な関係」には価値があると見ていた。[43] カーター政権下でのマクロ経済政策協調のため、国務省やCEAは財務・大蔵間の協議とは別の日米協議の場を設置しようとしていた。また既述の通り高官による対外折衝の際に用意するブリーフ用文書も、原則として国務省が作成を担当していた。こうした状況に対抗し対外経済政策に影響を及ぼす上で、大蔵省とのつながりは重要な道具であった。

このような日米両政府内部・両政府間の省庁対立は、原子力問題においては政策協調の行方を左右するほどの重要性を持った。第九章で論じたように、カーター政権が当初の強硬な原子力・核不拡散政策を再検討し始めた際、スミス大使を中心とした国務省関係者は方針転換によって同盟国の協力が得られると主張した。その主張を支えたのが日本側の妥協案であった。日本政府も東海再処理交渉で見られたように内部に対立を抱えていたが、米国側の対立はより根本的な基本方針をめぐる対立であった。それゆえプルトニウム利用中止に向けた米国の圧力は奏功せず、逆にその限定的な容認に向けて日本の関係省庁と国務省が連携する形となった。

以上のように政府内部での日米関係をめぐる対立は日米双方に見られる現象であり、日米双方の省庁が国境を越えて連携する場面すらあった。日米関係の多元化が進んだ七〇年代後半、米国による日本への「外圧」は日米双方で対立や協力の焦点となり、日本だけでなく米国の政策や日米間の政策協調も左右するほどになっていたと言えるであろう。

3　七〇年代後半の日本外交

（1）日本外交の戦略性

以上のように国際的課題への具体的対応が中心となった七〇年代後半の日米関係は、序章で取り上げた日本外交に対する二つの議論にもいくつかの示唆を与えている。

まず日本外交に戦略が欠如していたという見方については、国際環境が様々な意味で変化し最大の同盟国である米国の政策も揺らぐ中、そもそも戦略を立案すること自体が難しい時代だったということを指摘できよう。七〇年代には、それまで注目を浴びてこず、それゆえに対処策やそれを協議する場も未整備だった問題が次々と出現し、しかも対処策には財政赤字をはじめとする制約が課せられた。それゆえ例えば様々な「軍事戦略」を立案し実行してきた米国の国防政策を見ても、七〇年代にはソ連の軍拡と対外進出に対する受動的な対応が数多く見られる。ソ連艦隊の進出に応じてインド洋に派遣された空母を含む任務部隊に当初具体的な任務が付与されなかったのは、その一例であろう。[44] 経済政策においても、米国は八〇年代になっても自国の経常収支の状態によって「優雅なる無視」と積極的な為替介入の間を揺れ動き続けた。また原子力政策に至っては、カーター政権のとった極端な核不拡散規制強化こそが国際的な摩擦の焦点であった。こうした不安定な状況下で、少なくとも米国が関係する課題において、日本外交がその場その場の対応の積み重ねとなったのはやむを得ないと言えるであろう。

次により具体的に「吉田路線」の位置づけに関しては、七〇年代後半には吉田の示したような総論よりも具体論が問われる時代になっていたということが指摘できる。まず従来の議論は七〇年代について、憲法九条と日米安保を両立させ、大国間の勢力均衡外交を避ける吉田路線が定着した時代、制度化された時代、再選択された時代等と整理する。[45] これに対して本書の示す七〇年代後半の特徴は、権力政治とそれ以外の経済問題等の間の境目が曖昧となった国際関係に、新たに経済大国となった日本が否応なく関与を迫られた時代だったというものである。安全保障問題においても、また影響の甚大さゆえに重要な国際政治上の課題となった経済問題や原子力問題においても、「大国間権力政治から降りた」日本は先進国間協調の重要なプレイヤーとなった[46]。これらは権力政治の中心的テーマではなかったかもしれないが、権力政治と相互依存状況の境目が曖昧となった七〇年代においては国際政治上の重要課題であり、米ソ関係にも影響を及ぼしうるものであったと言えるであろう。

そしてこれらの問題において焦点となったのは、七〇年代初頭に問題となった陣営選択という総論ではなく、新たに経済大国となった日本が主要国による国際協調の中でいかなる役割を担い、どこまで負担を背負うのかという具体論であった。そうした具体論の時代において、日本固有の制約を前提に「日米安保」という陣営の選択と「憲法九条」という軽武装・経済優先の総論を示した「吉田路線」は、外交戦略としての価値を喪失したのではないか。五〇年代に日本の行く末を決定した吉田の選択は、高坂の言葉を借りるならば、「敗戦後の日本という異常な時期の産物」であった[47]。その選択は経済大国という地位をもたらした後、七〇年代には日本外交の背景へと退きつつあったと言えよう。

(2) 日本外交における七〇年代後半

このように政策協調に本格的に参加し始めた七〇年代後半の日本外交は、他の西側先進諸国と比べても、またそれまでの日本外交と比べても、異なる特徴を持っていた。まず他国との比較において際立つのは、日本ならではの国際的役割である。この時期の日本は、米国の重要な同盟国ではあるが冷戦の主戦場たる欧州からは遠く、新たに経済大国にはなったものの市場経済の原則に沿っているのかどうかが疑われ、原子力供給国として扱われてはいても実際には受領国である等、様々な意味で境界線上にある国家であった。こうした独自性は、結果として日本なりの国際政治への関与へとつながった。つまり安全保障に関してはその地理的特性ゆえに極東ソ連海軍を抑えて米軍の世界規模の展開を支援する「不沈空母」となり、経済に関しては新興経済大国として「世界の機関車」となり、原子力に関しては対米協調を基本としたことで米国の原子力・核不拡散政策の「模範」となった。日本はその独特な立場を活かして、西側先進国間協調の構築や維持に独自の貢献を成したと言えるであろう。

一方で七〇年代後半を他の時代の日本外交と比べた時、六〇年代からの日本の国際的役割や外交地平の拡大にとどまらず、それに伴う負担の増大も顕在化したという特徴を指摘できる。[48] 既存の国際秩序が動揺する中で経済大国となった七〇年代後半の日本は、安全保障でも経済でも、経済大国としての権利や地位を享受するよりもそれに伴う負担の増大に対処する場面が多かった。原子力問題は負担の拡大が権利の獲得につながった数少ない例と言えよう。

それゆえに、日本国内に自国の国際的役割の拡大を認識し、歓迎する声は少なかったと言える。むろん七〇年代から日本の国際的役割に触れる政治指導者はいた。一九七七年の日米首脳会談の際に記者団の前で演説した福田首相は、日米安保を両国の基本的な利益に資する「同盟関係」と表現した演説文を配布した。[49] さらに一九七九年五月、カーターとの日米首脳会談に先立つ歓迎式において大平首相は「同盟国であるアメリカ合衆国との緊密で実り豊かなパートナーシップを通じて日米両国は、遂行すべき重大な任務を共有している」と述べた。[50] また一九八三年のウィリアムズバーグサミットでは中曽根首相が、ソ連の中距離弾道弾ＳＳ-20の配備問題について、アジア側からも撤去しなければ日本にとっての脅威は消えず、西側の「安全が不可分」であると表明した。[51] これらは日本の国際的役割の拡大を踏まえてグローバルな見地からなされた声明であったと見ることができよう。[52]

ただ、そうした意思の表明に伴う役割と負担に対する日本国内の支持は、大平自身がその後の日米首脳会談で述べたように、依然として不十分であった。[53] そしてこの点は、経済大国日本の「国際化」が話題となった八〇年代、そして湾岸戦争時の論争をきっかけに「国際貢献」のあり方が取り沙汰された九〇年代を経て、今もなお課題として指摘される。[54]

「制約の時代」という国際協調が不可避な時期に経済大国となった七〇年代後半の日本は、具体的・短期的な政策協調に参加し、米国をはじめとする西側先進諸国と共に山積する国際的課題に対処した。またその意図せざる結果として、それまで徐々に進んでいた経済大国としての自らの国際的役割の拡大が加速し、それに伴う負担の拡大が顕在化した。しかし政策協調が主として実務レベルによるものであったために、日本の役割をどこまで、どのくらいのペースで拡大するかについてのより広い政治レベルや国内世論の支持は伴っていなかった。それゆえに七〇年代後半の日米政策協調の成功は、拡大した役割に対する外からの期待と内での躊躇という、その後も長く抱えることになる課題を顕在化させたと言えるであろう。

註

序章　国際社会の変容と日米関係

（1）本書で使用する日米安保という用語には、日米安全保障条約そのものだけでなく、それを円滑に運用するための日米地位協定や日米間の各種の協議機関といった、日米間の安全保障関係全体を含めている。

（2）鈴木宏尚『池田政権と高度成長期の日本外交』慶應義塾大学出版会、二〇一三年：中村隆英『昭和史』下、東洋経済新報社、二〇一二年（初版一九九三年）、七八一〜八〇二頁：樋渡由美『戦後政治と日米関係』東京大学出版会、一九九〇年、一九四〜二六九頁：吉次公介『池田政権期の日本外交と冷戦』岩波書店、二〇〇九年。

（3）石井修「日米「パートナーシップ」への道程」細谷千博編『日米関係通史』東京大学出版会、一九九五年、一八一〜二二七頁：古城佳子「日米安保体制とドル防衛政策」日本国際政治学会編『国際政治』一一五号（一九九七年）、九四〜一〇九頁。

（4）佐藤英夫「東西関係の変化と日米関係」細谷編『日米関係通史』二二八〜二六三頁：添谷芳秀、ロバート・D・エルドリッヂ「危機の中の日米関係」五百旗頭真編『日米関係史』有斐閣、二〇〇八年、二三三〜二五九頁：中西寛「自立的協調の模索」五百旗頭真編著『戦後日本外交史　第3版補訂版』有斐閣、二〇一四年（初版一九九九年）、一四四〜一八六頁。またこの変化について機構改革という観点から検討した研究として、白鳥潤一郎「「戦後処理」からの脱却を目指して：高度経済成長期の外務省機構改革」『北大法学論集』第六五巻第五号（二〇一五年一月）、八七〜一三六頁。

（5）「第2章　わが外交の基調　第1節　基本的課題」外務省『わが外交の近況』一九七三年度、http://www.mofa.go.jp/mofaj/gaiko/bluebook/index.html。

（6）「第2章　わが外交の基本的課題」外務省『わが外交の近況』上巻、一九七四年度。

（7）エリック・ホブズボーム（河合秀和訳）『二〇世紀の歴史』下巻、三省堂、一九九六年、一七二〜二一五頁：ロバート・O・コヘイン、ジョセフ・S・ナイ（滝田賢治監訳）『パワーと相互依存』ミネルヴァ書房、二〇一二年：Niall Ferguson, et al., ed., *The Shock of the Global* (Belknap Press of Harvard University Press, 2010) ; Melvyn P. Leffler and Odd Arne Westad, eds., *The Cambridge History of the Cold War, Vol.III* (Cambridge: Cambridge University Press, 2012) ; Richard

H. Immerman and Petra Goedde, eds., *Oxford Handbook of the Cold War* (Oxford: Oxford University Press, 2013).

（8） W.J. McKibbin and J. Sachs, *Global Linkages: Macroeconomic Interdependence and Co-operation in the World Economy* (Washington, D.C.: Brookings Institution, 1991); Matthias Schulz and Thomas A. Schwartz, eds., *The Strained Alliance: US-European Relations from Nixon to Carter* (Cambridge: Cambridge University Press, 2009).

（9） ジョージ・F・ケナン（近藤晋一・飯田藤次・有賀貞訳）『アメリカ外交五〇年』岩波書店、二〇〇〇年、一四一～一五六頁；ヘンリー・R・ナウ（村田晃嗣他訳）『アメリカの対外関与』有斐閣、二〇〇五年、六一～八八頁；Steven W. Hook and John Spanier, *American Foreign Policy Since World War II* (Washington, D.C.: CQ Press, 2000), pp.1–22; 中山俊宏「アメリカ外交の規範的性格」『国際政治』第一四三号（二〇〇五年一一月）、一二～二七頁；Wilson Carey McWilliams, "Science and Freedom: America as a Technological Republic," Arthur M. Melzer, et al., ed., *Technology in the Western Political Tradition* (Ithaca: Cornell University Press, 1993), pp.85–108.

（10） 水本義彦『同盟の相克』千倉書房、二〇〇九年；John Dumbrell, *A Special Relationship: Anglo-American Relations from the Cold War to Iraq* (Basingstoke: Palgrave Macmillan, 2006).

（11） 在米大使発外務大臣宛「総理訪米（第一回首のう会談・政治問題部分）」一九七九年五月三日、情報公開請求による外務省開示文書（請求番号：二〇〇八―〇一〇一九）、二頁。

（12） 「日本の新世紀の開幕」一九七一年九月一日、大平正芳『風塵雑租』鹿島研究所出版会、一九七七年、大平正芳全著作及び研究書、http://www.ohira.or.jp/cd/book/fz/fz_09.pdf（最終閲覧日：二〇一〇年六月二九日）；森田一（服部龍二他編）『心の一燈』第一法規、二〇一〇年、一七五～一七六頁。

（13） Paper, "Supplement to State Department Briefing Papers", attached to memo from Armacost to Brzezinski, "Overview Paper on Prime Minister Fukuda's Visit; and Brieging Books," March 19, 1977, (26) National Security Affairs, Staff Material - Far East, Armacost Chron File (hereafter 26NSA, FE, ACF), box 2 (Jimmy Carter Presidential Library [hereafter cited as JCL]).

（14） 添谷・エルドリッヂ「危機の中の日米関係」二三三～二五九頁；Memo from Kissinger, "Meeting with Japanese Foreign Minister Takeo Miki," National Security Advisor, Presidential Country Files for East Asia and the Pacific (hereafter cited as NSA, EAP), box 7 (Gerald R. Ford Library [hereafter cited as GFL]).

（15）Memo from Armacost to Brzezinski, "Memorandum of Conversation of Meeting with President Carter and Prime Minister Fukuda on March 22, 1977, at 10:00 a.m.", March 25, 1977, and memo from Armacost to Brzezinski, "Memo of Conversation between President Carter and Prime Minister Fukuda of Japan", March 24, 1977, both in (7) National Security Affairs, Brzezinski Material Subject File（hereafter cited as 7NSA, BSF）, box 34（JCL）.

（16）川田侃「世界不況の政治経済学」『国際政治』第六〇号（一九七九年）、一～一五頁；中西寛「総合安全保障論の文脈」『年報政治学一九九七　危機の日本外交―七〇年代』一九九七年、九九～一〇〇頁；David A. Baldwin, "The concept of security," *Review of International Studies*, Vol.23（1997）, p.9; Richard N. Cooper, "Economic Interdependence and Foreign Policy in the Seventies," *World Politics*, Vol. 24, Number 2（January 1972）, pp.159–181; Richard N. Cooper, "Trade Policy is Foreign Policy," *Foreign Policy*, No.9（Winter 1972/73）, pp.18–19; Stanley Hoffman, "Obstinate or Obsolete? The Fate of the Nation-State and the Case of Western Europe," *Daedalus*, Vol.95, No.3（Summer 1966）, p.882.

（17）齋藤嘉臣『冷戦変容とイギリス外交』ミネルヴァ書房、二〇〇六年；マイケル・L・ドックリル、マイケル・F・ホプキンズ（伊藤裕子訳）『冷戦　一九四五―一九九一』岩波書店、二〇〇九年、一二四～一三二頁；山本健『同盟外交の力学』勁草書房、二〇一〇年；Raymond L. Garthoff, *Détente and Confrontation: American-Soviet Relations from Nixon to Reagan Revised Edition*（Washington, D.C.: Brookings Institution Press, 1994）；Wilfried Loth（translated by Robert F. Hogg）, *Overcoming the Cold War*（Basingstroke: Palgrave Macmillan, 2002）, pp.145–156; Angela Romano, *From Détente in Europe to European Détente: How the West shaped the Helsinki Final Act*（Brussels: PIE-Peter Lang, 2009）；Barbara Zanchetta, *The Transformation of American International Power in the 1970s*（Cambridge: Cambridge University Press, 2014）；金子譲「緊張緩和（デタント）とヨーロッパ」『国際政治』第一五七号、二〇〇九年、二七～四二頁；橋口豊「一九七〇年代のデタントとイギリス外交」菅英輝編著『冷戦史の再検討』法政大学出版局、二〇一〇年、一五三～一七八頁。

（18）O・A・ウェスタッド（佐々木雄太他訳）『グローバル冷戦史』名古屋大学出版会、二〇一〇年；Michael Kort, *The Columbia Guide to the Cold War*（New York: Columbia University Press, 1998）, pp.69–72; Vladislav M. Zubok, *A Failed Empire: The Soviet Union in the Cold War from Stalin to Gorbachev*（Chapel Hill: University of North Carolina, 2007）, pp.227–254.

（19）日本国内のデタント観については、西平重喜『世論調査による同時代史』ブレーン出版、一九八七年、二四一～二四三頁。

米中関係については、菅英輝「米中和解と日米関係」菅編著『冷戦史の再検討』三一〇～三三二頁；Evelyn Goh, *Constructing the U.S. Rapprochement with China, 1961–1974: From "Red Menace" to "Tacit Ally"* (Cambridge: Cambridge University Press, 2005).

(20) 入江昭（篠原初枝訳）『グローバル・コミュニティ』早稲田大学出版部、二〇〇六年、一五二～一八五頁；ロバート・ギルピン（古城佳子訳）『グローバル資本主義』東洋経済新報社、二〇〇一年、二八三～三一四頁；Daniel J. Sargent, *A Superpower Transformed: The Remaking of American Foreign Relations in the 1970s* (New York: Oxford University Press, 2015), pp.1–9; 田中孝彦「グローバル・ヒストリー」日本国際政治学会編『日本の国際政治学４　歴史の中の国際政治』有斐閣、二〇〇九年、三九～四二頁；Maier, " 'Malaise'," Ferguson, et al., ed., *The Shock of the Global*, pp.25–48.

(21) 第一次石油危機については、ダニエル・ヤーギン（日高義樹・持田直武訳）『石油の世紀』上・下、日本放送出版協会、一九九一年、二六五～三四一頁；Ian Seymour, *OPEC: Instrument of Change* (London: Macmillan, 1980)；白鳥潤一郎「国際エネルギー機関の設立と日本外交」『国際政治』第一六〇号（二〇一〇年四月）、一七～三三頁；高安健将「米国との距離と国益の追求」『国際政治』第一四一号（二〇〇五年一〇月）、八六～一〇〇頁。人権問題については、Rosemary Foot, "The Cold War and human rights," Leffler and Westad, eds., *The Cambridge History of the Cold War, Vol.III*, pp.445–465; Sargent, *A Superpower Transformed*, pp.198–219, 250–260. 環境問題については、樋口敏広「「環境大国」日本の原点?-」波多野澄雄編著『冷戦変容期の日本外交』ミネルヴァ書房、二〇一三年、二五六～二七八頁；J.R. McNeill, "The Environment, Environmentalism, and International Society in the Long 1970s," Ferguson, et al., ed., *The Shock of the Global*, pp.263–278.

(22) Alan Brinkley, *The Unfinished Nation: A Concise History of the American People, 7th Edition* (New York: McGraw-Hill Humanities/Social Sciences/Languages, 2013), pp.878–884; W. Carl Biven, *Jimmy Carter's Economy: Policy in an Age of Limits* (Chapel Hill: The University of North Carolina Press, 2002).

(23) "Inaugural Address," January 20, 1977, Office of the Federal Register, National Archives and Records Administration, *Public Papers of the Presidents of the United States, Jimmy Carter* (hereafter *PPPUS*), *1977, Book I*, the American Presidency Project, http://www.presidency.ucsb.edu/ws/ (latest access: January 7, 2015).

(24) ジミー・カーター（日高義樹監修、持田直武他訳）『カーター回顧録』上、日本放送出版協会、一九八二年、四九頁。

(25) "Address to the Nation on Energy and National Goals: "The Malaise Speech"," July 15, 1979, *PPPUS, 1979, Book II*; Charles S. Maier, "'Malaise': The Crisis of Confidence in the 1970s," Ferguson, *The Shock of the Global*, pp.25–48.

(26) Ralph C. Bryant, "Intergovernmental Coordination of Economic Policies: An Interim Stocktaking," Paul A. Volcker, et al., *International Monetary Cooperation: Essays in Honor of Henry C. Wallich. Essays in International Finance* (Princeton: Princeton University, 1987), No.169 (December 1987), pp.4–15; Robert D. Putnam and Randall Henning, "The Bonn Summit of 1978: A Case Study in Coordination," Richard N. Cooper, et al., ed., *Can Nations Agree? : Issues in International Economic Cooperation* (Washington, D.C.: Brookings Institution Press, 1989), pp.15–16.

(27) Sargent, *A Superpower Transformed*, pp.189–193; Emmanuel Mourlon-Druol, ""Managing from the Top" : Globalisation and the Rise of Regular Summitry, Mid-1970s–early 1980s," *Diplomacy & Statecraft*, Vol.23, No.4 (2012), pp.679–703.

(28) 鈴木『池田政権と高度成長期の日本外交』一六二～一六四頁。

(29) Peter Kent Forster and Stephen J. Cimbala, *The US, NATO, And Military Burden-Sharing* (London: Frank Cass, 2005), pp.8–20; ジョン・H・メイキン、ドナルド・C・ヘルマン編『日米同盟の再構築』中央公論社、一九八九年；長史隆「米中接近後の日米関係」『立教法学』第八九号（二〇一四年三月）、一四九～一八三頁。

(30) Betty Glad, *An Outsider in the White House: Jimmy Carter, His Advisors, and the Making of American Foreign Policy* (Ithaca, New York: Cornell University Press, 2009) ; Scott Kaufman, *Plans Unraveled: The Foreign Policy of the Carter Administration* (DeKalb: Northern Illinois University Press, 2008), pp.11–15; Zanchetta, *The Transformation of American International Power in the 1970s*, pp.189–198; Joe Renouard and Nathan Vigil, "The Quest for Leadership in Time of Peace: Jimmy Carter and Western Europe, 1977–1981," Schulz and Schwartz, eds., *The Strained Alliance*, pp.309–332.

(31) Paper, "The NSC System," June 1979, RG59 General Records of the Department of State, Policy and Planning Staff, Office of the Director, Records of Anthony Lake, 1977–1981 (hereafter cited as PPS, Lake, 1977–1981), box 1 (NAII) ; Karen M. Hult and Charles E. Walcott, *Empowering the White House: Governance under Nixon, Ford, and Carter* (Lawrence: University Press of Kansas, 2004), pp.4–20; David J. Rothkopf, *Running the World: The Inside Story of the National Security Council and the Architects of American Power* (New York: Public Affairs, 2005), pp.166–175. NSCの成立過程については、Andrew Preston, "The Little State Department: McGeorge Bundy and the National Security Council Staff, 1961–65,"

Presidential Studies Quarterly, Vol. 31, No. 4 (December 2001), pp.635–659; Ivo H. Daalder and I.M. Destler, *In the Shadow of the Oval Office: Portraits of the National Security Advisers and the Presidents They Served—From JFK to George W. Bush* (New York: Simon & Schuster, 2009), pp.1–8.

(32) Memo from Kissinger to the President-Elect, "Memo on a New NSC System," November 27, 1968, Nixon Presidential Materials, White House Central Files (hereafter cited as NPM, WHCF), Subject Files, FG6–6 National Security Council, box 1 (National Archives at College Park, Maryland [hereafter cited as NAII]); 花井等・木村卓司『アメリカの国家安全保障政策』原書房、一九九三年、一〇九～一二〇頁; Asaf Siniver, *Nixon, Kissinger, and U.S. Foreign Policy Making: The Machinery of Crisis* (Cambridge: Cambridge University Press, 2008), pp.44–70; Amy B. Zegart, *Flawed by Design: The Evolution of the CIA, JCS, and NSC* (Stanford: Stanford University Press, 1999), pp. 85–87.

(33) Presidential Review Memorandum/NSC–10, "The National Security Council System," January 20, 1977, Presidential Directives (PD) And Presidential Review Memoranda (PRM), JCL, http://www.jimmycarterlibrary.gov/documents/pddirectives/pres_directive.phtml. なおこの他に、前政権の省庁間グループもＰＲＣの判断で必要に応じて存続するとされた。

(34) "Zbigniew Brzezinski, William Odom, Leslie Denend, Madeleine Albright," February 18, 1982, Miller Center, University of Virginia, Presidential Oral History Program, *Carter Presidency Project*, pp.61–62, http://millercenter.org/scripps/archive/oralhistories/carter (latest access: February 22, 2010); Zbigniew Brzezinski, *Power and Principle: Memoirs of the National Security Adviser, 1977–1981* (New York: Farrar Straus & Giroux, 1983), pp.59–60; Cyrus Vance, *Hard Choices: Critical Years in America's Foreign Policy* (New York: Simon and Schuster, 1983), pp.35–39; Bert Lance and Bill Gilbert, *The Truth of the Matter: My Life In and Out of Politics* (New York: Summit Books, 1991), p.113; Douglas Brinkley, "The Rising Stock of Jimmy Carter: The "Hands-on Legacy of Our Thirty-Ninth President," *Diplomatic History*, Vol.20, No.4 (Fall 1996), pp.514–515.

(35) Note, "TL's personal notes for use with luncheon with Secretary Vance," September 12, 1977, and memo from Newsom to the Secretary, "State/NSC Relationship," May 12, 1980, both in RG59, PPS, Lake, 1977–1981, box 1 (NAII); Anthony Lake. "Carter's Foreign Policy: Success Abroad, Failure at Home," Kenneth W. Thompson, ed., *The Carter Presidency: 14*

Intimate Perspectives of Jimmy Carter (Lanham, Maryland: University Press of America, 1990), pp.148–149; Justin Vaïsse, "Zbig, Henry, and the New U.S. Foreign Policy Elite," in Charles Gati ed., *Zbig: the Strategy and Statecraft of Zbigniew Brzezinski* (Baltimore: The Johns Hopkins University Press, 2013), pp.3–26.

（36）George C. Edwards III, "Exclusive Interview: President Jimmy Carter," *Presidential Studies Quarterly*, Vol.38, No.1 (March 2008)；Memo from Kreisberg to Lake, April 3, 1978, RG59, PPS, Lake, 1977–1981, box 1 (NAII).

（37）Robert J. McMahon, "Credibility and World Power: Exploring the Psychological Dimension in Postwar American Diplomacy", *Diplomatic History*, Vol.15, Issue 4 (October 1991), pp.455–472; Lawrence Kaplan, *NATO Divided, NATO United* (Westport, Connecticut: Praeger, 2004), pp.78–85.

（38）添谷・エルドリッヂ「危機の中の日米関係」二五八頁。

（39）中西「自立的協調の模索」一八四～一八六頁；Kenneth B. Pyle, *Japan Rising: The Resurgence of Japanese Power and Purpose* (New York: PublicAffairs, 2007), pp.268–270.

（40）五百旗頭真「国際環境と日本の選択」渡辺昭夫他編『講座国際政治4　日本の外交』東京大学出版会、一九八九年、三六～四八頁；添谷・エルドリッヂ「危機の中の日米関係」二五九頁。

（41）佐藤一郎「経済白書の刊行に当たつて」経済企画庁『年次経済報告』昭和四五年度、http://wp.cao.go.jp/zenbun/keizai/index.html；渡邉昭夫『日本の近代8　大国日本の揺らぎ　一九七二～』中央公論新社、二〇一四年（単行本版二〇〇〇年）、一〇六～一一一頁。

（42）ロバート・D・パットナム、ニコラス・ベイン（山田進一訳）『サミット』TBSブリタニカ、一九八六年；日本経済新聞社編『八〇年代の貿易ルール』日本経済新聞社、一九七九年；Leslie Alan Glick, *Multilateral Trade Negotiations: World Trade after the Tokyo Round* (Totowa: Rowman & Allanheld, 1984)；Gilbert R. Winham, *International Trade and the Tokyo Round Negotiation* (Princeton: Princeton University Press, 1986).

（43）白鳥「国際エネルギー機関の設立と日本外交」一七～三三頁；山本健「「ヨーロッパの年」と日本外交、一九七三～七四年」『NUCB Journal of Economics and Information Science』第五七巻第二号（二〇一三年三月）、一四七～一八一頁。

（44）同様の指摘として、吉次『池田政権期の日本外交と冷戦』八～九頁；渡邊啓貴『米欧同盟の協調と対立』有斐閣、二〇〇八年、i～ii頁。

(45) 小尾美千代『日米自動車摩擦の国際政治経済学』国際書院、二〇〇九年：草野厚『日米オレンジ交渉』日本経済新聞社、一九八三年：谷口『日本の対米貿易交渉』東京大学出版会、一九九七年。

(46) 波多野澄雄・佐藤晋『現代日本の東南アジア政策』早稲田大学出版部、二〇〇七年、一四八～一九四、二一一～二一七頁：若月秀和『「全方位外交」の時代』日本経済評論社、二〇〇六年：武田康裕「東南アジア外交の展開」草野厚・梅本哲也編『現代日本外交の分析』東京大学出版会、一九九五年、六三～八八頁：Bruce M. Koppel and Robert M. Orr. Jr eds., *Japan's Foreign Aid: Power and Policy in a New Era* (Boulder: Westview Press, 1993)；Shafiqul Islam, *Yen for Development: Japanese Foreign Aid and the Politics of Burden-Sharing* (New York: Council on Foreign Relations Press, 1991)；Alan Rix, *Japan's Economic Aid* (New York: St. Martin's Press, 1980).

(47) リチャード・J・サミュエルズ（白石隆監訳）『日本防衛の大戦略』日本経済新聞社、二〇〇九年：Reinhard Drifte, *Japan's Foreign Policy in the 1990s: From Economic Superpower to What Power?* (London: Palgrave Macmillan, 1996)；Michael J. Green, *Japan's Reluctant Realism: Foreign Policy Challenges in an Era of Uncertain Power* (New York: Palgrave Macmillan, 2003)；Pyle, *Japan Rising*; Kent E. Calder, "Japanese Foreign Economic Policy Formation: Explaining the Reactive State," *World Politics*, Vol.40, No.4 (July 1988), pp.517-541; 添谷芳秀、田所昌幸、デイヴィッド・A・ウェルチ編著『「普通」の国 日本』千倉書房、二〇一四年、三六～三九頁。

(48) 前者については、緒方貞子『戦後日中・米中関係』東京大学出版会、一九九二年、一七六～一七七頁：添谷芳秀『日本外交と中国』慶應通信、一九九五年、二六六～二六八頁：波多野澄雄「「ひよわな大国」の外交戦略」波多野澄雄編著『冷戦変容期の日本外交』一〇～一一頁。後者については、楠綾子『吉田茂と安全保障政策の形成』ミネルヴァ書房、二〇〇九年、一～四頁：高坂正堯『宰相 吉田茂』中央公論社、一九六八年：永井陽之助『現代と戦略』文藝春秋、一九八五年、六〇～六九頁：五百旗頭「国際環境と日本の選択」二四～二九頁：添谷芳秀「吉田路線と吉田ドクトリン」『国際政治』第一五一号（二〇〇八年三月）、一～一七頁。

(49) 自主と従属という枠組みへの批判としては、保城広至「「対米協調／対米自主」外交論再考」『レヴァイアサン』第四〇号（二〇〇七年）、二三四～二五一頁。

(50) ただし「戦略」という用語の意味は曖昧であり、その具体的な定義は論者によって異なる。石津朋之「解題」ウィリアムソン・マーレー他（石津朋之・永末聡監訳）『戦略の形成』下、中央公論新社、二〇〇七年、五三四～五三六頁。

(51) 添谷「吉田路線と吉田ドクトリン」一六頁。
(52) 田中明彦「日本外交と国内政治の連関」日本国際問題研究所編『国際問題』三四八号（一九八九年三月）、二三～三六頁；山本満「〈外圧―反応〉の循環を超えて」細谷千博・有賀貞編『国際環境の変容と日米関係』東京大学出版会、一九八七年、三二一～三三五頁；山本吉宣『国際的相互依存』東京大学出版会、一九八九年、八五～九九頁；谷口将紀『日本の対米貿易交渉』東京大学出版会、一九九七年、二～四頁、一四～一六頁；Yumiko Mikanagi, *Japan's Trade Policy; Action or Reaction?* (London: Routledge, 1996).
(53) Leonard J. Schoppa, *Bargaining with Japan* (New York: Columbia University Press, 1997), pp.18–48.
(54) 落合浩太郎『改訂 日米経済摩擦』慶應通信、一九九三年、八八～九〇頁。
(55) ハーマン・カーン『超大国日本の挑戦』ダイヤモンド社、一九七〇年；ロバート・コヘイン（石黒馨・小林誠訳）『覇権後の国際政治経済学』晃洋書房、一九九八年；ジョージ・モデルスキー（浦野起央・信夫隆司訳）『世界システムの動態』晃洋書房、一九九一年。こうした議論に対する批判については、村上泰亮『反古典の政治経済学』上、中央公論社、一九九二年、一八一～一八六頁。
(56) 通貨当局の役割については、真渕勝『大蔵省統制の政治経済学』中央公論社、一九九四年、七一～八〇頁；Pierre L. Siklos, *The Changing Face of Central Banking: Evolutionary Trends since World War II* (Cambridge: Cambridge University Press, 2002); Takayuki Sakamoto, *Economic Policy and Performance in Industrial Democracies: Party Governments, Central Banks and the Fiscal-Monetary Policy Mix* (New York: Routledge, 2009).
(57) 福永文夫『大平正芳』中央公論新社、二〇〇八年、二〇七～二六八頁；若月秀和『大国日本の政治指導 一九七二～一九八九』吉川弘文館、二〇一二年、七二～一三六頁；五百旗頭真「福田赳夫」渡邉昭夫編『戦後日本の宰相たち』中央公論社、二〇〇一年（初版一九九五年）、三三三～三四三頁。
(58) カーター『カーター回顧録』上、一一二～一一七頁；Kaufman, *Plans Unraveled*, pp.13–17; Brinkley, "The Rising Stock of Jimmy Carter," pp.505–507.
(59) 船橋洋一『同盟漂流』下、岩波書店、二〇〇六年（単行本版一九九七年）、四一五頁。
(60) ハンス・モーゲンソー（現代平和研究会訳）『国際政治』福村出版、一九八六年、一五七～一五九頁；ケナン『アメリカ外交五〇年』一一一～一一四頁；ウォルター・リップマン（掛川トミ子訳）『世論』上・下、岩波書店、一九八七年；

Douglas C. Foyle, *Counting the Public In: Presidents, Public Opinion, and Foreign Policy* (New York: Columbia University Press, 1999), pp.9–10, 188–190.

(61) 吉田真吾『日米同盟の制度化』名古屋大学出版会、二〇一二年、二六～二七頁。

(62) 議会と対外政策の関係についての研究は無数にあるが、主なものとして、Robert David Johnson, *Congress and the Cold War* (New York: Cambridge University Press, 2006); James M. Lindsay, *Congress and the Politics of U.S. Foreign Policy* (Baltimore: The Johns Hopkins University Press, 1994); Randall B. Ripley and James M. Lindsay, *Congress Resurgent* (Ann Arbor: University of Michigan Press, 1993); Robert David Johnson, "Congress and US Foreign Policy," in David P. Auerswald and Colton C. Campbell, *Congress and the Politics of National Security* (New York: Cambridge University Press, 2012), pp.18–44; Bryan W. Marshall, "Explaining Congressional-Executive Rivalry in International Affairs," Donald R. Kelley, ed., *Divided Power: The Presidency, Congress, and the Formation of American Foreign Policy* (Fayetteville: University of Arkansas Press, 2005), pp.111–132.

(63) 宮里政玄・国際大学日米関係研究所編『日米構造摩擦の研究』日本経済新聞社、一九九〇年、一五～一八頁。

(64) 衛藤瀋吉・山本吉宣『総合安保と未来の選択』講談社、一九九一年、二二二～二二四頁；大嶽秀夫『日本の防衛と国内政治』三一書房、一九八三年、九六～一〇〇頁；武田悠「日本の防衛政策における「自主」の論理」『国際政治経済学研究』第一七号（二〇〇六年三月）、五五～五六頁。

(65) 御厨貴『オーラル・ヒストリー』中央公論新社、二〇〇二年；中島信吾「防衛庁・自衛隊史とオーラル・ヒストリー」『年報政治学二〇〇四　オーラル・ヒストリー』二〇〇五年、八一～九八頁。ただし文書史料にもこの種の限界は存在する。Martha Joynt Kumar, "Presidential Libraries: Gold Mine, Booby Trap, or Both?," George C. Edwards and Stephen J. Wayne, eds., *Studying the Presidency* (Knoxville: University of Tennessee Press, 1983), pp.199–224.

第Ⅰ部　西側同盟への参加

(1) 坂本一哉『日米同盟の絆』有斐閣、二〇〇〇年；中島信吾「「同盟国日本」像の転換」波多野澄雄編著『池田・佐藤政権期の日本外交』ミネルヴァ書房、二〇〇四年、五三～九二頁。

（2）佐道明広『戦後日本の防衛と政治』吉川弘文館、二〇〇三年、二九〇〜三〇二頁；田中明彦『安全保障』読売新聞社、一九九七年、二八〇〜二八六頁；我部政明「「思いやり予算」の原型」日本国際政治学会編『国際政治』第一二〇号（一九九九年）、七四〜八九頁；同「日米同盟の原型」日本国際政治学会編『国際政治』一三五号（二〇〇四年）、四三〜五九頁；小谷哲男「シーレーン防衛」『同志社法学』第五八巻四号（二〇〇六年九月）、一七九〜二〇七頁；松村孝省・武田康裕「一九七八年「日米防衛協力のための指針」の策定過程」『国際安全保障』三二巻四号（二〇〇四年）、七九〜九八頁。

（3）吉田『日米同盟の制度化』；Elizabeth Guran, *The Dynamics and Institutionalisation of the Japan - US Naval Relationship (1976-2001)* (Ph.D Dissertation, King's College London, 2008).

（4）鮒田英一「シー・パワーと日米防衛協力」二九三〜二九八頁、及び道下徳成「自衛隊のシー・パワーの発展と意義」二三八〜二五三頁、共に立川京一他『シー・パワー』芙蓉書房出版、二〇〇八年；田中明彦「日本の外交戦略と日米同盟」『国際問題』第五九四号（二〇一〇年九月）。

（5）ピーター・J・カッツェンスタイン（有賀誠訳）『文化と国防』日本経済評論社、二〇〇七年。

（6）スティーブン・M・ウォルト（奥山真司訳）『米国世界戦略の核心』五月書房、二〇〇八年、一五七〜三一三頁；Jennifer M. Lind, "Pacifism or Passing the Buck?: Testing Theories of Japanese Security Policy," *International Security*, Vol.29, No.1 (Summer 2004), pp.92–121.

（7）Andrew Bennett, Joseph Lepgold and Danny Unger, *Friends in need: burden sharing in the Persian Gulf War* (Basingstoke: Macmilan, 1997).

（8）Michael Mandelbaum, *The Nuclear Revolution: International Politics Before and After Hiroshima* (Cambridge: Cambridge Univesity Press, 1981); Glenn H. Snyder, "Security Dillemma in Alliance Politics," *World Politics*, Vol.36 (July 1984), pp.468–470; 土山實男『安全保障の国際政治学 新版』有斐閣、二〇一四年、三一一〜三一四頁。

（9）米国側について主に海軍戦略を検討するのは、太平洋での日米に対するソ連の脅威が主に海軍、とりわけその海上交通路遮断作戦であると考えられていたためである。Command History Branch, Office of the Joint Secretary, Headquarters CINCPAC (hereafter cited as CINCPAC), *Commander in Chief Pacific Command History 1973 Volume II*, 1974, pp.647–648, Nautilus Institute, http://nautilus.org/foia-category/command-history-2/#axzz3BPc7N569 (latest access: December 22, 2014); Geoffrey Kemp, "US Military Power in the Pacific: Problems and Prospects: Part I," *Adelphi Papers*, Vol.27, Issue 216 (Spring 1987), p.47.

第一章　安全保障環境の変容

（1）「藤井一夫氏インタビュー」一九九七年四月一六日、九〜一〇頁、*National Security Archive U.S.-Japan Project Oral History Program* (hereafter cited as *NSA Oral*), http://www.gwu.edu/~nsarchiv/japan/ohpage.htm (latest access: November 1, 2014)；「第1章 国際情勢の動き」防衛庁『防衛白書』一九七六年度、http://www.clearing.mod.go.jp/hakusho_web/index.html；井上正也『日中国交正常化の政治史』名古屋大学出版会、二〇一〇年；チャン・ツアイ「深まる中ソ対立と世界秩序」菅編著『冷戦史の再検討』二三九〜二六九頁。

（2）若月秀和『「全方位外交」の時代』日本経済評論社、二〇〇六年、七四〜七六頁；若月秀和「一九七〇年代の冷戦対立構造の変動と日本外交」波多野編著『冷戦変容期の日本外交』一八三〜二二八頁；Susan Lesley Clark, "Soviet Policy toward Japan," *Proceedings of the Academy of Political Science*, Vol. 36, No. 4 (1987), pp.132–150. 中ソ関係については、イリヤ・ガイドゥク「中ソ対立とその米中関係への影響」菅編著『冷戦史の再検討』二七一〜三〇〇頁；Sergey Radchenko, "The Sino-Soviet split," Melvyn P. Leffler and Odd Arne Westad, eds., *The Cambridge History of the Cold War, Volume II* (New York: Cambridge University Press, 2010), pp.349–372. 米中関係については、菅「米中和解と日米関係」三〇一〜三三二頁。

（3）栗山尚一『外交証言録 沖縄返還・日中国交正常化・日米「密約」』岩波書店、二〇一〇年、一三七〜一四〇頁。

（4）朱建栄「中国の対日関係史における軍国主義批判」近代日本研究会編『年報近代日本研究16　戦後外交の形成』山川出版社、一九九四年、三〇六〜三三〇頁；毎日新聞社政治部編『転換期の「安保」』毎日新聞社、一九七九年；西平『世論調査による同時代史』三〇五〜三一八頁。

（5）Memcon, October 21, 1975, National Security Archive (hereafter cited as NSA), *China and the United States: From Hostility to Engagement, 1960–1998*, CH00372, Digital National Security Archive, http://nsarchive.chadwyck.com/marketing/index.jsp (latest access: Septemeber 30, 2014)；劉傑・川島真「日中国交正常化から中国の改革開放へ」川島真・服部龍二編『東アジア国際政治史』名古屋大学出版会、二〇〇七年、三〇八〜三〇九頁。

（6）NHK放送世論調査所編『図説戦後世論史　第2版』日本放送出版協会、一九八二年、一六七〜一六九、一七七、一八三、三一三〜三二〇頁；西平『世論調査による同時代史』三一三〜三二〇頁；大嶽秀夫『日本の防衛と国内政治』三一書房、一九八三年、一一四～一一九頁。

（7）Report from Nixon to the Congress, February 18, 1970, *Foreign Relations of the United States, 1969–1976* (hereafter cited as *FRUS, 1969—1976*), *Volume I: Foundations of Foreign Policy, 1969—1972*, No. 60, Office of the Historian, Bureau of Public Affairs, Department of State, https://history.state.gov/historicaldocuments. ベトナム戦争に関する膨大な先行研究については、森聡『ヴェトナム戦争と同盟外交』東京大学出版会、二〇〇九年、七～一〇頁。なおニクソン・ドクトリンについては、国務省内の検討がその後のベトナム政策の基となったという指摘もある。Jeffrey Kimball, "The Nixon Doctrine: A Saga of Misunderstanding," *Presidential Studies Quarterly*, Vol.36, No.1 (March 2006), pp.59–74.

（8）Elmo R. Zumwalt, Jr., *On Watch: A Memoir* (New York: Quadrangle Books/The New York Times Book, 1976), p.519; Norman Polmar, *Naval Institute Guide to the Ships and Aircraft of the U.S. Fleet, 18th Edition* (Annapolis, Maryland: Naval Institute Press, 2005), p.637; David Walsh, *The Military Balance in the Cold War* (Abington: Routledge, 2007), pp.131–135.

（9）Lisle A. Rose, *Power at Sea, Volume 3: Violent Peace 1946–2006* (Columbia, Missouri: University of Missouri, 2007), pp.184–190; Sally Joanna Onesti, *Portrait of a Generation: Soviet Interpretations of Soviet Foreign Policy and Detente: The Brezhnev-Nixon Years, 1969–74* (Ph.D. Dissertation, Columbia University, 1991), p.53.

（10）「第1章 国際情勢の動き 2 わが国周辺の情勢」防衛庁『防衛白書』一九七六年；戦略問題研究会編『戦後世界軍事資料［一九七〇－一九七三］3』原書房、一九七四年、一二七～一二九頁；防衛年鑑刊行会編『防衛年鑑（一九八五年版）』一九八五年、一二三～一四四頁。

（11）ソ連大使館広報部編訳「ソ連共産党第二十五回大会資料集」一九七六年、一一頁、一三七頁；セルゲイ・ゴルシコフ（宮内邦子訳）『ソ連海軍戦略』原書房、一九七八年、二一八～二三一頁；Kokoshin, *Soviet Strategic Thought*, pp.127–132; Walsh, *The Military Balance in the Cold War*, pp.131–135.

（12）吉田『日米同盟の制度化』一～七頁。

（13）Cable from Tokyo to State, "Fourth Security Consultative Group Meeting —July 2, 1973," July 5, 1973, NSA, *Japan and the United States: Diplomatic, Security, and Economic Relations, Part II, 1977–1992* (hereafter cited as *Japan II*), JA00060.

（14） Cable from Tokyo to State, “Defense Burden Sharing,” October 16, 1973, *Japan II*, JA00075, pp.2–3.

（15） Memo from Lord to Kissinger, “U.S. Strategy in Asia: Trends, Issues, and Choices,” October 16, 1975, NSA, *Japan and the United States: Diplomatic, Security, and Economic Relations, 1960–1976*（hereafter cited as *Japan I*）, JU01958; Liang Pan, “Whither Japan's Military Potential? The Nixon Administration's Stance on Japanese Defense Power,” *Diplomatic History*, Vol.31, No.1（January 2007）, pp.111–141.

（16） “National Security Decision Memorandum 13,” May 28, 1969, National Security Memoranda, Nixon Library, http://www.nixonlibrary.gov/virtuallibrary/documents/nationalsecuritymemoranda.php.

（17） Memo from Sherman to Hummel, “Japan NSSM 210 Meeting, 11 am, October 4,” October 4, 1974, *Japan II*, JA00090; Memo from Clements to Kissinger, “Additional Briefing Papers for the President's Trip to Japan,” November 13, 1974, National Security Council Institutional Files, 1974–1977（hereafter cited as NSCIF, 1974–1977）, box 13（GFL）.

（18） Memo from Smyser to Kissinger, “Japan NSSM,” October 15, 1974, NSCIF, 1974–1977, Senior Review Group Meeting, Box 32（GFL）; Memo, “NSSM 210 — Review of Policy Toward Japan,” October 21, 1974, RG59, Lot Files, Bureau of East Asia and Pacific Affairs,（hereafter LF, EAPA）, Office of Japan Affairs, Subject Files, 1960–1975, box 10（NAII）, pp.64–70A.

（19） Memo, “NSSM 171—Part5: Uncertainties in Asian Trends and Their Potential Force Implications,” and memo, “Key Issues of NSSM 171 — Asia Strategy,” both in NPM, NSCIF, box H–103（NAII）; Pan, “Whither Japan's Military Potential?,” pp.125–126.

（20） 中島琢磨「佐藤政権期の日米安全保障関係」日本国際政治学会編『国際政治』一三五号（二〇〇四年）、一〇五～一二〇頁。

（21） Secret Defense Intelligence Estimate, “Japan's Evolving Defense Policies,” April 22, 1971, *Japan I*, JU01374; Airgram from Tokyo to State, “Assessment of Japanese Fourth Defense Buildup Plan, 1972–77,” May 24, 1971, RG59, Central File, Subject Numeric File, 1970–1973,（hereafter cited as CF, SNF, 1970–1973）, Box 1752（NAII）.

（22） Paper, “U.S.-Japan Complementarity,” November 9, 1978, *Japan II*, JA00462; Chairman of the Joint Chiefs of Staff, “CJCSI 2700.01, International Military Rationalization, Standardization and Interoperability Between the United States and Its Allies and Other Friendly Nations," January 30, 1995, FOIA Library, The Office of Secretary of Defense and Joint Staff, http://www.dod.mil/pubs/foi/joint_staff/jointStaff_jointOperations/917.pdf; 吉田『日米同盟の制度化』二四三～二四四頁。

(23) Memcon, "U.S.-Japan Security Roles," June 27, 1973, *Japan I*, JU01742; 瀬川高央「日米防衛協力の歴史的背景」『年報 公共政策学』第1号（二〇〇七年三月）、九七～一一一頁。

(24) Memcon, "U.S.-Japan Defense Cooperation, Asian Defense Issues," June 27, 1973, RG59, CF, SNF, 1970–1973, box 1753（NAII）; "NSC Staff Comments on the NSSM Draft's Definition of existing U.S. Policy", NPM, NSCIF, box H–197（NAII）. 後者の文書の日付は不明であるが、前後の文書の日付から一九七四年六月中旬頃の作成と思われる。

(25) Memo from Armacost to Sherman, "NSSM 210 — Review of Policy Toward Japan," September 30, 1974, *Japan II*, JA00089, p.7; Memo from Armacost to Sherman, "NSSM 210," October 16, 1974, *Japan II*, JA00093.

(26) Report, Planning and Coordination Staff of Department of State, "Japanese Defense Alternatives," August 3, 1973, *Japan I*, JU01777; Memo from Hummel to Kissinger, "Major Problems in East Asia," October 6, 1973, *Japan I*, JU01811; Telegram from Tokyo to State, "Issues in US-Japan Relations," October 15, 1973, RG59, Central Foreign Policy Files, the National Archives Access to Archival Databases（hereafter CFPF, AAD）, http://aad.archives.gov/aad/series-list.jsp?cat=WR43, pp.4–5.

(27) Paper, "Japanese Public Opinion Related to U.S. Policy Interests in Asia," NPM, National Security Council Files（hereafter cited as NSCF）, Henry A. Kissinger Office Files, Country Files-Far East, box 102（NAII）; Memcon, "U.S.-Japan Security Roles," *Japan I*, JU01742; Paper, Department of State, "A Regional Security Role of Japan," July 1973, *Japan I*, JU01753; Airgram from Tokyo to State, "FY 1975 — PARA - JAPAN," April 1, 1974, RG59, Central Foreign Policy Files, 1974 P-Reel Printouts（hereafter cited as CFPF, 1974PR）, box 28C（NAII）.

(28) Airgram from Tokyo to State, "The U.S.-Japan Security Relationship: Changing Japanese Attitudes," November 10, 1972, *Japan I*, JU01669; Telegram from State to CINCPAC, January 16, 1973, NPM, NSCIF, box H–182（NAII）.

(29) CINCPAC, *Command History 1973 Volume II*, 1974, pp.648–650; Airgram from Tokyo to State, "FY1974 PARA: Japan," April 3, 1973, *Japan I*, JU01717; Airgram from Tokyo to State, "FY 1975 - PARA — JAPAN," April 1, 1974, RG59, CFPF, 1974PR, box 28C（NAII）.

(30) Cable from Rogers to Tokyo, "Japanese Procurement U.S. Military Equipment," December 14, 1971, JU01478, memo from Ericson to State, "Possible F-111-F Sales to Japan," February 14, 1972, JU01512, and cable from State to Tokyo, "Paper for GOJ on Defense Procurement," April 27, 1973, JU01727, all in *Japan I*.
(31) Letter from Rush to Clements, "Procurement of U.S. Military Equipment by Japan," July 27, 1973, *Japan I*, JU01783.
(32) Memcon, "U.S.-Japan Security Relationship," September 27, 1973, *Japan I*, JU01807; Cable from Tokyo to State, "Eighth Security Subcommittee Meeting," May 30, 1973, *Japan I*, JU01735.
(33) Memo from Sullivan to Schlesinger, "U.S. Defense Related Balance of Payments with Japan," January 22, 1974, *Japan II*, JA00079; Memo from Kissinger to Ford, "Your Visit to Japan," November, 1974, *Japan I*, JU01918, p.9; Memo from Taylor to Scowcroft, "Schlesinger's Visit to Tokyo," April 28, 1975, NSA, EAP, box 7（GFL).

第二章　日本の取り組みと協力具体化の始まり

(1) CINCPAC, *Command History 1973 Volume I*, 1974, pp.162-167; 我部『日米同盟の原型』五〇～五三頁；朝日新聞「自衛隊五〇年」取材班『自衛隊 知られざる変容』朝日新聞社、二〇〇五年、二八三～三二六頁。
(2) CINCPAC, *Command History 1973 Volume I*, 1974, p.163;「石津節正オーラル・ヒストリー」防衛省防衛研究所戦史研究センター（以下、防研と表記）『オーラル・ヒストリー 冷戦期の防衛力整備と同盟政策③』防衛省防衛研究所、二〇一四年（以下、オーラル冷戦期③と表記）、七五頁。
(3) CINCPAC, *Command History 1971 Volume I*, 1972, p.123.
(4) 三矢研究については、防衛研究会編著『防衛庁・自衛隊 改訂版』かや書房、一九九〇年（初版一九八八年）、一一三～一九八頁。
(5) 防研編『中村龍平オーラル・ヒストリー』二〇〇八年、三二九～三三一頁。
(6) Memo for the Record, Sneider, "Forage Raid," May 3, 1973, RG59, LF, EAPA, Office of the Assistant Secretary of State, Subject Files, 1954-1974, Box.24（NAII). なお、フォレージ・レイドは一九七三年度ＣＪＯＥＰの公表用の名称であり、統合有事計画大綱（ＣＪＯＥＰ）-73が機密指定の名称となっていた。
(7) Paper, National Security Council, "NSSM 12: Policy toward Japan-Part One-Political, Psychological, and Security Aspects

of the Relationship," June 1971, *Japan I*, JU01391.

（8） Ibid.

（9） Memo from Colladay to the Secretary of Defense, "US-Japan Bilateral Planning," July 25, 1973, *Japan II*, JA00063; Cable to Tokyo, et al., "U.S.-Japan Bilateral Planning (Joint State Defense Message)," November 9, 1973, *Japan I*, JU01825.

（10） Airgram from Tokyo to State, "SCC Meeting, January 30, 1974," March 6, 1974, RG59, CFPF, 1974PR, box 25B (NAII).

（11） Memcon, Assistant Secretary of Defense, "Visit by Minister Yamanaka, Director General, Japan Defense Agency," December 3, 1974, *Japan II*, JA00101, p.4.

（12） アメリカ局安全保障課『第一七回安保運用協議会（SCG）議事要旨』一九七五年六月二三日、外務省開示文書（二〇〇九-〇〇一三八）、一一～一二頁；Cable from Tokyo to State, "Seventeenth SCG Meeting, June 21, 1975," July 1, 1975, *Japan I*, JU01936, p.3; Letter from Abramowitz to Galligan, "Joint Military Planning," October 29, 1974, *Japan II*, JA00094.

（13） Telegram from Tokyo to State, "SECDEF Visit and Joint Planning," April 2, 1975, RG59, CFPF, AAD.

（14） 例えば、土山『安全保障の国際政治学』三一三～三一四頁。

（15） Cable from Tokyo to State, "Fourth Security Consultative Group Meeting —July 2, 1973," July 5, 1973, JA00060; "Interview with James D. Hodgson," *Frontline Diplomacy*; Young C. Kim, "Japanese Perception of Defense Issues: A Study of Defense Influentials," Gaston J. Sigur and Young C. Kim, eds., *Japanese and U.S. Policy in Asia* (New York: Praeger, 1982), pp.15–44.

（16） Tae-Hyo Kim, *The Origins of Japan's Minimalist Security Policy in Postwar Period: A Designed Strategy* (Ph.D Dissertation, University of Chicago, 1997), p.118.

（17） 「丸山昂氏インタビュー」一九九六年四月一二日、一八～一九頁、「藤井一夫氏インタビュー」八～一一頁、及び「宝珠山昇氏インタビュー」一九九六年四月一九日、一二頁、一九頁、いずれも *NSA Oral*; 政策研究大学院大学 C.O.E. オーラル・政策研究プロジェクト（以下、政研オーラルと表記）『大賀良平 オーラルヒストリー』二〇〇五年、第一巻、二二七頁、第二巻、六五～六七頁。

（18） 防研編『オーラルヒストリー 中村龍平』二〇〇八年、三二九～三三一頁；「源川幸夫オーラル・ヒストリー」防研『オーラル・ヒストリー冷戦期の防衛力整備と同盟政策② 防衛計画の大綱と日米防衛協力のための指針』上、二〇一三年、四九五～四九八頁。

(19) 波多野澄雄『歴史としての日米安保条約』岩波書店、二〇一〇年、一九三～二〇八頁。

(20) 「宝珠山昇氏インタビュー」一三頁：*NSA Oral*; 政研オーラル『夏目晴雄 オーラルヒストリー』政策研究大学院大学、二〇〇四年、一八四～一八五頁：Telegram from Tokyo to State, "SECDEF Visit and Joint Planning," April 2, 1975, RG59, CFPF, AAD.

(21) Memo from Lord to Kissinger, "U.S. Strategy in Asia: Trends, Issues, and Choices," October 16, 1974, *Japan I*, JU01958. p.16; Memo from Lord to Kissinger, "Highlights of the 21st U.S.-Japan Planning Talks," February 25, 1976, *Japan I*, JU01978, pp.3-6.

(22) Report, Office of the Deputy Secretary of Defense, "US Defense Policy and Military Posture Response to NSSM 246," November 30, 1976, RG59, Lot Files, Records of Deputy Secretary of State Charles W. Robinson, 1976-1977 (hereafter cited as LF, CWR, 1976-1977), box 8 (NAII), p.9.

(23) Memo from Abramowitz to Ellsworth, "Visit by Mr. Utsumi —Supplemental Information Memo," November 1, 1974, *Japan II*, JA00096; 「丸山昂氏インタビュー」*NSA Oral*, 一一頁。なお、当時海上幕僚監部防衛部長だった大賀良平は、アブラモヴィッツとの会談が原因で丸山が防衛協力に熱心になったのではないかと推測している。「元海幕長大賀良平氏対談」一九九七年六月六日、*NSA Oral*, 九～一〇頁。

(24) 主な先行研究としては、佐道『戦後日本の防衛と政治』二五九～二八五頁：瀬端『防衛計画の大綱と日米ガイドライン』六〇～七七頁：田中『安全保障』二四四～二六四頁：道下徳成「戦略思想としての「基盤的防衛力構想」」石津朋之、W・マーレー編『日米戦略思想史』彩流社、二〇〇五年、二一四～二四五頁：村田晃嗣「防衛政策の展開」『年報政治学一九九七』七九～九五頁：室山義正『日米安保体制』下、有斐閣、一九九二年、三一九～三七〇頁。

(25) 「村松榮一オーラル・ヒストリー」『オーラル冷戦期③』三〇四～三〇七頁：宝珠山昇「「基盤的防衛力構想」産みの親」『日本の風』二〇〇五年春号、二〇〇五年。ただし一九七三年から一九七五年まで防衛課長を務めた夏目晴雄は久保の発案だとする等、意見は分かれている。「夏目晴雄氏インタビュー」一九九六年六月一四日、*NSA Oral*, 六～七頁：真田尚剛「基盤的防衛力構想の原型」『21世紀社会デザイン研究』第一二号（二〇一三年一二月）、六一～七二頁。

(26) 久保卓也「防衛力整備の考え方」一九七一年、「戦後日本政治・国際関係データベース」東京大学東洋文化研究所田中明彦研究室『データベース「世界と日本」』、http://www.ioc.u-tokyo.ac.jp/~worldjpn/（最終閲覧日：二〇一五年一月一二日）。その他の論考として、田島良助「第四次防衛力整備計画の背景とその問題点」『国防』第二〇巻第九号（一九七一年）：同「平和時の防衛力」『国防』第二一巻七号（一九七二年）：久保卓也「日米安保条約を見直す」一九七二年、及び同「我が国の防衛構想と防衛力整備の考え方」一九七四年、いずれも「戦後日本政治・国際関係データベース」。なお田島良助は久保卓也のペンネームとされる。

(27) Cable from Tokyo to State, "Fifth Security Consultative Group Meeting —August 20, 1973," *Japan II*, JA00065. pp.2-3.

(28) 久保「防衛力整備の考え方」：久保「日米安保条約を見直す」。

(29) 「資料6　第4次防衛力整備5か年計画」『防衛白書』一九七六年度。

(30) 久保卓也、参議院予算委員会第二分科会2号（一九七二年四月二四日）、国会議事録検索システム、http://kokkai.ndl.go.jp/：中馬『再軍備の政治学』一五七～一五九頁：村田「防衛政策の展開」八二～八三頁。

(31) 田島「第四次防衛力整備計画の背景とその問題点」四九頁。これに対し質の面での軍拡も抑えるべきとする意見については、朝日新聞安全保障調査会編『朝日市民教室〈日本の安全保障〉8　日本の自衛力』一九六七年、二六四～二六九頁。

(32) 坂田については、大嶽秀夫「自民党における防衛論」『法学セミナー増刊・総合特集シリーズ／日本の防衛と憲法』一九八一年三月号：坂田道太『小さくても大きな役割』朝雲新聞社、一九七七年、四五～四八頁：佐瀬昌盛『むしろ素人の方がよい』新潮社、二〇一四年：隊友会『続防衛開眼　平和ボケからの脱出』一九七六年、一七八～一八〇頁。

(33) 「〈資料〉自衛隊高級幹部会同における三木総理と坂田防衛庁長官訓示」八五頁、及び「〈資料〉昭和五十二年度以後の防衛力整備計画案の作成に関する第一次長官指示」八七～八八頁、共に『国防』第二四巻第六号（一九七五年六月）：海上自衛隊五〇年史編さん委員会（以下海自と表記）編『海上自衛隊五〇年史』本編、防衛庁海上幕僚監部、二〇〇三年、一二二～一二四頁：「吉川圭佑オーラル・ヒストリー」『オーラル冷戦期③』一七六～一七八頁。

(34) 防衛を考える会事務局編『わが国の防衛を考える』朝雲新聞社、一九七五年、三五～三六頁：西平『世論調査による同時代史』二七九～二八一頁。

(35) 「第32回参事官会議議事要録について」一九七五年一〇月二二日、〇六四三～〇六五三頁、『参事官会議議事要録（五〇年）二／二』防衛庁史資料（排架番号：四A　三四　一二一一）、国立公文書館：「〈資料〉昭和五十二年度以後の防衛力整備計画案の作成に関する第二次長官指示」『国防』第二五巻第一号（一九七六年一月）、七八～八一頁。

（36）「国防会議議員懇談会説明要旨」一九七五年一一月一三日、『宝珠山昇関係文書』国立国会図書館憲政資料室（整理番号：九―八）。

（37）「臨時参事官会議議事要録について」一九七五年八月二五日、〇五二五～〇五二六頁、『参事官会議議事要録（五〇年）二／二』防衛庁史資料、国立公文書館（四A 三四 一二一一）：「臨時参事官会議 議事録要旨―白書関係（第一章）―」一九七六年三月一九日、一〇四七～一〇五一頁、「白書（第4章の一部、第2章）に関する参事官会議議事録要旨」一九七六年三月二七日、一一六七頁、及び「白書（第2章ポスト四次防）に関する参事官会議議事録要旨」一一七六～一一七八頁、いずれも『参事官会議議事要録（51年）1／2』防衛庁史資料、国立公文書館（四A 三四 一二一二）。

（38）これは各幕僚監部でも同様であった。その一例として、「森繁弘オーラル・ヒストリー」『オーラル冷戦期②』一〇四～一一六頁。

（39）廣瀬克哉『官僚と軍人』岩波書店、一九八九年、一七八～一九七頁。

（40）護衛隊群は海上での侵略に対応するための「機動運用する水上艦艇部隊の基本的な単位」であり、四次防以前は各群に艦艇八隻と艦載ヘリコプター六機、それ以降は八隻と八機を配備するいわゆる「八艦八機体制」が目標とされていた。海自編『海上自衛隊五〇年史』一二四～一二七頁。

（41）北岡伸一『自民党』読売新聞社、一九九五年、一六六～一七二頁：平野実『外交記者日記 宮沢外交の二年』下、行政通信社、一九七九年、四二～九六頁。

（42）「ポスト四次防　十年見通し防衛計画」『朝日新聞』一九七六年一〇月一〇日。

（43）室山『日米安保体制』下、有斐閣、一九九二年、三七一～四三二頁：塩田潮『官邸決断せず』日本経済新聞社、一九九一年、一二九～一八四頁：佐瀬『むしろ素人の方がよい』一三八～一四四頁。日本の防衛予算の特殊性については、瀬川高央「「割りかけ回収」制度と日本の防衛力整備――一九五〇年―一九八五年」『經濟學研究』第五五巻第三号（二〇〇五年一二月）、三三～五四頁。

（44）Susan J. Pharr, "Japan's Defensive Foreign Policy and the Politics of Burden Sharing," Gerald L. Curtis, ed., *Japan's Foreign Policy After the Cold War: Coping with Change* (New York: M.E. Sharpe, 1997), pp.235-262; Lind, "Pacifism or Passing the Buck?," pp.92-121.

（45）「第三一回参事官会議議事要録について」一五八六～一五八七頁、『参事官会議議事要録（五一年）二／二』防衛庁史資料、

国立公文書館（四A 三四 一二一三）：「参事官会議議事録」一九七七年五月六日、〇三〇一〜〇三〇六頁、『参事官会議議事要録（五二年）一／二』防衛庁史資料、国立公文書館（四A 三四 一二一四）：瀬端『防衛計画の大綱と日米ガイドライン』六五〜六七頁：村田「防衛政策の展開」八四〜八五頁：久保卓也他「新局面に立つ日本の安全保障」『国防』第二一巻一号（一九七二年）：三岡健次郎「背広の参謀・誤った防衛計画を策す」『軍事研究』第一二巻第一号（一九七七年一月）：堀江正夫、久保卓也、堂場肇「特別座談会 納得できるか「防衛計画の大綱」『国防』第二六巻第一号（一九七七年一月）。なお『軍事研究』一九七六年一月号、一九七七年一月号は退役した制服組による大綱批判の特集号となっている。

(46) 太田述正「久保卓也「防衛に関する業務と予算の科学的管理について」（一九七七．一．一七）より」『防衛学研究』第二四号（二〇〇〇年一一月）、八八〜八九頁。

(47) 「防衛諸計画の作成等に関する訓令」〇一六八〜〇一七三頁、「「防衛諸計画の作成等に関する訓令」の制定について」一九七六年三月二七日、〇一八三頁、いずれも『参事官会議議事要録（五二年）一／二』防衛庁史資料、国立公文書館（四A 三四 一二一四）：「宝珠山昇氏インタビュー」*NSA Oral*, 一四頁：海上自衛隊五〇年史編さん委員会編『海上自衛隊五〇年史』一二七〜一二八頁。

(48) 『白書（第4章の一部、第2章）に関する参事官会議議事録要旨』一一七〇〜一一七二頁：政研オーラル『夏目晴雄』一七八〜一七九頁：村田「防衛政策の展開」八九〜九〇頁。なお、防衛庁内で指針の策定に関して中心的役割を果たした丸山昂防衛局長は、当時施設庁長官だった久保に指針の話を持っていかないままに進めたのが理由ではないかとしている。「丸山昂氏インタビュー」*NSA Oral*, 一五頁。

(49) Cable from Tokyo to State, "November 8th SCG Meeting," November 15, 1976, *Japan I*, JU02007, p.5.

(50) Notes, Central Intelligence Agency, "Recent Developments in Japanese Defense Policy," November 16, 1976, *Japan II*, JA00142.

(51) 上田哲、参議院予算委員会五号（一九七五年三月八日）。

(52) 坂田道太、参議院予算委員会一一号（一九七五年四月二日）。

(53) 坂田道太、衆議院内閣委員会二一号（一九七五年六月三日）：同、衆議院予算委員会二一号（一九七五年六月一一日）：丸山昂、衆議院内閣委員会二二号（一九七五年六月一一日）：坂田道太、衆議院内閣委員会二三号（一九七五年六月一二日）：三木武夫、参議院予算委員会二二号（一九七五年六月一一日）。

(54) Cable from Tokyo to State, "Seventeenth SCG Meeting, June 21, 1975," July 1, 1975, *Japan I*, JU01936, p.7.

(55) Telegram from Tokyo to Secretary of State, "Defense Debate: Sealanes and Defense Cooperation," June 27, 1975, RG59, CFPF, AAD.

(56) Ibid.; アメリカ局安全保障課『第一七回安保運用協議会（SCG）議事要旨』一九七五年六月二三日、外務省開示文書（二〇〇九-〇〇一三八）。

(57) Cable from Tokyo to State, "SECDEF Visit—Consultations with Defense Minister," September 5, 1975, *Japan II*, JA00120.

(58) Cable from Tokyo to State, "GOJ Statements on Defense Sharing, Cont.," June 24, 1975, *Japan I*, JU01934, p.4; Telegram from Tokyo to State, "Background of Current Japanese Defense Debate," June 25, 1975, and telegram from Tokyo to State, "Defense Debate: Sealanes and Defense Cooperation," June 27, 1975, both in RG59, CFPF, AAD.

(59) Cable from Tokyo to State, "SECDEF Visit—Consultations with Defense Minister," September 5, 1975, *Japan II*, JA00120.

(60) Cable from Tokyo to State, "SECDEF Visit—An Unqualified Success," September 8, 1975, *Japan II*, JA00121; Memo from Hodgson to Scowcroft, "Japanese Perceptions of the Asian Military Balance," June 23, 1976, NSA, EAP, box 7（GFL）.

(61) Cable from Defense to Commander-in-Chief, Pacific Command; Commander, U.S. Forces, Japan, "Meeting between Takuya Kubo, Japanese National Defense Council, and DSAD Abramowitz," *Japan II*, JA00357.

(62) Cable from Tokyo to State, "Subcommittee for Defense Cooperation," December 24, 1975, *Japan I*, JU01970.

(63) Ibid., p.3.

(64)『日米防衛協力について（説明）』一九七五年一二月一五日、防衛省開示文書（二〇〇九. 二. 三—本本B一二七一）。なお外務省、防衛庁双方の関係者が、当時SDCをめぐって政府内部で対立があったと証言している。Memcon, "MOFA-JDA Relations," May 10, 1979, *Japan II*, JA00538;「丸山昂氏インタビュー」*NSA Oral*, 一四～一六頁。

(65) Cable from Tokyo to State, "Subcommittee for Defense Cooperation（SDC）," January 7, 1976, *Japan I*, JU01972, p.4.

(66) Letter from Shoesmith to Abramowitz, "Japan-U.S. Consultations," October 6, 1975, *Japan II*, JA00122; Cable from Tokyo to State, "Subcommittee for Defense Cooperation（SDC）," January 7, 1976, *Japan I*, JU01972, p.3.

（67） Ibid., pp.3–4.

（68） Ibid., p.5; Paper, "Initiatives for Defense Cooperation," *Japan II*, JA00461.

（69） Cable to Commander-in-Chief, Pacific Command, "Subcommittee on Defense Cooperation," May 27, 1976, *Japan II*, JA00137.

（70） ただし、SDCの下でも第五回会合の頃までは日米制服組の間で具体的な共同作戦計画の作成が検討されたものの、日本側では陸海空の間で米軍との関係や考え方の差が大きかったため断念したという証言もある。「石津節正オーラル」八五〜八九頁。

（71）『日米防衛協力について（説明）』一九七五年一二月一五日、防衛省開示文書（二〇〇九．一二．三一―本本B一二七一）; Cable from Tokyo to State, "Subcommittee for Defense Cooperation (SDC)," January 7, 1976, *Japan I*, JU01972.

（72） Memo, Department of Defense, "Your Meeting and Luncheon with Foreign Minister Sonoda," *Japan II*, JA00457.

（73） Cable from Tokyo to State, "16th SCC Meeting: Terms of Reference," May 19, 1976, *Japan I*, JU01987, p.3.

第三章　協力の具体化と摩擦の激化

（1） Brian J. Auten, *Carter's Conversion: The Hardening Of American Defense Policy* (Missouri: University of Missouri Press, 2008), pp.47–49; Walsh, *The Military Balance in the Cold War*, pp.109–123; Michael Schaller, *Right Turn: American Life in the Reagan-Bush Era, 1980–1992* (Oxford: Oxford University Press, 2006), pp.1–48.

（2） Walsh, *The Military Balance in the Cold War*, pp.176–178; Dan Caldwell, "US Domestic Politics and the Demise of Détente," Odd Arne Westad, ed., *The Fall of Détente: Soviet-American Relations during the Carter Years* (Oslo: Scandinavian University Press, 1997), pp.101–102; Philip A. Petersen, "American Perceptions of Soviet Military Power", *Parameters*, Vol.7, No.4 (January 2007), pp. 71–75.

（3） Report, Central Intelligence Agency, "Intelligence Community Experiment in Competitive Analysis, Soviet Strategic Objectives an Alternative View, Report of Team 'B,'" December 1976, William Burr and Robert Wampler, ""The Master of the Game" Paul H. Nitze and U.S. Cold War Strategy from Truman to Reagan," *National Security Archive Electronic Briefing Book*, No.139, October 27, 2007, http://www.gwu.edu/~nsarchiv/NSAEBB/NSAEBB139/ (latest access: December 11, 2014).

（4） Paul H, Nitze, Ann M. Smith and Steven L. Rearden, *From Hiroshima to glasnost: at the center of decision: a memoir* (New York: G. Weidenfeld, 1989), pp.350–355.

（5） Walsh, *The Military Balance in the Cold War*, pp.4–9, 140–143; Dake Roy Herspring, *The Soviet High Command, 1967–1989: Personalities and Politics* (Princeton: Princeton University Press, 1990), p.102; Raymond L. Garthoff, “Estimating Soviet Military Intentions and Capabilities,” Gerald K. Haines and Robert E. Leggett, eds., *Watching the Bear: Essays on CIA's Analysis of the Soviet Union* (Washington, D.C.: Center for the Study of Intelligence, Central Intelligence Agency, 2003)； R. Craig Nation, “Programming Armageddon: Warsaw Pact's War Planning, 1969–1985,” Leopoldo Nuti, ed., *The Crisis of Détente in Europe: From Helsinki to Gorbachev 1975–1985*. (London: Routledge, 2009), pp.129–130.

（6） Auten, *Carter's Conversion*, p.46.

（7） Henry Johan Stephan, *The Influence of the United States Senate on NATO's Central Partnership: A Study of Domestic-International Interaction on the Military Relationship between the United States and the Federal Rebublic of Germany between 1979 and 1989* (Ph.D Dissertation, Georgetown University, 1993), pp. 51–61; 合六強「ニクソン政権と在欧米軍削減問題」『法学政治学論究』第九三号（二〇一二年三月）、一六七～一九六頁； Phil Williams, “The Nunn amendment, burden-sharing and US troops in Europe,” *Survival*, Vol.27, Issue.1 (January 1985), pp.2–10.

（8） Memo from Boverie to Scowcroft, “Navy Study,” April 24, 1976, National Security Adviser, Presidential Subject File, 1974–1977, box 14 (GFL)； Report, “National Security Council Study on U.S. Strategy and Naval Forces Requirements,” November 16, 1976, RG59, LF, CWR, 1976–1977, Box 8 (NAII)； Memo from Scowcroft, “National Security Council Meeting on Proposed Review of National Defense Policy and Military Posture,” NSSM246 — National Defense Policy and Military Posture (1 of 2)(5), box 47 (GFL)； William Burr, ““Is this the best they can do?” : Henry Kissinger and the US Quest for Limited Nuclear Options, 1969–75,” Vojtech Mastny, Sven Holtsmark, Andreas Wenger, *War Plans and Alliances in the Cold War: Threat Perceptions in the East and West* (New York: Routledge, 2006), pp.118–140.

（9） Memo from Scowcroft, “National Security Council Meeting on Proposed Review of National Defense Policy and Military Posture,” November 16, 1976, pp.68–71, memo from Vest and Lord to Ronbinson, “DRP Meeting on NSSM 246,” November

29, 1976, and memo from Vest and Lord to the Secretary, "NSC Meeting on NSSM 246 — US Defense Policy and Military Posture," December 15, 1976, all in RG59, LF, CWR, 1976–1977, box 8 (NAII).

(10) "National Security Decision Memorandum 344," January 18, 1977, National Security Study Memoranda and National Security Decision Memoranda, GFL, http://www.fordlibrarymuseum.gov/library/guides/findingaid/nssmnsdm.asp; Walsh, *The Military Balance in the Cold War*, p.136.

(11) Steven L. Rearden, *Council of War: A History of the Joint Chiefs of Staff 1942–1991*, pp.391–392, Joint Electronic Library, http://www.dtic.mil/doctrine/doctrine/history/councilofwar.pdf; Auten, *Carter's Conversion*, p.143.

(12) Presidential Review Memorandum/NSC-10, "Comprehensive Net Assessment and Military Force Posture Review," February 18, 1977, PD And PRM, JCL; Memo from Gelb and Lake to the Secretary, "Your Meeting on PRM-10 with the President, Brzezinski, and Brown," April 14, 1977, RG59, PPS, Lake, 1977–1981, box 2 (NAII).

(13) Ibid.

(14) Ingo Trauschweizer, *The Cold War U.S. Army: Building Deterrence for Limited War* (Kansas: University Press of Kansas, 2008), pp.195–229; Walsh, *The Military Balance in the Cold War*, pp.112–117.

(15) Memo from Gelb and Lake to the Secretary, "Your Meeting on PRM-10 with the President, Brzezinski, and Brown," April 14, 1977, RG59, PPS, Lake, 1977–1981, box 2 (NAII).

(16) Michael McGwire, *Military Objectives in Soviet Foreign Policy* (Washington D.C.: Brookings Institution, 1987), pp.28–77; Walsh, *The Military Balance in the Cold War*, p.137.

(17) Glad, *An Outsider in the White House*, pp.57–58.

(18) "PD/NSC-18 U.S. National Strategy," August 26, 1977, PD And PRM, JCL.

(19) Caldwell, "US Domestic Politics and the Demise of Détente," pp.101–102.

(20) "Address at Wake Forest University," March 17, 1978, *PPPUS, 1978, Book I*, pp.531–532, the American Presidency Project; Auten, *Carter's Conversion*; Zanchetta, *The Transformation of American International Power in the 1970s*, pp.221–242; "Carter Calls on Soviet to End Confrontation or Risk 'Graver' Strain," *New York Times*, June 8, 1978. ソ連のアフガニスタン侵攻については、ロドリク・ブレースウェート（河野純治訳）『アフガン侵攻一九七九－八九』（白水社、二〇一三

年）；Artemy Kalinovsky, "Decision-Making and the Soviet War in Afghanistan: From Intervention to Withdrawal," *Journal of Cold War Studies*, Vol.11, No.4 (Fall 2009), pp.46–73.

（21）村田晃嗣『大統領の挫折』有斐閣、一九九八年；石田智範「日米関係における対韓国支援問題、一九七七―一九八一」『国際政治』第一七六号（二〇一四年三月）、一四～二八頁。

（22）Memo from Armacost and Oksenberg to Brzezinski, "Japanese and Chinese Perceptions of Adjustments in the US Military Presence in Korea and Philippines," March 4, 1977, 26NSA, FE, box 2 (JCL)；Memo for the Secretary of Defense, "Improving the Force Structure in WESTPAC," *Japan II*, JA00144;「インタビュー（1）西広整輝氏」一九九五年一一月一六日、*NSA Oral*, 一四頁。

（23）「石津節正オーラル」八〇～八一頁；「日米防衛協力小委が初会合」『朝日新聞』一九七六年八月三一日。

（24）政研オーラル『伊藤圭一 オーラルヒストリー』下巻、二〇〇三年、一五八～一五九頁；防研編『中村悌次オーラル・ヒストリー』下巻、二〇〇六年、一九六～一九八頁；「協議の結果は政府しばらぬ」『朝日新聞』一九七六年一〇月一九日。

（25）Cable from Tokyo to State et al. "Results of Third SDC Meeting, December 6, 1976," December 9, 1976, *Japan II*, JA00143.

（26）大森敬治『我が国の国防戦略』内外出版、二〇〇九年、三六頁。

（27）「第2回参事官会議」一九七八年一月二五日、〇〇二四～〇〇三一頁、『参事官会議議事要録（五三年）一／四』防衛庁文書（四A 三四 一二一六）、国立公文書館；Cable from Tokyo to State, "Tenth US-Japan Security Subcommittee Meeting," January 21, 1978, *Japan II*, JA00351; Cable from Tokyo to State et al., "Results of Third SDC Meeting, December 6, 1976," December 9, 1976, *Japan II*, JA00143, pp.7–8.

（28）Ibid., p.3.

（29）アメリカ局安全保障課『日米防衛協力小委員会公表資料』一九七八年二月、外務省開示文書（二〇〇六―〇〇七〇一）、一一頁；「石津節正オーラル」九四～九五頁；"Interview with Albert L. Seligmann," *Frontline Diplomacy*;「三作業部会を設置」『朝日新聞』一九七七年四月一九日。

（30）「本土侵略時の日米防衛協力制服レベルで検討へ」『朝日新聞』一九七七年八月一七日。

（31）アメリカ局安全保障課『日米防衛協力小委員会公表資料』一九七八年二月、外務省開示文書（二〇〇六―〇〇七〇一）、

一六頁：アメリカ局安全保障課『第七回防衛協力小委員会に関する中島アメリカ局長の記者ブリーフ記録』一九七八年七月五日、外務省開示文書（二〇〇六―〇〇七〇三）、九～一六頁：「石津節正オーラル」八〇〜八一頁、九二〜九八頁：「日米防衛小委、有事の際の日米協力ガイドライン案の報告受ける」『日本経済新聞』一九七八年七月五日（夕刊）。

（32）Cable from Tokyo to State, "Agenda for DEFMIN Kanemaru's Meeting with SECDEF," May 26, 1978, *Japan II*, JA00395.

（33）『日米安全保障協議委員会第十七回会合について』一九七八年一一月二七日、防衛省開示文書（二〇〇八・二・二九―本本B七七二）；Cable from Tokyo to State, "Security Consultative Committee XVII," November 29, 1978, *Japan II*, JA00467;「攻勢面は米軍主体」一九七八年一一月一日、及び「「安保」に質的変化も」一九七八年一一月二九日、共に『朝日新聞』。

（34）「資料40　日米防衛協力のための指針」防衛庁『日本の防衛』一九七九年度。

（35）Memo from Froebe to Scowcroft, "Memorandum of Your Conversation with Admiral Gayler, November 14, 1974," November 25, 1974, National Security Adviser Presidential Name File, 1974–1977, Gayler, Noel A.M.（Admiral）, box 1（GFL）.

（36）CINCPAC, *Command History 1978 Volume I*, 1979, pp.77–81.

（37）熊谷晃「ソ連の進出戦略」桃井真『エネルギーと国際紛争』電力新報社、一九八一年、一三七～一四〇頁：Euan Graham, *Japan's Sea Lane Security, 1940–2004: A Matter Of Life And Death?*（New York: Routledge, 2006）, pp.43–44.

（38）Frank Donnini, *ANZUS in Revision: Changing Defense Features of Australia and New Zealand in the Mid-1980s*（Alabama: Air University Press, 1991）, p.24; Graham Priestnall, "ANZUS and the Radford-Collins Agreement: Australia's Naval Mission," *Journal of the Australian Naval Institute*, Vol.23, No.1（January/March 1997）, pp.49–52.

（39）CINCPAC, *Command History 1973 Volume II*, 1974, pp.647–648; Bryan Ranft and Geoffrey Till, *The Sea in Soviet Strategy*（London: Macmillan, 1983）, pp. 166–177, 206–208; Walsh, *The Military Balance in the Cold War*, pp.131–132.

（40）Director of Naval Intelligence, *Understanding Soviet Naval Developments*（Washington, D.C.: Office of Chief of Naval Operations Department, 1985）, pp.12–16: Memo from Odom to Brzezinski, "Soviet Launch-On-Warning Capability," January 23, 1978, The Remote Archives Capture（hereafter cited as RAC）, NLC-6-79-4-20-3（JCL）; Harry Gelman, *The Soviet Far East Buildup and Soviet Risk-Taking Against China*（Santa Monica, California: RAND Corporation, 1982）, http://www.rand.org/pubs/reports/R2943/（latest access: November, 4, 2009）, pp.79–83: McGwire, *Military Objectives in Soviet*

Foreign Policy, pp.100–101; Andrei A. Kokoshin, *Soviet Strategic Thought, 1917–91* (Cambridge: The MIT Press, 1998), pp.183.

(41) Owen R. Cote, Jr., "The Third Battle: Innovations in the US Navy's Silent Cold War Struggle with Soviet Submarines," *Newport Papers*, No.16 (2003), pp.72–76.

(42) Director of Naval Intelligence, *Understanding Soviet Naval Developments*, pp.26–27; Walsh, *The Military Balance in the Cold War*, pp.131–132;「ソ連ミンスク艦隊の極東回航」『朝日新聞』一九七九年六月二三日。

(43) Memo, "Soviet Capabilities against Sea Lines Communication in the Indian Ocean," August 11, 1977, RAC, NLC–23–39–5–2–7 (JCL), pp.1–3.

(44) Defense Intelligence Report, "Soviet Naval Indian Ocean Operations," February 1980, NSA, *The Soviet Estimate: U.S. Analysis of the Soviet Union, 1947–1991*, SE00530.

(45) CINCPAC, *Command History 1976 Volume I*, 1977, p.396; James L. Holloway, III, *Aircraft Carriers At War: A Personal Retrospective of Korea, Vietnam, and the Soviet Confrontation* (Annapolis: Naval Institute Press, 2007), p.31; Graham, *Japan's Sea Lane Security*, p.45.

(46) CINCPAC, *Command History 1973 Volume I*, 1974, pp.114–115; CINCPAC, *Command History 1977 Volume I*, 1978, pp.87–91. 一九七三年以前の報告では、ソ連太平洋艦隊の質的改善や作戦範囲の拡大に触れるにとどまっていた。一例として、CINCPAC, *Command History 1972 Volume I*, 1973, pp.84–85.

(47) Holloway, *Aircraft Carriers At War*, p.31.

(48) Paper from Scowcroft to the President, "Revision to the Unified Command Plan (UCP)," March 1, 1976, NSA, Presidential Agency File, 1974–1977, box 8 (GFL); CINCPAC, *Command History 1975 Volume I*, 1976, pp.150–151; Ronald H. Cole, et al., *The History of Unified Command 1946–1993* (Washington, DC: Joint History Office of the Office of the Chairman of the Joint Chiefs of Staff, 1995), pp.43–46; Graham, *Japan's Sea Lane Security*, pp.123–126.

(49) Memo from Scowcroft, "Meeting with Australian Prime Minister J. Malcolm Fraser," July 26, 1976, *Declassified Documents Reference System* (hereafter cited as *DDRS*), p.2, http://gdc.gale.com/products/declassified-documents-reference-system/; Graham, *Japan's Sea Lane Security*, p.127.

(50) 政研オーラル『海原治オーラルヒストリー』政策研究大学院大学、二〇〇一年、一五二～一六〇頁；大賀「混迷する〝シー・レーン〟防衛論議」二一頁；Graham, *Japan's Sea Lane Security*, pp.106–108; Peter D. Woolley, *Japan's Navy: Politics and Paradox, 1971–2000* (Boulder: Lynne Reinner Publishers, 2000), pp.66–87.

(51) Graham, *Japan's Sea Lane Security*, pp.104–105; Hideo Sekino, "Japan and Her Maritime Defense," *U.S. Naval Proceedings*, Vol.97, No.819 (May 1971), pp.98–121.

(52) 近代日本史料研究会編『佐久間一オーラルヒストリー』下、二〇〇八年、一四五～一四六頁；「児玉良雄オーラル・ヒストリー」『オーラル・ヒストリー 冷戦期②』三三四～三三六頁；James E. Auer, *The Postwar Rearmament of Japanese Maritime Forces, 1945–71* (New York: Praeger Publishers, 1973), pp.133–144; Graham, *Japan's Sea Lane Security*, p.121.

(53) Cable to Commander, U.S. Forces, Japan, "Subcommittee for Defense Cooperation Agenda Topics," April 12, 1977, *Japan II*, JA00194, p.1;「石津節正オーラル」九四頁；「大森敬治氏インタビュー」, *NSA Oral*, 六～七頁。

(54) Briefing paper, Department of Defense, "The U.S.-Japan Security Relationship and Its Major Elements," *Japan II*, JA00152; Cable from Tokyo to State, "Fukuda Visit Paper: U.S.-Japan Security Relationship," February 24, 1977, *Japan II*, JA00175; Analysis, Department of Defense, "Japan's Defense Policy, Forces, and Capabilities," *Japan II*, JA00340.

(55) Letter from Seligmann to Armacost, "Japan-U.S. Defense Cooperation," February 15, 1979, *Japan II*, JA00489, p.2; "Interview with Albert L. Seligmann," and "Interview with William C. Sherman," *Frontline Diplomacy*.

(56) Paper, "U.S.-Japan Defense Relations", *Japan II*, JA00555; Talking Points, Department of Defense, "Your Meeting with Ganri Yamashita, Defense Minister Japan," *Japan II*, JA00428; 室山『日米安保体制』下、四三六～四六一頁；Walsh, *The Military Balance in the Cold War*, pp.156–165. Graham, *Japan's Sea Lane Security*, pp.129–131.

(57) William E. Odom, "The Cold War Origins of the U.S. Central Command," *Journal of Cold War Studies*, Vol.8, No.2 (Spring 2006), pp. 52–82. なおレーガン政権下でＲＤＪＴＦは現在の中央軍に格上げされている。

(58) 大賀良平「混迷する〝シー・レーン〟防衛論議」『戦略研究シリーズ』Vol.7（一九八二年七月）、二一～二三頁；Graham, *Japan's Sea Lane Security*, pp.43–45; Geoffrey Till, "Holding the Bridge in Troubled Times: the Cold War and the Navies of Europe," *Journal of Strategic Studies*, Vol. 28, No.2 (April 2005), pp.325–330.

(59) CINCPAC, *Command History 1974 Volume I*, 1975, pp.164–166; CINCPAC, *Command History 1975 Volume I*, 1976,

pp.150–151; Robert W. Jr. Love, *History of the U.S. Navy, Volume Two, 1942–1991* (Harrisburg: Stackpole Books, 1992), p.612; Christopher A. Ford and David A. Rosenberg, "The Naval Intelligence Underpinnings of Reagan's Maritime Strategy," *Journal of Strategic Studies*, Vol.28, No.2 (April 2005), pp.379–409.

(60) John B. Hattendorf, "The Evolution of the U.S. Navy's Maritime Strategy, 1977–1986," *Newport Papers*, No.19 (2004), pp.17–20; John B. Hattendorf, ed., "U.S. Naval Strategy in the 1970s: Selected Documents," *Newport Papers*, No. 30 (2007), pp.103–104; John B. Hattendorf and Peter M. Swarts, eds., "U.S. Naval Strategy in the 1980s: Selected Documents," *Newport Papers*, No.33 (2008), pp.105–136; Gregory L. Vistica, *Fall from Glory: The Men Who Sank the U.S. Navy* (New York: Simon and Schuster, 1995), pp.31–68.

(61) Briefing Book, "Consultations between the Secretary of Defense Harold Brown and the Japanese State Minister for Defense Asao Mihara," September 13, 1977, *Japan II*, JA00307, p.24; Analysis, Department of Defense, "U.S./Japan-USSR Balance," June 12, 1978, *Japan II*, JA00402, p.1; Barry R. Posen, *Inadvertent Escalation: Conventional War and Nuclear Risks* (Ithaca, New York: Cornell University Press, 1991), pp. 167–172.

(62) マッキュービン・T・オーウェンス（道下徳成監訳）「米国の外交政策と戦略」石津朋之、ウィリアムソン・マーレー編『日米戦略思想史』彩流社、二〇〇五年、二六四～二六六、二七〇～二七五頁；George W. Baer, *One Hundred Years of Sea Power: The U.S. Navy, 1890–1990* (Stanford: Stanford University Press, 1994), pp.432–444; Vistica, *Fall from Glory*, pp.212–215; John Mearsheimer, "A Strategic Misstep: The Maritime Strategy and Deterrence in Europe," *International Security*, Vol.11, No.2 (Fall 1986), pp.79–80, 90–92; Vladimir Kuzin and Sergei Chernyavskii, "Russian Reactions to Reagan's 'Maritime Strategy'," *Journal of Strategic Studies*, Vol.28, No.2 (April 2005), pp.429–439.

(63) Cote, *The Third Battle*, pp.41–67.

(64) 海自編『海上自衛隊五〇年史』、二〇〇三年、二七五～二七六頁；政研オーラル『大賀良平』第二巻、二二六～二二七頁。

(65) 西村繁樹『防衛戦略とは何か』ＰＨＰ研究所、二〇一二年、三三～七七頁；同「日本の防衛戦略を考える」『新防衛論集』第一二巻第一号（一九八四年七月）、五〇～七九頁。

(66) ただし航空自衛隊では海洋戦略が知られていなかったという証言もあり、自衛隊の中でどこまで海洋戦略に対する認識が共有されていたのかは不明である。「森繁弘オーラル」一九九～二〇一頁。

(67) Hans M. Kristensen, *Japan Under the Nuclear Umbrella: U.S. Nuclear Weapons and Nuclear War Planning In Japan During the Cold War* (Berkeley: The Nautilus Institute, 1999), pp.49–53.「物と人の協力」については、西村熊雄『安全保障条約論』時事通信社、一九五九年、四〇頁：坂元『日米同盟の絆』二六六～二七〇頁：同「日米同盟の課題」『国際問題』五八八号（二〇一〇年一月・二月号）、一九～二〇頁。

(68)「第25回参事官会議議事録」〇五八九～〇六九一頁、『参事官会議議事要録（五三年）二／四』防衛庁史資料（四A 三四一二一七）、国立公文書館。

(69) CINCPAC, *Command History 1980 Volume I*, 1981, pp.128–130;「第3部第2章第2節　日米防衛協力」防衛庁『防衛白書』一九八〇年度：「第3部第3章第2節「日米防衛協力のための指針」及びこれに基づく研究」防衛庁『防衛白書』一九八一年度。

(70) 防衛局防衛課「新戦闘機の選定作業と今後の方針について」『防衛アンテナ』第一九八号（一九七七年一月）、一一～二七頁：防衛庁「次期対潜機の選定について」『防衛アンテナ』第二〇六号（一九七七年九月）、一～四三頁：リチャード・J・サミュエルズ（奥田章順訳）『富国強兵の遺産』三田出版会、一九九七年、三三一～三三二頁：Michael J. Green, *Arming Japan* (New York: Columbia University Press, 1995), pp. 65–71. なお両機は最終的にF-15が二一三機、P-3Cが一〇一機と、それぞれの機種の運用国としては米国に次ぐ数が調達されている。「資料16　F-15、P-3Cの整備関係」防衛庁編『防衛庁五十年史』二〇〇五年、三六八～三六九頁。

(71) Paper, Department of Defense, "Releasability of F-15 for License Production (LP) in Japan," JA00291, memo from Platt to Frost, "Japanese Coproduction of US Defense Items," May 15, 1980, JA00703, and memo from Kramer to Platt, "Japanese Coproduction," July 29, 1980, JA00717, all in *Japan II*.

(72) CINCPAC, *Command History 1978 Volume I*, 1979, pp.382–384; CINCPAC, *Command History 1980 Volume II*, 1981, pp.417–420; サミュエルズ『富国強兵の遺産』三三三～三三四頁：Guran, *The Dynamics and Institutionalisation of the Japan — US Naval Relationship*, pp.94–108.

(73) 海自編『海上自衛隊五〇年史』一三八～一四一頁：「元海幕長大賀良平氏対談」一九～二二頁、及び「丸山昂氏インタビュー」二五～二六頁、共に *NSA Oral*;「資料18　リムパックの概要」防衛庁編『防衛庁五十年史』二〇〇五年、三七三～三七四頁：William J. Crowe, "U.S. Pacific Command: A Warrior-Diplomat Speaks," Derek S. Reveron, ed., *America's Vice-*

roys: The Military and U.S. Foreign Policy (New York: Palgrave Macmillan, 2004), p.82.

（74）「第一九回参事官会議」一九七九年一〇月二四日『参事官会議議事要録（五四年）一／二』防衛庁史資料（四Ａ 三四 一二二〇）、国立公文書館、一五六四〜一五六五頁。

（75）CINCPAC, *Command History 1980 Volume I*, 1981, p.219. ただし海上自衛隊の米国派遣訓練や米海軍との共同演習は五〇年代から実施されており、参加艦艇数や訓練回数という点では防衛協力の指針の影響は認められないことにも留意する必要がある。海自編『海上自衛隊五〇年史』六二〜六八頁：同『海上自衛隊五〇年史』資料編、防衛庁海上幕僚監部、二〇〇三年、二三五頁："James Auer Oral History Interview," March 1996, *NSA Oral*.

（76）防研『佐久間一オーラル・ヒストリー』上巻、二〇〇七年、一三三〜一三五頁。

（77）室山『日米安保体制』上、二二二〜二四七頁：前田哲男『在日米軍基地の収支決算』筑摩書房、二〇〇〇年、一五七〜一九四頁：小出輝章「五六年度防衛分担金をめぐる日米交渉」『同志社法学』五七巻四号（二〇〇五年一一月）、五一〜七六頁：櫻川明巧「日米地位協定の運用と変容」本間浩他『各国間地位協定の適用に関する比較論考察』内外出版、二〇〇三年、一一三〜一二二頁：中村起一郎「防衛問題と政党政治」『年報政治学一九九八　日本外交におけるアジア主義』一九九八年、一九五〜二一二頁。また一九六〇年代までの経費負担をめぐる議論については、古城「日米安保体制とドル防衛政策」一〇四〜一〇六頁。

（78）総額の減少こそ一九七三年のみであったが、ＧＤＰ比では一九六九年の九・五%から一貫して減少を続け、七〇年代後半は五%以下に抑えられていた。"Table 3.1: Outlays by Superfunction and Function: 1940–2012," Office of Management and Budget, *Historical Tables, Budget of the United States Government, Fiscal Year 2008* (Washington, D.C.: U.S. Government Printing Office, 2007), pp.47–51.

（79）Memcon, Office of the White House, "Meeting with Eisaku Sato, Japanese Prime Minister, on Thursday, January 6, 1972 at 1:30 p.m. at San Clemente," January 6, 1972, *Japan I*, JU01499; Memo to the Secretary of Defense, "Topics for Discussion at luncheon Hosted by Minister Yamanaka – Information Memorandum," October 16, 1974, *Japan II*, JA00092.

（80）Telegram from Tokyo to State, January 24, 1973, RG59, CF, SNF, 1970–1973, Box 1752 (NAII)：楢崎弥之助、衆議院予算委員会11号（一九七三年二月一二日）：安井吉典、衆議院予算委員会六号（一九七三年二月五日）：楢崎弥之助、衆議院予算委員会八号（一九七三年二月七日）：同、衆議院予算委員会一一号（一九七三年二月一二日）：堂森芳夫、衆議院予算委員会三号（一九七三年二月二八日）：「横田基地集約で合意」『朝日新聞』一九七三年一月二四日：我部「「思いやり予算」の原型」七四～八九頁。

(81) 大平正芳、衆議院予算委員会二三号（一九七三年三月一三日）：同、参議院予算委員会四号（一九七三年三月一六日）。

(82) 外務省・防衛施設庁「在日米軍従業員の労務問題について」一九七七年一二月二二日、防衛省開示文書（二〇〇七．一二．二五—本本B五四六）：Tokyo to State, "Next Cost-Sharing Steps," January 9, 1978, *Japan II*, JA00342；櫻川「日米地位協定の運用と変容」一九～二〇頁。

(83) Memcon, "Meeting between the Secretary of Defense and Asao Mihara, Japanese Minister of State for Defense," September 26, 1977, *Japan II*, JA00317; 近代日本史料研究会編『塩田章オーラルヒストリー』二〇〇六年、一七四～一七五頁：櫻川「日米地位協定の運用と変容」一四～二三頁。

(84) 野添文彬「「思いやり予算」と日米関係一九七七—一九七八年」『沖縄法学』第四三巻（二〇一四年三月）、一五～四五頁。

(85) Telegram from State to Tokyo, "Labor Cost Sharing Agreement," December 22, 1977, RG59, CFPF, AAD. 具体的には直接雇用費以外の健康保険の雇用者負担分等を負担することとなった。

(86) 金丸信、衆議院内閣委員会二二号（一九七八年六月六日）：櫻川「日米地位協定の運用と変容」一四～一八頁：「住宅五〇〇戸を追加要求」『朝日新聞』一九七八年二月四日。

(87) Cable from Tokyo to State, "Cost Sharing," September 21, 1978, *Japan II*, JA00443, p.2.

(88) 「日米安全保障協議委員会第十七回会合について」一九七八年一一月二七日、防衛省開示文書（二〇〇八．二．二九—本本B七七二）：「第三三回参事官会議議事録」一九七八年一一月八日、〇八五六～〇八五七頁、『参事官会議議事要録（五三年）三／四』防衛庁史資料（四A 三四 一二一八）、国立公文書館。

(89) Memo from Brzezinski to the President, "Your Meeting with Prime Minister Fukuda on May 3," 26NSA, FE, ACF, Box 7 (JCL)：Briefing Paper, "US-Japan Defense Cost-Sharing," May, 1978, *Japan II*, JA00382, CINCPAC, *Command History 1979 Volume I*, 1980, pp.303-306; "Interview with Albert L. Seligmann," *Frontline Diplomacy*.

(90) ただし米国側の圧力を強調するセリグマンらの見解とは対照的に、当時北米第一課長を務めていた中島俊次郎は日本側がこの問題の解決に自主的に動いたとしている。中島敏次郎『外交証言録 日米安保・沖縄返還・天安門事件』岩波書店、二〇一二年、一五一～一五二頁。

(91) Memo from Brown to McGiffert, March 26, 1979, *Japan II*, JA00505; Cable from Tokyo to State, "Linkage Between GOJ Defense Spending and U.S. —Japan Economic Relations," April 24, 1979, *Japan II*, JA00523.

(92) 「基地労務費分担の政府方針 社党、実質的に支持」『朝日新聞』一九七七年一一月一九日。

(93) Memo from Armacost to Brzezinski, "Your Meeting with Japanese Defense Minister Asao Mihara on Wednesday, September 14, at 9:00," September 13, 1977, 26NSA, ACF, box 4（JCL）; Briefing book, "Consultations between the Secretary of Defense Harold Brown and the Japanese State Minister for Defense Asao Mihara," September 13, 1977, *Japan II*, JA00307; Briefing book, "Eleventh U.S.-Japan Security Subcommittee Meeting (SSC)," NSA, *Japan and the United States: Diplomatic, Security, and Economic Relations, Part III, 1961–2000*（hereafter cited as *Japan III*）, JT00296, p.10; 調査部企画課「第23回日米政策企画協議要録」一九七七年九月、『日米政策企画協議（第二二、二三回）』外交記録公開制度による公開文書（管理番号：二〇一二―二八八一）（外務省外交史料館）、一七頁。

(94) 「五六中業について（試案）」一九八二年七月九日、『宝珠山昇関係文書』（31-8）；防研編『西元徹也オーラル・ヒストリー』上巻、二〇一〇年、二一九～二二八頁；Cable from Tokyo to State, "MOFA Long Range Security Paper under Preparation," March 20, 1979, *Japan II*, JA00504.

(95) 「安保事務レベル協議（米太平洋軍司令官の観察）」『大村襄治文書』（分類番号Ⅲ-1-3）、東京大学近代日本法政史料センター（原資料部）；Report, "U.S.-Japan Defense Cooperation in the 1980s," March, 1980, *Japan III*, JT00316; 塩田潮『官邸決断せず』日本経済新聞社、一九九一年、一二九～一三〇頁。

(96) 北米保「鈴木総理・ワインバーガー国防長官会談（電話連絡メモ）」一九八一年五月九日『大村襄治文書』（Ⅲ-1-3）、東京大学。

(97) CINCPAC, *Command History 1981 Volume I*, 1982, p.208; 海自編『海上自衛隊五〇年史』二七五～二七七頁；近代日本史料研究会編『佐久間一オーラル』下、二〇〇八年、一三～一七頁。

(98) 「資料22 主要艦艇の就役数・性能諸元」及び「資料23 主要航空機の保有数・性能諸元」防衛庁『防衛白書』一九八二年度；「資料16 主要艦艇の就役数・性能諸元」及び「資料17 主要航空機の保有数・性能諸元」防衛庁『防衛白書』一九八八年度。

(99) 瀬川高央「「割りかけ回収」制度と日本の防衛力整備」三三～五四頁；Walsh, *The Military Balance in the Cold War*,

pp.115–127.

(100)「我が国の防衛努力をめぐる米議会の動向」『大村襄治文書』(Ⅲ–1–11)、東京大学；Memo from Komer to Brown, March 23, 1979, *JapanII*, JA00505; Memo from Weinberger to Reagan, "Japanese Defense Efforts," *JapanII*, JA00862; Report, Politico-Military Affairs Deputate of the Plans and Policy Directorate, Joint Chiefs of Staff, "A Review of the United States—Japan Security Relationship," December 17, 1979, *Japan III*, JT00309; "Japanese Defense Spending," *CQ Almanac 1982* (Washington, DC: Congressional Quarterly, 1983), p.166.

(101)「第19回参事官会議」一九七九年一〇月二四日、一五五七〜一五六二頁、『参事官会議議事要録（五四年）1／2』防衛庁文書（四Ａ 三四 1230）、国立公文書館；Memo Brown to the President, "U.S. Aims for Japan's Defense Posture," March 10, 1977, *Japan II*, JA00181; Briefing Book, "Consultations between the Secretary of Defense Harold Brown and the Japanese State Minister for Defense Asao Mihara," September 13, 1977, *Japan II*, JA00307, p.23, 26.

(102) Paper, "U.S.-Japan Security Relationship," *Japan II*, JA00270. p.3; Memo for the President, The Secretary of Defense, "U.S. Aims for Japan's Defense Posture," March 10, 1977, 6NSA, BCF, box 40 (JCL).

(103) こうした具体的要求の有効性については、後にブレジンスキーも触れている。外岡秀俊他『日米同盟半世紀』朝日新聞社、二〇〇一年、三五四〜三五六頁。

(104) Memo from Smith to Armacost, "Outline of Analytic Study of U.S.-Japan Defense Relations," December 8, 1978, JA00470, and memo from McGiffert to the Secretary of Defense, "U.S.-Japan Defense Cooperation," June 7, 1979, JA00561, both in *Japan II*,; Letter from Brown to Brzezinski, June 9, 1979, (6) National Security Affairs, Brzezinski Material, Country File (hereafter cited as 6NSA, BCF), box 41 (JCL); Memo from Breckon to Lake, "Foreign Policy Agenda for the Next Year and a Half," July 13, 1979, and memo from Magner to Lake, "Foreign Policy Agenda for the Next Year and a Half," August 1, 1979, both in RG59, PPS, Lake, 1977–1981, box 18 (NAII).

(105) Cable from Tokyo to State, "Sneider Study on Japanese Defense Options: Evolution and Analysis Secret," June 13, 1979, *Japan II*, JA00563; Memo from McGiffert to the Secretary of Defense, "U.S.-Japan Defense Cooperation," June 7, 1979, *Japan II*, JA00561; Briefing Paper, Department of State, "Japan Defense Spending," *Japan II*, JA00620; Memo from Murray to the Secretary of Defense, "Japanese Defense Program — Information Memorandum," October 12, 1979, *Japan II*, JA00607.

(106) Memo from Breckon to Lake, "Foreign Policy Agenda for the Next Year and a Half," July 13, 1979, RG59, Lake, 1977–1981, Box 18 (NAII) ; Letter from Platt to Barnett, August 8, 1979, 26NSA, FE, ACF, box 65 (JCL) ; Briefing paper, State, "Japan Defense Spending," *Japan II*, JA00620; "James Auer Oral History Interview," *NSA Oral*.

(107) Cable from State to Tokyo, "Japanese Defense Budget," August 6, 1980, JA00731, and cable from Tokyo to State, "Memcon--Under Secretary Komer's Meeting at JDA," September 24, 1980, JA00759, both in *Japan II* ; 瀬端『防衛計画の大綱と日米ガイドライン』八四～九一頁；山口航「カーター政権からレーガン政権にかけての対日政策の転換」『同志社アメリカ研究』別冊一九（二〇一三年三月）、四三～四四頁。

(108) Memo for the Secretary of Defense, Kramer, "President's Meeting with Prime Minster Ohira: Defense Issues," April 28, 1980, JA00677, and cable from Tokyo to State, "GOJ Defense Budget — MOFA Briefing," December 29, 1980, JA00805, both in *Japan II*.

(109) Memo, "Conversation between Mr. Wada, Director, General Equipment Bureau, Japan Defense Agency and Mr. Platt, Deputy Assistant Secretary, East Asia and Pacific Affairs," September 4, 1980, JA00774, and cable from Tokyo to State, "Secretary Brown's Visit to Japan," December 15, 1980, JA00797, both in *Japan II*.

(110) 政研オーラル『夏目晴雄』二九四～二九五頁；政研オーラル『有馬龍夫 オーラル・ヒストリー』二〇一一年、二二四～二二六頁；朝日新聞社『総点検日米安保』朝日新聞社、一九八二年、二四九頁。

(111) 「第2回首脳会談（五月八日午前）」『大村襄治文書』（Ⅲ-1-3）、東京大学。

(112) Memo from Bremer to Clark, "Proposed Presidential Message to Prime Minister Suzuki on Japanese Defense Budget," January 6, 1982, JA00941, and memo from Holdridge and Burt to Haig, "DOD Letter on Japanese Defense Efforts," January 29, 1982, JA00951, both in *Japan II*.

(113) Letter from Platt to Barnett, August 8, 1979, (26) National Security Affairs, Staff Material — Far East-Platt, Platt Chron File (hereafter cited as 26NSA, Platt, PCF), box 65 (JCL) ; Briefing Paper, Department of State, "Japan Defense Spending," *Japan II*, JA00620; "James Auer Oral History Interview," *NSA Oral*; 村田晃嗣「レーガン政権の安全保障政策」『同志社法学』第五八巻第四号、一三一七頁。

(114) Paper, Department of State, "Japan Defense Spending," *Japan II*, JA00620.

結語　同盟国としての負担分担

（1） National Intelligence Estimate, "Soviet Naval Strategy and Programs through the 1990s," November 15, 1982, Hattendorf, *The Evolution of the U.S. Navy's Maritime Strategy, 1977–1986*, pp.101–183; John B. Hattendorf and Peter M. Swartz, eds., "U.S. Naval Strategy in the 1980s," *Newport Papers*, No.33（2008）, pp.8–9.

（2） "U.S. National Security Strategy," May 20, 1982, National Security Decision Directives, 1981–1989, Ronald Reagan Presidential Library [hereafter cited as RRL]), http://www.reagan.utexas.edu/archives/reference/reference.html#.VK-4SlFIfqmQ; Walsh, *The Military Balance in the Cold War*, pp.144–147, 164–172.

（3） 外岡他『日米同盟半世紀』三八九～三九三頁。

（4） Cable from Tokyo to State, "SSC XI—Agenda," May 25, 1979, *Japan II*, JA00547; Cable from Commander-in-Chief of Pacific Command to Joint Chiefs of Staff, "SSC XI Agenda," June 6, 1979, *Japan II*, JA00559.

（5） Memo from Platt to Brzezinski, "VBB Lunch: US-Japan Security Subcommittee Meeting," August 7, 1979, 26NSA, Platt, PCF, Box 67（JCL）.

（6） 西平『世論調査による同時代史』二四一～三二九頁；CINCPAC, *Command History 1981 Volume I*, 1982, pp.69–73.

（7） 「第四回参事官会議議事概要」『参事官会議議事要録（五四年）一／二』防衛庁文書（四A 三四 一三二〇）、国立公文書館、一一四〇～一一四九頁；「第六回参事官会議議事概要」一九七八年五月一〇日『参事官会議議事要録（五四年）一／二』防衛庁文書（四A 三四 一三二〇）、国立公文書館、一一八九～一一九〇頁。

（8） 「第六回参事官会議議事概要」一九七八年五月一〇日『参事官会議議事要録（五四年）一／二』防衛庁文書（四A 三四 一三二〇）、国立公文書館、一一七七～一一七九頁；"James Auer Oral History Interview," *NSA Oral*.

（9） 「第一九回参事官会議」一九七九年一〇月二四日、一五五七～一五六二頁、『参事官会議議事要録（五四年）1／2』防衛庁文書（四A三四一三二〇）、国立公文書館；Memo for Record, Todd, "Key Discussion Points, CJCS and Senior Japanese Officials, 15 Oct. 79," October 16, 1979, *Japan II*, JA00608; Memo from Brown to Claytor, "My Visit to Japan," October 21, 1979, 6NSA, BCF, Japan,10/79–2/80, Box 41（JCL）; Memo from Situation Room to Brzezinski, "Noon Notes," October 26, 1979, RAC, NLC–1–12–8–15–3（JCL）.

（10） Memcon, "Secretary of Defense Meeting with Japan: Foreign Minister Ito, 1520–1645 hours, 19 September 1980," September 23, 1980, *Japan II*, JA00756.

(11) CINCPAC, *Command History 1979 Volume I*, 1980, pp.83-88.

(12) マイケル・ジョナサン・グリーン「能動的な協力関係の構築に向けて」入江昭、ロバート・A・ワンプラー編（細谷千博・有賀貞監訳）『日米戦後関係史』講談社インターナショナル、二〇〇一年、一六六〜一六九頁。

(13) ＦＳＸについては、手嶋龍一『たそがれゆく日米同盟』新潮社、二〇〇六年（初版一九九一年）；山県信一「ＦＳＸ摩擦と日米安保体制」『国際学論集』第四九巻（二〇〇二年一月）、二一〜三八頁；Mark Lorell, *Troubled Partnership: A History of US-Japan Collaboration on the FS-X Fighter* (Santa Monica, California: RAND, 1995), pp.97-318. 対潜能力に関する日米協力の限界については、防研編『佐久間一オーラル』下巻、二九頁。

(14) Cable from Tokyo to State, "Visit of Deputy Secretary of Defense Duncan: Calls on Foreign Minister and Defense Minister," March 16, 1978, *Japan II*, JA00371.

(15) Memo from Platt to Brzezinski, "VBB Lunch: US-Japan Security Subcommittee Meeting," August 7, 1979, 26NSA, PCF, box 67 (JCL).

(16) Letter from Seligman to Armacost, "Japan-U.S. Defense Cooperation," February 15, 1979, *Japan II*, JA00489.

(17) Memo from Brzezinski to the President, "NSC Weekly Report #102," July 6, 1979, Donated Historical Material, Zbigniew Brzezinski Collection, Subject File (hereafter cited as DB, SF), box 42 (JCL). 駐日大使時代のアーマコストについては、Michael H. Armacost, *Friends or Rivals?* (New York: Columbia University Press, 1996), pp.98-127.

(18) 在米大使発外務大臣宛「総理訪米（第１回首のう会談・政治問題部分）」一九七九年五月三日、外務省開示文書（二〇〇八−〇一〇一九）、三頁。なお在米英国大使館は、大平が会談において「日本南部の四つの島を安い航空母艦（cheap aircraft carrir）」とするようカーターに示唆したという国務省日本部の情報を報告している。Letter from Soutar to Woodley, "US/Japanese Relations: Mr Ohira's Visit to Washington," May 11, 1979, FCO21/1745 (The National Archive, Kew, U.K. [hereafter cited as TNA]).

(19) 大平の発言の背景については、森田『心の一燈』一七九〜一八一頁。

(20) James E. Auer and Robyn Lim, "The Maritime Basis of American Security in East Asia," *Naval War College Review*, Vol.54, No. 1 (Winter 2001), p.52.

第Ⅱ部　マクロ経済政策協調への参加

（1）落合『改訂 日米経済摩擦』三〜九三頁：古城佳子『経済的相互依存と国家』木鐸社、一九九六年、一一七〜一六一頁：牧野裕『日米通貨外交の比較分析』御茶の水書房、一九九九年。

（2）デスラー、佐藤『日米経済紛争の解明』：大矢根聡『日米韓半導体摩擦』有信堂高文社、二〇〇二年：草野厚『日米オレンジ交渉』日本経済新聞社、一九八三年：佐藤英夫『日米経済摩擦 一九四五〜一九九〇年』平凡社、一九九一年：谷口将紀『日本の対米貿易交渉』東京大学出版会、一九九七年。

（3）I・M・デスラー、三露久男「マクロ経済政策をめぐる摩擦」デスラー、佐藤英夫編（丸茂明則監訳）『日米経済紛争の解明』日本経済新聞社、一九八二年、三〇七〜三四五頁。また同様の見解を国際的な日本の財政政策への要求というより広い文脈で検討したものとして、樋口均「昭和五二〜五三年の財政政策」『信州大学教養部紀要』第二五号（一九九一年三月）、七九〜一二〇頁。

（4）古城『経済的相互依存と国家』一八五〜二三〇頁。

（5）Robert D. Putnam and Randall Henning, "The Bonn Summit of 1978: A Case Study in Coordination," Cooper et al., ed., *Can Nations Agree?*, pp.12–140.

（6）Ralph C. Bryant and Randall Henning, "Problems in International Cooperation," Cooper et al., ed., *Can Nations Agree?*.

（7）飯田敬輔「先進国間のマクロ政策協調」草野厚・梅本哲也『現代日本外交の分析』東京大学出版会、一九九五年、二六九〜二九四頁：Michael C. Webb, *The Political Economy of Policy Coordination: International Adjustment since 1945* (Ithaca: Cornell University Press, 1995). また関連する研究として、Jeffrey A. Frankel and Katharine Rockett, "International Macroeconomic Policy Coordination When Policymakers Do Not Agree on the True Model," *American Economic Review*, Vol.78, No.3 (June 1988), pp.318–340; Jeffrey A. Frankel, "Obstacles to Macroeconomic Policy Coordination," *Journal of Public Policy*, Vol. 8, No. 3/4 (July/December 1998), pp.353–374.

第四章　経済政策協調の模索と日本

（1）リチャード・N・ガードナー（村野孝・加瀬正一訳）『国際通貨体制成立史』上巻、東洋経済新報社、一九七三年、一〇一～三二〇頁：田所昌幸『「アメリカ」を超えたドル』中央公論新社、二〇〇一年、八二～九四頁：Francis J. Gavin, *Gold, Dollars, and Power: The Politics of International Monetary Relations, 1958–1971* (Chapel Hill: The University of North Carolina Press, 2004), pp.17–28.

（2）ボルカー・行天『富の興亡』九七～一〇〇頁：伊藤正直『戦後日本の対外金融』名古屋大学出版会、二〇〇九年、二一六～二二〇頁：田所『「アメリカ」を超えたドル』二三八～二四四頁：Susan Strange and Christopher Prout, *International Monetary Relations* (London: Oxford University Press, 1976), pp.327–328; Paul W. McCracken, "Economic Policy in the Nixon Years," *Presidential Studies Quarterly*, Vol. 26, No. 1 (Winter 1996), p.166.

（3）なお同様の部会はジョンソン政権期に設置され、フォード、カーター両政権でも維持されている。Memo from Willis to Anderson, "Revised Fact Sheet on Non-Presidential and Non-Statutory Interagency Committees," March 17, 1977, RG56 General Records of the Department of Treasury, Office of the Assistant Secretary for International Monetary Affairs, Chronological Files of George H. Willis, Deputy to the Assistant Secretary for International Affairs, 1977–1981 (hereafter cited as IMA, Chron, GHW, 1977–1981), box 1 (NAII).

（4）ボルカー・行天『富の興亡』一一三～一一八頁：William Safire, *Before the Fall: An Inside View of the Pre-Watergate White House* (Piscataway, New Jersey: Transaction Publishers, 2005), pp.512–518; Joanne Gowa, *Closing the Gold Window: Domestic Politics and the End of Bretton Woods* (Ithaca: Cornell University Press, 1984), pp.176–178.

（5）伊藤『戦後日本の対外金融』二七四～三一〇頁：牧野『日米通貨外交の比較分析』二五五～二八五頁。

（6）ボルカー・行天『富の興亡』一九二頁。また同様の見解として、日本銀行百年史編纂委員会（以下日銀と表記）編『日本銀行百年史』第六巻、日本銀行、三四五～三四六頁、http://www.boj.or.jp/type/pub/hyakunen/hyaku6.htm：Richard Reeves, *President Nixon: Alone in the White House* (New York: Simon & Schuster, 2001), p.343.

（7）Memo, "Major Elements of Plan X," July 31, 1972, *FRUS 1969–1976, Vol.III*, No. 239; Memo for the President, "Meeting with George P. Shultz and John D. Ehrlichman February 14, 1973 11:00 a.m. (30 minutes)," February 12, 1973, NPM, WHCF, Subject Files, Foreign Affairs, Box 4 (NAII); Strange, *International Monetary Relations*, p.342; John S. Odell, *U.S. International Monetary Policy: Markets, Power and Ideas as Sources of Change* (Princeton: Princeton University Press, 1982), pp.313–315. Sargent, *A Superpower Transformed*, pp.115–127. ユーロ市場については、上川孝夫他編『現代国際金融

論〔第3版〕』有斐閣、二〇〇七年（初版一九九九年）、八二〜八八頁。

（8）ボルカー・行天『富の興亡』一〇二頁。

（9）この間の日本の対応については、伊藤『戦後日本の対外金融』三四四〜三五一頁。東側陣営も含めたブレトン・ウッズ体制崩壊の影響については、Giovanni Arrighi, "The world economy and the Cold War, 1970–1990," Leffler and Westad, eds., *The Cambridge History of the Cold War, Vol.III*, pp.23–44.

（10）Richard N. Cooper, *The Economics of Interdependence: Economic Policy In The Atlantic Community*, (New York: Columbia University Press, 1980), pp.139–143; Michael C. Webb, "International Economic Structures, Government Interests, and International Coordination of Macroeconomic Adjustment Policies," *International Organization*, Vol.45, No.3 (1991), p.341.

（11）ボルカー・行天『富の興亡』一八七〜一八八頁；上川他編『現代国際金融論』二〇二〜二〇七頁；小宮隆太郎・須田美矢子編『現代国際金融論〔歴史・政策編〕』日本経済新聞社、一九八三年、四三五〜四三八頁；村上『反古典の政治経済学下』一七三〜一七六頁；Michael C. Webb, *The Political Economy of Policy Coordination: International Adjustment since 1945* (Ithaca, New York: Cornell University Press, 1995), pp.149–186.

（12）ボルカー・行天『富の興亡』一九六〜一九七頁；パットナム、ベイン『サミット』三三〜五六頁。

（13）同右；Elizabeth Benning, "The Road to Rambouillet and the Creation of the Group of Five," Emmanuel Mourlon-Druol and Federico Romero, eds., *International Summitry and Global Governance: The rise of the G7 and the European Council, 1974–1991* (London: Routledge, 2014), pp.39–63.

（14）Memo from Widman to Cooper, "Status of Proposals for an French Economic Summit," July 21, 1975, memo from Widman to Yeo, et al., "Institutional Follow-Up to the Summit Meeting," October 8, 1975, and memo from Widman to Yeo, "German Expectations for the Summit Meeting," October 28, 1975, all in RG56, IMA, Chron, FLW, box 8 (NAII); Memo from Simon to Ford, "Possible Conversation with the President of France on Economic Matters," July 26, 1975, *FRUS, 1969–1976, Volume XXXI: Foreign Economic Policy, 1973–1976*, No.93; Paper, "International Monetary Issues," Arthur Burns Papers, 1969–78 (hereafter Burns, 1969–78), box B62 (GFL); Michael C. Webb, *International Coordination of Macroeconomic Adjustment Policies* (Ph.D Dissertation, Stanford University, 1995), p.445.

(15) Memo from Seidman to Kissinger and Simon, "International Economic Summit," October 31, 1975, RG56, Policy Subject Files of Sidney L. Jones, Assistant Secretary for Economic Policy, box 3 (NAII); Paper, "Paper Prepared for the Economic Summit," November 5, 1975, RG364 Records of the Office of the U.S. Trade Representative, Deputy STR Subject Files, 1974-78 (hereafter cited as DSTR, SF, 1974-78), box 1 (NAII).

(16) Paper, "Economic Summit, Second Session, Sunday, November 16, 1975 10:45 a.m.," pp.14-21, and memo from Hormats to Seidman, December 2, 1975, both in Office of Economic Affairs (hereafter CEA), L. William Seidman, box 312 (GFL); H・シュミット（永井清彦他訳）『ドイツ人と隣人たち 上 続シュミット外交回想録』岩波書店、一九九一年、二一二〜二一五頁。

(17) Telegram from London to State, November 12, 1975, *FRUS, 1969-1976, Volume XXXI*, No.120; Paper, "International Financial and Monetary Issues," 1976, RG56, IMA, Chron, FLW, Box 8 (NAII); Memo from Greenspan and Scowcroft to the President, "Preparatory Meeting for Puerto Rico Summit", June 16, 1976, CEA: Records, (1969) 1974-77 (RG459), box 39 (GFL); Briefing book, "International Economic Summit Puerto Rico, June 27-28, 1976", Burns, 1969-78, box B62 (GFL); Putnam and Henning, "The Bonn Summit of 1978," pp.25-26; Webb, *International Coordination of Macroeconomic Adjustment Policies*, p.494.

(18) 外務大臣宛在仏臨時代理大使発「主要国首のう国会談」一九七六年六月二二日、外交記録公開（2014-2754）：Draft guidance, "Economic Summit," attached to memo from Kerr to Brearley, June 2, 1976, FCO73/234 (TNA).

(19) シェルパは一九七八年中盤から使われるようになった言葉であり、正式には個人代表（PR: Personal Representative）と呼ばれるが、本書では便宜上よく知られているシェルパで統一する。

(20) Mourlon-Druol, "'Managing from the Top,'" p.691; Webb, *International Coordination of Macroeconomic Adjustment Policies*, p.490.

(21) 日銀編『日本銀行百年史』第六巻、三〜二七二頁：鈴木『池田政権と高度成長期の日本外交』一六二〜二〇九頁。

(22) ボルカー・行天『富の興亡』四六〜四九頁。

(23) 通商産業省通商産業政策史編纂委員会（以下通産省と表記）『通商産業政策史』第12巻、通商産業調査会、一九九三年、六二〜六六頁：伊藤『戦後日本の対外金融』一九〇〜二一〇、三二一〜三二三頁：牧野『日米通貨外交の比較分析』二三〇

～二五四頁：武藤恭彦「経常収支調整の理論」須田美矢子編『対外不均衡の経済学』日本経済新聞社、一九九二年、二二三～二六〇頁。

（24）伊藤正直他編『昭和財政史――昭和四九～六三年度』第7巻、東洋経済新報社、二〇〇三年、四～五頁：大蔵省財政金融研究所財政史室（以下財金研と表記）編『大蔵省史』第3巻、大蔵財務協会、一九九八年、四〇八～四一七頁：通産省『通商産業政策史 第12巻』五五～六〇頁：ダニエル・ヤーギン（日高義樹・持田直武訳）『石油の世紀』下巻、日本放送出版協会、一九九一年、二六五～三四一頁：Sargent, *A Superpower Transformed*, pp.131-161.

（25）小宮・須田編『現代国際金融論』一四九～一五八頁。

（26）Memo from Truman to Burns, "Reconciliation of Statements on Japan at the Interim Committee Meeting," October 3, 1976, *DDRS*; 執筆者によるC・フレッド・バーグステン氏（一九七七－一九八一年 財務次官補（国際問題担当）、二〇一二年三月一八日）へのインタビュー。

（27）「第三章第五節　貿易収支の不均衡問題への対応」通商産業省『通商白書 総論』一九七七年度、http://warp.da.ndl.go.jp/info:ndljp/pid/285403/www.meti.go.jp/hakusho/：酒井健三「日本の貿易外収支について」『ファイナンス』一二巻一二号、一九七七年、四〇頁：「風雲急を告げる日本・EC貿易」上、一一月一〇日、下、一一月一一日、共に『日本経済新聞』。なお貿易収支での黒字と貿易外収支での赤字という組み合わせ自体は、六〇年代から先進諸国にしばしば見られるパターンであった。伊藤『戦後日本の対外金融』一九四頁。

（28）古城『経済的相互依存と国家』三五～三七頁：小宮隆太郎・千明誠「序章」須田編『対外不均衡の経済学』一九九二年、三～四、一四～一八頁。

（29）千明誠「日本の経常収支変動の時系列分析」『日本経済研究』第二三号（一九九二年七月）、七七頁。

（30）古城『経済的相互依存と国家』五三～六三頁。

（31）小宮隆太郎『貿易黒字・赤字の経済学』東洋経済新報社、一九九四年、四六～五九頁：Alexandre Lamfalussy, "Current Account Imbalances in the Industrial World: Why They Matter," *Essays in International Finance*, No.169 (1987), pp.31-37.

（32）大場智満「オイル・マネーと世界経済」『財政金融統計月報』第二七八号（一九七五年六月）、財務総合政策研究所、http://www.mof.go.jp/kankou/hyou2.htm：小宮・須田編『現代国際金融論』四一七～四二二頁：Louis Hyman, "American Debt, Global Capital," Ferguson et. al., ed., *The Shock of the Global*, pp.128-142; Benjamin Cohen and Fabio Basagni, *Banks *and the Balance of Payments: Private Lending in the International Adjustment Process* (Montclair, New Jersey: Allanheld Osmun, 1981), pp.33-40.

（33） 小宮・須田編『現代国際金融論』一五〇～一五二頁。ただしこの潤沢な資金を借り入れたラテン・アメリカ諸国は、八〇年代になってから巨額の負債に苦しむこととなる。ボルカー・行天『富の興亡』二七四～三三二頁。

（34） 古城『経済的相互依存と国家』一二〇～一三七頁。

（35） 同右、一四四～一六一頁；伊藤正直他編『昭和財政史―昭和49～63年度』第七巻。

（36） 日銀編『日本銀行百年史』第六巻、三三一頁；中川幸次『体験的金融政策論』日本経済新聞社、一九八一年、二四～二五頁。

（37） 大蔵省財政金融研究所財政史室編『大蔵省史』第三巻、大蔵財務協会、一九九八年、四四一～四四四頁；小宮・須田編『現代国際金融論』一四～六八、八七～一三〇頁。

（38） 同右、一六一～一七二頁。

（39） Memo from Parsky to Simon, "Your Meeting with Japanese Finance Minister Ohira," September 23, 1976, RG56, Office of the Assistant Secretary for International Monetary Affairs, Office of the Deputy Assistant Secretary for International Monetary Affairs, Briefing Memos on Switzerland, Japan and Germany, 1972-1980 (hereafter cited as IMA, SJG), box 2 (NAII).

（40） Michelle Frasher Rae. *International Monetary Relations between the United States, France, and West Germany in the 1970s* (Ph.D Dissertation, Texas A&M University, 2003), pp.201-206.

（41） 「変動為替相場運営のためのガイドラインに関する理事会決定（前文）」一九七六年七月、伊藤正直他編『昭和財政史――昭和四九～六三年度』第一一巻、東洋経済新報社、二〇〇三年、一四〇～一四四頁。ガイドラインの作成経緯については、小宮・須田編『現代国際金融論』二一一～二一五頁；Robert V. Roosa, "United States and Japan in the International Monetary System 1946-1985," Group of Thirty, *Occasional Papers*, No.21 (1986), pp.30-34.

（42） 伊藤他編『昭和財政史――昭和四九～六三年度』第七巻、四四～四九頁；小宮・須田編『現代国際金融論』一七三～一七七頁。

（43） Paper, "Chronology of U.S. Discussions on Exchange Rates and Gold with Other Members of Goup of Five," attached to memo from Yeo to Simon, "Your Meeting with Japanese Finance Minister Ohira, 3:45 PM Tuesday, January 6," January 2, 1976, RG56, IMA, SJG, 1972–1980, box 2（NAII）；藤岡真佐夫「我が国の国際収支と為替レート問題」『ファイナンス』一九七六年九月号、七〜一三頁。

（44）「大蔵省・日銀、円高は当面実勢に任せ」及び「円高、輸出に深刻な影響ない、需要好調で競争力十分」『日本経済新聞』一九七六年八月一九日。

（45）Paper, "Current Issues Japan," attached to memo from Parsky to Simon, "Your Meeting with Japanese Finance Minister Ohira", September 23, 1976, RG56, IMA, SJG, 1972–1980, box 2（NAII）；伊藤他編『昭和財政史——昭和四九〜六三年度』第七巻、四六〜四九頁。

（46）Memo from Bergsten to Blumenthal, "Trade Policy Strategy -- Meeting on March 17 with Schultze, Strauss and Cooper," March 16, 1977, RG56, Office of the Under Secretary for Monetary Affairs, Records of Assistant Secretary for International Affairs C. Fred Bergsten, 1977–1979（hereafter cited as MA, CFB, 1977–1979), box 1（NAII）；Biven, *Jimmy Carter's Economy*, p.108; 小宮・須田『現代国際金融論』一八五〜一八七頁。

（47）Memo from Widman to Bergsten, "Your Luncheon with Matsumuro, Financial Counselor, Japanese Embassy, Wednesday, August 3 at 12:30," August 1, 1977, RG56, IMA, SJG, 1972–1980, box 2（NAII）；Memo from Springborn to Bergsten, "Impact on Yen Market of June 15 Statements Attributed to You," August 16, 1977, RG56, IMA, Chron, FLW, box 9（NAII）；ボルカー・行天『富の興亡』二三四〜二三六頁；小宮・須田『現代国際金融論』一七七〜一八二頁。

（48）Telegram from State to All Diplomatic and Consular Posts, "USG Official Comment on Dollar Exchange Rate Developments," July 30, 1977, RG56, IMA, SJG, 1972–1980, box 2（NAII）；Biven, *Jimmy Carter's Economy*, pp.114–115.

（49）もっともこれはフォード・カーター両政権に限った話ではなく、ニクソン政権も日本が輸出振興のために意図的に円安に誘導しており、内需刺激策にも消極的だと日本を批判していた。伊藤他『昭和財政史——昭和四九〜六三年度』第七巻、四〜五頁。

（50）The Brookings Institute, *Economic Prospects and Policies in the Industrial Countries*（Ann Arnor, Michigan: University Microfilms International, 1977), pp.9–12.

（51）OECD, *Economic Outlook*, No.20（December 1976）；The Trilateral Commission, "Trade Issues And Macroeconomic

Coordination Highlight Trilateral Tokyo Meeting," *Trialogue*, No.13（Winter 1976/1977）; Leon Hollerman, "Locomotive Strategy and United States Protectionism: A Japanese View," *Pacific Affairs*, Vol. 52, No. 2,（Summer 1979）, pp.193–209.

(52) Stephen Gill, *American Hegemony and the Trilateral Commission*（New York: Cambridge University Press, 1991）; Sargent, *A Superpower Transformed*, pp.169–173; Holly Sklar, *Trilateralism: The Trilateral Commission and Elite Planning for World Management*（Cambridge: South End Press, 1980）.

(53) Memo from Hunt to Callaghan, "Puerto Rico," June 16, 1976, and memo, "Puerto Rico Summit Meeting," June 22, 1976, PREM16/821（TNA）.

(54) Memo from Dent to State, et al., "Meeting of Trade Policy Committee," December 6, 1976, and Talking Points, "Meeting with Ambassador Togo of Japan," both in RG364, DSTR, SF, 1974–78, Box 1（NAII）; Memo from Parsky to Simon, "Your Meeting with Japanese Finance Minister Ohira," September 23, 1976, RG56, IMA, SJG, 1972–1980, box 2（NAII）.

(55) Sklar, *Trilateralism*, pp.201–203.

(56) Sakamoto, Economic Policy and Performances, pp.55–58.

(57) 例えばＯＥＣＤは一九七五年の第一五回閣僚理事会で、ニクソン政権下でＣＥＡ議長を務めたマクラッケンや小宮隆太郎ら外部の経済学者のグループにこの問題の検討を委託している。このマクラッケン・グループの報告は、スタグフレーションの原因を労働者の生産意欲低下といった経済学以外の要素に原因を求めていた。Paul McCracken, et al., *Towards Full Employment and Price Stability*（Paris: OECD, 1977）（小宮隆太郎・赤尾信敏訳『世界インフレと失業の克服』日本経済新聞社、一九七八年）。

(58) Michael Schaller, *Right Turn: American Life in the Reagan-Bush Era, 1980–1992*（Oxford: Oxford University Press, 2006）, pp.36–37; Sidney Blumenthal, *The Rise of the Counter-Establishment: From Conservative Ideology to Political Power*（New York: Times Books, 1986）.

(59) ただしレーガノミクスとサプライサイド経済学は同一ではない。Paul Kengor and Peter Schweizer, eds., *The Reagan Presidency: Assessing the Man and His Legacy*（Lanham: Rowman & Littlefield Publishers, 2005）.

(60) Keisuke Iida, *The Theory and Practice of International Economic Policy Coordination*（Ph.D Dissertation, Harvard University, 1990）, p.321; Daniel Stedman Jones, *Masters of the Universe: Hayek, Friedman, and the Birth of Neoliberal Politics*

(Princeton, NJ: Princeton University Press, 2012).

（61） Report, Department of State, "Economic Summit among Major Industrialized Countries," January 1977, *Japan II*, JA00155, pp.2–3.

第五章　米国の圧力と日本の協力

（1） Biven, *Jimmy Carter's Economy*, pp.95–103.

（2） ボルカー・行天『富の興亡』二一四〜二一五頁；Andrew Downer Crain, *The Ford Presidency: A History* (Jefferson, New Carolina: McFarland & Company, 2009), pp.72–73; Bruce J. Schulman, "Slouching toward the Supply Side: Jimmy Carter and the New American Political Economy," Gary M. Fink and Hugh Davis Graham, eds., *The Carter Presidency: Policy Choices in the Post-New Deal Era* (Lawrence: University Press of Kansas, 1998), pp.53–58, 65.

（3） Kaufman and Kaufman, *The Presidency of James Earl Carter*, p.65; Biven, *Jimmy Carter's Economy*, pp.25–26.

（4） Memo from Schultze to the President, "EPG Reorganization," July 9, 1977, and memo from Blumental, et al., to the President, ""EPG Reorganization," July 13, 1977, both in George P. Shultze Papers, box A83 (Brookings Institute Archive); Biven, *Jimmy Carter's Economy*, pp.40–49; Schulman, "Slouching toward the Supply Side," p.53.

（5） Diary entry for April 11, 1978, Jimmy Carter, *White House Diary* (New York: Farrar, Straus and Giroux, 2010), pp.183–184; Schulman, "Slouching toward the Supply Side,", pp.54–55; Glad, *An Outsider in the White House*, p.11.

（6） Memo from Nordhaus to Economic Policy Group, International Summit Task Force, February 28, 1977, memo from Fauver to Leddy, "CEA's Draft Summit Paper on World Economy," March 4, 1977, and memo from Widman to Solomon, "CEA Proposal on Macro Economic Policy for the Summit," March 7, 1977, all in RG56, Office of the Assistant Secretary for International Monetary Affairs, Deputy Director of the Office of International Monetary Affairs, Subject Files, 1977–1979 (hereafter cited as IMA, DD, SF, 1977–1979), box 2 (NAII).

（7） バーグステン氏へのインタビュー；"International Economic Policymaking and the National Security Council," February 11, 1999, *NSC Oral History Roundtables, National Security Council Project*, Brookings Institution, http://www.brookings.edu/fp/research/projects/nsc/transcripts/19990211.pdf (latest access: May 15, 2010), pp.20–21, 26–27; Biven,

Jimmy Carter's Economy, pp.95–96.

(8) 財金研編『大蔵省史』第四巻、一六～二〇頁；真渕『大蔵省統制の政治経済学』二七五～二八〇頁。

(9) 財金研編『大蔵省史』第三巻、一六～二〇頁；財務省財務総合研究所『安定成長期の財政金融政策』日本経済評論社、二〇〇六年、三七～四五、四九～五七頁；通産省『通商産業政策史』第12巻、五六～六〇頁；古城『経済的相互依存と国家』二〇六～二一二頁；大来佐武郎「カーター新路線と今後の日米関係〈インタビュー〉」『東洋経済』第三九八四号（一九七七年一月二二日）、五二～五四頁；樋口「昭和五二～五三年の財政政策」九三～九四頁；Iida, *The Theory and Practice of International Economic Policy Coordination*, pp.281–285.

(10) NHK放送世論調査所編『図説戦後世論史』一九四～一九五頁。

(11) Memo from Widman to Bergsten, "Supplemental Briefing for Your Meetings in Japan," January 22, 1977, RG56, IMA, SJG, 1972–1980, box 2 (NAII).

(12) Memcon, Department of State, "Vice President Mondale—Prime Minister Fukuda Conversation I," January 31, 1977, *Japan II*, JA00166, pp.4–5.

(13) Ibid; Memo from Bergsten to Solomon, "Strategy for the Summit -- Comments on March 19 Draft," March 21, 1977, RG56, IMA, DD, SF, 1977–1979, box 2 (NAII); Memo from Solomon to Blumenthal, "EPG Consideration for the Summit Issues, Friday, March 25," March 22, 1977, RG56, IMA, DD, SF, 1977–1979, box 2 (NAII).

(14) Memo from Bergsten to Blumenthal, "Fukuda Meeting with President Carter," February 22, 1977 and memo from Bergsten to Blumenthal, "Briefing with Breakfast Meeting with Japanese prime Minister Fukuda (also for dinner at White House, March 21)," March 18, 1977, both in RG56, MA, CFB, 1977–1979, box 1 (NAII)

(15) Memo from Bergsten to Solomon, "Briefing for Japanese Vice Minister for International Affairs Matsukawa (MOF)," March 21, 1977, and memo from Widman to Solomon, "Briefing for Meeting with Ambassador Mansfield," April 26, 1977, both in RG56, IMA, SJG, 1972–1980, box 2 (NAII).

(16) Memo from Armacost to Brzezinski, "Memorandum of Conversation of Meeting with President Carter and Prime Minister Fukuda on March 22, 1977, at 10:00 a.m.", March 25, 1977, 7NSA, BSF, box 34 (JCL).

(17) Memo from Solomon and Cooper to the Economic Policy Group, "PRM/NSC-7 -- Summit PRM/NSC-8 -- North/South,"

March 22, 1977, memo from Owen to Solomon, et al., "Summit Briefing Papers," March 31, 1977, and memo from Solomon to Blumenthal, "Summary of Librarian Meeting on April 23," April 25, 1977, all in RG56, IMA, DD, SF, 1977–1979, Box 2（NAII）; Webb, *International Coordination of Macroeconomic Adjustment Policies*, pp.495–497.

(18) Memo from Willett to Widman, "Some Background for Discussions of Current U.K. Macroeconomic Policies: A Review of the Experience with Their 1972–73 Stimulus Program," May 2, 1977, RG56, IMA, Chron, FLW, box 9（NAII）.

(19) Letter from Schmidt to Callaghan, March 9, 1977, and memcon, "Record of a Telephone Conversation between Chancellor Schmidt and the Prime Minister on Wednesday 16 1977," both in PREM16/1221（TNA）; Telegram from Bonn to FCO, "Economic Sumit: Federal German Government Paper," March 10, 1977, FCO21/1577（TNA）.

(20) Memo from the Vice President to the President, "Recommended Actions Stemming from My Visit to Europe and Japan," February 2, 1977, RG56, MA, CFB, 1977–1979, box 1（NAII）.

(21) Memo from Kaplan to Lake, et al., "Meeting on Western Economic Recovery: July 25, 1977 at 2:45 p.m.," July 25, 1977, RG59, PPS, Lake, 1977–1981, box 7（NAII）.

(22) Paper, "Talking Points on Global Expansion at the Summit," March 22, 1977, RG56, IMA, DD, SF, 1977–1979, Box 2（NAII）; Memo from Solomon to the Secretary, "Foreign Positions on Summit Issues," May 3, 1977, RG56, IMA, Chron, FLW, box 9（NAII）. 日本の輸出抑制、輸入促進策については、通産省『通商産業政策史』第12巻、一六六～一六八頁。

(23) Paper, Treasury, "The World Economy（Including the Prospects for Eocnomic Recovery, Unemployment, Inflation and World Payments Balances）," April 28, 1977, FCO59/1507（TNA）; Memo from Hunt to Prime Minister, "Downing Street Summit," April 28, 1977, PREM16/1222（TNA）.

(24) "Minutes of the London Economic Summit Meeting," May 7, 1977, No.27, and "Minutes of the London Economic Summit Meeting," May 8, 1977, No.28, both in *FRUS 1977–1980, Vol.III*; 清宮龍『福田政権・七一四日』行政問題研究所、一九八四年、一〇五～一〇八頁。なお同サミットでの宣言作成の経緯については、政研オーラル『宮崎弘道 オーラルヒストリー』二〇〇五年、一九九～二〇〇頁。

(25) Talking point, Widman, "WP–3 Meeting," May 25, 1977, and memo from Bergsten to Blumenthal, "OECD Ministerial, June 23–24, 1977," June 3, 1977, both in RG56, IMA, Chron, FLW, box 9（NAII）.

(26) Memo from Bergsten to Blumenthal, "Briefing for Your Meeting with Ambassador Mansfield," May 26, 1977 and memcon, May 27, 1977, both in RG56, IMA, SJG, 1972–1980, box 2 (NAII); Paper, "Japan Post-Summit Assessment of Economic Situation," June 20, 1977, RG56, IMA, SJG, 1972–1980, box 2 (NAII); デスラー・三露「マクロ経済政策をめぐる摩擦」三一六〜三一七頁。

(27) Telegram from Paris to State, "EPC Discussion of Germany and Japan," June 15, 1977, RG59, CFPF, AAD; Paper, Office of the Under Secretary for Monetary Affairs, "Overview Paper for OECD Meeting at Ministerial Level Paris, France June 23-24," June 21, 1977, RG56, Office of the Under Secretary for Monetary Affairs, Records Relating to the Organization for Economic Cooperation and Development (OECD), 1962–1984 (hereafter cited as OECD, 1962–1984), box 8 (NAII); Memo from Widman to Solomon, "Your Meeting with Former Ambassador to the US Ushiba," June 21, 1977, RG56, IMA, Chron, FLW, box 9 (NAII).

(28) Cable from Tokyo to State, "Ambassador Mansfield's First Meeting with Prime Minister Fukuda," July 19, 1977, RG56, IMA, SJG, 1972–1980, box 2 (NAII).

(29) Memo from Bergsten to Blumenthal, "Briefing for Your Meeting with Ambassador Mansfield," May 26, 1977 and memcon, May 27, 1977, both in RG56, IMA, SJG, 1972–1980, box 2 (NAII).

(30) Memo from Armacost and Deal to Aaron, "US Trade Defficit," August 17, 1977, 26NSA, FE, ACF, Box 4 (JCL); Memo from Bergsten to Blumenthal, "Japanese Sub-Cabinet Meeting," August 31, 1977, RG56, MA, CFB, 1977–1979, box 1 (NAII).

(31) Memo from Widman to Bergsten "Japan Sub-Cabinet Strategy Meeting," August 29, 1977, RG56, IMA, Chron, FLW, box 9 (NAII), p.1; Paper, "Briefing Paper for Bilaterals," September 1, 1977, RG364 DSTR, SF, 1974–78, box 1 (NAII); Memo from Widman to Solomon, "Discussion of OECD Targeting/Monitoring Exercise at EPG Breakfast; G-5 Deputies; EPC; Van Lennep Bilateral," September 20, 1977, RG56, IMA, Chron, FLW, box 9 (NAII).

(32) 国際金融局「当面の対外経済政策について」一九七七年七月二一日、一九九〜二〇四頁、及び「国際収支対策（国際金融局関係）」一九七七年八月一〇日、二〇四〜二〇五頁、共に伊藤他編『昭和財政史——昭和四九〜六三年度』第一一巻：古城『経済的相互依存と国家』二〇六〜二一二頁。

(33) 通産省『通商産業政策史』第12巻、一六九～一七二頁；伊藤他編『昭和財政史――昭和49～63年度』第七巻、四九～五一頁。

(34)「OECD第3作業部会開催」『日本経済新聞』一九七七年九月二九日（夕刊）；「産業界の総合経済対策への評価、「効果あり」わずか二品目、六割強が「期待はずれ」『日経産業新聞』一九七七年一〇月一日。

(35) 外務省アメリカ局北米第二課「日米高級事務レベル協議議事録（九月二二日、二三日 於・外務省）」一九七七年一〇月一七日、外務省開示文書（二〇〇八―〇一〇一一）; Telegram from Tokyo to State, "U.S.—Japan Subcabinet Talks," Septembr 16, 1977, *FRUS 1977–1980, Vol.III*, No.55.

(36) ただし米国側は、日本が経常収支赤字を目標とすることを受け入れた、米国の要求自体は日本側に届いた、と一定の評価をしている。Ibid.

(37) Memo from Brzezinski to the Secretary of State, "Japan: Trade and Current Account Surplus," September 19, 1977, 26NSA, ACF, box 4 (JCL); Memo from Solomon to Blumenthal, "G-5 Discussions on the World Economy", September 22, 1977, *DDRS*; Memo from Owen to Carter, "Letter to Prime Minister Fukuda," September 24, 1977, *FRUS 1977—1980, Vol.III*, No.59.

(38) 通産省『通商産業政策史』第12巻、一七一～一七三頁；「一段の景気浮揚策求む、総合対策は円高で帳消し」一九七七年一〇月二四日、及び「苦難の円高経済」一九七七年一〇月二九日、『日本経済新聞』。

(39) Letter from Fukuda to Carter, October 19, 1977, *DDRS*; 古城『経済的相互依存と国家』二一五～二一八頁。

(40) Memo from Tarnoff to Brzezinski, "Your Meeting with Deputy Foreign Minister Yoshino, Thursday, October 20, at 8:55 a.m.," October 19, 1977, 6NSA, BCF, Box 40 (JCL); Memo from Owen to the President, "Japan's External Surplus," October 20, 1977, *FRUS 1977–1980, Vol.III*, No.67.

(41) ただしオーエンは、この案に積極的ではあったものの、合意可能で実効的な経済対策について吉野に具体策はなかったとしており、カーター自身も訪日に否定的であった。

(42) Cable from Tokyo to State, "STR Strauss Visit," November 2, 1977, *Japan II*, JA00322; Telegram from Washington to FCO, "Japan," December 15, 1977, FCO21/1570 (TNA).

(43) Memo from Armacost to Heginbotham, "State Paper on Japanese Balance of Payment Management," November 4, 1977,

26NSA, FE, ACF, Box 5 (JCL), p.5; Memo from Wolff to Strauss, "Organizing to Deal with the Japan Problem," November 14, 1977, RG364, DSTR, SF, 1974–78, box 1 (NAII).

(44) Report attached to memo from Hunt to Prime Minister, "Summit Monitoring Meeting: 29th/30th September," October 3, 1977, FCO98/294 (TNA); Memo from Owen to Carter, "Summit Follow-Up," October 5, 1977, *FRUS 1977–1980, Vol.III*, No.65.

(45) Memo from Hessler to EFG Steering Committee, January 27, 1978, White House Central Files (hereafter cited as WHCF), O/A 665, box 189 (JCL); "Appointment of Henry Owen," April 18, 1978, *PPPUS, 1978, Book I*, p.758; "Interview with Henry D. Owen," *Frontline Diplomacy*; Biven, *Jimmy Carter's Economy*, pp.111–112.

(46) Memo from Brzezinski to the President, "The Trade Issue in our Relations with Japan," October 20, 1977, 6NSA, BCF, box 40 (JCL).

(47) Memo from Widman to Solomon, "Japan," October 31, 1977, and memo from Widman to Bergsten, "Effect of Various Policy Measures on Japan's Current Account," October 31, 1977, RG56, IMA, Chron, FLW, box 9 (NAII); Cable from Tokyo to State, November 9, 1977, and memo from Armacost to Brzezinski, November 9, 1977, both in 6NSA, BCF, box 40 (JCL).

(48) Memo from Armacost to Owen, "US-Japan Trade Problems," October 25, 1977, 26NSA, ACF, box 5 (JCL).

(49) Memo from Meissner to Wallich, et al., October 7, 1977, RG56, Office of the Under Secretary for Monetary Affairs, Office of the Assistant Secretary for International Affairs, Office of the Deputy Assistant Secretary for International Monetary Affairs, Records Relating to Meetings of Working Party No.3 (WP-3) of the Economic Policy Committee (EPC), 1971–1981 (hereafter WP3, 1977–1981), box 1 (NAII); 樋口「昭和52～53年の財政政策」一〇〇～一〇一頁；「ＩＭＦ・世銀総会を終えて」『日本経済新聞』一九七七年一〇月一一日。

(50) Memo from Armacost to Heginbotham, "State Paper on Japanese Balance of Payment Management," November 4, 1977, 26NSA, ACF, box 5 (JCL); Memo from Far East to Brzezinski, "Weekly Report," November 10, 1977, 6NSA, BCF, box 40 (JCL).

(51) Memo from Bergsten to the Secretary, "EPG Meeting on Japan - November 9 at 9:30 AM," November 8, 1977, *FRUS*

1977–1980, Vol.III, No.72; Draft Paper, "Suggested Economic Policy Priorities," November 11, 1977, RG364, DSTR, SF, 1974–78, box 1（NAII）; Telegram from State to Tokyo, "Non Paper on Economic Issues for GOJ," November 15, 1977, 26NSA, FE, ACF, Box 5（JCL）.

(52) Telegram from State to Tokyo, "Your Discussions with Prime Minister Fukuda on Economic Problems," November 15, 1977, 26NSA, FE, ACF, box 5（JCL）; Cable from Tokyo to State, "Rivers/Heginbotham Mission," November 20, 1977, RG364, DSTR, SF, 1974–78, box 1（NAII）.

(53) Telegram from State to Tokyo, "Ambassador Togo Call on Assistant Secretary Holbrooke," November 13, 1977, Burns, 1969–78, box B75（GFL）; Telegram from State to Tokyo, "Your Discussions with Prime Minister Fukuda on Economic Problems," November 15, 1977, both in 26NSA, FE, ACF, Box 5（JCL）.

(54) Cable from State to Tokyo, "Planning for Negotiations," November 10, 1977, RG364, DSTR, SF, 1974–78, box 1（NAII）; Memo from Owen to President, "Japanese Surplus," November 15, 1977, 26NSA, ACF, box 5（JCL）.

(55) Telegram from Tokyo to FCO, "US/Japan," December 2, 1977, FCO21/1570（TNA）；政研オーラル『本野盛幸 オーラルヒストリー』二〇〇五年、二四一頁；筆者によるニコラス・プラット氏（一九七四～七七年国務省日本部長、一九七八～八〇年NSCスタッフ、一九八一年国防次官補代理（国際安全保障担当）、二〇一二年三月二〇日）へのインタビュー。なおプラットは、この際に大使館スタッフが激怒した本国のホルブルックを宥めたため、険悪だった大使館とストラウスの関係が大きく改善されたと述べている。

(56) 外務省アメリカ局北米第二課「日米非公式事務レベル協議（対処方針案）」一九七七年一一月一五日、外務省開示文書（二〇〇八—〇一〇一二）; Cable from Tokyo to State, "Rivers/Heginbotham Mission," November 20, 1977, RG364, DSTR, SF, 1974–78, box 1（NAII）.

(57) 外務省経済局「日米非公式事務レベル協議について」一九七七年一一月三〇日、外務省開示文書（二〇〇八—〇一〇一二）。

(58) Cable from State to Tokyo, "Proposed GOJ Statement," November 19, 1977, RG364, DSTR, SF, 1974–78, box 1（NAII）; Memo from Armacost to Brzezinski, "Guidelines for Ushiba's Visit," December 9, 1977, 26NSA, ACF, box 5（JCL）.

(59) 通産省『通商産業政策史 第12巻』一七三～一七五頁；浅子和美他『マクロ経済学』新世社、一九九三年、三一六～三一七頁；上川他編『現代国際金融論』二一一～二一三頁；天野可人「国際収支のバランス論について」『財政金融統計月報』第二六六号（一九七四年六月）：宮崎知雄「わが国の国際収支目標と最近の国際収支の動向」『財政金融統計月報』第二五五号（一九七三年六月）。

(60) Paper, "United States-Japan Talks," January 18, 1978, RG56, IMA, SJG, 1972–1980, box 2 (NAII)；こうした収支の定義をめぐる問題については、浜口登「経常収支不均衡の理論的解釈」『早稲田社会科学研究』第四五号（一九九二年一〇月）、二六～二八頁。

(61) Telegram from Washington to FCO, "Japan," November 30, 1977, FCO21/1570 (TNA)；経済対策閣僚会議「対外経済政策（個別措置）の基本的方向について」一九七七年一二月六日、『昭和財政史―昭和四九～六三年度』11巻、二〇六～二一〇頁：「福田改造内閣　諸懸案「待ったなし」の情勢」『朝日新聞』一九七七年一一月二九日（夕刊）。

(62) 通産省『通商産業政策史』第12巻、一七八～一七九頁：一九七七年一一月七日の条、「昭和52年日記」『坊秀男関係文書』国立国会図書館憲政資料室。

(63) Cable from Tokyo to State, "Trade Consultations with Japan," November 30, 1977, RG364, DSTR, SF, 1974-78, box 1 (NAII).

(64) 政研オーラル『本野盛幸』二四一～二四二頁。同様の構図に言及したものとして、政研オーラル『宮崎勇　オーラルヒストリー』二〇〇三年、二〇一～二〇二頁。

(65) Memo from Armacost and Owen to Brzezinski, "Next Steps in Discussion of Economic Issues," November 29, 1977, 26NSA, FE, ACF, box 5 (JCL)；Memo from Brzezinski to the President, "US-Japan Trade Issue: Current State of Play and Next Steps," *FRUS 1977–1980, Vol.III*, No.77.

(66) Memo from Widman to the Secretary, "Result of our Approach to Japan on It's Current Account Surplus," November 22, 1977, RG56, IMA, Chron, FLW, box 10 (NAII)；Memo from Solomon to Blumenthal, "Briefing for Meeting with Ushiba Delegation," December 9, 1977, RG56, IMA, SJG, 1972–1980 box 2 (NAII).

(67) Telegram from State to Tokyo, "Your Discussions with Prime Minister Fukuda on Economic Problems," November 15, 1977, and memo from Armacost to Brzezinski, "Vice Presidential Meeting with Nobuhiko Ushiba", December 9, 1977, both in 26NSA, ACF, box 5 (JCL)；Memo from Solomon to Blumenthal, "Briefing for Meeting with Ushiba Delegation," December 9, 1977, RG56, IMA, SJG, 1972–1980, box 2 (NAII)；Draft memo from Holbrooke to Mansfield, "Response to

Prime Minister's Proposal for GOJ Team Visit," RG364, DSTR, SF, 1974–78, box 1（NAII）; Briefing paper, Brzezinski, "Meeting with Nobuhiko Ushiba, Japanese Minister of State for International Economic Affairs," December 1977, *Japan II*, JA00336.

(68) Telegram from State to Tokyo, "Preparations for Ushiba Visit," December 8, 1977, memo from the Assistant Secretaries Group on Japan to the Cabinet, "Visit of Minister of State External Economic Affairs Nobuhiko Ushiba," December 10, 1977, and memo from Solomon to Blumenthal, "Briefing for Meeting with Ushiba Delegation," December 9, 1977, all in RG56, IMA, SJG, 1972–1980, box 2（NAII）.

(69) Memo from Shultze to the President, "Ecnomic Situation in the Industrial Countries," December 20, 1977, George P. Shultze Papers, box A83（Brookings Institute Archive）.

(70) Cable from Tokyo to State, "GOJ Paper on Trade Measures," December 9, 1977, memo from Hufbauer to Solomon and Bergsten, "9:00 a.m. Briefing by Japanese Delegation," and memo from the Assistant Secretaries Group on Japan to the Cabinet, "Visit of Minister of State External Economic Affairs Nobuhiko Ushiba," December 10, 1977, all in RG56, IMA, SJG, 1972–1980, box 2（NAII）; Cable from State to All OECD Capitals, "US-Japan Economic Talks, December 12–15," December 15, 1977, RG364, DSTR, SF, 1974–78, box 1（NAII）.

(71) Memo from Armacost to Brzezinski, "Appointment with Hisashi Owada," December 13, 1977, 6NSA, BCF, box 40（JCL）.

(72) Ibid.; Memo from Armacost and Tarnoff to Brzezinski, "Your Meeting with Ushiba," December 15, 1977, 6NSA, BCF, box 40（JCL）；デスラー・三露「マクロ経済政策をめぐる摩擦」三三三頁。

(73) Memo from Widman to the Secretary, "Message from Matsukawa," December 13, 1977, RG56, IMA, Chron, FLW, box 9（NAII）.

(74) 在米大使発外務大臣宛「日米経済協議（全体会議）」一九七七年一二月一六日、外務省開示文書（二〇〇八-〇一〇一三）；外務省アメリカ局北米第二課「牛場大臣とストラウス大使との第2回会談（全体会議）［速報］」一九七七年一二月一六日、外務省開示文書（二〇〇八-〇一〇一四）；Cable from State to Tokyo, "US-Japan Economic Talks," December 20, 1977, *Japan II*, JA00337.

(75) Memo from Widman to Solomon, "Blumenthal-Burns breakfast December 20, 1977," December 19, 1977, RG56, IMA, SJG, 1972–1980, Box 2 (NAII); Memo from Deal to Aaron, "U.S.-Japan Economic Talks," December 30, 1977, 6NSA, BCF, box 40 (JCL).
(76) Ibid.; Memo from Syvrud to Widman, December 21, 1977 and memo from Widman to Hufbauer, "Text of Ushiba Response to U.S. Treasury Request," December 29, 1977, both in RG56, IMA, Chron, FLW, box 10 (NAII).
(77) 「4．日本政府が関与した主要な共同コミュニケ等（9）――牛場大臣とストラウス大使との間の共同声明（仮訳）」一九七八年一月一三日、外務省『わが外交の近況』一九七八年版；"Joint Statement by Minister Ushiba and Ambassador Strauss," January 13, 1978, *Japan II*, JA00345.
(78) 牛場信彦『牛場信彦 経済外交への証言』ダイヤモンド社、一九八四年、一〇七～一〇八頁。

第六章　協力の反動と米国の方針転換

(1) 「第1部第1章 昭和53年度の日本経済――その推移と特徴」経済企画庁『年次経済報告』昭和五三年度；岸田俊輔編『図説 日本の財政［昭和五三年度版］』東洋経済新報社、一九七八年、四八～四九頁；竹内克伸「最近の欧米諸国の財政事情」『ファイナンス』第二〇巻第六号（一九八四年九月）、一三頁；「政府、53年度経済見通しを決定」『日本経済新聞』一九七七年一二月二三日。
(2) Paper, "Japan Economic and Financial Summary," RG56, MA, CFB, 1977–1979, box 2 (NAII);「7％成長は目標か公約か」『日本経済新聞』一九七八年一月二〇日。
(3) 「牛場大臣記者懇談要旨」一九七八年二月一三日、外交記録公開（二〇〇九―〇六二〇）；Memo from Schultze to the President, "Economic Situation in the Industrial Countries," December 20, 1977, RAC, NLC-23-42-1-2-7 (JCL).
(4) Memo from Holbrooke to Strauss, January 16, 1978, *Japan II*, JA00347; Paper, "United States-Japan Talks," January 18, 1978, RG56, IMA, SJG, 1972–1980, box 2 (NAII); Memo from Armacost to Brzezinski, "Ambassador Togo's Meeting with You April 5," April 4, 1978, *DDRS*.
(5) Memo from Owen to the President, "Summit Follow-up," January 20, 1978, (3) National Security Affairs, Brzezinski Material, President's Correspondence with Foreign Leaders File (hereafter 3NSA, PC), box 11 (JCL).

（6） Memo from Strauss to the President, "U.S. - Japanese Economic Relations," January 26, 1978, and memo from Brzezinski to the President, "U.S. - Japanese Economic Relations," February 17, 1978, both in 6NSA, BCF, Box 40（JCL）; Memo from Brzezinski to the President, February 17, 1978, 26NSA, ACF, box 40（JCL）.

（7） Memo from Armacost to Heginbotham, "Follow-Up on Strauss-Ushiba Agreement", January 30, 1978, 26NSA, ACF, box 5（JCL）; Memo from Far East to Brzezinski, "Evening Report", March 31, 1978,（26）National Security Advisor, Staff Material, Far East-Armacost, Evening and Weekly Reports File（hereafter cited as 26NSA, FE, EWR）, box 1（JCL）.

（8） 日本への不満は西欧諸国も同様であり、三月の日本・EC間の閣僚級協議も、牛場・ストラウス合意と同様に日本の内需拡大と黒字削減で合意している。「秋までに黒字縮小の兆し、7％成長も明記」『日本経済新聞』一九七八年三月二五日。

（9） Memo from Owen to the President, "Germany and the Summit," February 2, 1978, *FRUS 1977–1980, Vol.III*, No.101; Putnam and Henning, "The Bonn Summit of 1978," pp.25–30; パットナム、ベイン『サミット』一一四頁。

（10） Memo from Lake to the Secretary, "Western Economic Problems and July Summit," March 3, 1978, RG59, PPS, Lake, 1977–1981, box 3（NAII）; Putnam and Henning, "The Bonn Summit of 1978," pp.35–37; H・シュミット（永井清彦・萩谷順訳）『シュミット外交回想録 上』岩波書店、一九八七年、二六〇～二六一頁。

（11） Biven, *Jimmy Carter's Economy*, pp.147–151; Georges de Ménil and Anthony M. Solomon, *Economic Summitry*（New York: Council on Foreign Relations, 1983）, pp.23–25.

（12） Putnam and Henning, "The Bonn Summit of 1978," pp.45–47,

（13） Letter from Carter to Schmit, April 11, 1978, 6NSA, Brzezinski Material, Presidential Correspondence with Foreign Leaders File, box 6（JCL）; Memo from Hunt to Prime Minister, "Bonn," May 29, 1978 FOI release 248745（Thacher Foundation [hereafter cited as TF]）; Memo from Hunt to Wass, "Bonn Summit," May 29, 1978, FCO59/1547（TNA）.

（14） ただし米国内では政府の国内経済政策担当者や連邦議会、世論から激しい反発があり、価格統制撤廃は一九八一年一月まですれこんだ。Putnam and Henning, "The Bonn Summit of 1978," pp.57–58, 63–66.

（15） Memo from Armacost to Brzezinski, "Ambassador Togo's Meeting with You April 5," April 4, 1978, *DDRS*; Memo from Bergsten to Blumenthal, "Briefing for the Dinner in Your Honor Hosted by Japanese Ambassador Togo," April 19, 1978, RG56, IMA, SJG, 1972–1980, box 2（NAII）; Memo from Owen to the President, "Fukuda Visit," May 1, 1978, 26NSA, FE,

ACF, box 7（JCL）; Memcon, "Summary of the President's Meeting with Prime Minister Takeo," May 3, 1978, *FRUS 1977–1980, Vol.III*, No.130.

（16） Memo from Vance to the President, "Your Meeting with Takeo Fukuda, Prime Minister of Japan, May 3, 1978 — 10:30 AM," April 26, 1978, *Japan II*, JA00377, pp.2–4.

（17） Memo from OECD to Principle Members of Working Party No.3, July 21, 1978, RG56, WP3, 1977–1981, box 1（NAII）; Memo from Armacost to Brzezinski, "Your Meeting with Miyazawa," May 17, 1978, 26NSA, FE, ACF, box 7（JCL）; Memo from Armacost to Brzezinski, "Your Meeting with Miyazawa, June 12, at 9:30 a.m.," June 9, 1978, *DDRS*.

（18） Memo from Dodson to Hessler, "Memcons of the President's Meeting with Prime Minister Fukuda, May 3, 1978," July 13, 1978, 7NSA, BSF, box 35（JCL）; 経済対策閣僚会議「国際収支対策及び円高に伴う物価対策について」一九七八年四月二一日、伊藤他編『昭和財政史――昭和四九〜六三年度』第11巻、二一〇〜二一三頁。

（19） Memo from Widman to Blumenthal, "Talking Points on Japan for Your Luncheon with Arthur Burns March 24, 1978," March 4, 1978, RG56, IMA, SJG, 1972–1980, box 2（NAII）; Memo from Armacost to Brzezinski, "Your Meeting with Miyazawa," May 17, 1978, 26NSA, FE, ACF, box 7（JCL）.

（20） 日本側の一連の措置については、藤原啓司「最近の経済情勢と政策運営」大蔵省『財政金融統計月報』第三二一号（一九七九年一月）、http://www.mof.go.jp/kankou/hyou2.htm。

（21） Cable from Paris to State, "ECD's 1978 Ministrial Meeting: One Stage in a Process," June 29, 1978, RG56, OECD, 1962–1984, box 8（NAII）; 小沢俊朗「第17回ＯＥＣＤ閣僚理事会」『経済と外交』第六七四号（一九七八年七月）、九〜一三頁。

（22） Memo from Owen to the President, "Summit Strategy," July 3, 1978, *FRUS 1977–1980, Vol.III*, No.140.

（23） Memo from Owen to Prime Minister, "Bonn Economic Summit," May 19, 1978, and memo, "Economic Summit, Bonn — 16/17 July 1978: Prime Minister's Briefing Meeting," July 14, 1978, FOI release 248745（TF）; Memo from Owen to the President, "Summit Briefing," July 15, 1978, *DDRS*.

（24）「主要国首脳会議の開催」一九七八年、外務省開示文書（二〇一〇-〇〇五五八）; Memocon, "Minutes of the Bonn Economic Summit Meeting," July 16, No.145, and Memocon, "Minutes of the Bonn Economic Summit Meeting," July 17, No.148, both in *FRUS 1977–1980, Vol.III*; 國廣道彦「〈講演録〉ボン首脳会議の成果と国際経済の見通し」『経済と外交』第六七五

号（一九七八年八月）、一〇頁。

(25) 北米二課「牛場・ストラウス共同声明フォローアップ状況」一九七八年一〇月、外交記録公開（二〇一一―〇八一四）：Memo from Armacost to Brzezinski, "Your Meeting with Miyazawa," May 17, 1978, 26NSA, ACF, box 7 (JCL)；通産省『通商産業政策史』一九一〜一九五頁。

(26) Memo from East Asia to Brzezinski, "Weekly Report," July 13, 1978, 26NSA, FE, EWR, box 1 (JCL)；Cable from White House to Tokyo, "Japanese Economic and Trade Policy," *Japan III*, JT00261.

(27) Letter from Vanik to the President, July 25, 1978, RG56, IMA, SJG, 1972–1980, box 2 (NAII)；Memo for the Files, Widman, "Economic Outlook in Japan," August 29, 1978, RG56, IMA, Chron, FLW, box 9 (NAII)；Memo from Heginbotham to Cooper, "Strategy for Talks with Japan on Current Account and Other Economic Issues," August 28, 1978, *Japan II*, JA00431; Memo for the Files, Widman, "Telephone Conversation with Michiya Matsukawa August 28," August 29, 1978, RG56, IMA, Chron, FLW, box 9 (NAII).

(28) Memo from Platt to Brzezinski, "Ushiba Discussions with Holbrooke and Christpher," September 6, 1978, 26NSA, Platt, PCF, box 65 (JCL).

(29) Briefing paper, Department of State, "Japanese Growth and Current Account," *Japan II*, JA00422; Memo from Boatner to Schultze, "Japanese Growth Forecasts for Fiscal Year 1978," RAC, NCL-49-4-1-1-2 (JCL)；Memo from Forbord to Cooper, "U.S.-Japan Subcabinet Meeting," September 25, 1978, *Japan II*, JA00445. 最後の史料中に直接的な言及はないが、日本が目標を達成できるかどうかについて、「達成する」と言わなければ外国為替市場に悪影響が出るという意見と、率直な（candid）見解を日本側に示すべきだという意見が対立したという記述があるため、日本が目標を達成しそうにないという見方では一致していたものと思われる。

(30) Memo from Widman to Bergsten, "Your State-Treasury Lunch," September 27, 1978 and memo from Widman to Solomon, "Your Participation in U.S.-Japan Subcabinet," September 29, 1978, both in RG56, IMA, Chron, FLW, box 11 (NAII).

(31) Memo from East Asia to Zbigniew Brzezinski, "Evening Report," Occtober 13, 1978, 26NSA, FE, EWR, box 1 (JCL)；赤阪清隆「最近の日米経済関係」『経済と外交』第六七九号（一九七八年一二月）、一七頁；「日米貿易　来年に向け改善」『朝日新聞』一九七八年一一月一日。

(32) Memo from Brzezinski, "Meeting with Ambassador Mike Mansfield," October 26, 1978, *DDRS*.
(33) Memcon, 9:30–10:30 a.m., October 27, 1978, *DDRS*.
(34) 伊藤他編『昭和財政史―昭和四九～六三年度』第七巻、五六～一六一頁；Schulman, "Slouching toward the Supply Side," pp.54–57; Biven, *Jimmy Careter's Economy*, pp.134–144.
(35) Memo from Eizenstat and Schirmer to the President, "Decision Memorandum on Balance of Payments Options（At Your Request）," December 19, 1977, *FRUS 1977–1980, Vol.III*, No.85.
(36) Paper from Solomon to the White House, December 1, 1977, *DDRS*; Memo from Solomon to Blumenthal, "Briefing for Your Meeting with Vice Minister Matsukawa," January 25, 1978, RG56, IMA, SJG, 1972–1980, box 2（NAII）；日銀編『日本銀行百年史』第六巻、四六五～四六六頁；Rae, *International Monetary Relations*, pp.236–237; Biven, *Jimmy Carter's Economy*, p.120.
(37) Memo from Solomon to Blumenthal, "Memorandum to the President," April 27, 1978, RG56, IMA, Chron, FLW, box 10（NAII）；小宮・須田『現代国際金融論』二四六～二五五頁；Biven, *Jimmy Carter's Economy*, pp.145–178.
(38) Memo from Solomon to Blumenthal, "Briefing for Your Meeting with Vice Minister Matsukawa," January 25, 1978, RG56, IMA, SJG, 1972–1980, box 2（NAII）；福田赳夫、参議院大蔵委員会8号（一九七八年三月二八日）。
(39) Memo from Solomon to Owen, "Possible Call from Fukuda to the President," March 13, 1978, and memo from Widman to Blumenthal, "Briefing Material on Japan for Dr. Burns," March 24, 1978, both in RG56, IMA, Chron, FLW, box 10（NAII）; Memo from Owen to the President, "Possible Call to You from Fukuda," March 15, 1978, 6NSA, BCF, box 40（JCL）; Memo from Bergsten to Blumenthal, "Briefing on Meeting with Michiya Matsukawa, Vice Minister for International Affaiirs, Ministry of Finance," April 4, 1978, RG56, MA, CFB, 1977–1979, box 2（NAII）.
(40) このため日本側には西独と扱いが違うという不満が残り、これに対処するため米国は日本銀行とニューヨーク連邦準備銀行の間で日常的な電話協議の場を設けている。Memo from Blumenthal to Carter, "Visit of Prime Minister Fukuda," April 27, 1978, *FRUS 1977–1980, Vol.III*, No.129.
(41) 伊藤他編『昭和財政史――昭和四九～六三年度』第七巻、五九頁；ボルカー・行天『富の興亡』二二八～二三〇頁；小宮・須田『現代国際金融論』二八八～三〇〇頁；中川『体験的金融政策論』九六頁；Putnam and Henning, "The Bonn

Summit of 1978," pp.82–85.

(42) Telegram from State to Tokyo, October 31, 1978, RG56, IMA, Chron, FLW, Box 11（NAII）; Memo from Widman to Solomon, "German Views on the Exchange Rate," November 2, 1978, RG56, IMA, Chron, GHW, 1977–1981, box 2（NAII）; 伊藤他編『昭和財政史——昭和四九～六三年度』第七巻、一〇～一一頁；ボルカー・行天『富の興亡』二三〇～二三二頁；小宮・須田『現代国際金融論』三〇六～三一八頁。

(43) William L. Silber, *Volcker: The Triumph of Persistence*（New York: Bloomsbury Press, 2012）, pp.133–189；レナード・サントウ（緒方四十郎監訳、漆嶋稔訳）『FRB議長』日本経済新聞出版社、二〇〇九年、一七五～一八四頁；Biven, *Jimmy Carter's Economy*, pp.197–198, 237–251; Schulman, "Slouching toward the Supply Side," pp.57–61.

(44) Paper, "The Evolution of the International Monetary System, July 1977 to March 1979," April 20, 1979, RG56, IMA, Chron, GHW, 1977–1981, box 2（NAII）.

(45) Memo from Widman to Solomon, "Renewed Japanese Interest in U.S. Intervention in Yen," October 26, 1978, RG56, IMA, Chron, FLW, box 11（NAII）; Memo from Widman to Blumenthal, "Message from Prime Minister Fukuda," November 2, 1978, RG56, IMA, Chron, GHW, 1977–1981, box 2（NAII）；日銀編『日本銀行百年史』第六巻、四九五～五〇二頁。

(46) 伊藤他編『昭和財政史——昭和四九～六三年度』第七巻、三二～三五頁。

(47) 森田『心の一燈』一四九～一五〇頁：「国民と一体の政治めざす」一九七八年一二月一〇日、「七％成長、今年度は絶望的」一九七八年一二月一〇日、「政府、五三年度の実質七％成長を正式断念、6％前後で調整へ」一九七八年一二月一三日、いずれも『日本経済新聞』。

(48) Memo from Wilford to Palliser, December 21, 1978, FCO59/1554（TNA）.

(49) Memo from Platt to Brzezinski, "Ohira's Victory and Its Foreign Policy Implications," November 27, 1978, *JapanII*, JA00465; Memo from Owen to the President, "Japan," November 27, 1978, 6NSA, BCF, box 40（JCL）; Memo from Widman to Solomon, "Japan," December 19, 1978, RG56, IMA, Chron, GHW, 1977–1981, box 2（NAII）; Memo from Widman to Solomon, "Recommended Follow-Up to Ohira Response to Carter Letter," December 27, 1978, RG56, IMA, Chron, GHW, 1977–1981, box 2（NAII）; Memo from Hunt to Stowe, December 12, 1978, FCO59/1554（TNA）.

(50) 外務省アメリカ局北米第二課長、一九七八年一二月二一日、外務省開示文書（二〇〇八-〇一〇二〇）：Memo from

Owen to the President, "Letter to Prime Minister Ohira," December 20, 1978, 26NSA, PCF, box 65 (JCL).

(51) 通政局国際経済課「大平総理より各国首脳宛の東京サミット招請文」一九七八年一二月二二日、経済産業省開示文書（平成二三・一〇・〇七公開経第六号）；Memo from Rose to Hunt, "Guadeloupe: Follow-up action," January 9, 1979, FOI release 249141 (TF).

(52) 「「黒字圧縮を期待」」『朝日新聞』一九七八年一二月二三日（夕刊）；「カーター親書に陰の演出者 オーエン先進国会議担当特別代表」『日本経済新聞』一九七八年一二月二五日。ただし大平の娘婿であり大平内閣で総理大臣首席秘書官を務めた森田一は、大平がこの書簡について「こんなのは向こうの役人が作ったもので大した話じゃないという感じ」だったと回想している。森田『心の一燈』一七六～一七七頁。

(53) Memo from Owen to Carter "Tokyo Summit," October 24, 1978, *FRUS 1977–1980, Vol.III*, No.172; Memo from Brzezinski, "Meeting with Ambassador Mike Mansfield," October 26, 1978, and memo from Owen to the President, "Japan," November 27, 1978, both in 6NSA, BCF, box 40 (JCL).

(54) Letter from Ohira to the President, December 26, 1978, *DDRS*; Memo from Owen to the President, "Tokyo Summit," January 2, 1979, 3NSA, PC, box 11 (JCL). なおこの書簡には国務省をはじめ関係省庁も同意していたが、その文面自体はオーエンが起草したものであり、マンスフィールドの同意は得ていなかったという。Memo, Wilford, "Note on Conversation with American Ambassador and American Minister, on Tuesday, 20 March 1979," March 23, 1979, FCO21/1745 (TNA).

(55) Memo from Widman to Solomon, "Japan," December 19, 1978, RG56, IMA, Chron, GHW, 1977–1981, box 2 (NAII); Memo from Dodson to Wisner, December 29, 1979, 3NSA, PC, box 11 (JCL); Cable from State to Tokyo, "Letter from the President to Prime Minister Ohira," January 8, 1979, *Japan II*, JA00474.

(56) Memcon, January 25, 1979, RG56, MA, CFB, 1977–1979, box 2 (NAII).

(57) Memo from Bergsten to Blumenthal, "Further Note for Meeting with Sagami - Today at 10 AM," January 16, 1979, Memcon, January 25, 1979, RG56, MA, CFB, 1977–1979, box 2 (NAII).

(58) Letter from Gifford to Samuel, "Japan/US Economic Relations," January 25, 1979, FCO21/1745 (TNA); Memo from Owen to Mansfield, "Technical Experts: Review, January 30, 1979," February 9, 1979, RAC, NLC-16-127-2-49-9 (JCL).

（59） Memo from Shinn to Cooper, "Japan C/A Surplus", January 30, 1979, *Japan II*, JA00482.

（60） Memo from Bergsten to Blumenthal, "Background for Owen's Stag Dinner Friday, 7:30 p.m. at the Owen Residence," RG56, MA, CFB, 1977–1979, box 3（NAII）；デスラー・三露「マクロ経済政策をめぐる摩擦」三三一～三三二頁。

（61） "Charles Schultze," January 8–9, 1982, *Carter Presidency Project*, p.86.

（62） C. Fred Bergsten and Marcus Noland, *Reconcilable Differences? United States-Japan Economic Conflict*（Washington, D.C.: Institute for International Economics, 1993), pp.7–8. 日本異質論の例としては、カレル・ウォルフレン（篠原勝訳）『日本／権力構造の謎』早川書房、一九九〇年；チャーマーズ・ジョンソン『通産省と日本の奇跡』ＴＢＳブリタニカ、一九八二年；ジェームズ・ファローズ（大前正臣訳）『日本封じ込め』ＴＢＳブリタニカ、一九八九年；Ｃ・Ｖ・プレストウィッツ・Jr.（國弘正雄訳）『日米逆転』ダイヤモンド社、一九八八年。

（63） Memo from Owen to Mansfield, "Technical Experts: Review, January 30, 1979," February 9, 1979, RAC, NLC–16–127–2–49–9（JCL）：伊藤他編『昭和財政史――昭和四九～六三年度』第７巻、三二～三四頁。

（64） Memo, Financial Relations Department, "PUS's Meeting with the Secretary-General at the Quai d'Orsay, Friday 9 February," February 1, 1979, FCO59/1649（TNA）.

（65） Memo from Cochrane to Owen, "CIA's Forecast for a Declining Japanese Current Account Surplus: Critical Elements," March 8, 1979, RAC, NLC–19–22–2–8–7（JCL）；大蔵省国際金融局調査課「昭和五三年度の国際収支の概要」『財政金融統計月報』第三二六号（一九七九年六月）；小宮・須田編『現代国際金融論』三一七頁；「経常収支黒字急速に縮小、一月の赤字は過去最高」『日本経済新聞』一九七九年二月一七日。

（66） Memo from Tarnoff to Brzezinski, "Transmittal of Talking Points for Vice President," February 3, 1979, *DDRS*. pp.2–4.

（67） Memo from Economics to Brzezinski, "Evening Report," February 5, 1979. 6NSA, BCF, box 41（JCL）；Memo from Cochrane to Brzezinski, "Yasukawa Interview, 11:30 a.m., Today," February 7, 1979, 6NSA, BCF, box 41（JCL）；Memcon, "Japan," February 16, 1979, *Japan II*, JA00491.

（68） Memo from Owen to Carter, "Summit Themes for 1979 and 1980," February 27, 1979, No.202, and memo from Owen to the President, "US Economic Policy Toward Japan," March 1, 1979, No.203, both in *FRUS 1977–1980, Vol.III*.

（69） Memo from Platt to Brzezinski and Aaron, "The Japanese -- What Have They Done Lately?," April 3, 1979, 6NSA, BCF, box 41（JCL）, p.1.

(70) Memo from Brzezinski to the Vice President, "Briefing Papers for Your Meeting with Japanese Foreign Minister," April 5, 1979, *DDRS*.

(71) Memo from Owen to Carter, "Summit Preparatory Group Meeting in Tokyo," March 27, 1979, No.205, and memo from Owen to Carter, "US-Japanese Economic Relations," April 11, 1979, No.208, both in *FRUS 1977–1980, Vol.III*; Memo from Barreda to Strauss, "Owen's Japan Meeting: Monday April 30 at 11:30 a.m.," April 27, 1979, *Japan II*, JA00528; デスラー・三露「マクロ経済政策をめぐる摩擦」三三三頁。

(72) 外務大臣発在米大使宛「大平総理とオーエン大使との会談」一九七九年三月二四日、外務省開示文書（二〇〇八―〇一〇一八）、四～九頁。

(73) Memo from Platt to Brzezinski, "Ohira Visit -- Is this Trip Necessary?," February 23, 1979, 26NSA, PCF, box 65（JCL）; Memo from Brzezinski to the President, "Your Meeting with Masayoshi Ohira, Prime Minister of Japan," April 27, 1979, *DDRS*; Memo from Owen to the President, "Your Economic Discussions with Ohira," April 30, 1979, 26NSA, PCF, box 41（JCL）; Memo from Vance to the President, "Your Meeting with Masayoshi Ohira, Prime Minister of Japan, May 2, 1978–10 a.m.," *Japan II*, JA00533.

(74) 在米大使発外務大臣宛「総理訪米（第1回首のう会談経済問題部分）」一九七九年五月三日、及び在米大使発外務大臣宛「総理訪米（第2回首のう会談）」一九七九年五月三日、共に外務省開示文書（二〇〇八―〇一〇一九）; Memcon, "Summary of the President's Meeting with Japanese Prime Minister Ohira," May 2, 1979, *Japan II*, JA00534; Memcon, "Summary of the President's Meeting with Japanese Prime Minister Ohira," May 2, 1979, *Japan II*, JA00535; 赤阪清隆・堂道秀明「日米首脳会談の成果」『経済と外交』第六八五号（一九七九年六月）、二九～三〇頁。

(75) Memo from Hessler to Kreps, Strauss and Owen, "EPG Meeting on Japan," Aril 23, 1979, Staff Office—CEA（Council of Economic Advisers）, box 110（JCL）; Paper, Lake, "The Tokyo Summit: Overview and Political Purposes," June 1, 1979, RG59, PPS, Lake, 1977–1981, box 5（NAII）; Memo from Owen to the President, "Tokyo Summit," June 22, 1979, Office of Staff Secretary, Handwriting File, Trip to Japan and Korea, box 137（JCL）, pp.6–7.

(76) Memo from Owen to the President, "Economic Summit," May 22, 1979, *FRUS 1977–1980, Vol.III*, No.214; Memo from

Turnbull to Couzens, May 11, 1979, FCO59/1653（TNA）; Telegram from FCO to Tokyo, "Tokyo Summit," May 31, 1979, FCO59/1654（TNA）；船橋洋一『サミットの思想』朝日新聞社、一九八〇年、一三〜二八頁。

（77）Memo from Owen to the President, "Japan," May 30, 1979, *FRUS 1977–1980, Vol.III*, No.215.

（78）Memo from Bray to Christopher, "Opinion Survey on Economic Issues for the Tokyo Summit Meeting," May 29, 1979, RG59, Office of the Deputy Secretary, Records of Warren christopher, 1977–1980 (hereafter WC, 1977–1980), box 20 (NAII).

（79）国際経済課「第2回サミット準備会合について」一九七九年五月二二日、経済産業省開示文書（平成二三・一〇・〇七公開経第6号）; Memo from Owen to the President, "Tokyo Summit," June 22, 1979, *DDRS*.

（80）Memo to Co-Chairman of the U.S. Delegation, "Your Participation in the OECD Council at Ministers Meeting, June 13–14, 1979," RG56, OECD, 1962–1984, box 8 (NAII).

（81）Memcon, 11:00 AM, June 27, 1979, and Letter from Owen to the President, June 28, 1979, both in *DDRS*; "Minutes of the Tokyo Economic Summit Meeting," June 28, 1979, *FRUS 1977–1980, Vol.III*, No.222; パットナム、ベイン『サミット』一六六〜一七九頁；宮崎弘道「東京サミットの真相と日本」『世界経済評論』第二三巻第九号（一九七九年九月）、四〜一四頁；「長期目標で一時孤立」及び「密閉会議の内幕——記者座談会」『朝日新聞』一九七九年六月三〇日、七月一日。

（82）Memo from Platt to Brzezinski and Aaron, "The Japanese -- What Have They Done Lately?," April 3, 1979, 6NSA, BCF, Box 41 (JCL), p.4.

（83）牛場『牛場信彦 経済外交への証言』一五五〜一五六頁。

（84）Memo from Owen to the President, "Japan," 6NSA, BCF, box 41 (JCL).

（85）落合『改訂 日米経済摩擦』三〜九三頁。

結語　先進国としての役割分担

（1）Putnam and Henning, "The Bonn Summit of 1978," p.2.

（2）Keisuke Iida, *International Monetary Cooperation among the United States, Japan, and Germany* (Boston: Kluwer Academic Publishers, 1999), pp.25–27.

(3) ボルカー・行天『富の興亡』二一七～二一八、二三五～二三六頁。

(4) Putnam and Henning, "The Bonn Summit of 1978," pp.67–71. シュミットのボンサミットに対する評価については、Georges de Ménil, *Economic Summitry*, p.27.

(5) 「行天豊雄氏インタビュー」一九九六年二月二九日、*NSA Oral*, 一五頁。

(6) 渡邉昭夫「先進国サミットと日本外交」『国際問題』第五〇七号（二〇〇二年六月）、一〇～一一頁。

(7) ボルカー・行天『富の興亡』二三五頁；飯田「先進国間のマクロ政策協調」二六九～二九四頁。

(8) 政研オーラル『宮崎弘道』二〇六～二〇七頁。

(9) ボルカー・行天『富の興亡』三三四～三四七頁；坂井昭夫『日米経済摩擦と政策協調』有斐閣、一九九一年、八〇～九〇頁；石井菜穂子『政策協調の経済学』日本経済新聞社、一九九〇年、一五～一四三頁。

(10) 財務省財務総合研究所『安定成長期の財政金融政策』一九八～二〇三頁；久保田勇夫『日米金融交渉の真実』日経ＢＰ社、二〇一三年、二六～七〇頁；滝田洋一（鹿島平和研究所編）『日米通貨交渉』日本経済新聞社、二〇〇六年、一三～一四七頁。問題のきっかけとなった米キャタピラー（Caterpiller Tractor Company）社の報告書については、Catapillar Tractor, " The Yen — An Undervalued Currency," RG56, Office of the Under Secretary for Monetary Affairs, Office of Monetary Policy Analysis, Records Relating to Monetary Policy, 1981–1985, box 1 (NAII) Edward J. Lincoln, *Japan : Facing Economic Maturity* (Washington, D.C. : The Brookings Institution, 1998), pp. 252-256.

(11) 宮里『日米構造摩擦の研究』九五～一二二頁；Ｉ・Ｍ・デスラー、Ｃ・ランドール・ヘニング（信田智人・岸守一訳）『ダラー・ポリティックス』ＴＢＳブリタニカ、一九九〇年、三五～一三三頁。

(12) Harold James, *International Monetary Cooperation Since Bretton Woods* (Washington, DC: International Monetary Fund, 1996), pp. 228–259.

(13) 近藤健彦『プラザ合意の研究』東洋経済新報社、一九九九年；法政大学比較経済研究所、平田喜彦編著『現代国際金融の構図』法政大学出版局、一九九三年、二一～二六頁。

(14) ボルカー・行天『富の興亡』三六五頁；近藤『プラザ合意の研究』九七～一〇二頁。

(15) Helga Haftendorn, et al., ed., *The Strategic Triangle: France, Germany, And the United States in the Shaping of the New Europe* (Washington, D.C.: Johns Hopkins University Press, 2007), pp.161–166; Rae, *International Monetary Relations,*

pp.201–202. ロバート・ギルピン（古城佳子訳）『グローバル資本主義』東洋経済新報社、二〇〇一年、六三〜六四、七二〜七三頁：ゲア・ルンデスタッド（河田潤一訳）『ヨーロッパの統合とアメリカの戦略』ＮＴＴ出版、二〇〇五年、九一〜九八頁。

（16）日本と同じく米国からの圧力を受けた西独も、対米依存度等の点で日本とは異なっていた。飯田敬輔「先進国間のマクロ政策協調」二八六〜二八七頁。

第Ⅲ部　原子力供給国間協調への参加

（1）英語でいう「Atomic Energy」は正確には「原子核エネルギー」を意味するが、慣例に従って本研究では「原子力」と表記する。二つの表現の差異については、Ｉ・アシモフ（住田健二訳）『原子核エネルギーの話』東海大学出版会、一九七五年、六四〜六九頁。

（2）通産省『通商産業政策史』第12巻、通商産業調査会、一九九三年、一八四〜一九七、二五五〜二五八頁：池田明史「石油危機と中東外交の「転換」」『国際問題』第六三八号（二〇一五年一・二月）、一七〜一八頁：白鳥潤一郎「エネルギー安全保障政策の胎動」『国際安全保障』第三八巻第四号（二〇一一年三月）、一〇六〜一二三頁。

（3）経済産業省資源エネルギー庁『エネルギー白書』二〇一〇年度、一六一〜一六二頁、http://www.enecho.meti.go.jp/topics/hakusho/2010/index.htm。

（4）原子力ハンドブック編集委員会『原子力ハンドブック』オーム社、二〇〇七年、五〜六頁。またこうした危険性をめぐる近年の議論としては、Matthew Fuhrmann, "Spreading Temptation: Proliferation and Peaceful Nuclear Cooperation Agreements," *International Security*, Vol.34, No.1 (Summer 2009), pp.7–41; Christoph Bluth, et al., "Civilian Nuclear Cooperation and the Proliferation of Nuclear Weapons," *International Security*, Vol.35, No.1 (Summer 2010), pp.184–200.

（5）ＩＮＦＣＥは当初語尾にPlanがついてＩＮＦＣＥＰと呼ばれることもあったが、本書では会議の正式名称であるＩＮＦＣＥに統一する。

（6）石川欽也『原子力委員会の闘い』電力新報社、一九八三年、一九〇頁。

（7）同右、一八〇〜一九七頁：小倉和夫『日米経済摩擦』日本経済新聞社、一九八二年、二一六〜二二五頁：核燃料サイクル

問題研究会編『資源小国日本の挑戦』日刊工業新聞社、一九七八年：自主技術研究会編『日本の原子力技術』日刊工業新聞社、一九八一年、一三四～一五七頁：全鎮浩『日米交渉における政策決定過程――「日米原子力協力協定」の改定をめぐる日米交渉の政治過程』博士論文（東京大学）、二〇〇一年、七三～一〇二頁：武田悠「原子力開発問題と日米関係の変容」『国際政治』第一六二号（二〇一〇年一一月）、一三〇～一四二頁：横山功「原子力をめぐる日米関係」『法学ジャーナル』第一八号（二〇〇三年）、一七九～二五一頁：Hahn-Kyu Park, *International Nuclear Nonproliferation Pressure and Japan's Domestic Policy Response: A Comparison of Plutonium Utilization Policies in the 1970s and the 1990s* (Ph.D Dissertation, Columbia University, 1997), pp.94–172; Charles K. Ebinger, "US-Japanese Nuclear Energy Relations: Prospects for Cooperation/Conflict," Charles K. Ebinger and Ronald A. Morse, eds., *US-Japanese Energy Relations: Cooperation and Competition* (Boulder, Colorado: Westview Press, 1984), pp.147–161; Charles S. Costello, "Nuclear Nonproliferation: A Hidden but Contentious Issue in US-Japan Relations During the Carter Administration (1977–1981)," *Asia Pacific: Perspective,* VolIII, No.1 (May 2003), pp.1–6. ただし友次の研究は他とは性格を異にし、フォード・カーター両政権期の米国の核不拡散政策、特にフォード政権下での米韓交渉とカーター政権下での日米再処理交渉について一次史料を基に検討している。友次晋介「一九七〇年代の米国核不拡散政策と核燃料サイクル政策」『人間環境学研究』第七巻二号（二〇〇九年）、一〇七～一二七頁。

（8） Jinzaburo Takagi, "Japan's Plutonium Program: A Critical Review," Selig S. Harrison, ed., *Japan's Nuclear Future: The Plutonium Debate and East Asian Security* (Washington, D.C.: Carnegie Endowment for International Peace, 1996), pp.69–85; William Walker, "Destination Unknown: Rokkasho and the International Future of Nuclear Reprocessing," *International Affairs,* Vol.82, Issue 4 (June 2006), pp.743–761; Ming Wan, *Spending Strategies in World Politics: How Japan has Used Its Economic Power in the Past* (Ph.D Dissertation, Harvard University, 1993), pp.304–333.

第七章　核不拡散体制の動揺と日本の立場

（1） 伊藤菜穂子「日米原子力政策のリンケージ」『早稲田政治公法研究』第七六号、二〇〇四年：垣花秀武・川上幸一編『原子力と国際政治』白桃書房、一九八七年、九八～一一二頁：International Atomic Energy Agency, "The Evolution of IAEA Safeguards," *International Verification Series,* No.2 (November 1998), pp.8–9, http://www-pub.iaea.org/MTCD/

publications/PDF/NVS2_web.pdf.

（2）ユーラトムの設立については、Howlett, *EURATOM and Nuclear Safeguards*, pp.119–158; Gunnar Skogmar, *The United States and the Nuclear Dimension of European Integration*（Basingstoke: Palgrave Macmillan, 2004）; Jonathan E. Helmreich, “The United States and the Formation of Euratom”. *Diplomatic History*, Vol.15, No.3（Summer 1991）, pp.387–410; 藤木剛康「核不拡散レジームとＥＵＲＡＴＯＭの形成――アメリカとフランスの対応を中心に」（一）（二）『経済理論』第三〇七号（二〇〇二年五月）、一～二二頁、第三〇九号（二〇〇二年九月）、一～二二頁。

（3）垣花・川上『原子力と国際政治』一五～一八、一〇〇～一〇三頁。

（4）Shane Maddock, *Nuclear Apartheid: The Quest for American Atomic Supremacy from World War II to the Present*（Chapel Hill: The University of North Carolina, 2010）.

（5）黒崎輝「アメリカ外交と核不拡散条約の成立」（一）（二・完）『法学』第六五巻第五号（二〇〇一年一二月）、六四四～七〇五頁、第六五巻第六号（二〇〇二年二月）、七八九～八四二頁；Glenn T. Seaborg and Benjamin S. Loeb, *Stemming the Tide: Arms Control in the Johnson Years*（Lexington, Massachusetts: Lexington Books, 1987）.

（6）John L. Lurewitz, “The U.S. Nuclear Power Industry: Past, Present, and Possible Futures,” *Energy & Environment*, Vol. 13, No. 2（2002）, pp.207–237. 六〇年代の石油供給に対する懸念については、経済産業省資源エネルギー庁『エネルギー白書』二〇一〇年度、九頁。

（7）Walker, *Nuclear Power Struggles*, pp.29–38; Park, *International Nuclear Nonproliferation Pressure and Japan’s Domestic Policy Response*, pp.73–76.

（8）Lawrence J. Franko, “U.S. Regulation of the Spread of Nuclear Technologies through Supplier Power: Lever or Boomerang?,” *Law and Policy in International Business*, Vol.10（1978）, pp.1181–1204.

（9）John L. Campbell, *Collapse of an Industry: Nuclear Power and the Contradictions of U.S. Policy*（Ithaca, New York: Cornell University Press, 1988）, pp.3–135; Joseph A. Camilleri, *The State and Nuclear Power: Conflict and Control in the Western World*（Brighton: Wheatsheaf Books, 1984）, pp.75–106.

（10）Glenn T. Seaborg, *The Atomic Energy Commission Under Nixon: Adjusting to Troubled Times*（New York : St. Martin’s Press, 1993）, pp.211–233. 応用システム研究所『米国・フランスの原子力政策の形成――その政治社会学的考察』応用シス

テム研究所、一九八五年、一五八～一五九頁；Robert L. Beckman, *Nuclear Non-proliferation: Congress, and the Control of Peaceful Nuclear Activities* (Boulder, Colorado: Westview Press, 1985), pp.266–268; Alice L. Buck, *A History of the Atomic Energy Commission* (Washington, D.C.: U.S. Department of Energy, 1983), pp.7–8.

(11) Lawrence Wittner, *Confronting the Bomb: A Short History of the World Nuclear Disarmament Movement* (Stanford: Stanford University Press, 2009), pp.113–177; G.R. Corey, "The comparative costs of nuclear and fossil fueled power plants in an American electricity utility," Leonard G. Brookes and Homa Motamen, eds., *The Economics of Nuclear Energy* (London: Chapman and Hall, 1984), pp.286–287.

(12) William Walker, *Nuclear Power Struggles: Industrial Competition and Proliferation Control* (Boston: Allen & Unwin, 1983), pp.29–32.

(13) 垣花・川上『原子力と国際政治』五〇～六八頁；Walker, *Nuclear Power Struggles*, pp.34–38.

(14) Fabian Hilfrich, "Roots of Animosity: Bonn's Reaction to US Pressures in Nuclear Proliferation," *The International History Review*, Vol.36, No.2 (2014), pp.279–280.

(15) Bertrand Goldschmidt, "Proliferation and Non-Proliferation in Western Europe: A Historical Survey," Harald Müller, ed., *A European Non-Proliferation Policy: Prospects and Problems* (New York: Oxford University Press, 1987), p.19.

(16) 「原子力基本法」原子力委員会編『原子力白書』一九五六年度版、内閣府原子力委員会、http://www.aec.go.jp/jicst/NC/about/hakusho/wp1956/index.htm。

(17) 「第1章　原子力基本法の制定まで」原子力委員会編『原子力白書』一九五六年度版。

(18) 日本原子力産業会議『原子力は、いま』上巻、中央公論事業出版、一九八六年、二一七～二九六頁；リチャード・J・サミュエルス（廣松毅監訳）『日本における国家と企業』多賀出版、一九九九年、三一七～三二二頁；吉岡斉『新版　原子力の社会史』朝日新聞社、二〇一一年、一八～一九頁。

(19) 原子力委員会『これまでの原子力長期計画』、http://www.aec.go.jp/jicst/NC/tyoki/tyoki_back.htm。

(20) 山本幸助「米国の核政策と日本の原子力開発」『通産ジャーナル』一〇巻一号（一九七七年四月）、一一二頁；Motoya Kitamura, "Japan's Plutonium Program: A Proliferation Threat?," *Nonproliferation Review*, Vol.3, No 2 (Winter, 1996), pp.2–5.

(21) Peter Dauvergne, "Nuclear Power Development in Japan: "Outside Forces" and the Politics of Reciprocal Consent," *Asian Survey*. Vol.33, No 6 (June 1993), pp. 576–591.

(22) 吉岡『新版 原子力の社会史』一七～二八、一六二～一七一頁；Park, *International Nuclear Nonproliferation Pressure and Japan's Domestic Policy Response*, pp.100–129.

(23) 国際連合局科学課「第七十七回国会における「核兵器不拡散条約」の審議録――その二――（原子力平和利用関係）」一九七六年八月二五日、外交記録公開（二〇一四―二七五四）；Darryl A. Howlett, *EURATOM and Nuclear Safeguards* (New York: St. Martin's Press, 1990), pp.156–158; 川島芳郎「保障措置とともに（その5）」『核物質管理ニュース』第一三巻第三号（一九八四年三月）、一～三頁。

(24) 黒崎輝『核兵器と日米関係』有志舎、二〇〇六年、二二三～二六九頁；平野『外交記者日記 宮沢外交の二年』下、一三八～一四〇頁。また米国側にこうした懸念を示した例として、Cable from Tokyo to State, "Secretary Richardson's Discussion with Prime Minister Miki, May 27, 1976," May 28, 1976, *Japan II*, JA00138.

(25) 垣花・川上『原子力と国際政治』二～七頁；日本原子力産業会議『原子力は、いま』上巻、三四五～三七六頁。

(26) 「新日米原子力協定」『原子力委員会月報』第一三巻七号（一九六八年七月）。なおこの規定は当初同条F項であったが、一九七二年の改定後にC項となった。

(27) 筆者による遠藤哲也氏（一九八一～八五年に国際連合局参事官、二〇一〇年一一月八日）へのインタビュー；和泉圭紀「日米再処理交渉における米国政策決定の分岐点について」『第31回核物質管理学会日本支部年次大会論文集』二〇一〇年一二月、二～四頁。

(28) 「Ⅳ 参考資料1 各国の原子力発電所設備容量（昭和四九年一二月末現在）」原子力委員会編『原子力白書』昭和四九、五〇年度版；「Ⅲ 各国の動向」日本原子力産業会議『原子力年鑑』一九七五年度、二六三～三〇五頁；垣花・川上編『原子力と国際政治』五〇～六八頁。

(29) George Perkovich, *India's Nuclear Bomb: The Impact on Global Proliferation* (Berkeley: University of California Press, 1999), pp.170–187; Seaborg and Theodore, *Stemming the Tide*, pp.269–270.

(30) Memo from Davis to the Secretary of Defense, et al., "Indian Nuclear Development: NSSM 156," June 19, 1975, NPM, NSCIF, box H-205 (NAII); Jeffrey T. Richelson, *Spying on the Bomb: American Nuclear Intelligence from Nazi Germany*

to Iran and North Korea（New York: W. W. Norton, 2006）, pp.225–232.

（31） Memo from NSC Under Secretaries Committee to the President, "U.S. Non-Nuclear Nonproliferation Policy," December 4, 1974, RG59, CFPF, 1974PR, box 102A（NAII）; Memo from NSC Under Secretaries Committee to the President, "US Nuclear Non-Proliferation Policy," December 5, 1974, National Security Council Institutional Files, box 76（GFL）; William Burr, "A Scheme of 'Control': The United States and the Origins of the Nuclear Suppliers' Group, 1974–1976," *The International History Review*, Vol.36, Issue 2（January 2014）, pp.252–276.

（32） Memo from Ikle to the Assistant to the President for National Security Affairs, "ACDA Recommendation on U.S. Enrichment Policy," January 3 1975, NPM, NSCIF, box H-205（NAII）; Special National Intelligence Assessment, "Prospects for Further Proliferation of Nuclear Weapons," August 23, 1974, Electronic Briefing Books, NSA, http://www.gwu.edu/~nsarchiv/NSAEBB/NSAEBB240/snie.pdf; Richelson, *Spying on the Bomb*, pp.218–316.

（33） ただし友次はこうした変化を、近接した地域への拡散を問題視するか、先例をつくることによる原則上の拡散を問題視するかという米国の政策の違いとして整理する。友次「一九七〇年代の米国核不拡散政策と核燃料サイクル政策」一一八頁。

（34） Memo from Bartholomew to Duemling, "Preparations for Nuclear Suppliers Conference," November 29, 1974, RG59, Policy Planning Council Director's Files（Winston Lord）, 1969–1977, box 344（NAII）; 垣花・川上編『原子力と国際政治』二九～三四頁；Philip Gummett, "From NPT to INFCE: Development in Thinking about Nuclear Non-Proliferation," *International Affairs*, Vol. 57, No.4（Autumn 1981）, pp.551–553; Burr, "A Scheme of 'Control'," pp.264–270.

（35） 国際連合局科学課「米国提案の核拡散防止予備会議対象方針（案）」一九七五年四月一四日、及び駐英大使発外務大臣宛「原子力平和利用先進国間協議」一九七五年六月二〇日、共に外務省開示文書（二〇〇七―〇〇六一一）。七〇年代初頭の日本の原子力機材輸出については、相樂希美「日本の原子力政策の変遷と国際政策協調に関する歴史的考察」『ＲＩＥＴＩディスカッション・ペーパー』〇九―Ｐ―〇〇二、二〇〇九年九月、三七～三八頁。

（36） 国際連合局科学課「原子力平和利用先進国間協議第4回会合対処方針」一九七五年一〇月二二日、及び国際連合局科学課「原子力平和利用先進国間協議第六回会合対処方針」一九七六年一一月四日、共に外務省開示文書（二〇〇七―〇〇六一一）。

（37） 垣花・川上編『原子力と国際政治』四〇頁。

（38） 国際連合局科学課「原子力平和利用先進国間協議」一九七五年一一月四日、外務省開示文書（二〇〇七―〇〇六一一）。

（39）在墺大使発外務大臣宛「原子力平和利用先進国間協議（ガイドラインのＩＡＥＡへの通報）」一九七八年一月一二日、及び国際連合局科学課「ロンドン協議（原子力平和利用先進国間協議）のガイドラインの公表について」一九七八年一月一二日、共に外務省開示文書（二〇〇七—〇〇六一二）。

（40）Henry A. Plotkin, "Issues in the 1976 Presidential Campaign," Marlene M. Pomper, ed., *The Election of 1976: Reports and Interpretations* (New York: David McKay Company, 1977), pp.35–53; Kaufman, *Plans Unraveled*, p.14.

（41）Brzezinski, *Power and Principle*, pp.129–130; Kaufman and Kaufman, *The Presidency of James Earl Carter, Jr.*, pp.5–6.

（42）後述する一九七七年三月の日米首脳会談でも、カーターは当時運転中の再処理施設が実際には西独や英国にもあったにもかかわらずフランスにしかないと発言している。Memo from Armacost to Brzezinski, "Memorandum of Conversation of Meeting with President Carter and Prime Minister Fukuda on March 22, 1977, at 10:00 a.m.," March 25, 1977, 7NSA, BSF, box 34 (JCL).

（43）Michael, J. Brenner, *Nuclear Power and Non-Proliferation: The Remaking of U.S. Policy* (Cambridge: Cambridge University Press, 1981), pp.101–113.

（44）"Statement on Nuclear Policy," October 28, 1976, the American Presidency Project; Brenner, *Nuclear Power and Non-Proliferation*, pp.114–115.

（45）Memo from Springsteen to Scowcroft, "Briefing Paper on Non-Proliferation," National Security Adviser, Presidential Subject File, 1974–1977, box 14 (GFL).

（46）Samuel. J. Walker, "Nuclear Power and Nonproliferation," *Diplomatic History*, Vol.25, No.2 (2001), pp.220–237.

（47）Nuclear Energy Policy Study Group, *Nuclear Power Issues and Choices* (Cambridge: Ballinger Publishing Company,1977)（赤木昭夫訳『原子力をどうするか、その課題とその選択』パシフィカ、一九七八年）, pp.3–4;「米国原子力政策の背景とわが国の対応」『原子力産業新聞』一九七七年一〇月六日。

（48）Beckman, *Nuclear Non-proliferation*, pp.293–298.

（49）田中靖政『原子力の社会学』電力新報社、一九八二年、二四〜二六頁；Talking Points, Department of State, February 18, 1977, *Japan II*, JA00174, p.5.

（50）Victor Gilinsky, "Plutonium, Proliferation and the Price of Reprocessing," *Foreign Affairs*, Vol.57 Issue 2 (Winter

1978/79), p.378.

(51) Report, "The US-West European Divergence on Nuclear Energy," August 3, 1978, *NNPU*, Box 7 (NSA)；日本原子力産業会議『原子力は、いま』上巻、三五〇～三五三頁；Gummett, "From NPT to INFCE: Development in Thinking about Nuclear Non-Proliferation," pp.557–558; 金子熊夫「国際核燃料サイクル評価（ＩＮＦＣＥ）の現状」『国際資源』第四五号（一九七八年九月）、二八～三三頁。

(52) Steven Joshua Warnecke, *Uranium, Nonproliferation, and Energy Security* (Paris: Atlantic Institute for International Affairs, 1979), pp.28–36.

(53) Brenner, *Nuclear Power and Non-Proliferation*, pp.123–129.

(54) "James Schlesinger," July 19–20, 1984, *Carter Presidency Project*, pp.16–17; 金子孝二「アメリカの核燃料サイクルの規制」塩野宏編著『核燃料サイクルと法規制』第一法規、一九八〇年；Terrence R. Fehner and Jack M. Holl, *Department of Energy, 1977–1994: A Summary History* (Washington, D.C.: Department of Energy, 1994), pp.17–23; Kaufman, *Plans Unraveled*, pp.9–16. なおタックマンは一九七八年二月に結婚に伴ってジェシカ・タックマン・マシューズ（Jessica Tuchman Mathews）と改名しているが、本書では便宜上タックマンに統一する。

第八章　米国の孤立と日米協調の模索

（1）今井隆吉『ＩＡＥＡ査察と核拡散』日刊工業新聞社、一九九四年、一一〇頁；Cable from State to Tokyo, "Anticipated Presidential Nuclear Policy Statement," NSA, EAP, box 8 (GFL).

（2）国科「カーター次期米大統領の原子力政策」一九七六年一一月二八日、外交記録公開（二〇一三―二五六二）；Telegram from Tokyo to State, "President's Proposal on Curbing Proliferation," NSA, EAP, box 8 (GFL)；"U.S. Nuclear Export Policy," December 29, 1976, RG59, CFPF, AAD; 石川『原子力委員会の闘い』一八〇～一八四頁；日本原子力産業会議『原子力年鑑』一九七七年度、九～一〇頁；桂誠「最近の原子力交渉の現状」『経済と外交』第六六四号（一九七七年九月）、四〇頁。

（3）Memcon, "Vice President Mondale — Prime Minister Fukuda Conversation II," February 1, 1977, 26NSA, FE, ACF, box 2 (JCL), p.5.

（4） Cable from Tokyo to State, "Visit to US of TEPCO's Tanaka and JAEC's Inoue," March 3, 1977, RG59, CFPF, AAD; Memo from Armacost to Brzezinski, "Request for Appointment by Ryukichi Imai," March 11, 1977, 6NSA, BCF, box 40 (JCL)；核燃料サイクル問題研究会編『資源小国日本の挑戦』一五〜一六頁；「井上特使、米に日本の実情を説明」『原子力産業新聞』一九七七年三月三日。

（5） Memo from Davis to the Chairman, Joint Chiefs of Staff, "Nuclear Proliferation: Presidential Review Memorandum/NSC 15," January 16, 1977, RG273 Records of the National Security Council, Presidential Review Memorandum, box 1 (NAII)；Memo from the Vice President to the President, "Recommended Actions Stemming from My Visit to Europe and Japan," February 2, 1977, RG56, MA, CFB, 1977–1979, box 1 (NAII), p.6; Talking Points, Department of State, February 18, 1977, *Japan II*, JA00174, p.2, 5.

（6） Cable from Tokyo to State, "Visit of Dr. Imai to U.S.," March 10, 1977, 6NSA, BCF, box 40 (JCL).

（7） Memo from Armacost to Brzezinski, March 17, 1977, 26NSA, ACF, box 2 (JCL)；Memo from Vance to Carter, "Nuclear Reprocessing for Fukuda Discussions," March 20, 1977, 6NSA, BCF, box 40 (JCL)；今井隆吉『科学と外交』中央公論社、一九九四年、一八八〜一八九頁；同「ＩＡＥＡ査察と核拡散」一一一〜一一二頁。

（8） Talking Points, Department of State, February 18, 1977, *Japan II*, JA00174; Memo from Gilinsky to Armacost, March 18, 1977, 26NSA, ACF, box 2 (JCL)；大島恵一他「座談会 原子力をめぐる最近の国際情勢」『国際資源』第四五号（一九七八年八月）、八〜九頁；Nuclear Energy Policy Study Group, *Nuclear Power Issues and Choices*, pp.277–281.

（9） Memo from Brzezinski to the President, "Weekly National Security Report #5," March 18, 1977, DB, SF, box 41 (JCL), p.2: Memo from Armacost to Brzezinski, "Overview Paper on Prime Minister Fukuda's Visit; and Brieging Books," March 19, 1977, 26NSA, ACF, box 2 (JCL)；核燃料サイクル問題研究会編『資源小国日本の挑戦』二五〜二六頁；ドン・オーバードーファー（菱木一美・長賀一哉訳）『マイク・マンスフィールド』下、共同通信社、二〇〇五年、二五六頁。

（10） Memo from Armacost to Brzezinski, "Memorandum of Conversation of Meeting with President Carter and Prime Minister Fukuda on March 22, 1977, at 10:00 a.m.," March 25, 1977, pp.2–4, and memo from Armacost to Brzezinski, "Memorandum of Conversation between President Carter and Prime Minister Fukuda of Japan," March 24, 1977, pp.1–3, both in 26NSA, ACF, box 2 (JCL).

(11) 科学技術庁原子力局「日米原子力交渉の経緯と概要 五一年一〇月二八日より第三次交渉まで」『第一三三三回庁議議事録』一九七七年八月二九日、『科学技術庁庁議資料』(以下、科技庁庁議資料と表記)、リール番号〇〇〇六〇〇—〇九三一(国立公文書館);国際連合局科学課「日米原子力問題協議のための対策会議の発足」一九七七年三月二五日、外務省開示文書(二〇〇八—〇〇〇六四)。

(12) Memo from Armacost to Brzezinski, "Memorandum of Conversation between President Carter and Prime Minister Fukuda of Japan," March 24, 1977, 26NSA, ACF, box 2 (JCL), p.3; Memo from Armacost to Brzezinski, "Further Consultations with the Japanese on Nuclear Reprocessing," March 30, 1977, *Japan II*, JA00188.

(13) Memo from Christopher to Carter, "Nuclear Reprocessing Discussions with Japan," April 2, 1977, 6NSA, BCF, box 40 (JCL); Memo from Tarnoff to Brzezinski, "Partial Response to PD/NSC-8 — Proposed Nuclear Export Policies," April 5, 1977, RAC, NLC-132-4-3-9-8 (JCL); Memo from Wilford to Burrows, "Reprocessing," March 31, 1977, FCO96/725 (TNA).

(14) 駐米大使外務大臣宛「日米原子力問題(第1次交渉)」一九七七年四月一五日、外務省開示文書(二〇〇九—〇〇五二八);原子力局「日米原子力交渉の経緯と概要」『科技庁庁議資料』〇〇〇六〇〇—〇九三四;Memo from Hornblow to Bayer and Tarnoff, "Consultations with Japanese on Nuclear Reprocessing," 6NSA, BCF, box 40 (JCL); Memo, "The Japanese Reprocessing Plant at Tokai," attached to memo from Tuchman to Brzezinski, "Japanese Bilateral Briefing paper," May 4, 1977, *Japan II*, JA00203.

(15) Memo from Armacost to Nye, "Japanese Reprocessing," April 12, 1977, 26NSA, ACF, box 2 (JCL); Memo from Armacost to Brzezinski, "Japan and the Nuclear Reprocessing Issue," April 18, 1977, 6NSA, BCF, box 40 (JCL), pp.2-3: Cable from State to Tokyo, "Nuclear Discussions with Japanese Governent," April 23, 1977, RG59, CFPF, AAD.

(16) Memo from Far East to Brzezinski, "Evening Report," April 8, 1977, RAC, NLC-10-2-1-2-5 (JCL); Memo from Armacost to Brzezinski, "Japan and the Nuclear Reprocessing Issue," April 18, 1977, *Japan II*, JA00197, p.1; Memo, Department of State, "Possible Formulation of Japan-U.S. Understandings on Nuclear Fuel Cycle," April 19, 1977, *Japan II*, JA00198.

(17) Memo from Armacost to Nye, "Japanese Reprocessing," April 12, 1977, 26NSA, ACF, box 2 (JCL); Memo from Tuchman to Brzezinski, "Japanese Bilateral Briefing paper," May 4, 1977, *Japan II*, JA00203.

(18) Department of State, "Q & A's," 1977, *Japan II*, JA00145, p.1; Memo from Armacost to Brzezinski, "Japan: Nuclear Reprocessing," April 5, 1977, *Japan II*, JA00191; Memo from Armacost to Brzezinski, "Japan and the Nuclear Reprocessing Issue," April 18, 1977, *Japan II*, JA00197; Memo from Hornblow to Bayer and Tarnoff, "Consultations with Japanese on Nuclear Reprocessing," 6NSA, BCF, box 40（JCL）.

(19) Memo, The White House, April 23, 1977, RAC, NLC-1-2-1-17-9（JCL）；Memo from Brzezinski to Carter, "Conversation with Fukuda in London," *DDRS*.

(20) 自由民主党政務調査会、安全保障調査会『核燃料再処理問題』一九七七年五月一一日。

(21) 在米大使発外務大臣宛「日米原子力問題」一九七七年四月一五日、外務省開示文書（二〇〇九―〇〇五二八）。

(22) 「参考資料Ⅰ　米国の新原子力政策の発表について」外務省開示文書（二〇〇七―〇〇八二七）、二頁；Cable from State to Tokyo, "Nye/Fri Background Briefing on Nuclear Reprocessing, April 7," April 9, RG59, CFPF, AAD: Memo from Tuchman to Brzezinski, "Reprocessing in Japan," April 7, 1977, *Japan II*, JA00203.

(23) 国際連合局科学課「核燃料特別対策会議（第二回）の開催」一九七七年四月二五日、及び核燃料特別対策会議「原子力問題に対する今後の対処振り」一九七七年五月二日、共に外務省開示文書（二〇〇八―〇〇〇九七）：Cable from Tokyo to State, "Fukuda-Carter Bilateral Talks," May 17, 1977, *Japan II*, JA00207.

(24) 原子力局「日米原子力交渉の経緯と概要」『科技庁議資料』〇〇〇六〇〇―〇九二〇、〇九二九：「原子力政策めぐり会談」『原子力産業新聞』一九七七年三月一〇日。

(25) 今井隆吉『民間大使覚え書』電力新報社、一九八八年、二〇二～二〇四頁；全『日米交渉における政策決定過程』九〇～九一頁；石川『原子力委員会の闘い』一八六頁。

(26) Cable from Tokyo to State, "Bureaucratic Dynamics of Nuclear Issues Updated," June 16, 1977, RG59, CFPF, AAD.

(27) Memo from Armacost to Holbrooke and Nye, "Nuclear Energy Consultations with Japan," March 25, 1977, 26NSA, ACF, box 2（JCL）；Memo from Hornblow to Bayer and Tarnoff, "Consultations with Japanese on Nuclear Reprocessing," 6NSA, BCF, box 40（JCL）；Memo from Armacost to Brzezinski, "US-Japanese Consultative Nuclear Planning Group," 26NSA, ACF, box 5（JCL）.

(28) Memo from Mink and Lake to the Secretary, "PRM-15: Nuclear Proliferation," February 23, 1977, and memo from Lake

and Mink and to the Secretary, "Non-Proliferation Diplomacy Throuth the Summit," March 16, 1977, both in RG59, PPS, Lake, 1977–1981, box 2 (NAII) ; Brenner, *Nuclear Power and Non-Proliferation*, pp. 132–139.

(29) Paper, "Issues and Options," attached to memo from Mink and Lake to the Secretary, "PRM-15: Nuclear Proliferation," February 23, 1977, RG59, PPS, Lake, 1977–1981, box 2 (NAII).

(30) "Statement of the President on Nuclear Power Policy", April 7, 1977, pp.587–588, and "Nuclear Non-Proliferation - Message to the Congress," April 27, 1977, pp.728–729, both in *PPPUS, 1977, Book I*; Memo from Brzezinski to the President, August 13, 1977, 7NSA, Brzezinski Material, VIP Visit File, box 40 (JCL) ; Brenner, *Nuclear Power and Non-Proliferation*, pp.140–153.

(31) "Oral History with Frank Moore," July 2002, Carter Library Oral History Project, http://www.jimmycarterlibrary.gov/library/oralhistory/clohproject/moore.pdf.

(32) Memo from Brian to Muskie, "The Congressional Agenda: Issues and Strategies," NSA, *U.S. Nuclear Non-Proliferation Policy, 1945–1991* (hereafter cited as *Nonproliferation*), NP01781; Beckman, *Nuclear Non-proliferation*, pp.287–288.

(33) Beckman, *Nuclear Non-proliferation*, pp.305–310;「米上院 本会議で高速炉・再処理予算を可決」『原子力産業新聞』一九七七年七月二一日。

(34) Memo from Lake to the Secretary, April 15, 1977, RG59, PPS, Lake, 1977–1981, Box 2 (NAII) ; Paper, Department of State, "Terms and Reference for Coperation Under The International Fuel Cycle Evaluation," and memo, "The International Fuel Cycle Evaluation (IFCEP)," both in *NNPU*, box 5 (NSA).

(35) 田宮茂文編著『八〇年代原子力開発の新戦略』電力新報社、一九八〇年、三九～五八頁; Gummett, "From NPT to INFCE: Development in Thinking about Nuclear Non-Proliferation," pp.553–565; Park, *International Nuclear Nonproliferation Pressure and Japan's Domestic Policy Response*, pp.174–222; Brenner, *Nuclear Power and Non-Proliferation*, p.186.

(36) Telegram from Vienna to State, "INFCEP Consultations in Vienna During Week of IAEA General Conference, September 26–30, 1977," October 3, 1977, and telegram from Paris to State, "INFCE," October 17, 1978, both in *Nuclear Non-Proliferation Unpublished Collection* (hereafter cited as *NNPU*), box 5 (NSA); Brenner, *Nuclear Power and Non-Proliferation*, p.186.

(37) Memo from Lake to the Secretary, April 15, 1977, RG59, PPS, Lake, 1977–1981, Box 2（NAII）; Memo, "The International Fuel Cycle Evaluation（IFCEP）," *NNPU*, box 5（NSA）; 日本原子力産業会議「ザルツブルグ会議参加欧州原子力視察団報告書」一九七七年六月、日本原子力産業協会電子図書館、http://www.lib.jaif.or.jp/library/report/chosadan70/chosadan70-7535.pdf（最終閲覧日：二〇一四年一二月一日）;「ザルツブルグ会議に出席して」『原子力産業新聞』一九七七年五月二六日。

(38) Campbell, *Collapse of an Industry*, pp.65–67, 132–135.

(39) Paper, Department of State, "Energy," 1977, p.7, NP01534, and Department of State, "London Summit Issues: Big Six and EC Positions," 1977, p.1, NP01535, both in *Nonproliferation*; Paper, Department of State, "The International Nuclear Fuel Cycle Evaluation（A Possible Approach）," *NNPU*, box 5（NSA）; Memo from Maud to PS/PUS, "Economic Summit: Message from President Carter," March 3, 1977, FCO21/1577（TNA）. ただし政治問題の討議には独仏両国が消極的であり、核不拡散問題は従来から議論してきたエネルギー問題の一つとして扱い、その他の問題は同時に開催された米英独仏による四カ国首脳会談で扱われることとなった。

(40) Memcon, "Summit - May 7, Afternoon," RG56, IMA, DD, SF, 1977–1979, box 2（NAII）, pp.1–14.

(41) Ibid., pp.7–8.

(42) Memo, Foreign and Commonwealth Office, "Downing Street Summit — 7–8 May 1977 Non-Proliferation," May 5, 1977, FCO59/1506（TNA）; パットナム、ベイン『サミット』一〇九～一一〇頁。

(43) 在英大使発外務大臣宛「国際核ねん料サイクル評価計画（INFLEP）（請訓）」一九七七年四月二八日、外務省開示文書（二〇〇七—〇〇六一二）; Telegram from State to London, et al., "Summit Experts Meeting on Nuclear Energy," May 16, 1977, *NNPU*, Box 5（NSA）; Diary entry for May 7, Carter, *White House Diary*, p.48; 吉野文六・中平立「対談 ロンドン首長国首脳会議の成果」『経済と外交』第六六一号（一九七七年六月）、七頁。

(44) Memo, "The International Fuel Cycle Evaluation（IFCEP）," and memo from Kalicki to Nye, et al., "INFCEP After the Summit," May 11, 1977, and paper, Department of State, "The International Nuclear Fuel Cycle Evaluation（A Possible Approach: Revised）," all in *NNPU*, box 5（NSA）.

(45) Telegram from Bonn to State, "Fuel Cycle Evaluation Program," April 25, 1977, *NNPU*, box 5（NSA）.

(46) "Summit Experts Meeting on Nuclear Energy," May 16, 1977, *NNPU*, box 5（NSA）.

(47) Telegram from State to US Mission IAEA, et al., "Internaitonal Fuel Cycle Evaluation," May 27, 1977, memo, "Unofficial translation of Working Paper（INFCE）dated May 31," memo for the File, Nosenzo, June 1, 1977, and telegram from Paris to State, "Results of June 8–9 Summit Non-Proliferation Experts Meeting," June 10, 1977, all in *NNPU*, box 5（NSA）; Memo from Vance to the President, "Summit Follow-up on Energy," June 7, 1977, RG59, WC, 1977–1980, box 16（NAII）.

(48) Memo, Department of State, *NNPU*, box 5（NSA）. "During the London Summit Meeting," から始まる同文書には表題や日付がないものの、ＩＮＦＣＥに関する情勢をまとめており、その内容から第１回専門家会議の後の六月後半から七月前半にかけて作成されたものと考えられる。

(49) Paper, Department of State, "US French Bilateral", *NNPU*, box 5（NSA）.

(50) Memo, July 7, 1977, memo from Devine to Nye, July 11, 1977, "Second Experts Meeting in Paris July 26 and 27," July 11, 1977 and memo from Devine to Nye, "Experts Meeting in Paris, July 26 and 27," July 12, 1977, all in *NNPU*, box 5（NSA）.

(51) Memo from Oplinger to Smith et al., "French "Preliminary Analysis" Paper," July 13, 1977, telegram from State to Paris, "Non-Proliferation Experts Meeting," July 15, 1977, telegram from Paris to State, "Non-Proliferation Experts Meeting," July 22, 1977, and paper, Boright, "US Presentation," July 22, 1977, all in *NNPU*, box 5（NSA）.

(52) Telegram from Paris to State, "Preliminery Analysis for INFCE," July 29, 1977, telegram from Paris to State, "Summit Nuclear Experts Group Meeting," July 29, 1977, and telegram from Paris to State, "Conditional French Agreement to Participate in INFCE," August 4, 1977, all in *NNPU*, box 5（NSA）; Memo, Tuchman, "International Nuclear Fuel Cycle Evaluation Program," August 20, 1977, RAC, NLC–28–23–4–5–7（JCL）.

(53) Telegram from State to Brussels, et al., "Internatinal Fuel Cycle Evaluation（INFCE）," August 8, 1977, and telegram from State to Paris, et al., "Nuclear Experts Follow-Up to London Economic Summit," August 9, 1977, both in *NNPU*, box 5（NSA）.

(54) Memo from Tuchman to Brzezinski, "Japanese Bilateral Briefing paper," May 4, 1977, *Japan II*, JA00203.

(55) Memo from Keeny to Brzezinski, "Options Paper on Japanese Tokai Reprocessing Plant," May 27, 1977, *Japan II*, JA00209; Memo from Brzezinski to Carter, "Japanese Nuclear Talks—Negotiating Guidance," May 31, 1977, 6NSA, BCF,

box 40 (JCL).

(56) Memo from Zbigniew Brzezinski to Jimmy Carter, "Japanese Nuclear Talks—Negotiating Guidance," May 31, 1977, 6NSA, BCF, box 40 (JCL).

(57) Memo from Tuchman to Brzezinski, "Japanese Bilateral Briefing Paper," May 4, 1977, and memo from Oksenberg to Brzezinski, "Japanese Negotiating Posture for Tokai," May 31, 1977, both in 6NSA, BCF, box 40 (JCL).

(58) Memo from Nye to Van Dren and Sievering, "Technical Cooperation with Other Nations in Advanced Reactors and Fuel Cycles," May 19, 1977, RG431 Records of the Nuclear Regulatory Commission, Country Files 1960–1978 (hereafter cited as CF, 1960–1978), box 1 (NAII); Memo from Nye to Ad Hoc Group on Non-Proliferation, "International Cooperation in Nuclear Technology," July 5, 1977, RG431, CF, 1960–1978, box 9 (NAII); Paper, Department of State, "Coordination and Management of INFCE and NASAP," *NNPU*, box 5 (NSA); Diary entry for July 20 and 22, 1977, Personal Diary, Gerald C. Smith Papers, 1951–96 (hereafter cited as Diary, Smith, 1951–96), box 59 (Dwight D. Eisenhower Presidential Library [hereafter cited as EPL]); Gerard C. Smith, *Disarming Diplomat: The Memoirs of Gerard C. Smith, Arms Control Negotiator* (Lanham, Maryland: Madison Books, 1996), pp.190–205.

(59) Memcon, May 23, 1977, RG56, IMA, SJG, 1972–1980, box 2 (NAII).

(60) 科学技術庁原子力局「対米第二次交渉の対処方針（案）」一九七七年五月一八日、国際連合局科学課「核問題に関する三省庁打合せ（課長レベル）」一九七七年五月一八日、及び国際連合局科学課「原子力問題第2次日米交渉対処方針（案）」一九七七年五月二七日、全て外務省開示文書（二〇〇七─〇〇九一九）；「第二次対米交渉案について（事務局案）」『第一三二四回庁議議事録』一九七七年六月三日『科技庁庁議資料』〇〇〇五〇〇─一〇四六、一一二五〜一一二七。

(61) 外務省「核燃料特別対策会議会合」一九七七年三月二八日、外務省開示文書（二〇〇八─〇〇〇六四）。また当時アメリカ局北米第一課長を務めていた渡邊幸治も、北米局の再処理問題に対する関心は日本のナショナリズムが反米に向くか反原子力に向くかという点にあったと述べている。執筆者らによる渡邊幸治氏（一九七六〜七八年アメリカ局北米第一課長、二〇〇九年五月二三日）、へのインタビュー。当該インタビューは服部龍二教授（中央大学）らの進めていたインタビューに筆者が加わる形で行われた。記して感謝したい。

(62) 石井晋「原子力発電の効率化と産業政策」『ＲＩＥＴＩディスカッション・ペーパー』一四─Ｊ─〇二六（二〇一四年五

月)、一二一～一五頁、http://www.rieti.go.jp/jp/publications/dp/14j026.pdf。

(63) 在米大使宛外務大臣発「原子力問題第二次日米交渉対処方針」一九七七年六月一日、外務省開示文書(二〇〇七—〇〇九一九);Telegram from Tokyo to State, "Japanese Aprroach to Forthcoming Negotiations," May 31, 1977, 6NSA, BCF, box 40 (JCL).

(64) Cable from Tokyo to State, "Nuclear Reprocessing: Search for a Solution at Tokai Mura," May 25, 1977, RG59, CFPF, AAD.

(65) Telegram from Tokyo to State, "Japanese Approach to Forthcoming Nuclear Negotiations," May 31, 1977, 6NSA, BCF, box 40 (JCL).

(66) 核燃料サイクル問題研究会編『資源小国日本の挑戦』六八～七〇頁;Park, *International Nuclear Nonproliferation Pressure and Japan's Domestic Policy Response*, pp.156–158;「東海再処理施設を日米共同調査」『原子力産業新聞』一九七七年六月九日。

(67) 在米大使発外務大臣宛「原子力問題第二次日米交渉(邦人記者会見)」一九七七年六月七日、外務省開示文書(二〇〇七—〇〇九一九)、四頁;Telegram from State to London et al., "Summit Experts Meeting on Nuclear Energy," May 16, 1977, *NNPU*, box 5 (NSA);Memo from Spreckley to Buckley, "Japan/US/Canada: Nuclear Matters," July 8, 1977, FCO96/721 (TNA).

(68) Cable from Tokyo to State, "Bureaucratic Dynamics of Nuclear Issues Updated," June 16, 1977, RG59, CFPF, AAD;「共存法の採用を検討」『原子力産業新聞』一九七七年三月一七日。

(69) 国際連合局科学課「原子力問題第二次日米交渉(注…代表団よりの電話連絡による。)」一九七七年六月七日、及び国際連合局科学課「原子力問題第二次日米交渉(資料1:原則)」一九七七年六月八日、共に外務省開示文書(二〇〇七—〇〇九一九);Memo from Global Issues to Brzezinski, "Evening Report," June 6, 1977, RAC, NLC-28-36-2-27-1 (JCL);Cable from State to Tokyo, "U.S.-Japan Nuclear Talks," June 7, 1977, RG59, CFPF, AAD.

(70) 科学技術庁『宇野大臣プレス・ブリーフィング(要旨)』一九七七年九月一日、外務省開示文書(二〇〇七—〇〇九二二)。

(71) 「エネルギー(最終版)」外務省開示文書(二〇〇七—〇〇八二七)、三四頁。

(72) Memo from Lake, et al., to the Secretary, "Further Steps on Brazil and Pakistan," January 28, 1977, RG59, PPS, Lake,

1977-1981, box 6 (NAII)；Telegram from Tokyo to Joint Nuclear Unit, FCO, "Thermal Recycle," December 28, 1978, FCO96/818 (TNA)；Michael J. Siler, "U.S. Nuclear Nonproliferation Policy in the Northeast Asian Region during the Cold War: The South Korean Case," *East Asia: An International Quarterly*, Vol.16, No.3-4 (September 1998), pp.41-86; Brenner, *Nuclear Power and Non-Proliferation*, pp.130-132, 145.

(73) Kaufman, *Plans Unraveled*, pp.51-55; Hilfrich, "Roots of Animosity," pp.277-301.

(74) Letter from Christopher to Hendrie, July 20, 1978, 及び在仏大使発本省宛第一四四三号「米の核不拡散法（米・ユーラトム協定改訂交渉）」一九七八年六月二四日、共に外交記録公開（二〇一三—二五六七）；Howlett, *EURATOM and Nuclear Safeguards*. Basingstoke, pp.201-203.

(75) State to Canberra, "US-Australian Bilateral Talks on Non-Proliferation," May 13, 1977, RG59, CFPF, AAD.

第九章　日米欧関係と米国の方針転換

(1) Cable from Tokyo to State, "Problems in Dispatching U.S. Nuclear Team to Japan; Canada/Japan Nuclear Issue and London Suppliers Conference," June 10, 1977, RG59, CFPF, AAD.

(2)「再処理問題に関する日米合同調査」『原子力委員会月報』第二二巻七号（一九七七年七月）；国際連合局科学課「原子力問題第2次日米交渉（資料2：付託事項）」一九七七年六月八日、外務省開示文書（二〇〇七—〇〇九一九）。

(3) 石川『原子力委員会の闘い』一九一～一九二頁；石田裕貴夫『核拡散とプルトニウム』朝日新聞社、一九九二年、一九七～一九八頁。

(4) 国際連合局科学課「「東海村再処理施設の運転のための既定及び代替方法に関する日米合同調査団の報告書」（要約）」一九七七年七月一一日、外務省開示文書（二〇〇七—〇〇九二〇）；核燃料特別対策会議「別添1　日米合同再処理調査団報告書の評価」一九七七年七月一五日、外務省開示文書（二〇〇八—〇〇五一五）；Department of State, "Ad Referendum: Report of the joint U.S.-Japanese Working Group on Scheduled and Alternative Modes for Operating the Tokai Reprocessing Facility," July 10, 1977, *DDRS*.

(5)「あの日、あの時26　日米再処理交渉を巡って」科学技術庁監修、科学技術広報財団編『あの日、あの時——科学技術庁四〇年の歩み』電力新報社、一九九六年、二二七～二三〇頁。

(6) Cable from Tokyo to State, "Completion of U.S.-Japan Joint Reprocessing," July 13, 1977, *Japan II*, JA00225; Cable from Tokyo to State, "Effect of Nuclear Reprocessing Issue on U.S. Relations with Japan," July 15, 1977, *Japan II*, JA00227; Memo from Scheinman to Smith, "Further to Note on Tokyo 10653," July 18, 1977, *Japan II*, JA00228; Telegram from Tokyo to State, "Informal Discussion on Third Round of Reprocessing Talks," July 28, 1977, *Japan II*, JA00256, p.43.

(7) Telegram from State to Japan, "Nuclear Reprocessing: Japanese Sound Out USG re Uno Visit, Future Progress," July 19, 1977, *Japan II*, JA00229.

(8) 国科長「日米原子力協定第8条C項と東海再処理問題との関連について（調査依頼）」一九七七年七月一五日、及び国科「東海再処理施設の運転と日米原子力協定第八条C項（共同決定）について」一九七七年八月一日、共に外務省開示文書（二〇一一―〇〇二三二）。

(9) 国際連合局科学課「核燃料特別対策会議幹事会 議事要旨」一九七七年五月一二日、外務省開示文書（二〇〇八―〇〇五一三）、一一～三頁：国際連合局科学課「第5回核燃料特別対策会議幹事会」一九七七年七月一二日、外務省開示文書（二〇〇八―〇〇五一五）、三頁：科学技術庁原子力局「今後の対米交渉の進め方について」一九七七年七月一二日、外務省開示文書（二〇〇七―〇〇九二一）：Briefing memo from Holbrooke to Benson, "Your Meeting with Minister of Science and Technology Uno, Monday, September 12, 3:30 p.m.," September 9, 1977, *Japan II*, JA00304; 柚木弘志・沼田大介『宇野宗佑・全人像』行研、一九八八年、二一六～二一七頁。

(10) 核燃料サイクル問題研究会編『資源小国日本の挑戦』一一三～一一四頁：「日米再処理交渉に関する科学技術庁長官談話」『原子力委員会月報』第二二巻七号（一九七七年七月）：Cable from Tokyo to State, "Presidential Options Paper on Tokai Mura: Possible Japanese Negotiating Position," August 4, 1977, *DDRS*; Cable from Tokyo to State, "Tokai Mura Negotiations," August 5, 1977, 6NSA, BCF, box 40 (JCL).

(11) 国際連合局科学課「第6回核燃料特別対策会議の開催」一九七七年八月二六日、外務省開示文書（二〇〇八―〇〇五一六）：「第三次日米原子力交渉対処方針（案）」外務省開示文書（二〇〇七―〇〇九二一）。

(12) Telegram from Tokyo to State, "Informal Discussion on Third Round of Reprocessing Talks," July 28, 1977, *Japan II*, JA00256, p.43.

(13) Cable from Tokyo to State, "The Reprocessing Issue and future U.S.-Japan Relations," July 12, 1977, 6NSA, BCF, box 40

(JCL)；オーバードーファー『マイク・マンスフィールド』下、二五八頁。

(14) 原子力局「日米原子力交渉の経緯と概要」『科技庁庁議資料』〇〇〇六〇〇一〇九四三；Cable from Tokyo to State, "The Reprocessing Issue and future U.S.-Japan Relations," July 12, 1977, 6NSA, BCF, box 40 (JCL), p.1; Letter from Carter to Fukuda, July 15, 1977, *DDRS*; Cable from State to the White House, "Effect of Nuclear Reprocessing Issue on U.S. Relations with Japan," July 15, 1977, RAC, NLC–16–11–2–30–7 (JCL).

(15) Cable from Tokyo to State, "The Reprocessing Issue and future U.S.-Japan Relations," July 12, 1977, *Japan II*, JA00223; オーバードーファー『マイク・マンスフィールド』下、二五七～二六一頁。

(16) Memo from Brzezinski to Carter, "Talking points for President Carter's meeting with Senator Mike Mansfield, Tuesday, May 24, 1977, at 2:30 p.m.," May 24, 1977, *DDRS*.

(17) Smith, *Disarming Diplomat*, pp.190–205.

(18) Memo from Holbrooke to Farley, "Draft Presidential Memo on Tokai," July 26, 1977, *Japan II*, JA00233; Memo from Keenly to Brzezinski, "Tokai Reprocessing Plant Options Paper," August 2, 1977, *Japan II*, JA00241; Memo from Speth to Brzezinski and Tuchman, "Tokai Policy Options," August 2, 1977, *Japan II*, JA00242; Letter to Brzezinski from Gossick, August 3, 1977, *DDRS*; Scheinman, "Potential Stumbling Blocks in Tokai Negotiations," August 4, 1977, *Japan II*, JA00246.

(19) Memo from Brzezinski to Carter, "Japanese Nuclear Reprocessing: The Tokai Decision," August, 1977, 26NSA, ACF, box 4 (JCL); Memo from Huberman to Tuchman, "Tokai Reprocessing Plant Options Paper," August 2, 1977, *Japan II*, JA00244; Diary entry for August 26, 1977, Diary, Smith, 1951–96, box 59 (EPL).

(20) Memo from Vance to Carter, "Options Paper on Japanese Nuclear Reprocessing Facility," July 11, 1977, *Japan II*, JA00221; Memo from Smith to Vance, "Tokai Reprocessing," July 29, 1977, *Japan II*, JA00236.

(21) Memo from Keenly to Brzezinski, "Tokai Reprocessing Plant Options Paper," August 2, 1977, *Japan II*, JA00241; Scheinman, "Potential Stumbling Blocks in Tokai Negotiations," August 4, 1977, *Japan II*, JA00246; Memo from Brzezinski to Carter, "The Tokai Decision," August 1977, 6NSA, BCF, box 40 (JCL), p.2.

(22) Memo from Brzezinski to Carter, "Japanese Nuclear Reprocessing: The Tokai Decision," August 1977, 6NSA, BCF, box 40 (JCL).

(23) Memo from Carter to Brzezinski, August 15, 1977, 6NSA, BCF, box 40 (JCL); Memo from Armacost to Tuchman, "Tokai Reprocessing Options Paper," August 1, 1977, 26NSA, ACF, box 4 (JCL); Cable from State to White House, "New Impressions of Tokai Mura Situation," August 11, 1977, *DDRS*; Department of State, "Suggested Negotiating Strategy for Tokai," August 15, 1977, *Japan II*, JA00255.

(24) Memo from Scheinman to Brzezinski, et al., "Tokai Draft Agreement," August 19, 1977, and memo from Brzezinski to Carter, "Tokai Decision," August 22, 1977, both in 6NSA, BCF, box 40 (JCL); Cable from Christopher to State, "Tokai Mura Decision," August 24, 1977, *Japan II*, JA00268; Memo from Armacost to Brzezinski, "Memorandum of Conversation between the President and Jerry Smith," August 25, 1977, 26NSA, ACF, box 4 (JCL).

(25) 「日本首席代表 冒頭発言要旨」一九七七年八月二九日、外務省開示文書（二〇〇七—〇〇九二二）; Cable from Tokyo to State, "Texts of Introductory Remarks and U.S. Draft Agreement on Tokai Mura," August 29, 1977, *Japan II*, JA00274; Cable from Tokyo to State, "Tokai Negotiations—Morning Aug 29," August 29, 1977, RG59, CFPF, AAD; Telegram from Tokyo to State, "Tokai Negotiations—Afternoon Aug 29," August 30, 1977, *Japan II*, JA00282.

(26) 国際連合局科学課「第三次日米交渉における米側提案の概要」一九七七年八月二九日、外務省開示文書（二〇一一—〇〇二二二）; Cable from Tokyo to State, "US-Japan Negotiations —Tokai-Mura," September 1, 1977, RG59, CFPF, AAD.

(27) Memo from Christopher to Carter, "Current Tokai Negotiations," Staff Offices Domestic Policy Staff Eizenstat, Subject File, box 227 (JCL).

(28) Cable from Tokyo to State, "Japanese Participation in INCEP," September 1, 1977, *Japan II*, JA00297; "Interview with William H. Gleysteen, Jr.," *Frontline Diplomacy*.

(29) Cable from Tokyo to State, "Significance of the Japanese Offer to Delay Construction of the Plutonium Conversion Plant," August 31, 1977, *Japan II*, JA00285.

(30) Memo, Scheinman, "Conversion Plant Problem," August 13, 1977, *Japan II*, JA00252.

(31) Memo from Christopher to Carter, "Current Tokai Negotiations," August 30, 1977, *Japan II*, JA00277; Cable from Tokyo to State, "Tokai Negotiations," August 30, 1977, *DDRS*.

(32) Cable from Tokyo to State, "Tokai Negotiation," August 31, 1977, JA00286, memo from Brzezinski to Carter, "Tokai De-

cision," August 31, 1977, JA00284, and cable from State to Tokyo, "Tokai Negotiation," August 31, 1977, JA00287, all in *Japan II*.

（33）　なお第三次交渉の直前に訪日したグレン上院議員にも日本側が説得を試みたという証言があるが、管見の限りでは米国側の史料にグレンが何らかの役割を果たした形跡はない。金子熊夫「日米原子力関係は、いまどうなっているか？」『原子力工業』第二八巻第一〇号（一九八二年一〇月）、三三頁。

（34）　核燃料サイクル問題研究会編『資源小国日本の挑戦』二二一～二二三頁；科学技術庁・外務省・通商産業省「再処理問題に関する日米第三次交渉について」『原子力委員会月報』第二二巻九号（一九七七年九月）。

（35）　在米大使発外務大臣宛「第三次日米原子力交渉（最終日）」一九七七年九月一日、及び国際連合局科学課「日米原子力交渉――概要と評価」一九七七年九月六日、共に外務省開示文書（二〇〇七―〇〇九二二）；「「日米原子力交渉の経緯と概要」追録」『第一三三三回庁議議事録』一九七七年九月八日『科技庁庁議資料』〇〇〇六〇〇―〇九四九；川上幸一「核不拡散問題と日本の立場」『原子力調査時報』第三五号（一九七八年一一月）、七頁。

（36）　細馬隆「マイクロ波加熱直接脱硝法による混合転換プロセスの実証二〇年の歩み」『サイクル機構技報』第二四号（二〇〇四年九月）、一一～二六頁。

（37）　小林智彦「日米原子力交渉」『国際資源』第三五号（一九七七年一〇月）、七九～八〇頁；国際連合局科学課「三次日米原子力交渉最終日合同記者会見」一九七七年九月一日、外務省開示文書（二〇〇七―〇〇九二二）、二頁；「東海村の日米交渉　日本側の主張通る」一九七七年九月一日（夕刊）、及び「運転開始へ日本譲歩」一九七七年九月二日、共に『朝日新聞』；「再処理の運転にゴー」『原子力産業新聞』一九七七年九月一日。なお合同記者会見の記録には「ＩＮＦＣＥに積極的に［　］する」と空白部分があるが、前後の文脈から「協力」の意味と解釈した。

（38）　Briefing paper, Department of State, "Assessment of Tokai Settlement," September 1977, *Japan II*, JA00293; Memo from Platt to Oplinger, "Discussions with Japan on Nuclear Fuel Cycle Issues," September 6, 1979, 6NSA, BCF, box 41（JCL）; Memo for the Record, Charles van Doren, "Tokai Settlement," September 16, 1977, *Japan II*, JA00312.

（39）　Memocon, "Tokai Mura as a Precedent in INFCE," September 12, 1977, *Japan II*, JA00305.

（40）　在英大使発外務大臣宛「原子力平和利用先進国間協議（西独との事前協議）」一九七七年四月二一日、及び在仏大使発外務外務大臣宛「原子力政策に関する日仏協議」一九七七年四月二八日、共に外務省開示文書（二〇〇七―〇〇六一一）。

（41）外務大臣宛在英大使発「国際核ねん料サイクル評価計画（ＩＮＦＬＥＰ）（請訓）」一九七七年四月二八日、及び在英大使宛外務大臣発「先進国首脳会議（原子力問題）」一九七七年四月二八日、共に外務省開示文書（二〇〇七―〇〇六一一）；経済資源課「エネルギー問題（ロンドン・サミットの follow up）―メモ」一九七七年五月一二日、外務省開示文書（二〇〇七―〇〇八二七）、四頁；国際連合局科学課「核問題に関する三省庁打合せ（課長レベル）」一九七七年五月一八日、外務省開示文書（二〇〇七―〇〇九一九）、一頁。

（42）Telegram from Brasilia to State, "INFCE - GOB Reaction to Latest US Presentation," July 21, 1977, *NNPU*, box 5（NSA）; Telegram from State to Hague, et al., "International Nuclear Fuel Cycle Evaluation: Invitation to Attend Organizing Conference," September 16, 1977, *NNPU*, box 6（NSA）; Telegram from Moscow to State, "INFCE Proposal: Soviets React Positively," August 10, 1977, and telegram from Bonn to State, "Nuclear Experts Follow-Up to London Economic Summit," August 15, 1977, both in *NNPU*, box 5（NSA）. なお、この他にもＩＮＦＣＥ参加打診に関する多数のやりとりが *Nuclear Non-Proliferation Unpublished Collection* のＢｏｘ５及び６に収められている。

（43）田宮『八〇年代原子力開発の新戦略』四二～五〇頁；Telegram from Hague to State, "International Nuclear Fuel Cycle Evaluation: Invitation to Attend Organizing Conference," September 1, 1977, *NNPU*, box 5（NSA）; Telegram from State to Belgrade, et al., "INFCE Bilaterals," September 16, 1977, *NNPU*, box 6（NSA）.

（44）Telegram from London to State, "International Nuclear Fuel Cycle（INFCE）Discussions," September 21, 1977, and telegram from State to Moscow, et al., "INFCE; Lead Roles in Breeder Study," October 8, 1977, both in *NNPU*, box 6（NSA）; Telegram from Vienna to State, "INFCEP Consultations in Vienna During Week of IAEA General Conference, September 26-30, 1977," October 3, 1977, *NNPU*, box 5（NSA）; Telegram from State to Bonn, et al., "INFCE Co-Lead Roles: Composition of GOJ Delegation to INFCE Organizing Conference," October 10, 1977, RG59, CFPF, AAD; Telegram from Washington to FCO, "INFCEP: Opening Meetings," October 10, 1977, FCO21/1585（TNA）.

（45）「ＩＮＦＣＥに臨む我が国の基本的考え方」『原子力委員会月報』第二二巻一〇号（一九七七年一〇月）。

（46）在仏大使宛外務大臣発「核問題主要国間予備会議（対処方針）」外交記録公開（二〇一三―二五五六）。

（47）田宮『八〇年代原子力開発の新戦略』三九～五八頁；Brenner, *Nuclear Power and Non-Proliferation*, pp.172-173; Gummett, "From NPT to INFCE," pp.553-565.

(48) Memo from Brzezinski to the President, "NSC Weekly Report #39," December 9, 1977, DB, SF, box 41 (JCL).

(49) 科学技術庁原子力局核燃料課「国際核燃料サイクル評価（ＩＮＦＣＥ）について」一九七九年一一月『科技庁議資料』No.一四四四（五五．一二．一八）～No.一四四六（五五．三．三）；田宮『八〇年代原子力開発の新戦略』三四～三九頁。

(50)「インタビュー――原子力委員会新関欽哉委員に聞く――一〇月にＩＮＦＣＥＰ全体会議」『原子力工業』第二三巻第一一号（一九七七年一〇月）、五八～五九頁。ただし協議会の他に外務省が三省庁連絡会議を、通産省が総合エネルギー調査会原子力部会に基本政策小委員会を設置しており、完全に一元化されていたわけではない。日本原子力産業会議『原子力年鑑』一九七八年度、六頁。

(51) 田宮『八〇年代原子力開発の新戦略』一三三～一三六頁；"INFCE Groups Say Nonproliferation Depends on Politics, Not Technology," *Nucleonics Week*, June 7, 1979.

(52) Telegram from State to Vienna, "INFCE TCC Meeting December 12–13, 1977," December 14, 1977, *NNPU*, box 5 (NSA)；Memo, Bray, "Comments on the Indian Reprocessing Paper," February 28, 1979, RG383 Records of the U.S. Arms Control and Disarmament Agency, International Nuclear Fuel Cycle Evaluation (INFCE) Historical Documents, 1977–1980, box 1 (NAII)；田宮『八〇年代原子力開発の新戦略』一三〇頁。

(53) Telegram from State to Ottawa, et al., "INFCE: TCC Chairmanship," November 25, 1977, telegram from Paris to State, "INFCE: French Views on TCC Meeting December 12; Working Group 2 Developments; Special Contribution to IAEA," November 28, 1977, and telegram from State to Vienna, "INFCE TCC Meeting December 12–13, 1977," December 14, 1977, p.1, all in *NNPU*, box 5 (NSA); Telegram from London to State, "International Nuclear Fuel Cycle Evaluation: Response to Yugoslav Queries," September 21, 1977, *NNPU*, box 6 (NSA).

(54) Telegram from Vienna to State, "INFCE: Planning for TCC Meeting," November 30, 1977, Telegram from State to Ottawa, et al., "INFCE: Chairman for TCC Meeting December 12," December 2, 1977, telegram from Paris to State, "INFCE: TCC Chairmanship and December 12," December 8, 1977, and telegram from Vienna to State, "INFCE: Co-Chairman Meeting," February 18, 1978,all in *NNPU*, box 5 (NSA).

(55) Memo, Technical Co-ordinating Committee, "Summary Report of the Ninth Meeting of the Technical Co-ordinating Committee of the International Nuclear Fuel Cycle Evaluation Held in Vienna on 22–23 February 1980," February 29,

1980, FCO96/1064（TNA）.

（56）Cable from Vienna to State, "INFCE TCC Meeting December 12–13, 1977," December 14, 1977, RG59, CFPF, AAD; Telegram from Vienna to State, "Report of INFCE TCC Meeting December 12–13, 1977," January 18, 1978, telegram from Vienna to State, "INFCE," December 1, 1978, and State to Ottawa, "US-Canada Bilateral on INFCE Outcome," December 1, 1978, all in *NNPU*, box 5（NSA）; Memo from Vance to the President, November 18, 1978, Plains Files, Subject File, box 39（JCL）.

（57）Telegram from Paris to State, "INFCE," October 17, 1978, telegram from Vienna to State, "INFCE," December 1, 1978, telegram from Tokyo to State, "INFCE: US-Japanese Bilateral Discussion and Working Group 2 Subgroup B," January 12, 1979, and telegram from Vienna to State, "INFCE: U.S./Japanese Bilaterals - Feb 27, 1979," March 1, 1979, all in *NNPU*, box 5（NSA）; Memo for the File, Carnesale, "German Views on Nonproliferation and SALT," March 20, 1979, RG383, INFCE Historical Documents, 1977–1980（hereafter INFCE, 1977–1980）, box 3（NAII）；田宮茂文他「大詰めを迎えるＩＮＦＣＥ」『原子力工業』第二五巻第六号（一九七九年六月）、一七～二六頁。

（58）Telegram from Vienna to State, "INFCE: TCC Meeting, Vienna, July 23–24, 1979 USSR Bilateral," July 26, 1979, *NNPU*, box 5（NSA）. 核不拡散問題に関する米ソ間の協力関係については、William C. Potter, "Managing Proliferation: Problems and Prospects for U.S.-Soviet Cooperation," Dagobert Brito, ed., *Strategies for Managing Nuclear Proliferation*（Lexington, Massachusetts: Lexington Books, 1983）, pp.247–260; Anatoly Belov, "Soviet-American Cooperation in Dealing with the Nonproliferation of Nuclear Weapons," William C. Potter, ed., *International Nuclear Trade and Nonproliferation: The Challenge of the Emerging Suppliers*（Lexington, Massachusetts: Lexington Books, 1990）, pp.381–384.

（59）Memo, "Speech by A. Giambusso, U.S. INFCE Coordinator to the AIF Fuel Cycle Conference," March 8, 1978, RG383, INFCE, 1977–1980, box 3（NAII）.

（60）Memo from Beckjord to Smith, et al., "Working Group Outcome Summary," January 10, 1979, and memo from Beckjord to U.S. Members of the Working Groups, et al., "Working Group Course Corrections," February 15, 1979, both in RG383, INFCE, 1977–1980, box 3（NAII）.

（61）国科「日米原子力協定改訂交渉」一九七八年三月一八日、外交記録公開（二〇一三—二五五五）：「第二次日米再処理交渉への準備経過」外務省開示文書（二〇一一―〇〇二二二三）；“U.S. Insistence on EURATOM Retransfer Veto Could Spike Treaty of Rome,” *Nucleonics Week*, October 27, 1977.

（62）Memo from Smith to Christopher, January 5, 1979, RG59, WC, 1977–1980, box 21（NAII）; Vienna to State, “INFCE: US/FRG Bilateral on INFCE Outcome,” Vienna to State, “INFCE: US/UK Bilateral on INFCE Outcome,” Vienna to State, “Japan Bilateral on INFCE Outcome,” Vienna to State, “US Non-Paper on INFCE”, all December 1, 1978, NNPU, box 5（NSA）.

（63）国科「日米原子力協定改訂米提案に関する日米交渉対処方針」一九七九年二月一〇日、及び国科「日米原子力協定改正米提案に関する日米交渉議事要録」一九七九年二月一五日、共に外務省開示文書（二〇一〇―〇〇五五四）；Tokyo to State, “Bilateral Nuclear Consultations with Japan”, February 15, 1979, *Japan II*, JA00490.

（64）Paper, “Guidelines for Japan-U.S. common approach to nuclear nonproliferation issues,” *DDRS*.

（65）日本原子力産業会議『原子力年鑑'81』一九八一年、一四二～一四三頁；「二国間協力協定改定、始動」『原子力産業新聞』一九七八年八月一〇日。

（66）Paper, “United States Draft Guidelines for US-Japan Common Approach to Nuclear Non-proliferation Issues,” *DDRS*; Memo from Brzezinski to Secretary of State, “Japanese “Common Approach” Paper,” August 8, 1979 and memo from Oplinger to Brzezinski, “U.S./Japan “Common Approach” Paper,” September 13, 1979, all in 6NSA, BCF, box 41（JCL）.

（67）Paper, “Response to Questions Raised in Dr. Brzezinski's Memorandum of August 8, 1979,” DDRS.

（68）Telegram from State to Vienna, “INFCE TCC Meeting December 12–13, 1977,” telegram from Tokyo to State, “Informal Talks on Post-INFCE Period and Other Nuclear Matters,” March 19, 1979, December 14, 1977, and telegram from New Delhi to State, “Fuel on Tarapur and INFCE,” April 27, 1979, all in *NNPU*, box 5（NSA）.

（69）Telegram from Vienna to State, “INFCE: Report of Fifth TCC Meeting, Vienna, July 23–24, 1979,” July 26, 1979, and telegram from Vienna to State, “INFCE - Sixth Meeting of TCC Nobember 12–16, 1979,” November 16, 1979, and telegram from Vienna to State, “Report of INFCE TCC Meeting, January 7–11, 1980,” January 14, 1980, all in *NNPU*, box 5（NSA）.

（70）Telegram from Vienna to State, “INFCE - TCC Bilateral Discussions November 12,” November 16, 1979, telegram from Vienna to State, “Report of INFCE TCC Meeting, January 7–11, 1980,” January 14, 1980, and telegram from Vienna to

State, “Final INFCE TCC and Plenary Conference,” March 3, 1980, all in *NNPU*, box 5（NSA）; Memo, “Elements Prepared by the TCC for Possible Use by the Plenary Conference in relation to the Press,” FCO96/1063（TNA）.

(71) Telegram from State to Paris, “Post-INFCE US-French Bilateral Talks on Nuclear Matters, January 14 and 16: General,” January 29, 1980, telegram from State to Buenos Aires, “INFCE Plenary Chairman,” February 6, 1980, telegram from State to Accra, et al., “INFCE Prenary Conference,” February 20, 1980, all in *NNPU*, box 5（NSA）.

(72) 原子力局「国際核燃料サイクル評価（ＩＮＦＣＥ）の今後のスケジュールについて」一九八〇年二月一八日、『科技庁庁議資料』No.一四四四（五五．二．一八）～No.一四四六（五五．三．三）、二頁；Telegram from Vienna to State, “INFCE Plenary Presidency,” January 24, 1980, telegram from Ottawa to State, “INFCE Plenary Chairman,” February 8, 1980, telegram from Paris to State, “INFCE Plenary Chairman,” February 24, 1980, all in *NNPU*, box 5（NSA）. 第四部会への評価の例としては、telegram from Tokyo to State, “Discussions INFCE Working Group 4A and 4B,” May 18, 1978, and telegram from Vienna to State, “INFCE: Report of Fifth TCC Meeting, Vienna, July 23–24, 1979,” July 26, 1979, both in *NNPU*, box 5（NSA）.

(73) Telegram from Tokyo to State, “Assistant Secretary Pickering’s Nuclear Talks in Tokyo,” January 28, 1980, *NNPU*, box 5（NSA）.

(74) Memcon, “Record of Anglo-French Bilataral Talks on Non-Proliferation, Foreign and Common Wealth Office, 24, January 1980,” February 5, 1980, FCO66/1446（TNA）.

(75) Telegram from Vienna to State, “Final INFCE TCC and Plenary Conference,” March 3, 1980, *NNPU*, box 5（NSA）; Diary entry for February 24, 1980, Diary, Smith, 1951–96, box 59（EPL）; Telegram from Vienna to FCO, “INFCE Plenary Conference,” February 28, 1980, FCO96/1063（TNA）.

(76) 執筆者による遠藤哲也氏へのインタビュー；執筆者による太田博氏（一九七六～七八年国際連合局科学課長、二〇一二年二月二日）へのインタビュー。

(77) 「第Ⅲ部　資料編７　国際核燃料サイクル評価（ＩＮＦＣＥ）最終総会コミュニケ」原子力委員会編『原子力白書』一九八〇年；田宮『八〇年代原子力開発の新戦略』二三〇～二三一頁。

(78) Memo from Smith to the Secretary of State, March 5, 1980, *NNPU*, box 5（NSA）.

（79）政権交代による影響を重視する研究としては、垣花・川上編『原子力と国際政治』八一〜八九頁；Brenner, *Nuclear Power and Non-Proliferation*, pp.207–209.

（80）外務大臣宛在米大使発「日米原子力問題」一九八〇年七月三一日、開示文書（二〇一一—〇〇三二三）；Memo from Brzezinski to the Secretary of State, "PRC Meeting on Non-Proliferation Policy," April 4, 1980, RG59, PPS, Lake, 1977–1981, box 18（NAII）; Memo from Oplinger to Brzezinski, "Minutes of PRC on April 9, 1980," April 10, 1980, RAC, NLC-28-32-8-2-6（JCL）; Memo from Billings to the Secretary, "The Attached," June 5, 1980, RG59, Office of the Secretary, Subject Files of Edmund S. Muskie, 1963–1981, box 3（NAII）.

（81）NSDD 39, "U.S. Policy on Foreign Reprocessing and Use of Plutonium Subject to U.S. Control," June 4, 1982, National Security Decision Directives, 1981–1989, RRL; "Reagan Will Use Generic Prior Consent for Leverage against Nuclear Suppliers," *NuclearFuel*, July 20, 1981; "Administration Easing Limits On Nuclear Technology Export," *Washington Post*, June 12, 1982.

（82）"Minutes of Nuclear Explosives Control Policy Working Group," June 25, 1982, *Nuclear Control Institute Collection*, box 125（NSA）.

結語　原子力先進国としての責任と権利

（1）Gerald Smith and George Rathjens, "Reassessing Nuclear Nonproliferation Policy," *Foreign Affairs*, Vol.59, No.4（Spring 1981）, pp. 885–888.

（2）Ryukicki Imai, "A Japanese Reaction to U.S. Nonproliferation Policy," *International Security*, Vol.3, No.2（1978）, pp.62–66. 著者名が Ryukicki となっているが、著者紹介から今井隆吉と考えられる。

（3）Telegram from State to Ottawa, et al., "Tokai Settlement," September 16, 1977, *NNPU*, box 6（NSA）; Cable from State to New Delhi, "Paper on Tokai Reprocessing Decision," December 21, 1977, *Japan II*, JA00338.

（4）植松邦彦・秋元勇巳「〈討議〉「核燃料サイクル」に変更はあるか」『原子力工業』第二六巻第五号（一九八〇年五月）、三一〜三四頁。

（5）日本原子力産業会議『原子力は、いま』下、一九三〜一九六頁；遠藤哲也「日米原子力協定（一九八八年）の成立経緯と

今後の問題点（改訂版）」『研究報告』二〇一四年一月、日本国際問題研究所、http://www2.jiia.or.jp/pdf/resarch/H25_US-JPN_nuclear_agreement/140212_US-JPN_nuclear_energy_agreement.pdf（最終閲覧日：二〇一四年一一月一日）。

（6）Jinzaburo Takagi, "Japan's Plutonium Program: A critical Review," Selig S. Harrison, ed., *Japan's Nuclear Future: The Plutonium Debate and East Asian Security* (Washington, D.C.: Carnegie Endowment for International Peace, 1996), pp.69–85; William Walker, "Destination Unknown: Rokkasho and the International Future of Nuclear Reprocessing," *International Affairs*, Vol.82, Issue 4 (June 2006), pp.743–761.

終章　日米政策協調の帰結

（1）Memo from Armacost and Oksenberg to Brzezinski, January 28, 1977, 26NSA, ACF, box 1 (JCL). これを最初に指摘したのは吉田真吾である。吉田『日米同盟の制度化』、二七六頁。

（2）Memo from Brzezinski to the Vice President, et al., "Disposition of National Security Action Memoranda and National Security Decision Memoranda," June 10, 1977, RAC, NLC-132-8-4-9-3 (JCL).

（3）バーグステン氏及びプラット氏へのインタビュー。

（4）Memo from Platt to Brzezinski, "Sneider's Recommendations," June 1, 1979, 26NSA, PCF, box 67 (JCL).

（5）吉田『日米同盟の制度化』二九三～二九七頁。

（6）Kaufman, *Plans Unraveled*, pp.238–239.

（7）Memo from Armacost to Huntington, "Additional U.S. Goals Toward Japan," Apri 21, 1977, 26NSA, ACF, Box 2 (JCL).

（8）Memo from Wilford to Cortazzi, March 31, 1977, FCO21/1583 (TNA).

（9）"U.S.-Japan Relations," March 26, 1982, National Security Study Directives, 1981–1989, and "National Security Decision Directive on United States - Japan Relations," October 25, 1982, National Security Decision Directives, 1981–1989, both RRL.

（10）"The United States and Japan Reflections," Series XXXII Ambassador Speeches, 1976–1988, Mike Mansfield Papers (Mansfield Library, University of Montana), Box 1 (Montana University), p.6, 15; Report, Joint Chiefs of Staff, "A Review of the United States-Japan Security Relationship," December 17, 1979, *Japan III*, JT00309; Cable from Tokyo to State, "US

"Policy Toward Japan," January 26, 1981, and memo from Gregg to Allen, "Japan and the Defense Issue," June 22, 1981, ES, NSC: Country File, Asia [Far East] (hereafter ES, NSC, CF), Box 8 (RRL).

（11） Memo from Marsden to Jack, "US-Japan Relations," March 14, 1980, FCO 21/1842（TNA）；オーバードーファー『マイク・マンスフィールド』下、二九二〜二九三頁。

（12） Memo, "Visit to the United States of Prime Minister Nakasone," January 17, 1983, National Security Decision Directives, 1981-1989, RRL; Memo, "Japan: Trade Issue," October 25, 1983, Executive Secretariat, NSC: Meeting Files, box 10 (RRL).

（13） 奥宮正武「総合安全保障への提言」『新防衛論集』第一巻第四号（一九七四年三月）、一〜二二頁。

（14） 衛藤・山本『総合安保と未来の選択』六四〜七二頁；野村総合研究所編『国際環境の変化と日本の対応』ＮＲＣ—七七—四ａ、総合研究開発機構、一九七七年；衛藤瀋吉他「シンポジウム 国際社会における日本の進路」衛藤瀋吉・永井陽之助編『世界の中の日本 講座日本の将来３』潮出版社、一九六九年、三六六〜三六七頁；村上薫「低成長下の総合安全保障」『展望』二一六号（一九七六年一二月）、八〇〜一〇一頁。

（15） 総合安全保障研究グループ『総合安全保障戦略』大蔵省印刷局、一九八〇年；中西「総合安全保障論の文脈」一〇八〜一一〇頁。

（16） 防衛局防衛課「総合安全保障に関する関係省庁担当者会議（内閣審議室主催）に提出すべき「総合安全保障の意義」と「審議すべき事項」に係る防衛庁の見解」一九七九年五月四日及び五日、参事官会議議事要録（五五年）四／四（四Ａ 三四一二二五）、一七七二〜一七七六頁；「担当室の設置について（案）」一九八〇年一〇月、外務省開示文書（二〇一三—〇〇四七七）；臨調事務局「総合安全保障（一般）事務ヒアリング結果概要」一九八一年三月一五日、「第Ｉ部会資料［総合安全保障（10）（防衛）］」『第二次臨時行政調査会関係』（排架番号：つくば書庫七 七—五五 二—七三五）、国立公文書館つくば分館；「総合安全保障関係閣僚会議の運営について」一九八〇年一二月二日、外務省開示文書（二〇一四—〇〇二一七）。
なお「防衛庁の見解」の日付は一九八〇年の誤記であると思われる。

（17） 企画課長「総合安全保障について」一九八〇年七月二八日、外務省開示文書（二〇一三—〇〇〇九八）。

（18） なおこの他に外務省内でも、一九七九年五月には総合的に安全保障問題を検討することを目的とした安全保障政策企画委員会が活動を開始している。Wataru Yamaguchi, "The Ministry of Foreign Affairs and the Shift in Japanese Diplomacy at the Beginning of the Second Cold War, 1979: A New Look," *The Journal of American-East Asian Relations*, Vol.19, No.3-4

(March 2012), pp.311-338.

(19) デニス・T・ヤストモ（渡辺昭夫監訳）『戦略援助と日本外交』同文舘出版、一九八九年、八七～九一頁。これは断片的ではあるが現在利用可能な史料からも確認できる。「官房長官記者会見記録」一九八三年八月三一日、内閣府開示文書（閣副安危第一三七号）：「総合安全保障関係閣僚会議関連資料」一～三頁、『宝珠山昇関係文書』（一七―一）。

(20) 通商産業省「総合安全保障問題に対する意見」一九八〇年八月五日、農林水産省「食料・農業政策と安全保障について」一九八〇年八月五日、運輸省「安全保障問題の考え方について」一九八〇年八月六日、及び科学技術庁「科学技術政策と総合安全保障」一九八〇年八月、いずれも外務省開示文書（二〇一三―〇〇〇九八）：報告・供覧「第七回総合安全保障関係閣僚会議（各省関係審議会における検討状況概要）」一九八二年五月一七日、外務省開示文書（二〇一三―〇〇一〇五）。

(21) 調企「総合安全保障問題に係る外務省体制（本省）」一九八一年三月五日、外務省開示文書（二〇一三―〇〇四八〇）：内田勝久「総合安全保障の新理念」猪木正道・高坂正堯編『日本の安全保障と防衛への緊急提言』講談社、一九八二年、三四頁。

(22) Memo from Gregg to Allen, "Your Meeting with Japanese Defense Agency Chief Omura," June 29, 1981, ES, NSC, CF, box 8 (RRL).

(23) 石田『日米関係における対韓国支援問題』二二頁。また米国側が総合安全保障論に言及しつつ更なる防衛努力を米国側が求めた例として、Briefing paper, Department of State, "A Framework for Security Burden Sharing," JA00836, and memo from Holdridge to the Secretary, "Your Meeting with Japanese Foreign Minister Ito, March 23, 11:00 a.m.," March 17, 1981, JA00842, both in *Japan II*.

(24) "The Security Dialogue: An Update," November 1986, *Japan III*, JT00585.

(25) 中西「自立的協調の模索」一八六頁。

(26) Briefing paper, "Japan—Internal and Situation and External Relations," July 8, 1977, *Japan II*, JA00217; Memo from Armacost to Aaron, "Your Visit to Japan," October 28, 1977, 6NSA, BCF, box 40 (JCL), p.2.

(27) 土山實男『安全保障の国際政治学』有斐閣、二〇〇四年、三四三～三四六頁：森聡『ヴェトナム戦争と同盟外交』東京大学出版会、二〇〇九年、三五四～三六四頁：山本健『同盟外交の力学』勁草書房、二〇一〇年、二四七～二五四頁。

(28) 水本『同盟の相剋』二六一～二六三頁。

(29) ジョージ・ケナン（松本重治編訳）『アメリカ外交の基本問題』岩波書店、一九六五年、二八頁。また同様の見方として、Pyle, *Japan Rising*, pp.368-369.

(30) コヘイン、ナイ『パワーと相互依存』三三一～三五頁。

(31) 例えば原子力問題を担当した大川国連局長は東海再処理交渉当時、原子力交渉を担当できる日本の外交官が少ないことを嘆いている。石丸和人「マサチューセッツ通りの日本人」『エコノミスト』第五五巻第四四号（一九七七年一〇月二〇日）、一四一～一四二頁。

(32) "Committee Views," *CQ Almanac 1980* (Washington, DC: Congressional Quarterly, 1981), p.81; "Japanese Defense Spending," *Congressional Quarterly Weekly Report*, Vol.40, No.51 (December 18, 1982), p.3057.

(33) Memo from Brzezinski to the President, "Information Items," December 16, 1977, RAC, NLC-1-4-7-33-3 (JCL) ; Memcon, January 23, 1979, 26NSA, PCF, box 66 (JCL), p.7.

(34) 玉置敦彦「ジャパン・ハンズ　変容する日米関係と米政権日本専門家の視線、一九六五―六八年」『思想』第一〇一七号（二〇〇九年一月）、一〇二～一三二頁。日本専門家への反発については、ファローズ『日本封じ込め』三三～三九頁：落合『改訂　日米経済摩擦』七七～八四頁。本書で取り上げた事例以外については、谷口将紀『日本の対米貿易交渉』東京大学出版会、一九九七年、四七～五〇頁：千々和泰明「権威をめぐる相克」『国際安全保障』三五巻三号（二〇〇七年）、一一三～一三五頁：ドン・オーバードーファー「駐日米大使たち　一九七七―一九九六年」入江昭、ロバート・ワンプラー編『日米戦後関係史』講談社インターナショナル、二〇〇一年、九一～一〇九頁。

(35) "Interview with William C. Sherman," *Frontline Diplomacy*; デイヴィッド・ルイス（稲継裕昭監訳）『大統領任命の政治学』ミネルヴァ書房、二〇〇九年、九五～一〇三頁：Harry W. Kopp and Charles A. Gillespie, *Career Diplomacy* (Washington, D.C.: Georgetown University Press, 2008), p.266; "Reagan has Power to Remold Bureaucracy," *Washington Post*, November 19, 1980.

(36) Memo from Widman to Solomon, February 15, 1977, and memo from Widman to Solomon, "Preparations for Visits of Heads of State," February 16, 1977, both in RG56, IMA, Chron, FLW, box 9 (NAII).

(37) 外交政策全般をめぐる対立と調整については、草野厚「対外政策決定の機構と過程」渡辺他編『講座国際政治④　日本の外交』六四～八六頁：竹田純「日本の外交政策決定における官庁間調整」『国際問題』第二〇一号（一九七九年一二月）、一五〜二五頁。

(38) Memo to the Under Secretary of Defense for Policy, "Your Meeting at the Japanese Ministry of Foreign Affairs," JA0444 and memo from Wolfowitz to Director, J-5, "Japanese Defense Program," October 11, 1979, JA0606, both in *Japan II*.

(39) 李娜兀「日本の対米軍事協力メカニズム」『法學政治學論究』第六六号（二〇〇五年九月）、九七〜一三一頁；久保田ゆかり、佐藤丙午「日米防衛装備・技術協力」竹内俊隆編著『日米同盟論』ミネルヴァ書房、二〇一一年、二一〇〜二四七頁。

(40) 在米大使発外務大臣宛『日米国防関連研究開発協力』一九七八年一〇月二〇日、報告・供覧『防衛庁・米国防省間装備技術協力定期協議』一九八〇年七月二三日起案、いずれも外務省開示文書（二〇〇八—〇〇〇九五）。

(41) 外務大臣発在米大使宛『日米防衛装備技術協力当局者間定期協議』一九八〇年八月三〇日、外務省開示文書（二〇〇八—〇〇〇九五）。

(42) Memo from Bergsten to Blumenthal, "Briefing for Your Meeting with Vice Minister for Finance Matsukawa," February 4, 1977, RG56, IMA, SJG, 1972–1980, box 2 (NAII).

(43) Memo from Widman to Solomon, "Appointments with Japanese Officials," January 25, 1977, RG56, IMA, Chron, FLW, box 8 (NAII)；Memo from Bergsten to Blumenthal, "Briefing for Your Meeting with Deputy Foreign Affairs Minister Yoshino," February 7, 1977, RG56, MA, CFB, 1977–1979, box 1 (NAII)；Memo from Widman to Solomon, "Preparations for Visits of Heads of State," February 16, 1977, RG56, IMA, Chron, FLW, box 9 (NAII)；Memo from Widman to Solomon, "CEA Proposal on Macro Economic Policy for the Summit," March 7, 1977, RG56, IMA, DD, SF, 1977–1979, box 2 (NAII).

(44) Memo from Ball to Lake and Kreisberg, "Augmented US Military Presence in the Indian Ocean -- What Do We Use It For?," March 16, 1979, RG59, PPS, Lake, 1977–1981, box 5 (NAII).

(45) 高坂正堯「日本外交の弁証」渡辺他編『講座国際政治④ 日本の外交』三一九〜三二〇頁；添谷芳秀『日本の「ミドルパワー」外交』筑摩書房、二〇〇五年、一〇〇〜一六五頁；添谷芳秀「戦後日本外交史」日本国際政治学会編『日本の国際政治学4 歴史の中の国際政治』有斐閣、二〇〇九年、二一八〜二二〇頁；楠綾子「安全保障政策の形成をめぐるリーダーシップ」戸部良一編『近代日本のリーダーシップ』千倉書房、二〇一四年、二二三〜二五一頁。

(46) 添谷『日本の「ミドルパワー」外交』二四頁。
(47) 高坂『宰相吉田茂』二四三頁。関連する議論として、渡邉昭夫「吉田茂」渡邉編『戦後日本の宰相たち』六九〜七〇頁。
(48) 高坂『宰相吉田茂』二五七〜二五九頁：吉次『池田政権期の日本外交と冷戦』二五二〜二六〇頁。
(49)「資料2 わが国が行った重要演説（8）ナショナル・プレス・クラブにおける福田総理大臣のスピーチ（一九七七年三月二二日、ワシントンにおいて）」外務省『わが外交の近況』下巻、一九七七年度：「アジア援助に責任」『朝日新聞』一九七七年三月二三日。なおこの演説については沼田貞昭元駐カナダ大使にご紹介いただいた。記して感謝したい。
(50)「日米友好強調に重点」『朝日新聞』一九七九年五月三日。なお会談に通訳として参加した沼田は「同盟」という用語を使ったにもかかわらず日本国内で特に報道が無かったことに驚いたとも述べているが、これは在日米国大使館も同様であった。執筆者による沼田貞昭氏（一九七八—一九八二年 在米日本大使館安全保障班、二〇一〇年一〇月七日）へのインタビュー：Memo from the Situation Room to Brzezinski, "Additional Information Items," May 8, 1980, RAC, NLC-1-15-3-22-7 (JCL).
(51) 瀬川高央「「ロン・ヤス」時代の平和と軍縮」『年報 公共政策学』第四号（二〇一〇年三月）、九一〜一一〇頁。
(52) Anthony Best, "Japan and the Cold War: An Overview," Immerman and Goedde, eds., *Oxford Handbook of the Cold War*, pp. 296–297.
(53) 在米大使発外務大臣宛「総理訪米（第一回首のう会談・政治問題部分）」一九七九年五月三日、外務省開示文書（二〇〇八—〇一〇一九）、一二頁。
(54) サミュエルズ『日本防衛の大戦略』二一二〜二一三頁：五百旗頭真「パックス・アメリカーナ後退期の日米関係」東京大学社会科学研究所編『現代日本社会7 国際化』東京大学出版会、一九九二年、七九〜八五頁。

参考史料

日　本

外務省外交史料館
　外交記録公開制度による公開文書
　　日米政策企画協議　二〇一二―二八八一
　　経済問題　二〇〇九―〇六二〇、二〇一二―〇八一四
　　原子力問題　二〇一三―二五五五、二五六六、二五六七、二〇一四―二七五四
国立公文書館
　防衛庁史資料
　科学技術庁庁議資料
　第二次臨時行政調査会関係
国立国会図書館憲政資料室
　坊秀男関係文書
　宝珠山昇関係文書
東京大学近代日本法政史料センター（原資料部）
　大村襄治文書
情報公開請求による開示文書
　外務省
　　日米防衛協議　二〇〇六―〇〇七〇一、〇〇七〇三、二〇〇八―〇〇〇九五、二〇〇九―〇〇一三八
　　日米経済協議　二〇〇八―〇一〇一二、〇一〇一三、〇一〇一四、〇一〇一八、〇一〇一九、〇一〇二〇、二〇一〇―〇〇

五五八

日米原子力協議　二〇〇七—〇〇六一一、〇〇六一二、〇〇八二七、〇〇九一九、〇〇九二〇、〇〇九二一、二〇〇八—〇〇〇六四、〇〇〇九七、〇〇五一三、〇〇五一五、〇〇五一六、二〇〇九—〇〇五二八、二〇一〇—〇〇五五四、二〇一一—〇〇二三二、二〇一二—〇〇二三二

総合安全保障　二〇一三—〇〇〇九八、〇〇一〇五、〇〇四八〇、二〇一四—〇〇二一七

防衛省

日米防衛協議　二〇〇七・一二・二五—本本B五四六、二〇〇八・一一・二九—本本B七七二

久保卓也文書　二〇〇九・二・三—本本B一二七一

経済産業省

東京サミット　平成二二・一〇・〇七公開経第六号

内閣府

総合安全保障　閣副安危第一三七号

米国

Declassified Documents Reference System, http://gdc.gale.com/products/declassified-documents-reference-system/

Office of the Secretary of Defense and Joint Staff, Department of Defense, FOIA Reading Room, http://www.dod.gov/pubs/foi/

National Archives at College Park

RG56 Records of Department of Treasury

Office of the Assistant Secretary for International Monetary Affairs, Chronological Files of George H. Willis, Deputy to the Assistant Secretary for International Affairs, 1977–1981

Office of the Assistant Secretary for International Monetary Affairs, Deputy Director of the Office of International Monetary Affairs, Subject Files, 1977–1979

Office of the Assistant Secretary for International Monetary Affairs, Office of the Deputy Assistant Secretary for Inter-

national Monetary Affairs, Briefing Memos on Switzerland, Japan and Germany, 1972–1980
Office of the Under Secretary for Monetary Affairs, Office of Monetary Policy Analysis, Records Relating to Monetary Policy, 1981–1985
Office of the Under Secretary for Monetary Affairs, Records of Assistant Secretary for International Affairs C. Fred Bergsten, 1977–1979
Policy Subject Files of Sidney L. Jones, Assistant Secretary for Economic Policy
RG59 Records of Department of State
Central File, Subject Numeric File, 1970–1973
Central Foreign Policy Files, the National Archives Access to Archival Databases
Central Foreign Policy Files, 1974 P-Reel Printouts
Lot Files, Bureau of East Asia and Pacific Affairs
Office of the Deputy Secretary, Records of Warren christopher, 1977–1980
Policy and Planning Staff, Office of the Director, Records of Anthony Lake, 1977–1981
RG364 Records of Special Trade Representative
Deputy STR Subject Files, 1974–78
RG383 Records of the U.S. Arms Control and Disarmament Agency
INFCE Historical Documents, 1977–1980
RG431 Records of Nuclear Regulatory Commission
Country Files, 1960–1978
Dwight D. Eisenhower Presidential Library
Gerald C. Smith Papers, 1951–96
Nixon Presidential Materials, National Archives at College Park
National Security Council Institutional Files
National Security Council Files

White House Central Files
Gerald Ford Presidential Library
Arthur F. Burns Papers, 1969–78
National Security Advisor, Presidential Country Files for Far East and Pacific
National Security Council Institutional Files, 1974–1977
Presidential Agency File, 1974–1977
The Remote Archives Capture Program
Jimmy Carter Presidential Library
(3) National Security Affairs, Brzezinski Material, President's Correspondence With Foreign Leaders File
(6) National Security Affairs, Brzezinski Material, Country File
(7) National Security Affairs, Brzezinski Material, Subject File
(26) NSA Staff Material, Far East-Armacost
(26) NSA Staff Material, Far East-Platt
Donated Historical Material, Zbigniew Brzezinski Collection, Subject File
Plains Files, Subject File
Subject File, Staff Offices—Domestic Policy Staff (Eizenstat)
The Remote Archives Capture
Ronald Reagan Presidential Library
Executive Secretariat, NSC: Meeting Files
Executive Secretariat, NSC: Country File, Asia [Far East]
Mansfield Library, University of Montana
Mike Mansfield Papers
Brookings Institute Archive
George P. Shultze Papers

The National Security Archive
Nuclear Control Institute Collection
Nuclear Non-Proliferation Unpublished Collection

英　国

The National Archive, Kew
経済問題　PREM16/821, 1221, 1222, FCO21/1570, 1577, 1745, FCO59/1507, 1547, 1554, 1649, 1653, 1654, FCO98/294
原子力問題　FCO21/1583, 1585, 1842, FCO59/1506, FCO66/1446, FCO96/721, 725, 818, 1063, 1064, 1067
Thacher Foundation, http://www.margaretthatcher.org/archive/
サミット　FOI release 248745, 249141

政府刊行物、史料集等

「〈資料〉昭和五十二年度以後の防衛力整備計画案の作成に関する第一次長官指示」『国防』第二四巻第六号（一九七五年）。

「〈資料〉自衛隊高級幹部会同における三木総理と坂田防衛庁長官訓示」『国防』第二四巻第六号（一九七五年）。

「〈資料〉昭和五十二年度以後の防衛力整備計画案の作成に関する第二次長官指示」『国防』第二五巻第一号（一九七六年）。

「再処理問題に関する日米合同調査」『原子力委員会月報』第二二巻七号（一九七七年七月）、http://www.aec.go.jp/jicst/NC/about/ugoki/geppou/1976—1985.html
「日米再処理交渉に関する科学技術庁長官談話」『原子力委員会月報』第二二巻七号（一九七七年七月）。

「ＩＮＦＣＥに臨む我が国の基本的考え方」『原子力委員会月報』第二二巻一〇号（一九七七年一〇月）。

伊藤正直他編『昭和財政史――昭和四九～六三年度』第七巻、東洋経済新報社、二〇〇三年。

伊藤正直他編『昭和財政史――昭和四九～六三年度』第一一巻、東洋経済新報社、二〇〇三年。

大蔵省『財政金融統計月報』、http://www.mof.go.jp/kankou/hyou2.htm
大蔵省国際金融局内大蔵省国際金融局年報編集委員会編『大蔵省国際金融局年報』。

大蔵省大臣官房調査企画課長編『図説 日本の財政』東洋経済新報社。

大蔵省財政金融研究所財政史室編『大蔵省史――明治・大正・昭和』第三巻、大蔵財務協会、一九九八年。
大蔵省財政金融研究所財政史室編『大蔵省史――明治・大正・昭和』第四巻、大蔵財務協会、一九九八年。
海上自衛隊五〇年史編さん委員会編『海上自衛隊五〇年史』本編・資料編、防衛庁海上幕僚監部、二〇〇三年。
外務省『わが外交の近況』、http://www.mofa.go.jp/mofaj/gaiko/bluebook/index.html
科学技術庁・外務省・通商産業省「再処理問題に関する日米第三次交渉について」『原子力委員会月報』第二二巻九号（一九七七年九月）。
経済企画庁『年次経済報告』、http://wp.cao.go.jp/zenbun/keizai/index.html
経済産業省資源エネルギー庁『エネルギー白書』、http://www.enecho.meti.go.jp/topics/hakusho/index.htm
原子力委員会編『原子力白書』、http://www.aec.go.jp/jicst/NC/about/hakusho/index.htm
原子力委員会『これまでの原子力長期計画』、http://www.aec.go.jp/jicst/NC/tyoki/tyoki_back.htm
自由民主党政務調査会、安全保障調査会『核燃料再処理問題』一九七七年五月一一日。
ソ連大使館広報部編訳「ソ連共産党第二十五回大会資料集」一九七六年。
通商産業省『通商白書 総論』一九七七年度、http://warp.da.ndl.go.jp/info:ndljp/pid/285403/www.meti.go.jp/hakusho/
通商産業省通商産業政策史編纂委員会『通商産業政策史12――通商企業政策』通商産業調査会、一九九三年。
日本原子力産業会議『原子力年鑑』、http://www.lib.jaif.or.jp/library/teiki/teikimokuji2.html
日本原子力産業会議『原子力は、いま――日本の平和利用三〇年』上・下、中央公論事業出版、一九八六年。
日本銀行百年史編纂委員会編『日本銀行百年史』第六巻、http://www.boj.or.jp/type/pub/hyakunen/hyaku6.htm
防衛局防衛課「新戦闘機の選定作業と今後の方針について」『防衛アンテナ』第一九八号（一九七七年一月）。
防衛庁「次期対潜機の選定について」『防衛アンテナ』第二〇六号（一九七七年九月）。
防衛庁編『防衛白書』、http://www.clearing.mod.go.jp/hakusho_web/index.html
防衛庁編『防衛庁五十年史』二〇〇五年。
防衛年鑑刊行会編『防衛年鑑（一九八五年版）』一九八五年。
防衛を考える会事務局編『わが国の防衛を考える』朝雲新聞社、一九七五年。
Jane's Fighting Ships（London: Jane's Publishing）.

Cole, Ronald H., et al., *The History of Unified Command 1946–1993* (Washington, DC: Joint History Office of the Office of the Chairman of the Joint Chiefs of Staff, 1995).

Command History Branch, Office of the Joint Secretary, Headquarters CINCPAC, *Commander in Chief Pacific Command History*, Nautilus Institute FOIA Documents, http://nautilus.org/foia-category/command-history—2/#axzz3BPc7N569

Director of Naval Intelligence, *Understanding Soviet Naval Developments* (Washington, D.C.: Office of Chief of Naval Operations Department, 1985).

Fehner, Terrence R. and Jack M. Holl, *Department of Energy, 1977–1994: A Summary History* (Washington, D.C.: Department of Energy, 1994), http://www.energy.gov/media/Summary_History.pdf

International Atomic Energy Agency, "The Evolution of IAEA Safeguards," *International Verification Series*, No.2 (November 1998), http://www-pub.iaea.org/MTCD/publications/PDF/NVS2_web.pdf

McCracken, Paul, et. al., *Towards Full Employment and Price Stability* (Paris: OECD, 1997).（小宮隆太郎・赤尾信敏訳『世界インフレと失業の克服――OECDマクラッケン・レポート』日本経済新聞社、一九七八年）

Office of Management and Budget, *Historical Tables, Budget of the United States Government, Fiscal Year* 2008 (Washington, D.C.: U.S. Government Printing Office, 2007).

Office of the Federal Register, National Archives and Records Administration, available at the American Presidency Project, http://www.presidency.ucsb.edu/ws/

Public Papers of the Presidents of the United States, Jimmy Carter, 1977, Book I.

Public Papers of the Presidents of the United States, Jimmy Carter, 1978, Book I.

Public Papers of the Presidents of the United States, Jimmy Carter, 1979, Book II.

Office of the Historian, Bureau of Public Affairs, Department of State, http://history.state.gov/historicaldocuments

Foreign Relations of the United States, 1969–1976

Volume I: Foundations of Foreign Policy, 1969–1972.

Volume III: Foreign Economic Policy, 1969–1972.

Volume XXXI: Foreign Economic Policy, 1973–1976.

Foreign Relations of the United States, 1977–1980
Volume III, Foreign Economic Policy.
Organization for Economic Co-operation and Development, *Economic Outlook.*
Rearden, Steven L., *Council of War: A History of the Joint Chiefs of Staff 1942–1991*, Joint Electronic Library, http://www.dtic.mil/doctrine/doctrine/history/councilofwar.pdf
The Digital National Security Archive, http://nsarchive.chadwyck.com/home.do
China and the United States: From Hostility to Engagement, 1960–1998
Japan and the United States: Diplomatic, Security and Economic Relations, 1960–1976
Japan and the United States: Diplomatic, Security and Economic Relations, Part II, 1977–1992
Japan and the United States: Diplomatic, Security and Economic Relations, Part III, 1961–2000
U.S. Nuclear Non-Proliferation Policy, 1945–1991
The Soviet Estimate: U.S. Analysis of the Soviet Union, 1947–1991

オーラル・ヒストリー等

執筆者によるインタビュー
渡邊幸治氏（一九七六〜一九七八年 アメリカ局北米第一課長）、二〇〇九年五月二三日。

沼田貞昭氏（一九七八〜一九八二年 在米日本大使館安全保障班）、二〇一〇年一〇月七日。

遠藤哲也氏（一九八一〜一九八五年 国際連合局参事官・審議官）、二〇一〇年一一月八日。

太田博氏（一九七六〜一九七八年 国際連合局科学課長）、二〇一二年二月二日。

C・フレッド・バーグステン氏（一九七七〜一九八一年 財務次官補（国際問題担当））、二〇一二年三月一八日。

ニコラス・プラット氏（一九七四〜一九七七年 国務省日本部長、一九七八―一九八〇年 NSCスタッフ、一九八一年 国防次官補代理（国際安全保障担当））、二〇一二年三月二〇日。

公刊オーラル・ヒストリー
栗山尚一『外交証言録 沖縄返還・日中国交正常化・日米「密約」』岩波書店、二〇一〇年。

中島敏次郎『外交証言録　日米安保・沖縄返還・天安門事件』岩波書店、二〇一二年。

森田一（服部龍二他編）『心の一燈――回想の大平正芳 その人と外交』第一法規、二〇一〇年。

近代日本史料研究会
『塩田章 オーラルヒストリー』二〇〇六年。
『佐久間一 オーラルヒストリー』上・下、二〇〇八年。

政策研究大学院大学 C.O.E. オーラル・政策研究プロジェクト
『伊藤圭一 オーラルヒストリー』下巻、二〇〇三年。
『大賀良平　オーラルヒストリー』第一巻・第二巻、二〇〇五年
『海原治 オーラルヒストリー』二〇〇一年。
『夏目晴雄 オーラルヒストリー』二〇〇四年。
『宮崎勇 オーラルヒストリー』二〇〇三年。
『宮崎弘道　オーラルヒストリー』二〇〇五年。
『本野盛幸　オーラルヒストリー』二〇〇五年。
『有馬龍夫　オーラル・ヒストリー』二〇一一年。

防衛庁（二〇〇七年より防衛省）防衛研究所戦史部（二〇一一年より戦史研究センター）

『オーラル・ヒストリー 冷戦期の防衛力整備と同盟政策② 防衛計画の大綱と日米防衛協力のための指針（上）』二〇一三年。

「児玉良雄オーラル・ヒストリー」

「森繁弘オーラル・ヒストリー」

「源川幸夫オーラル・ヒストリー」

『オーラル・ヒストリー 冷戦期の防衛力整備と同盟政策③』二〇一四年。

「石津節正オーラル・ヒストリー」

「村松榮一オーラル・ヒストリー」

「吉川圭佑オーラル・ヒストリー」

『佐久間一オーラル・ヒストリー』下巻、二〇〇七年。

『中村悌次オーラル・ヒストリー』下巻、二〇〇六年。
『中村龍平オーラル・ヒストリー』二〇〇八年。
『西元徹也オーラル・ヒストリー』上巻、二〇一〇年。

"International Economic Policymaking and the National Security Council" , February 11, 1999, The Brookings Institution, *NSC Oral History Roundtables, National Security Council Project*, http://www.brookings.edu/projects/archive/nsc/oralhistories.aspx

"Oral History with Frank Moore," July 2002, Jimmy Carter Presidential Library, Carter Library Oral History Project, http://www.jimmycarterlibrary.gov/library/oralhist.phtml#ohproject

Lake, Anthony, "Carter' s Foreign Policy: Success Abroad, Failure at Home," Thompson, Kenneth W., ed., *The Carter Presidency: 14 Intimate Perspectives of Jimmy Carter* (Lanham, Maryland: University Press of America, 1990).

Library of Congress, *Frontline Diplomacy: The Foreign Affairs Oral History Collection of the Association for Diplomatic Studies and Training*, http://memory.loc.gov/ammem/collections/diplomacy/index.html

"Interview with William H. Gleysteen, Jr."

"Interview with James D. Hodgson."

"Interview with Henry D. Owen."

"Interview with Dean Rust."

"Interview with Albert L. Seligmann."

"Interview with William C. Sherman."

Miller Center of Public Affairs, University of Virginia, Presidential Oral History Program, *Carter Presidency Project*, http://millercenter.org/scripps/archive/oralhistories/carter

"Charles Schultze," January 8–9, 1982.

"James Schlesinger," July 19–20, 1984.

"Zbigniew Brzezinski, William Odom, Leslie Denend, Madeleine Albright," February 18, 1982.

The National Security Archive, *U.S.-Japan Project Oral History Program*, http://www2.gwu.edu/~nsarchiv/japan/ohpage.

htm
「行天豊雄氏インタビュー」一九九六年二月二九日。

「左近允尚敏氏インタビュー」一九九六年一〇月四日。

「インタビュー（1）西広整輝氏」一九九五年一一月一六日。

「藤井一夫氏インタビュー」一九九七年四月一六日。

「宝珠山昇氏インタビュー」一九九六年四月一九日。

「丸山昂氏インタビュー」一九九六年四月一二日。

「元海幕長大賀良平氏対談」一九九七年六月六日。

"James Auer Oral History Interview," March 1996.

回顧録・評伝等

「あの日、あの時26　日米再処理交渉を巡って」科学技術庁監修、科学技術広報財団編『あの日、あの時：科学技術庁四〇年の歩み』電力新報社、一九九六年。

「インタビュー――原子力委員会新関欽哉委員に聞く――一〇月にINFCEP全体会議」『原子力工業』第二三巻第一一号（一九七七年一〇月）。

五百旗頭真「福田赳夫――政策の勝者、政争の敗者」渡邉昭夫編『戦後日本の宰相たち』中央公論新社、二〇〇一年（単行本版一九九五年）。

今井隆吉『民間大使覚え書』電力新報社、一九八八年。

牛場信彦『牛場信彦――経済外交への証言』ダイヤモンド社、一九八四年。

大来佐武郎「カーター新路線と今後の日米関係〈インタビュー〉」『東洋経済』第三九八四号（一九七七年一月二二日）。

大森敬治『我が国の国防戦略』内外出版、二〇〇九年。

オーバードーファー、ドン（菱木一美・長賀一哉訳）『マイク・マンスフィールド――米国の良心を守った政治家の生涯』下、共同通信社、二〇〇五年。

カーター、ジミー（日高義樹監修、持田直武他訳）『カーター回顧録』上、日本放送出版協会、一九八二年。

久保田勇夫『日米金融交渉の真実――激烈な経済戦争はかく戦われた』日経ＢＰ社、二〇一三年。
坂田道太『小さくても大きな役割』朝雲新聞社、一九七七年。
佐瀬昌盛『むしろ素人の方がよい――防衛庁長官・坂田道太が成し遂げた政策の大転換』新潮社、二〇一四年。
シュミット、Ｈ（永井清彦・萩谷順訳）『シュミット外交回想録』上、岩波書店、一九八七年。
シュミット、Ｈ（永井清彦他訳）『ドイツ人と隣人たち――続シュミット外交回想録』上、岩波書店、一九九一年。
西村繁樹『防衛戦略とは何か』ＰＨＰ研究所、二〇一二年。
福永文夫『大平正芳――「戦後保守」とは何か』中央公論新社、二〇〇八年。
ボルカー、ポール、行天豊雄『富の興亡――円とドルの歴史』東洋経済新報社、一九九二年。
柚木弘志・沼田大介『宇野宗佑・全人像』行研、一九八八年。
渡邉昭夫「吉田茂――状況思考の達人」渡邉編『戦後日本の宰相たち』。
Armacost, Michael H., *Friends or Rivals?* (New York: Columbia University Press, 1996).
Brzezinski, Zbigniew, *Power and Principle: Memoirs of the National Security Adviser, 1977–1981* (New York: Farrar Straus & Giroux, 1983).
Buck, Alice L., *A History of the Atomic Energy Commission* (Washington, D.C.: U.S. Department of Energy, 1983).
Carter, Jimmy, *White House Diary* (New York: Farrar, Straus and Giroux, 2010).
Edwards III, George C., "EXCLUSIVE INTERVIEW: President Jimmy Carter," *Presidential Studies Quarterly*, Vol.38, No.1 (March 2008).
Holloway, James L. III, *Aircraft Carriers At War: A Personal Retrospective of Korea, Vietnam, and the Soviet Confrontation* (Annapolis, Maryland: Naval Institute Press, 2007).
Lance, Bert and Bill Gilbert, *The Truth of the Matter: My Life In and Out of Politics* (New York: Summit Books, 1991).
Nitze, Paul H., Ann M. Smith and Steven L. Rearden, *From Hiroshima to glasnost: at the center of decision: a memoir*, New York: G. Weidenfeld, 1989).
Safire, William, *Before the Fall: An Inside View of the Pre-Watergate White House* (Piscataway, New Jersey: Transaction Publishers, 2005).

Seaborg, Glenn T., *The Atomic Energy Commission Under Nixon: Adjusting to Troubled Times* (New York: St. Martin's Press, 1993).

Silber, William L., *Volcker: The Triumph of Persistence* (New York: Bloomsbury Press, 2012).

Smith, Gerard C., *Disarming Diplomat* (Lanham, Maryland: Madison Books, 1996).

Vance, Cyrus, *Hard Choices: Critical Years in America's Foreign Policy* (New York: Simon and Schuster, 1983).

Zumwalt, Elmo R. Jr., *On Watch: A Memoir* (New York: Quadrangle Books/The New York Times Book, 1976).

参考文献

博士論文

全鎮浩『日米交渉における政策決定過程――「日米原子力協力協定」の改定をめぐる日米交渉の政治過程』(東京大学)、二〇〇一年。

Guran, M. Elizabeth *The Dynamics and Institutionalisation of the Japan — US Naval Relationship (1976–2001)* (King's College London, 2008).

Iida, Keisuke, The Theory and Practice of International Economic Policy Coordination (Harvard University, 1990).

Kim, Tae-Hyo, *The Origins of Japan's Minimalist Security Policy in. Postwar Period: A Designed Strategy* (University of Chicago, 1997).

Onesti, Sally, Joanna, *Portrait of a Generation: Soviet Interpretations of. Soviet Foreign Policy and Detente: The Brezhnev-Nixon Years, 1969–74* (Columbia University, 1991).

Park, Hahn-Kyu, *International Nuclear Nonproliferation Pressure and Japan's Domestic Policy Response: A Comparison of Plutonium Utilization Policies in the 1970s and the 1990* (Columbia University, 1997).

Rae, Michelle Frasher, *International Monetary Relations between the United States, France, and West Germany in the 1970s* (Texas A&M University, 2003).

Stephan, Henry Johan, *The Influence of the United States Senate on NATO's Central Partnership* (Georgetown University, 1993).

Wan, Ming, *Spending Strategies in World Politics: How Japan has Used Its Economic Power in the Past* (Harvard University, 1993).

邦語書籍

浅子和美・倉沢資成・加納悟『マクロ経済学』新世社、一九九三年。

朝日新聞「自衛隊五〇年」取材班『自衛隊――知られざる変容』朝日新聞社、二〇〇五年。

朝日新聞社編『平和戦略2　総点検日米安保』朝日新聞社、一九八二年。

朝日新聞安全保障調査会編『朝日市民教室〈日本の安全保障〉8　日本の自衛力』朝日新聞社、一九六七年。

アシモフ、アイザック（住田健二訳）『原子核エネルギーの話――秘められた世界』東海大学出版会、一九七五年。

石井菜穂子『政策協調の経済学』日本経済新聞社、一九九〇年。

石川欽也『原子力委員会の闘い』電力新報社、一九八三年。

石田裕貴夫『核拡散とプルトニウム』朝日新聞社、一九九二年。

伊藤正直『戦後日本の対外金融――三六〇円レートの成立と終焉』名古屋大学出版会、二〇〇九年。

井上正也『日中国交正常化の政治史』名古屋大学出版会、二〇一〇年
今井隆吉『IAEA査察と核拡散』日刊工業新聞社、一九九四年。

今井隆吉『科学と外交――軍縮、エネルギー、外交』中央公論社、一九九四年。

入江昭（篠原初枝訳）『グローバル・コミュニティ――国際機関・NGOがつくる世界』早稲田大学出版部、二〇〇六年。

ウェスタッド、O・A（佐々木雄太他訳）『グローバル冷戦史――第三世界への介入と現代世界の形成』名古屋大学出版会、二〇一〇年。

ウォルト、スティーブン・M（奥山真司訳）『米国世界戦略の核心――世界は「アメリカン・パワー」を制御できるか?』五月書房、二〇〇八年。

ウォルフレン、カレル・ヴァン（篠原勝訳）『日本/権力構造の謎』早川書房、一九九〇年。

衛藤瀋吉ほか『防衛開眼――平和ボケからの脱出　続』隊友会、一九七六年。

衛藤瀋吉・山本吉宣『総合安保と未来の選択』講談社、一九九一年
NHK放送世論調査所編『図説戦後世論史　第2版』日本放送出版協会、一九八二年。

大嶽秀夫『日本の防衛と国内政治――デタントから軍拡へ』三一書房、一九八三年。

大矢根聡『日米韓半導体摩擦――通商交渉の政治経済学』有信堂高文社、二〇〇二年。

応用システム研究所『米国・フランスの原子力政策の形成――その政治社会学的考察』応用システム研究所、一九八五年。

小倉和夫『日米経済摩擦――表の事情ウラの事情』日本経済新聞社、一九八二年。

落合浩太郎『改訂 日米経済摩擦』慶應通信、一九九三年。

ガードナー、リチャード・N（村野孝・加瀬正一訳）『国際通貨体制成立史――英米の抗争と協力』上・下、東洋経済新報社、一九七三年。

カーン、ハーマン（坂本二郎・風間禎三郎訳）『超大国日本の挑戦』ダイヤモンド社、一九七〇年。

垣花秀武・川上幸一編『原子力と国際政治――核不拡散政策論』白桃書房、一九八七年。

核燃料サイクル問題研究会編『資源小国日本の挑戦――日米原子力交渉物語』日刊工業新聞社、一九七八年。

カッツェンスタイン、ピーター・J（有賀誠訳）『文化と国防――戦後日本の警察と軍隊』日本経済評論社、二〇〇七年。

上川孝夫・藤田誠一・向壽一編『現代国際金融論　第3版』有斐閣、二〇〇七年（初版一九九九年）。

ギルピン、ロバート（古城佳子訳）『グローバル資本主義――危機か、繁栄か』東洋経済新報社、二〇〇一年。

清宮龍『福田政権・七一四日』行政問題研究所、一九八四年。

草野厚『日米オレンジ交渉――経済摩擦をみる新しい視点』日本経済新聞社、一九八三年。

楠綾子『吉田茂と安全保障政策の形成――日米の構想とその相互作用、一九四三～一九五二年』ミネルヴァ書房、二〇〇九年。

黒崎輝『核兵器と日米関係――アメリカの核不拡散外交と日本の選択一九六〇―一九七六』有志舎、二〇〇六年。

ケナン、ジョージ（松本重治編訳）『アメリカ外交の基本問題』岩波書店、一九六五年。

ケナン、ジョージ・F（近藤晋一・飯田藤次・有賀貞訳）『アメリカ外交五〇年』岩波書店、二〇〇〇年。

原子力ハンドブック編集委員会『原子力ハンドブック』オーム社、二〇〇七年。

高坂正堯『宰相 吉田茂』中央公論社、一九六八年。

古城佳子『経済的相互依存と国家――国際収支不均衡是正の政治経済学』木鐸社、一九九六年。

コヘイン、ロバート（石黒馨・小林誠訳）『覇権後の国際政治経済学』晃洋書房、一九九八年。

コヘイン、ロバート、ジョセフ・S・ナイ（滝田賢治監訳）『パワーと相互依存』ミネルヴァ書房、二〇一二年。

小宮隆太郎・須田美矢子編『現代国際金融論――理論・歴史・政策〔歴史・政策編〕』日本経済新聞社、一九八三年。

小宮隆太郎『貿易黒字・赤字の経済学――日米摩擦の愚かさ』東洋経済新報社、一九九四年。

ゴルシコフ、セルゲイ（宮内邦子訳）『ソ連海軍戦略』原書房、一九七八年。

近藤健彦『プラザ合意の研究』東洋経済新報社、一九九九年。

齋藤嘉臣『冷戦変容とイギリス外交――デタントをめぐる欧州国際政治、一九六四～一九七五年』ミネルヴァ書房、二〇〇六年。

財務省財務総合研究所『安定成長期の財政金融政策――オイル・ショックからバブルまで』日本経済評論社、二〇〇六年。

坂元一哉『日米同盟の絆――安保条約と相互性の模索』有斐閣、二〇〇〇年。

佐道明広『戦後日本の防衛と政治』吉川弘文館、二〇〇三年。

佐藤英夫『日米経済摩擦 一九四五～一九九〇年』平凡社、一九九一年。

サミュエルス、リチャード・J（廣松毅監訳）『日本における国家と企業――エネルギー産業の歴史と国際比較』多賀出版、一九九九年。

サミュエルズ、リチャード・J（奥田章順訳）『富国強兵の遺産――技術戦略にみる日本の総合安全保障』三田出版会、一九九七年。

サミュエルズ、リチャード・J（白石隆監訳）『日本防衛の大戦略――富国強兵からゴルディロックス・コンセンサスまで』日本経済新聞社、二〇〇九年。

サントウ、レナード（緒方四十郎監訳、漆嶋稔訳）『FRB議長――バーンズからバーナンキまで』日本経済新聞出版社、二〇〇九年。

塩田潮『官邸決断せず――日米「安保」戦争の内幕』日本経済新聞社、一九九一年。

自主技術研究会編『日本の原子力技術――エネルギー自立への道』日刊工業新聞社、一九八一年。

ジョンソン、チャルマーズ（矢野俊比古訳）『通産省と日本の奇跡』TBSブリタニカ、一九八二年。

鈴木宏尚『池田政権と高度成長期の日本外交』慶應義塾大学出版会、二〇一三年。

瀬端孝夫『防衛計画の大綱と日米ガイドライン――防衛政策決定過程の官僚政治的考察』木鐸社、一九九八年。

戦略問題研究会編『戦後世界軍事資料3 一九七〇～一九七三年』原書房、一九七四年。

総合安全保障研究グループ『総合安全保障戦略』大蔵省印刷局、一九八〇年。

添谷芳秀『日本外交と中国 一九四五～一九七二』慶應通信、一九九五年。

添谷芳秀『日本の「ミドルパワー」外交――戦後日本の選択と構想』筑摩書房、二〇〇五年。

外岡秀俊・三浦俊章『日米同盟半世紀――安保と密約』朝日新聞社、二〇〇一年。

滝田洋一（鹿島平和研究所編）『日米通貨交渉――二〇年目の真実』日本経済新聞社、二〇〇六年。

田所昌幸『「アメリカ」を超えたドル――金融グローバリゼーションと通貨外交』中央公論新社、二〇〇一年。

田中明彦『安全保障――戦後五〇年の模索』読売新聞社、一九九七年。

田中靖政『原子力の社会学』電力新報社、一九八二年。

田宮茂文編著『八〇年代原子力開発の新戦略――ポストＩＮＦＣＥの展開』電力新報社、一九八〇年。

谷口将紀『日本の対米貿易交渉』東京大学出版会、一九九七年。

中馬清福『再軍備の政治学』知識社、一九八五年。

土山實男『安全保障の国際政治学――焦りと傲り』有斐閣、二〇〇四年。

手嶋龍一『たそがれゆく日米同盟――ニッポンＦＳＸを撃て』新潮社、二〇〇六年（初版一九九一年）。

デスラー、Ｉ・Ｍ、Ｃ・ランドール・ヘニング（信田智人・岸守一訳）『ダラー・ポリティックス――ドルをめぐるワシントンの政治構造』ＴＢＳブリタニカ、一九九〇年。

ドックリル、マイケル・Ｌ、マイケル・Ｆ・ホプキンズ（伊藤裕子訳）『冷戦　一九四五～一九九一』岩波書店、二〇〇九年。

永井陽之助『現代と戦略』文藝春秋、一九八五年。

中川幸次『体験的金融政策論――日銀の窓から』日本経済新聞社、一九八一年。

中村隆英『昭和史』下、東洋経済新報社、二〇一二年（単行本版一九九三年）。

西平重喜『世論調査による同時代史』ブレーン出版、一九八七年。

西村熊雄『安全保障条約論』時事通信社、一九五九年。

日本経済新聞社編『八〇年代の貿易ルール――東京ラウンドのすべて』日本経済新聞社、一九七九年。

野村総合研究所編『国際環境の変化と日本の対応――二一世紀への提言』ＮＲＣ―77―４ａ、総合研究開発機構、一九七七年。

波多野澄雄『歴史としての日米安保条約――機密外交記録が明かす「密約」の虚実』岩波書店、二〇一〇年。

波多野澄雄・佐藤晋『現代日本の東南アジア政策　一九五〇～二〇〇五』早稲田大学出版部、二〇〇七年。

パットナム、ロバート・Ｄ、ニコラス・ベイン（山田進一訳）『サミット――先進国首脳会議』ＴＢＳブリタニカ、一九八六年。

花井等・木村卓司『アメリカの国家安全保障政策――決定プロセスの政治学』原書房、一九九三年。

平野実『外交記者日記――宮沢外交の二年』下、行政通信社、一九七九年
廣瀬克哉『官僚と軍人――文民統制の限界』岩波書店、一九八九年。

樋渡由美『戦後政治と日米関係』東京大学出版会、一九九〇年。

ファローズ、ジェームズ（大前正臣訳）『日本封じ込め――強い日本 vs. 巻き返すアメリカ』TBSブリタニカ、一九八九年。

船橋洋一『サミットの思想』朝日新聞社、一九八〇年。

船橋洋一『同盟漂流』下、岩波書店、二〇〇六年（単行本版一九九七年）。

プレストウィッツ・Jr.、C・V（國弘正雄訳）『日米逆転――成功と衰退の軌跡』ダイヤモンド社、一九八八年。

ブレースウェート、ロドリク（河野純治訳）『アフガン侵攻一九七九～八九――ソ連の軍事介入と撤退』白水社、二〇一三年。

防衛研究会編著『防衛庁・自衛隊 改訂版』かや書房、一九九〇年（初版一九八八年）。

法政大学比較経済研究所・平田喜彦編著『現代国際金融の構図』法政大学出版局、一九九三年。

ホブズボーム、エリック（河合秀和訳）『二〇世紀の歴史――極端な時代』下巻、三省堂、一九九六年。

毎日新聞社政治部編『転換期の「安保」』毎日新聞社、一九七九年。

前田哲男『在日米軍基地の収支決算』筑摩書房、二〇〇〇年。

牧野裕『日米通貨外交の比較分析――ニクソン・ショックからスミソニアン合意まで』御茶の水書房、一九九九年。

真渕勝『大蔵省統制の政治経済学』中央公論社、一九九四年。

水本義彦『同盟の相克――戦後インドシナ紛争をめぐる英米関係』千倉書房、二〇〇九年。

御厨貴『オーラル・ヒストリー――現代史のための口述記録』中央公論新社、二〇〇二年。

宮里政玄・国際大学日米関係研究所編『日米構造摩擦の研究――相互干渉の新段階を探る』日本経済新聞社、一九九〇年。

村上泰亮『反古典の政治経済学』上・下、中央公論社、一九九二年。

村田晃嗣『大統領の挫折――カーター政権の在韓米軍撤退政策』有斐閣、一九九八年。

室山義正『日米安保体制――冷戦後の安全保障戦略を構想する』上・下、有斐閣、一九九二年。

メイキン、ジョン・H、ドナルド・C・ヘルマン編『日米同盟の再構築――国際的リーダーシップをどう分担するか』中央公論社、一九八九年。

森聡『ヴェトナム戦争と同盟外交――英仏の外交とアメリカの選択一九六四～一九六八年』東京大学出版会、二〇〇九年。

モーゲンソー、ハンス（現代平和研究会訳）『国際政治――権力と平和』福村出版、一九八六年。

モデルスキー、ジョージ（浦野起央・信夫隆司訳）『世界システムの動態――世界政治の長期サイクル』晃洋書房、一九九一年。

ヤーギン、ダニエル（日高義樹・持田直武訳）『石油の世紀――支配者たちの興亡』上・下、日本放送出版協会、一九九一年。

山本健『同盟外交の力学――ヨーロッパ・デタントの国際政治史　一九六八～一九七三』勁草書房、二〇一〇年。

吉岡斉『新版 原子力の社会史――その日本的展開』朝日新聞社、二〇一一年。

吉田真吾『日米同盟の制度化――発展と深化の歴史過程』名古屋大学出版会、二〇一二年。

吉次公介『池田政権期の日本外交と冷戦――戦後日本外交の座標軸一九六〇～一九六四』岩波書店、二〇〇九年。

リップマン、ウォルター（掛川トミ子訳）『世論』上・下、岩波書店、一九八七年。

ルイス、デイヴィッド（稲継裕昭監訳）『大統領任命の政治学――政治任用の実態と行政への影響』ミネルヴァ書房、二〇〇九年。

ルンデスタッド、ゲア（河田潤一訳）『ヨーロッパの統合とアメリカの戦略――統合による「帝国」への道』ＮＴＴ出版、二〇〇五年。

若月秀和『「全方位外交」の時代――冷戦変容期の日本とアジア　一九七一～八〇年』日本経済評論社、二〇〇六年。

若月秀和『現代日本政治史４　大国日本の政治指導 一九七二～一九八九』吉川弘文館、二〇一二年
渡邉昭夫『日本の近代８　大国日本の揺らぎ 一九七二～』中央公論新社、二〇一四年（単行本版二〇〇〇年）。

渡邊啓貴『米欧同盟の協調と対立――二十一世紀国際社会の構造』有斐閣、二〇〇八年。

英語書籍

Auer, James E., *The Postwar Rearmament of Japanese Maritime Forces, 1945–71* (New York: Praeger Publishers, 1973).
Auten, Brian J., *Carter's Conversion: The Hardening Of American Defense Policy* (Missouri: University of Missouri Press, 2008).
Baer, George W., *One Hundred Years of Sea Power: The U. S. Navy, 1890–1990* (Stanford: Stanford University Press, 1994).
Beckman, Robert L., *Nuclear Non-proliferation, Congress, and the Control of Peaceful Nuclear Activities* (Boulder, Colorado: Westview Press, 1985).

Bennett, Andrew, Joseph Lepgold and Danny Unger, *Friends in need: burden sharing in the Persian Gulf War* (Basingstoke: Macmilan, 1997).

Bergsten, C. Fred and Marcus Noland, *Reconcilable Differences? United States-Japan Economic Conflict* (Washington, D.C.: Institute for International Economics, 1993).

Biven, W. Carl, *Jimmy Carter' s Economy: Policy in an Age of Limits* (Chapel Hill: The University of North Carolina Press, 2002).

Blumenthal, Sidney, *The Rise of the Counter-Establishment: From Conservative Ideology to Political Power* (New York: Times Books, 1986).

Brenner, Michael, J., *Nuclear Power and Non-Proliferation: The Remaking of U.S. Policy* (Cambridge: Cambridge University Press, 1981).

Brinkley, Alan, *The Unfinished Nation: A Concise History of the American People, Volume II, 7th Edition* (New York: McGraw-Hill Humanities/Social Sciences/Languages, 2013).

Camilleri, Joseph A., *The State and Nuclear Power: Conflict and Control in the Western World* (Brighton: Wheatsheaf Booksm, 1984).

Campbell, John L., *Collapse of an Industry: Nuclear Power and the Contradictions of U.S. Policy* (Ithaca, New York: Cornell University Press, 1988).

Cohen, Benjamin and Fabio Basagni, *Banks and the Balance of Payments: Private Lending in the International Adjustment Process* (Montclair, New Jersey: Allanheld Osmun, 1981).

Cooper, Richard N., *The Economics of Interdependence: Economic Policy In The Atlantic Community* (New York: Columbia University Press, 1980).

Crain, Andrew Downer, *The Ford Presidency: A History* (Jefferson, New Carolina: McFarland& Company, 2009).

Daalder, Ivo H. and I.M. Destler, *In the Shadow of the Oval Office: Portraits of the National Security Advisers and the Presidents They Served—From JFK to George W.Bush* (New York: Simon & Schuster, 2009).

Donnini, Frank, *ANZUS in Revision: Changing Defense Features of Australia and New Zealand in the Mid*—1980s (Alabama;

Air University Press, 1990).

Drifte, Reinhard, *Japan's Foreign Policy in the 1990s : From Economic Superpower to What Power?* (London: Palgrave Macmillan, 1996).

Dumbrell, John, *A Special Relationship: Anglo-American Relations from the Cold War to Iraq* (Basingstoke: Palgrave Macmillan, 2006).

Ebinger, Charles K. and Ronald A. Morse, eds., *US-Japanese Energy Relations: Cooperation and Competition* (Boulder, Colorado: Westview Press, 1984).

Forster, Peter Kent and Stephen J. Cimbala, *The US, NATO, And Military Burden-Sharing* (London: Frank Cass, 2005).

Foyle, Douglas C., *Counting the Public In: Presidents, Public Opinion, and Foreign Policy* (New York: Columbia University Press, 1999).

Garthoff, Raymond L., *Détente and Confrontation: American-Soviet Relations from Nixon to Reagan Revised Edition* (Washington, D.C.: Brookings Institution Press, 1994).

Gavin, Francis J., *Gold, Dollars, and Power: The Politics of International Monetary Relations, 1958–1971* (Chapel Hill: The University of North Carolina Press, 2004).

Gelman, Harry, *The Soviet Far East Buildup and Soviet Risk-Taking Against China* (Santa Monica, California: RAND Corporation, 1982).

Gill, Stephen, *American Hegemony and the Trilateral Commission* (New York: Cambridge University Press, 1991).

Glad, Betty, *An Outsider in the White House: Jimmy Carter, His Advisors, and the Making of American Foreign Policy* (Ithaca, New York: Cornell University Press, 2009).

Glick, Leslie Alan, *Multilateral Trade Negotiations: World Trade after the Tokyo Round* (Totowa: Rowman & Allanheld, 1984).

Goh, Evelyn, *Constructing the U.S. Rapprochement with China, 1961–1974: From "Red Menace" to "Tacit Ally"* (Cambridge: Cambridge University Press, 2005).

Gowa, Joanne, *Closing the Gold Window: Domestic Politics and the End of Bretton Woods* (Ithaca: Cornell University Press,

1984).

Graham, Euan, *Japan's Sea Lane Security,* 1940–2004*: A Matter Of Life And Death?* (New York: Routledge, 2006).

Green, Michael J., *Arming Japan: Defense Production, Alliance Politics, and the Postwar Search for Autonomy* (New York: Columbia University Press, 1995).

Green, Michael J., *Japan's Reluctant Realism: Foreign Policy Challenges in an Era of Uncertain Power* (New York: Palgrave Macmillan, 2003).

Haftendorn, Helga, et al., ed., *The Strategic Triangle: France, Germany, And the United States in the Shaping of the New Europe* (Washington, D.C.: Johns Hopkins University Press, 2007).

Herspring, Dake Roy, *The Soviet High Command, 1967–1989: Personalities and Politics* (Princeton: Princeton University Press, 1990).

Hook, Steven W. and John Spanier, *American Foreign Policy Since World War II* (Washington, D.C.: CQ Press, 2000).

Howlett, Darryl A., *EURATOM and Nuclear Safeguards* (New York: St. Martin's Press, 1990).

Hult, Karen M. and Charles E. Walcott, *Empowering the White House: Governance under Nixon, Ford, and Carter* (Lawrence: University Press of Kansas, 2004).

Iida, Keisuke, *International Monetary Cooperation among the United States, Japan, and Germany* (Boston: Kluwer Academic Publishers, 1999).

Islam, Shafiqul, ed., *Yen for Development: Japanese Foreign Aid and the Politics of Burden-Sharing* (New York: Council on Foreign Relations Press, 1991).

James, Harold, *International Monetary Cooperation Since Bretton Woods* (Washington, DC: International Monetary Fund, 1996).

Johnson, Robert David, *Congress and the Cold War* (New York: Cambridge University Press, 2006).

Jones, Daniel Stedman, *Masters of the Universe: Hayek, Friedman, and the Birth of Neoliberal Politics* (Princeton, New Jersey: Princeton University Press, 2012).

Kaplan, Lawrence, *NATO Divided, NATO United* (Westport, Connecticut: Praeger, 2004).

Kaufman, Burton I. and Scott Kaufman, *The Presidency of James Earl Carter, Jr.* (Lawrence: University Press of Kansas, 1993).

Kaufman, Scott, *Plans Unraveled: The Foreign Policy of the Carter Administration* (DeKalb: Northern Illinois University Press, 2008).

Kengor, Paul and Peter Schweizer, eds., *The Reagan Presidency: Assessing the Man and His Legacy* (Lanham: Rowman & Littlefield Publishers, 2005).

Kokoshin, Andrei A., *Soviet Strategic Thought,* 1917–91 (Cambridge: The MIT Press, 1998).

Kopp, Harry W. and Charles A. Gillespie, *Career Diplomacy* (Washington, D.C.: Georgetown University Press, 2008).

Koppel, Bruce M. and Robert M. Orr. Jr., eds., *Japan's Foreign Aid: Power and Policy in a New Era* (Boulder: Westview Press, 1993).

Kort, Michael, *The Columbia Guide to the Cold War* (New York: Columbia University Press, 1998).

Kristensen, Hans M., *Japan Under the Nuclear Umbrella: U.S. Nuclear Weapons and Nuclear War Planning In Japan During the Cold War* (Berkeley: The Nautilus Institute, 1999).

Lincoln, Edward J., *Japan: Facing Economic Maturity* (Washington, D.C.: The Brookings Institution, 1988).

Lindsay, James M., *Congress and the Politics of U.S. Foreign Policy* (Baltimore: The Johns Hopkins University Press, 1994).

Lorell, Mark, *Troubled Partnership: A History of US-Japan Collaboration on the FS-X Fighter* (Santa Monica, California: RAND, 1995).

Love, Robert W. Jr., *History of the U.S. Navy, Volume Two,* 1942–1991 (Harrisburg: Stackpole Books, 1992).

Maddock, Shane, *Nuclear Apartheid: The Quest for American Atomic Supremacy from World War II to the Present* (Chapel Hill: The University of North Carolina, 2010).

Mandelbaum, Michael, *The Nuclear Revolution: International Politics Before and After Hiroshima* (Cambridge: Cambridge University Press, 1981).

McGwire, Michael, *Military Objectives in Soviet Foreign Policy* (Washington, D.C.: Brookings Institution, 1987).

McKibbin, W.J. and J. Sachs, *Global Linkages: Macroeconomic Interdependence and Co-operation in the World Economy*

(Washington, D.C.: Brookings Institution, 1991).

de Ménil, Georges and Anthony M. Solomon, *Economic Summitry* (New York: Council on Foreign Relations, 1983).

Mikanagi, Yumiko, *Japan' s Trade Policy; Action or Reaction?* (London: Routledge, 1996).

Nuclear Energy Policy Study Group, *Nuclear Power Issues and Choices* (Cambridge: Ballinger Publishing Company, 1977).（赤木昭夫訳『原子力をどうするか――その課題とその選択』パシフィカ、一九七八年）

Odell, John S., *U.S. International Monetary Policy: Markets, Power and Ideas as Sources of Change* (Princeton: Princeton University Press, 1982).

Perkovich, George, *India' s Nuclear Bomb: The Impact on Global Proliferation* (Berkeley: University of California Press, 1999).

Polmar, Norman, *Naval Institute Guide to the Ships and Aircraft of the U.S. Fleet, 18th Edition* (Naval Annapolis, Maryland: Institute Press, 2005).

Posen, Barry R., *Inadvertent Escalation: Conventional War and Nuclear Risks* (Ithaca, New York: Cornell University Press, 1991).

Pyle, Kenneth B., *Japan Rising: The Resurgence of Japanese Power and Purpose* (New York: PublicAffairs, 2007).

Ranft, Bryan and Geoffrey Till, *The Sea in Soviet Strategy* (London: Macmillan, 1983).

Reeves, Richard, *President Nixon: Alone in the White House* (New York: Simon & Schuster, 2001).

Richelson, Jeffrey T., *Spying on the Bomb: American Nuclear Intelligence from Nazi Germany to Iran and North Korea* (New York: W. W. Norton, 2006).

Ripley, Randall B. and James M. Lindsay, *Congress Resurgent* (Ann Arbor: University of Michigan Press, 1993).

Rix, Alan, *Japan' s Economic Aid* (New York: St. Martin' s Press, 1980).

Romano, Angela, *From Détente in Europe to European Détente: How the West shaped the Helsinki Final Act* (Brussels: PIE-Peter Lang, 2009).

Rose, Lisle A., *Power at Sea, Volume 3: Violent Peace 1946–2006* (Columbia, Missouri: University of Missouri, 2007).

Rothkopf, David J., *Running the World: The Inside Story of the National Security Council and the Architects of American Pow-*

er (New York: Public Affairs, 2005).

Sakamoto, Takayuki, *Economic Policy and Performance in Industrial Democracies: Party Governments, Central Banks and the Fiscal-Monetary Policy Mix* (New York: Routledge, 2009).

Sargent, Daniel J., *A Superpower Transformed: The Remaking of American Foreign Relations in the 1970s* (New York: Oxford University Press, 2015).

Schaller, Michael, *Right Turn: American Life in the Reagan-Bush Era, 1980–1992* (Oxford: Oxford University Press, 2006).

Schoppa, Leonard J., *Bargaining with Japan* (New York: Columbia University Press, 1997).

Schulz, Matthias and Thomas A. Schwartz, *The Strained Alliance: US-European Relations from Nixon to Carter* (Cambridge: Cambridge University Press, 2009).

Seaborg, Glenn T., Benjamin S. Loeb, *Stemming the Tide: Arms Control in the Johnson Years* (Lexington, Massachusetts: Lexington Books, 1987).

Siklos, Pierre L., *The Changing Face of Central Banking: Evolutionary Trends since World War II* (Cambridge: Cambridge University Press, 2002).

Siniver, Asaf, *Nixon, Kissinger, and U.S. Foreign Policy Making: The Machinery of Crisis* (Cambridge: Cambridge University Press, 2008).

Sklar, Holly, *Trilateralism: The Trilateral Commission and Elite Planning for World Management* (Cambridge: South End Press, 1980).

Skogmar, Gunnar, *The United States and the Nuclear Dimension of European Integration* (Basingstoke: Palgrave Macmillan, 2004).

Strange, Susan and Christopher Prout, *International Monetary Relations* (London: Oxford University Press, 1976).

The Brookings Institute, *Economic Prospects and Policies in the Industrial Countries* (Ann Arnor, Michigan: University Microfilms International, January 1977).

The Trilateral Commission, *Trialogue 13: Trade Issues And Macroeconomic Coordination Highlight Trilateral Tokyo Meeting*, Winter 1976/1977.

Trauschweizer, Ingo, *The Cold War U.S. Army: Building Deterrence for Limited War* (Kansas: University Press of Kansas, 2008).

Vistica, Gregory L., *Fall from Glory: The Men Who Sank the U.S. Navy* (New York: Simon and Schuster, 1995).

Walker, William, *Nuclear Power Struggles: Industrial Competition and Proliferation Control* (Boston: Allen & Unwin, 1983).

Walsh, David, *The Military Balance in the Cold War* (Abington: Routledge, 2007).

Warnecke, Steven Joshua, *Uranium, Nonproliferation, and Energy Security* (Paris: Atlantic Institute for International Affairs, 1979).

Webb, Michael C., *The Political Economy of Policy Coordination: International Adjustment since 1945* (Ithaca, New York: Cornell University Press, 1995).

Winham, Gilbert R., *International Trade and the Tokyo Round Negotiation* (Princeton: Princeton University Press, 1986).

Wittner, Lawrence, *Confronting the Bomb: A Short History of the World Nuclear Disarmament Movement* (Stanford: Stanford University Press, 2009).

Woolley, Peter D., *Japan's Navy: Politics and Paradox, 1971-2000* (Boulder: Lynne Reinner Publishers, 2000).

Zanchetta, Barbara, *The Transformation of American International Power in the 1970s* (Cambridge: Cambridge University Press, 2014).

Zegart, Amy B., *Flawed by Design: The Evolution of the CIA, JCS, and NSC* (Stanford: Stanford University Press, 1999).

Zubok, Vladislav M., *A Failed Empire: The Soviet Union in the Cold War from Stalin to Gorbachev* (Chapel Hill: University of North Carolina, 2007).

邦語論文

赤阪清隆「最近の日米経済関係――激動の一年を振り返って」『経済と外交』第六七九号（一九七八年一二月）。

赤阪清隆・堂道秀明「日米首脳会談の成果」『経済と外交』第六八五号（一九七九年六月）。

天野可人「国際収支のバランス論について」『財政金融統計月報』第二六六号（一九七四年六月）。

飯田敬輔「先進国間のマクロ政策協調――国際公共理論の立場から」草野厚・梅本哲也編著『現代日本外交の分析』東京大学出

版会、一九九五年。

五百旗頭真「国際環境と日本の選択」渡辺昭夫他編『講座国際政治④　日本の外交』東京大学出版会、一九八九年。

五百旗頭真「パックス・アメリカーナ後退期の日米関係」東京大学社会科学研究所編『現代日本社会7　国際化』東京大学出版会、一九九二年。

池田明史「石油危機と中東外交の「転換」」『国際問題』第六三八号（二〇一五年一・二月）。

石井修「日米「パートナーシップ」への道程一九五二―一九六九」細谷千博編『日米関係通史』東京大学出版会、一九九五年。

石井晋「原子力発電の効率化と産業政策――国産化と改良標準化」『ＲＩＥＴＩディスカッション・ペーパー』14―J―026（二〇一四年五月）。

石田智範「日米関係における対韓国支援問題、一九七七―一九八一」『国際政治』第一七六号（二〇一四年三月）。

石津朋之「解題」マーレー、ウィリアムソンほか（石津朋之・永末聡監訳）『戦略の形成――支配者、国家、戦争』下、中央公論新社、二〇〇七年。

石丸和人「マサチューセッツ通りの日本人――在米大使館にみる日本外交」『エコノミスト』第五五巻第四四号（一九七七年一〇月二〇日）。

和泉圭紀「日米再処理交渉における米国政策決定の分岐点について〈米国公開資料に基づく一考察〉」『第31回核物質管理学会日本支部年次大会論文集』二〇一〇年一二月。

伊藤菜穂子「日米原子力政策のリンケージ――濃縮ウランの対米依存について」『早稲田政治公法研究』第七六号、二〇〇四年。

植松邦彦・秋元勇巳「〈討議〉「核燃料サイクル」に変更はあるか」『原子力工業』第二六巻第五号（一九八〇年五月）。

ウェルチ、デイヴィッド・A（合六強訳）「「普通」を抱きしめて――日本の国家戦略に向けて」添谷芳秀、田所昌幸、デイヴィッド・A・ウェルチ編著『「普通」の国 日本』千倉書房、二〇一四年。

内田勝久「総合安全保障の新理念」猪木正道・高坂正堯編『日本の安全保障と防衛への緊急提言』講談社、一九八二年。

衞藤瀋吉他「シンポジウム　国際社会における日本の進路」衞藤瀋吉・永井陽之助編『講座日本の将来3　世界の中の日本――安全保障の構想』潮出版社、一九六九年。

遠藤哲也「日米原子力協定（一九八八年）の成立経緯と今後の問題点（改訂版）」日本国際問題研究所『研究報告』二〇一四年一一月。

オーウェンス、マッキュービン・T（道下徳成監訳）「米国の外交政策と戦略——一九七〇年～現在」石津朋之、ウィリアムソン・マーレー編『日米戦略思想史——日米関係の新しい視点』彩流社、二〇〇五年。

オーバードーファー、ドン（関元訳）「駐日米大使たち 一九七七～一九九六年」入江昭、ロバート・ワンプラー編『パートナーシップ——日米戦後関係史』講談社インターナショナル、二〇〇一年。

大賀良平「混迷する〝シー・レーン〟防衛論議」『戦略研究シリーズ』Vol.7（一九八二年七月）。

大島恵一他「座談会 原子力をめぐる最近の国際情勢」『国際資源』第四五号（一九七八年八月）。

太田述正「久保卓也「防衛に関する業務と予算の科学的管理について」（1977.1.17）より」『防衛学研究』第二四号（二〇〇〇年一一月）。

大嶽秀夫「自民党における防衛論——与党内のイデオロギー状況」『法学セミナー増刊・総合特集シリーズ／日本の防衛と憲法』一九八一年三月号。

大場智満「オイル・マネーと世界経済」『財政金融統計月報』第二七八号（一九七五年六月）。

奥宮正武「総合安全保障への提言」『新防衛論集』第一巻第四号（一九七四年三月）。

小沢俊朗「第一七回ＯＥＣＤ閣僚理事会——ボン主要国首脳会議に向けて」『経済と外交』第六七四号（一九七八年七月）。

ガイドゥク、イリヤ「中ソ対立とその米中関係への影響——東アジア冷戦構造の変容」菅英輝編著『冷戦史の再検討——変容する秩序と冷戦の終焉』法政大学出版局、二〇一〇年。

桂誠「最近の原子力交渉の現状」『経済と外交』第六六四号（一九七七年九月）。

金子熊夫「国際核燃料サイクル評価（ＩＮＦＣＥ）の現状——日本の原子力外交の進路について聞く」『国際資源』第四五号（一九七八年九月）。

金子熊夫「日米原子力関係は、いまどうなっているか?」『原子力工業』第二八巻第一〇号（一九八二年一〇月）。

金子孝二「アメリカの核燃料サイクルの規制」塩野宏編著『核燃料サイクルと法規制』第一法規、一九八〇年。

我部政明「「思いやり予算」の原型——沖縄施政権返還における財政取り決めの合意形成過程」日本国際政治学会編『国際政治』一二〇号（一九九九年）。

我部政明「日米同盟の原型——役割分担の模索」日本国際政治学会編『国際政治』一三五号（二〇〇四年）。

川上幸一「核不拡散問題と日本の立場」『原子力調査時報』第三五号（一九七八年一一月）。

川島芳郎「保障措置とともに（その五）――「ユーラトムなみ」の実現」『核物質管理ニュース』第一三巻第三号（一九八四年三月）。

川田侃「世界不況の政治経済学」『国際政治』第六〇号（一九七八年一一月）。

菅英輝「米中和解と日米関係――ニクソン政権の東アジア秩序再編イニシアティブ」菅編著『冷戦史の再検討』。

草野厚「対外政策決定の機構と過程」渡辺他編『講座国際政治④ 日本の外交』。

楠綾子「安全保障政策の形成をめぐるリーダーシップ――佐藤政権による吉田路線の再選択」戸部良一編『近代日本のリーダーシップ――岐路に立つ指導者たち』千倉書房、二〇一四年。

國廣道彦「〈講演録〉ボン首脳会議の成果と国際経済の見通し」『経済と外交』第六七五号（一九七八年八月）。

久保卓也「防衛力整備の考え方」、一九七一年、「戦後日本政治・国際関係データベース」東京大学東洋文化研究所田中明彦研究室『データベース「世界と日本」』、http://www.ioc.u-tokyo.ac.jp/~worldjpn/

久保卓也「日米安保条約を見直す」、一九七二年、「戦後日本政治・国際関係データベース」。

久保卓也「平和時の防衛力――一つのアプローチ」『国防』第二一巻七号（一九七二年）。

久保卓也「我が国の防衛構想と防衛力整備の考え方」、一九七四年、「戦後日本政治・国際関係データベース」。

久保卓也他「新局面に立つ日本の安全保障」『国防』第二二巻一号（一九七二年）。

久保田ゆかり・佐藤丙午「日米防衛装備・技術協力」竹内俊隆編著『日米同盟論――歴史・機能・周辺諸国の視点』ミネルヴァ書房、二〇一一年。

熊谷晃「ソ連の進出戦略」桃井真『エネルギーと国際紛争――第三世界の挑戦と米ソの対応』電力新報社、一九八一年。

グリーン、マイケル・ジョナサン「能動的な協力関係の構築に向けて――冷戦後の同盟漂流に対する八〇年代の教訓」入江・ワンプラー編『日米戦後関係史』。

黒崎輝「アメリカ外交と核不拡散条約の成立」『法学』（一）、第六五巻第五号（二〇〇一年一二月）、（二・完）、第六五巻第六号（二〇〇二年二月）

小出輝章「五六年度防衛分担金をめぐる日米交渉」『同志社法学』五七巻四号（二〇〇五年一一月）。

高坂正堯「日本外交の弁証」渡辺他編『講座国際政治④ 日本の外交』。

合六強「ニクソン政権と在欧米軍削減問題」『法学政治学論究』第九二号（二〇一二年三月）。

古城佳子「日米安保体制とドル防衛政策――防衛費分担要求の歴史的構図」『国際政治』一一五号（一九九七年）。

小谷哲男「シーレーン防衛――日米同盟における「人と人の協力」の展開とその限界」『同志社法学』五八巻四号（二〇〇六年九月）。

小林智彦「日米原子力交渉」『国際資源』第三五号（一九七七年一〇月）。

小宮隆太郎・千明誠「序章」須田美矢子編『対外不均衡の経済学』日本経済新聞社、一九九二年。

酒井健三「日本の貿易外収支について」『ファイナンス』一二巻一二号、一九七七年。

坂元一哉「日米同盟の課題 安保改定五〇年の視点から」『国際問題』五八八号（二〇一〇年一月・二月号）。

櫻川明巧「日米地位協定の運用と変容――駐留経費・低空飛行・被疑者をめぐる国会論議を中心に」本間浩他『各国間地位協定の適用に関する比較論考察』内外出版、二〇〇三年。

佐藤英夫「東西関係の変化と日米関係 一九六九―一九八四」細谷千博編『日米関係通史』東京大学出版会、一九九五年。

真田尚剛「基盤的防衛力構想の原型――平時における防衛力引き下げの模索」『21世紀社会デザイン研究』第一二号（二〇一三年）。

白鳥潤一郎「国際エネルギー機関の設立と日本外交――第一次石油危機における先進国間協調の模索」『国際政治』第一六〇号（二〇一〇年四月）。

白鳥潤一郎「エネルギー安全保障政策の胎動――石油市場の構造変動と「対外石油政策」の形成、一九六七―一九七三」『国際安全保障』第三八巻第四号（二〇一一年三月）。

白鳥潤一郎「「戦後処理」からの脱却を目指して――高度経済成長期の外務省機構改革」『北大法学論集』第六五巻第五号（二〇一五年一月）。

朱建栄「中国の対日関係史における軍国主義批判――三回の批判キャンペーンの共通した特徴の考察を中心に」近代日本研究会編『年報近代日本研究一六 戦後外交の形成』山川出版社、一九九四年。

相樂希美「日本の原子力政策の変遷と国際政策協調に関する歴史的考察――東アジア地域の原子力発電導入へのインプリケーション」『RIETIディスカッション・ペーパー』09―P―002、二〇〇九年九月。

瀬川高央「「割りかけ回収」制度と日本の防衛力整備――一九五〇年―一九八五年」『經濟學研究』第五五巻第三号（二〇〇五年一二月）。

瀬川高央「日米防衛協力の歴史的背景――ニクソン政権期の対日政策を中心に」『年報公共政策学』第一号（二〇〇七年三月）。

瀬川高央「「ロン・ヤス」時代の平和と軍縮――新冷戦の転換期における日本の課題設定と多角的交渉」『年報 公共政策学』第四号（二〇一〇年三月）。

添谷芳秀「吉田路線と吉田ドクトリン」『国際政治』第一五一号（二〇〇八年三月）。

添谷芳秀『戦後日本外交史――自立をめぐる葛藤』日本国際政治学会編『日本の国際政治学4 歴史の中の国際政治』有斐閣、二〇〇九年。

添谷芳秀、ロバート・D・エルドリッヂ「危機の中の日米関係 一九七〇年代」五百旗頭真編『日米関係史』有斐閣、二〇〇八年。

高安健将「米国との距離と国益の追求――第四次中東戦争と第一次石油危機をめぐる英国の対応」『国際政治』第一四一号（二〇〇五年一〇月）。

竹内克伸「最近の欧米諸国の財政事情」『ファイナンス』第二〇巻第六号（一九八四年九月）。

竹田純「日本の外交政策決定における官庁間調整」『国際問題』第二〇一号（一九七九年一二月）。

武田康裕「東南アジア外交の展開――アジアの一員と先進民主主義諸国の一員」草野厚・梅本哲也編『現代日本外交の分析』東京大学出版会、一九九五年。

武田悠「日本の防衛政策における「自主」の論理――「防衛計画の大綱」策定を中心に」『国際政治経済学研究』第一七号（二〇〇六年三月）。

武田悠「原子力開発問題と日米関係の変容――東海村核燃料再処理施設稼動をめぐる日米交渉を中心に」『国際政治』第一六二号（二〇一〇年一二月）。

田島良助（久保卓也）「第四次防衛力整備計画の背景とその問題点」『国防』第二〇巻第九号（一九七一年）。

田中明彦「日本外交と国内政治の連関――外圧の政治学」日本国際問題研究所編『国際問題』三四八号（一九八九年三月）。

田中明彦「日本の外交戦略と日米同盟」『国際問題』第五九四号（二〇一〇年九月）。

玉置敦彦「ジャパン・ハンズ 変容する日米関係と米政権日本専門家の視線、一九六五―六八年」『思想』第一〇一七号（二〇〇九年一月）。

田宮茂文他「大詰めを迎えるＩＮＦＣＥ」『原子力工業』第二五巻第六号（一九七九年六月）。

千明誠「日本の経常収支変動の時系列分析」『日本経済研究』第二三号（一九九二年七月）。

千々和泰明「権威をめぐる相克――駐日米国大使と在日・在沖駐留米軍 一九五二―一九七二年」『国際安全保障』三五巻三号（二〇〇七年）。

長史隆「米中接近後の日米関係――アジア太平洋地域安定化の模索 一九七一―一九七五」『立教法学』第八九号（二〇一四年三月）。

ツアイ、チャン「深まる中ソ対立と世界秩序――中ソ同盟崩壊の原因と米中対決」菅編著『冷戦史の再検討』。

デスラー、I・M、三露久男「マクロ経済政策をめぐる摩擦――日米機関車論」I・M・デスラー、佐藤英夫編（丸茂明則監訳）『日米経済紛争の解明――鉄鋼・自動車・農産物・高度技術』日本経済新聞社、一九八二年。

友次晋介「一九七〇年代の米国核不拡散政策と核燃料サイクル政策――東アジア多国間再処理構想と東海村施設を巡る外交交渉からの考察」『人間環境学研究』第七巻第二号（二〇〇九年）。

中島信吾「「同盟国日本」像の転換――ジョンソン政権の対日政策」波多野澄雄編『池田・佐藤政権期の日本外交』ミネルヴァ書房、二〇〇四年。

中島信吾「防衛庁・自衛隊史とオーラル・ヒストリー――『海原治オーラル・ヒストリー』を中心に」『年報政治学二〇〇四 オーラル・ヒストリー』二〇〇五年。

中島琢磨「佐藤政権期の日米安全保障関係――沖縄返還と「自由世界」における日本の責任分担問題」『国際政治』一三五号（二〇〇四年）。

中西寛『自立的協調の模索――一九七〇年代の日本外交』五百旗頭真編著『戦後日本外交史 第3版補訂版』有斐閣、二〇一四年（初版一九九九年）。

中西寛「総合安全保障論の文脈――権力政治と相互依存の交錯」『年報政治学一九九七 危機の日本外交―七〇年代』一九九七年。

中村起一郎「防衛問題と政党政治――日米防衛分担金交渉（一九五三―一九五五）を中心に」『年報政治学一九九八 日本外交におけるアジア主義』一九九八年。

中村圀夫「日豪原子力新協定の意義とプログラム・アプローチ」『原子力工業』第二八巻第九号（一九八二年九月）。

中山俊宏「アメリカ外交の規範的性格――自然的自由主義と工学的世界観」『国際政治』第一四三号（二〇〇五年一一月）。

西村繁樹「日本の防衛戦略を考える――グローバル・アプローチによる北方前方防衛論」『新防衛論集』第一二巻第一号（一九八四年七月）。

野添文彬「「思いやり予算」と日米関係一九七七—一九七八年——沖縄米軍の再編と日本政府の対応を中心に」『沖縄法学』第四三巻（二〇一四年三月）。

橋口豊「一九七〇年代のデタントとイギリス外交——ヒース保守党政権を中心に」菅編著『冷戦史の再検討』。

波多野澄雄「「ひよわな大国」の外交戦略」波多野澄雄編著『冷戦変容期の日本外交——「ひよわな大国」の危機と模索』ミネルヴァ書房、二〇一三年。

浜口登「経常収支不均衡の理論的解釈——国際マクロ経済学からみた日米貿易摩擦」『早稲田社会科学研究』第四五号（一九九二年一〇月）。

樋口敏広「「環境大国」日本の原点？——一九七二年ストックホルム人間環境会議と日本の環境外交」波多野編著『冷戦変容期の日本外交』。

樋口均「昭和五二～五三年の財政政策——「機関車」論国際調整の一環としての考察」『信州大学教養部紀要』第二五号（一九九一年三月）。

藤岡真佐夫「我が国の国際収支と為替レート問題」『ファイナンス』一九七六年九月号。

藤木剛康「核不拡散レジームとEURATOMの形成——アメリカとフランスの対応を中心に」（一）、『経済理論』第三〇七号（二〇〇二年五月）、（二）、第三〇九号（二〇〇二年九月）。

藤原啓司「最近の経済情勢と政策運営」大蔵省『財政金融統計月報』第三二一号（一九七九年一月）。

鮒田英一「シー・パワーと日米防衛協力——日米同盟から見た日本の海上防衛力」立川京一他『シー・パワー——その理論と実践』芙蓉書房出版、二〇〇八年。

宝珠山昇「「基盤的防衛力構想」産みの親」『日本の風』二〇〇五年春号。

保城広至「「対米協調／対米自主」外交論再考」『レヴァイアサン』第四〇号（二〇〇七年春）。

堀江正夫・久保卓也・堂場肇「特別座談会 納得できるか「防衛計画の大綱」——構想の妥当性や実施面の問題点を洗う」『国防』第二六巻第一号（一九七七年）。

松村孝省・武田康裕「一九七八年「日米防衛協力のための指針」の策定過程——米国の意図と影響」『国際安全保障』三一巻四号（二〇〇四年）。

三岡健次郎「背広の参謀・誤った防衛計画を策す」『軍事研究』第一二巻第一号（一九七七年一月）。

道下徳成「戦略思想としての「基盤的防衛力構想」」石津・マーレー編『日米戦略思想史』。

道下徳成「自衛隊のシー・パワーの発展と意義」立川他『シー・パワー』。

宮崎知雄「わが国の国際収支目標と最近の国際収支の動向」『財政金融統計月報』第二五五号（一九七三年六月）。

宮崎弘道「東京サミットの真相と日本」『世界経済評論』第二三巻第九号（一九七九年九月）。

武藤恭彦「経常収支調整の理論」須田編『対外不均衡の経済学』。

村上薫「低成長下の総合安全保障」『展望』二一六号（一九七六年一二月）。

村田晃嗣「防衛政策の展開――ガイドラインの策定を中心に」『年報政治学一九九七』一九九七年。

村田晃嗣「レーガン政権の安全保障政策――対ソ姿勢と政策プロセス」『同志社法学』第五八巻第四号（二〇〇六年九月）。

山県信一「FSX摩擦と日米安保体制」『国際学論集』第四九巻（二〇〇二年一月）。

山口航「カーター政権からレーガン政権にかけての対日政策の転換――マンスフィールド駐日大使の公電に焦点を当てて」『同志社アメリカ研究』別冊一九（二〇一三年三月）。

山本健「「ヨーロッパの年」と日本外交、一九七三―七四年――外交の多元化の模索と日米欧関係」『NUCB Journal of Economics and Information Science』第五七巻第二号（二〇一三年三月）。

山本幸助「米国の核政策と日本の原子力開発――その底流を探る一〇の質問」『通産ジャーナル』第一〇巻一号（一九七七年四月）。

山本満「〈外圧―反応〉の循環を超えて」細谷千博・有賀貞編『国際環境の変容と日米関係』東京大学出版会、一九八七年。

横山功「原子力をめぐる日米関係――カーター政権期の日米原子力交渉を中心に」『法学ジャーナル』第一八号（二〇〇三年）。

吉野文六・中平立「対談 ロンドン首長国首脳会議の成果」『経済と外交』第六六一号（一九七七年六月）。

李娜兀「日本の対米軍事協力メカニズム――「武器輸出三原則」の解釈を中心に」『法學政治學論究』第六六号（二〇〇五年九月）。

劉傑・川島真「日中国交正常化から中国の改革開放へ」川島真・服部龍二編『東アジア国際政治史』名古屋大学出版会、二〇〇七年。

若月秀和「一九七〇年代の冷戦対立構造の変動と日本外交――北京・モスクワを睨んで」波多野編著『冷戦変容期の日本外交』。

英語論文

Arrighi, Giovanni, "The world economy and the Cold Wär, 1970–1990," Leffler, Melvyn P. and Odd Arne Westad, eds., *The Cambridge History of the Cold War, Vol.III* (Cambridge University Press, 2009).

Auer, James E. and Robyn Lim, "The Maritime Basis of American Security in East Asia," *Naval War College Review*, Vol.54, No. 1 (Winter 2001).

Baldwin, David A., "The concept of security," *Review of International Studies*, Vol.23 (1997).

Belov, Anatoly, "Soviet-American Cooperation in Dealing with the Nonproliferation of Nuclear Weapons," William C. Potter, ed., *International Nuclear Trade and Nonproliferation: The Challenge of the Emerging Suppliers* (Lexington, Massachusetts: Lexington Books, 1990).

Benning, Elizabeth, "The Road to Rambouillet and the Creation of the Group of Five," Emmanuel Mourlon-Druol and Federico Romero, eds., *International Summitry and Global Governance: The rise of the G7 and the European Council, 1974—1991* (London: Routledge, 2014).

Best, Anthony, "Japan and the Cold War: An Overview," in Richard H. Immerman and Petra Goedde, eds., *Oxford Handbook of the Cold War* (Oxford: Oxford University Press, 2013).

Bluth, Christoph, et al., "Civilian Nuclear Cooperation and the Proliferation of Nuclear Weapons," *International Security*, Vol.35, No.1 (Summer 2010).

Brinkley, Douglas, "The Rising Stock of Jimmy Carter: The "Hands-on Legacy of Our Thirty-Ninth President," *Diplomatic History*, Vol.20, No.4 (Fall 1996).

Bryant, Ralph C. "Intergovernmental Coordination of Economic Policies: An Interim Stocktaking," Paul A. Volcker, et al., *International Monetary Cooperation: Essays in Honor of Henry C. Wallich, Essays in International Finance* (Princeton: Princeton University, 1987), No.169 (December 1987).

Bryant, Ralph C. and Randall Henning, "Problems in International Cooperation" . Richard N. Cooper, et al., ed., *Can Nations Agree?: Issues in International Economic Cooperation* (Washington, D.C.: Brookings Institution Press, 1989).

Burr, William, ""Is this the best they can do?": Henry Kissinger and the US Quest for Limited Nuclear Options, 1969–75," Vojtech Mastny, Sven Holtsmark, Andreas Wenger, *War Plans and Alliances in the Cold War: Threat Perceptions in the East and West* (New York: Routledge, 2006).

Burr, William, "A Scheme of 'Control' : The United States and the Origins of the Nuclear Suppliers' Group, 1974–1976," *The International History Review*, Vol.36, Issue 2 (January 2014).

Burr, William and Robert Wampler, ""The Master of the Game" Paul H. Nitze and U.S. Cold War Strategy from Truman to Reagan," *National Security Archive Electronic Briefing Book*, No. 139. (October 2007).

Calder, Kent E., "Japanese Foreign Economic Policy Formation," *World Politics*, Vol. 40, No. 4 (July 1988).

Caldwell, Dan, "US Domestic Politics and the Demise of Détente," Odd Arne Westad ed., *The Fall of Detente: Soviet-American Relations during the Carter Years* (Oslo: Scandinavian University Press, 1997).

Clark, Susan Lesley, "Soviet Policy toward Japan" , *Proceedings of the Academy of Political Science*, Vol. 36, No. 4 (1987).

Cooper, Richard N., "Economic Interdependence and Foreign Policy in the Seventies," *World Politics*, Vol.24, Number 2 (January 1972).

Cooper, Richard N., "Trade Policy is Foreign Policy," *Foreign Policy*, No.9 (Winter 1972/73).

Corey, G.R. "The comparative costs of nuclear and fossil fueled power plants in an American electricity utility," Brookes, Leonard G. and Homa Motamen, eds., *The Economics of Nuclear Energy*, London: Chapman and Hall, 1984).

Costello, Charles S., "Nuclear Nonproliferation: A Hidden but Contentious Issue in US-Japan Relations During the Carter Administration (1977–1981)," *Asia Pacific: Perspective*, Vol.III, No.1 (May 2003).

Cote, Owen R. Jr., "The Third Battle: Innovations in the US Navy's Silent Cold War Struggle with Soviet Submarines," *Newport Papers*, No.16 (2003).

Crowe, William J., "U.S. Pacific Command: A Warrior-Diplomat Speaks," Derek S. Reveron, ed., *America' s Viceroys: The Military and U.S. Foreign Policy* (New York: Palgrave Macmillan, 2004).

Dauvergne, Peter, "Nuclear Power Development in Japan: "Outside Forces" and the Politics of Reciprocal Consent," *Asian Survey*, Vol.33, No.6 (June 1993).

Foot, Rosemary, "The Cold War and human rights," Leffler, Melvyn P. and Odd Arne Westad, eds., *The Cambridge History of the Cold War, Vol.III* (Cambridge University Press, 2010).

Ford, Christopher A. and David A. Rosenberg, "The Naval Intelligence Underpinnings of Reagan's Maritime Strategy," *Journal of Strategic Studies*, Vol.28, No.2 (April 2005).

Frankel, Jeffrey A., "Obstacles to Macroeconomic Policy Coordination," *Journal of Public Policy*, Vol. 8, No. 3/4 (July/December 1988).

Frankel, Jeffrey A. and Katharine Rockett, "International Macroeconomic Policy Coordination When Policymakers Do Not Agree on the True Model," *American Economic Review*, Vol.78, No.3 (June 1988).

Franko, Lawrence J., "U.S. Regulation of the Spread of Nuclear Technologies through Supplier Power: Lever or Boomerang?," *Law and Policy in International Business*, Vol.10 (1978).

Fuhrmann, Matthew, "Spreading Temptation: Proliferation and Peaceful Nuclear Cooperation Agreements," *International Security*, Vol.34, No.1 (Summer 2009).

Garthoff, Raymond L., "Estimating Soviet Military Intentions and Capabilities," Gerald K. Haines and Robert E. Leggett, eds., *Watching the Bear: Essays on CIA's Analysis of the Soviet Union* (Washington, D.C.: Center for the Study of Intelligence, Central Intelligence Agency, 2003).

Gilinsky, Victor, "Plutonium, Proliferation and the Price of Reprocessing," *Foreign Affairs*, Vol.57, Issue 2 (Winter 1978/79).

Goldschmidt, Bertrand, "Proliferation and Non-Proliferation in Western Europe: A Historical Survey," Harald Müller, ed., *A European Non-Proliferation Policy: Prospects and Problems* (New York: Oxford University Press, 1987).

Gummett, Philip, "From NPT to INFCE: Development in Thinking about Nuclear Non-Proliferation," *International Affairs*, Vol. 57, No.4 (Autumn 1981).

Hattendorf, John B., "The Evolution of the U.S. Navy' s Maritime Strategy, 1977–1986," *Newport Papers*, No.19 (2004).

Hattendorf, John B., ed., "U.S. Naval Strategy in the 1970s: Selected Documents," *Newport Papers*, No.30 (2007).

Hattendorf, John B. and Peter M. Swartz, eds., "U.S. Naval Strategy in the 1980s: Selected Documents," *Newport Papers*, No.33 (2008).

Helmreich, Jonathan E., "The United States and the Formation of Euratom," *Diplomatic History*, Vol.15, No.3 (Summer 1991).

Hilfrich, Fabian, "Roots of Animosity: Bonn's Reaction to US Pressures in Nuclear Proliferation," *The International History Review*, Vol. 36, No.2 (2014).

Hoffman, Stanley, "Obstinate or Obsolete? The Fate of the Nation-State and the Case of Western Europe," *Daedalus*, Vol.95, No.3 (Summer 1966).

Hollerman, Leon, "Locomotive Strategy and United States Protectionism: A Japanese View," *Pacific Affairs*, Vol. 52, No. 2 (Summer 1979).

Hyman, Louis, "American Debt, Global Capital," Niall Ferguson, et al., ed., *The Shock of the Global* (Cambridge: Belknap Press of Harvard University Press, 2010).

Imai, Ryukicki, "A Japanese Reaction to U.S. Nonproliferation Policy," *International Security*, Vol.3, No.2 (1978).

Johnson, Robert David, "Congress and US Foreign Policy," in David P. Auerswald and Colton C. Campbell, *Congress and the Politics of National Security* (New York: Cambridge University Press, 2012).

Kalinovsky, Artemy, "Decision-Making and the Soviet War in Afghanistan: From Intervention to Withdrawal," *Journal of Cold War Studies*, Vol.11, No.4 (Fall 2009).

Kemp, Geoffrey, "US Military Power in the Pacific: Problems and Prospects: Part I," *Adelphi Papers*, Vol.27, Issue 216 (Spring 1987).

Kim, Young C., "Japanese Perception of Defense Issues: A Study of Defense Influentials," Gaston J. Sigur and Young C. Kim, eds., *Japanese and U.S. Policy in Asia* (New York: Praeger, 1982).

Kimball, Jeffrey, "The Nixon Doctrine: A Saga of Misunderstanding," *Presidential Studies Quarterly*, Vol.36, No.1 (March 2006).

Kitamura, Motoya, "Japan's Plutonium Program: A Proliferation Threat?," *Nonproliferation Review*, Vol.3, No. 2 (Winter, 1996).

Kumar, Martha Joynt, "Presidential Libraries: Gold Mine, Booby Trap, or Both?," George C. Edwards and Stephen J. Wayne, eds., *Studying the Presidency*, 8Knoxville: University of Tennessee Press, 1983).

Kuzin, Vladimir and Sergei Chernyavskii, "Russian Reactions to Reagan's 'Maritime Strategy," *Journal of Strategic Studies*, Vol.28, No.2 (April 2005).

Lamfalussy, Alexandre, "Current Account Imbalances in the Industrial World: Why They Matter," *Essays in International Fi-*

nance, No.169 (1987).

Lind, Jennifer M., "Pacifism or Passing the Buck?: Testing Theories of Japanese Security Policy," *International Security*, Vol.29, No.1 (Summer 2004).

Loth, Wilfried (translated by Robert F. Hogg), *Overcoming the Cold War* (Basingstroke: Palgrave Macmillan, 2002).

Lurewitz, John L., "The U.S. Nuclear Power Industry: Past, Present, and Possible Futures," *Energy & Environment*, Vol. 13, No. 2 (2002).

Maier, Charles S., "'Malaise': The Crisis of Confidence in the 1970s," Ferguson, et al., ed., *The Shock of the Global*.

Marshall, Bryan W., "Explaining Congressional - Executive Rivalry in International Affairs," Donald R. Kelley, ed., *Divided Power: The Presidency, Congress, and the Formation of American Foreign Policy* (Fayetteville: University of Arkansas Press, 2005).

Martinez, J. Michael, "The Carter Administration and the Evolution of American Nuclear Nonproliferation Policy, 1977–1981," *Journal of Policy History*, Volume 14, Number 3 (2002).

McCracken, Paul W., "Economic policy in the Nixon Years," *Presidential Studies Quarterly*, Vol.26, No.1 (Winter 1996).

McMahon, Robert J., "Credibility and World Power: Exploring the Psychological Dimension in Postwar American Diplomacy," *Diplomatic History*, Vol.15, Issue 4 (October 1991).

McNeill, J.R., "The Environment, Environmentalism, and International Society in the Long 1970s," Ferguson, et al., ed., *The Shock of the Global*.

McWilliams, Wilson Carey, "Science and Freedom: America as a Technological Republic," Arthur M Melzer, et al., ed., *Technology in the Western Political Tradition* (Ithaca: Cornell University Press, 1993).

Mearsheimer, John, "A Strategic Misstep: The Maritime Strategy and Deterrence in Europe," *International Security*, Vol.11, No.2 (Fall 1986).

Mourlon-Druol, Emmanuel, ""Managing from the Top" : Globalisation and the Rise of Regular Summitry, Mid–1970s—early 1980s," *Diplomacy & Statecraft*, Vol.23, No.4 (2012).

Nation, R. Craig, "Programming Armageddon: Warsaw Pact's War Planning, 1969–1985," Leopoldo Nuti, ed., *The Crisis of*

Détente in Europe: From Helsinki to Gorbachev 1975–1985 (London: Routledge, 2009).

Odom, William E., "The Cold War Origins of the U.S. Central Command," *Journal of Cold War Studies*, Vol.8, No.2 (Spring 2006).

Pan, Liang, "Whither Japan' s Military Potential? The Nixon Administration' s Stance on Japanese Defense Power," *Diplomatic History*, Vol.31, No.1 (January 2007).

Petersen, Philip A., "American Perceptions of Soviet Military Power," *Parameters*, Vol. 7, No. 4 (January 2007).

Pharr, Susan J., "Japan' s Defensive Foreign Policy and the Politics of Burden Sharing," Curtis, Gerald L., ed., *Japan' s Foreign Policy After the Cold War: Coping with Change* (M.E. Sharpe, 1997).

Plotkin, Henry A., "Issues in the 1976 Presidential Campaign," Marlene M. Pomper, ed., *The Election of 1976: Reports and Interpretations* (New York: David McKay Company, 1977).

Potter, William C., "Managing Proliferation: Problems and Prospects for U.S.-Soviet Cooperation," In Dagobert Brito, ed., *Strategies for Managing Nuclear Proliferation* (Lexington, Massachusetts: Lexington Books, 1983).

Preston, Andrew, "The Little State Department: McGeorge Bundy and the National Security Council Staff, 1961–65," *Presidential Studies Quarterly*, Vol. 31, No. 4 (December 2001).

Priestnall, Graham, "ANZUS and the Radford-Collins Agreement: Australia's Naval Mission," *Journal of the Australian Naval Institute*, Vol.23, No.1 (January/March 1997).

Putnam, Robert D. and Randall Henning, "The Bonn Summit of 1978: A Case Study in Coordination," Cooper, et al., ed., *Can Nations Agree?*.

Radchenko, Sergey, "The Sino-Soviet split," Leffler, Melvyn P. and Odd Arne Westad, eds., *The Cambridge History of the Cold War, Volume II* (Cambridge University Press, 2010).

Renouard, Joe and Nathan Vigil, "The Quest for Leadership in Time of Peace: Jimmy Carter and Western Europe, 1977–1981," Schulz and Schwartz, eds., *The Strained Alliance*.

Roosa, Robert V., "United States and Japan in the International Monetary System 1946–1985," Group of Thirty, *Occasional Papers*, No.21 (1986).

Schulman, Bruce J., “Slouching toward the Supply Side: Jimmy Carter and the New American Political Economy,” Gary M. Fink and Hugh Davis Graham, eds., *The Carter Presidency: Policy Choices in the Post-New Deal Era* (Lawrence: University Press of Kansas, 1998).

Sekino, Hideo, “Japan and Her Maritime Defense,” *U.S. Naval Proceedings*, Vol.97, No.819 (May 1971).

Siler, Michael J., “U.S. Nuclear Nonproliferation Policy in the Northeast Asian Region during the Cold War: The South Korean Case,” *East Asia: An International Quarterly*, Vol.16, No.3–4 (September 1998).

Smith, Gerald and George Rathjens, “Reassessing Nuclear Nonproliferation Policy,” *Foreign Affairs*, Vol.59, No.4 (Spring 1981).

Snyder, Glenn H. “Security Dillemma in Alliance Politics,” *World Politics*, Vol.36 (July 1984).

Takagi, Jinzaburo, “Japan's Plutonium Program: A critical Review,” Selig S. Harrison, ed., *Japan's Nuclear Future: The Plutonium Debate and East Asian Security* (Washington, D.C.: Carnegie Endowment for International Peace, 1996).

Till, Geoffrey, “Holding the Bridge in Troubled Times: the Cold War and the Navies of Europe,” *Journal of Strategic Studies*, Vol. 28, No.2 (April 2005).

Vaïsse, Justin, “Zbig, Henry, and the New U.S. Foreign Policy Elite,” in Charles Gati ed., *Zbig: the Strategy and Statecraft of Zbigniew Brzezinski* (Baltimore: The Johns Hopkins University Press, 2013).

Walker, Samuel. J., “Nuclear Power and Nonproliferation,” *Diplomatic History*, Vol.25, No.2 (2001).

Walker, William, "Destination Unknown: Rokkasho and the International Future of Nuclear Reprocessing," *International Affairs*, Vol.82, Issue 4 (June 2006).

Webb, Michael C., “International Economic Structures, Government Interests, and International Coordination of Macroeconomic Adjustment Policies,” *International Organization*, Vol.45, No.3 (1991).

Williams, Phil, “The Nunn amendment, burden-sharing and US troops in Europe,” *Survival*, Vol.27, Issue 1 (January 1985).

Yamaguchi, Wataru, “The Ministry of Foreign Affairs and the Shift in Japanese Diplomacy at the Beginning of the Second Cold War, 1979: A New Look,” *The Journal of American-East Asian Relations*, Vol.19, No.3–4 (March 2012).

新聞等

Congressional Quarterly Weekly Report

CQ Almanac

Nucleonics Week

『朝日新聞』

『原子力産業新聞』

『日経産業新聞』

『日本経済新聞』

New York Times

Washington Post

インターネット

大平正芳記念財団『大平正芳全著作及び研究書』、http://www.ohira.or.jp/cd/

国会議事録検索システム、http://kokkai.ndl.go.jp/

日本原子力産業協会電子図書館、http://www.lib.jaif.or.jp/

Electronic Briefing Books, National Security Archive, http://www.gwu.edu/~nsarchiv/

National Security Decision Directives, 1981—1989, and National Security Study Directives, 1981—1989, RRL, http://www.reagan.utexas.edu/archives/reference/reference.html#.VK4SlFIfqmQ

National Security Memoranda, Nixon Library, http://www.nixonlibrary.gov/virtuallibrary/documents/nationalsecuritymemoranda.php

National Security Study Memoranda and National Security Decision Memoranda, GFL, http://www.fordlibrarymuseum.gov/library/guides/findingaid/nssmnsdm.asp

Nuclear Market Review, Trade Tech, http://www.uranium.info/index.cfm?go=c.page&id=39

Presidential Directives（PD）And Presidential Review Memoranda（PRM）, JCL, http://www.jimmycarterlibrary.gov/documents/pddirectives/pres_directive.phtml

Reports, RAND Corporation, URL: http://www.rand.org/pubs/reports/

あとがき

本書は、二〇一一年度に筑波大学大学院人文社会科学研究科国際政治経済学専攻に提出した博士論文『国際秩序の変動と日米政策協調――防衛協力、国際収支、原子力開発をめぐる試行錯誤　一九七一―一九八〇』及びその後の研究成果を加筆修正したものである。その一部は独立した論文として既に発表しており、主として以下の章節の原型となっている。

第二章第二節　「日本の防衛政策における「自主」の論理」『国際政治経済学研究』第一七号（二〇〇六年三月）

第二章第三節、第三章第二節　「「日米防衛協力のための指針」策定をめぐる日米交渉」『国際安全保障』第三六巻四号（二〇〇九年三月）

第三章第一節、第三節第一項　「新冷戦に向けた米軍事戦略と「同盟」国日本の役割」『国際安全保障』第三九巻第二号（二〇一一年九月）

第五章、第六章第一節、第二節　"Economic Superpower in an Age of Limits," *The Journal of American-East Asian Relations*, Vol.21, Issue 3（October 2014）

第八章、第九章第一節　「原子力開発問題と日米関係の変容」『国際政治』第一六二号（二〇一〇年一二月）

第九章第二節　「資源小国の原子力外交」波多野澄雄編著『冷戦変容期の日本外交』ミネルヴァ書房（二〇一三年八月）

ただしこれらの論考は大幅に修正されており、原型をとどめていない。こうした出版に向けた原稿の書き直しや基となった博士論文の執筆にあたっては、大変多くの方にお世話になった。その方々への感謝を連ねれば、それだけで本書の厚みは倍になるであろう。地球環境への負担を考慮し、特に事情のある方のみに謝辞を述べる非礼をお許しいただきたい。

まず、本書の基となった博士論文の審査にあたっていただいた主査の赤根谷達雄先生、副査の波多野澄雄先生、潘亮先生に御礼申し上げたい。赤根谷先生には大学院時代の途中からゼミへの参加を許可していただき、外交史から国際関係論まで幅広い視座に立った貴重な意見を頂いた。また潘先生には修士論文執筆の頃から、史料の解釈や歴史の書き方について助言していただいた。膨大な史料を前に途方に暮れていたかつての自分にとって、潘先生は一種の道標となってくださった貴重な存在である。そして波多野先生にお世話になった時間は一〇年を超えつつある。先生がかつて担当されていた「国際関係史序説」で第一次世界大戦勃発の経緯を講義された日、歴史の複雑さとおもしろさに触れたあの日のことを私はいまだに覚えている。歴史がもともと好きではあったが、その本当の魅力に気付かされたのは先生のあの授業であったように思う。その後先生は学務に忙殺され、ゼミを開催することも不可能となった。しかし先生は定期的に、専門的なテーマにこもりがちな私に「もっと大きく」と助言され、大きく構えたテーマを持っていくと「大きいですね」と修正してくださり、自分の思いついたテーマを持っていけば「まあいいんじゃないでしょうか」とおっしゃり、けっして否定されることはなかった。このようにそれぞれに魅力のある三人の指導教官にめぐまれた自分は、本当に幸運だったと実感している。

また佐藤晋先生（二松学舎大学）や高橋和宏氏（防衛大学校）は、外交史を専門とする若手研究者や大学院生の集まった戦後日本外交史研究会に当時まだ学類生だった私を誘ってくださった。筑波大学という孤立しがちな環境にいた私は、外との貴重なつながりを得ることができた。研究会での報告の質の高さと活発なやりとりには当初こそおびえ、果たして自分にこれほど充実した研究ができるのかと不安になったが、やがてそうした環境にも慣れることができた。本書の少なからぬ部分が、この研究会での何回かの報告と、その際の出席者の方々との質疑応答を経て形成されたものである。

この他にも二〇〇九年八月から二〇一〇年六月までの米国留学の間には、留学先のジョージタウン大学においてマイケル・グリーン先生のお世話になった。日本専門家の内幕についてのお話を伺う貴重な機会であり、米国側の史料に好きなだけ触れることのできる、充実した日々を過ごすことができた。

大学院を卒業してからは、外務省及び日本原子力研究開発機構において現代の米国政治や核不拡散情勢についての調査業務に従事し、さらには平和・安全保障研究所の「日米パートナーシップ・プログラム」に参加させていただくことで、それまでとは違って現代を意識した文章を書く機会をいただいた。特に平和・安全保障研究所においては、毎月の定例研究会や沖縄、米国等への研修に加え、ディレクターの山本吉宣先生、土山實男先生、田所昌幸先生に様々な角度から熱心な論文指導をしていただいた。その成果であるカーター政権の対日政策に関する論文は、本書の終章第二節に反映されている。研究の範囲を狭くしがちな自分にとっては学ぶことの多い贅沢な二年間であった。また日本原子力研究開発機構においても、特に須田一則氏から本書第Ⅲ部に関して貴重なご意見をいただいた。

さらにこの間、研究会や学会において多くの先輩・後輩の研究者の方々にお世話になった。まず戦後外交史研究会では、本書の元となったいくつかの論文について報告を行った際に参加者の方々から様々な指摘をいただくことができた。特に研究分野の近い黒崎輝（福島大学）、中島信吾（防衛研究所）、中島琢磨（龍谷大学）、宮城大蔵（上智大学）の各先生や、吉田真吾（名古屋商科大学）、白鳥潤一郎（北海道大学）、野添文彬（沖縄国際大学）、石田智範（慶應大学大学院）の各氏からは貴重なご意見をいただいた。また服部龍二先生（中央大学）には、様々なインタビュー企画への参加を許していただいた。

同じ大学院で同じ年に博士論文を提出した齊藤孝祐氏（横浜国立大学）からも、国際関係論の視角からおびただしい数の助言と批判をいただいた。博士論文の執筆中、大学の研究室で珈琲豆を挽いてくださるのを待ちながら、あるいは自分が珈琲豆を挽きながら交わした数えきれないほどの議論は、本書のそこかしこに見出すことができる。

同様に筑波大学から米国に留学された樋口敏広氏（京都大学）にも、まだ氏がつくばにおられた頃から私が同じ大学院に在籍していた時まで、様々な形で助けていただいた。米国での留学生活が順調に進んだのも氏の手助けがあってこそであり、本書を含め研究の方向性に関していただいた意見も数知れない。そして学類時代からの友人である矢吹命大氏（横浜国立大学）には、博士論文の時に引き続いて本書の草稿を見ていただいた。隣接分野の研究者であるにもかかわらず、内容は脇において日本語だけを点検せよという無礼極まる依頼を快く引き受けてくださったことには感謝の言葉もない。

また本書は研究者の方々だけでなく、日米両国の様々な史料館のスタッフ、外務省や防衛省等で私の情報公開請求を処理してくださった事務官の方々、そしてインタビューに応じてくださった沼田貞昭大使をはじめとする当時の関係者の方々にも支えられている。特に通常の業務の合間に二〇年から三〇年も前の文書を探してくださった各省庁の（名前も存じあげない）事務官の方々には、心からの感謝を申し上げる。二〇〇一年にはじまった情報公開制度は日本外交史研究にとって大きな前進であったが、同時に情報を開示する省庁の側にも大きな負担を強いている。そうした負担の上に成立した本書が、多少なりとも日本外交や日米関係の理解に資することを願っている。

本書の刊行にあたってはアメリカ研究振興会から助成をいただき、さらには本書の改善点についても貴重なご意見をいただけた。常務理事の油井大三郎先生をはじめ、審査にあたってくださった先生方に御礼申し上げたい。またミネルヴァ書房編集部の田引勝二氏は、書籍刊行に不慣れな筆者に様々な助言をくださった。この他にも、本書の基となった論文を執筆する過程で、松下幸之助記念財団及び日米協会から助成をいただいた。

最後に、大学院に進むことを許してくれた両親に感謝申し上げたい。両親には大学進学時から自分の好きなことをとことん追求することを許していただいた。はたしてそれが政治学専攻の博士過程に進むという選択を取り巻く恐ろしい現実を十分理解した上でのことだったのか、今となっては定かではない。いずれにせよ、私が自分の好奇心を満たしたいがために費やした一〇年間の成果をようやく一冊の本にすることができた。この成果に出資者たる両親が満足してくれることを今は願うばかりである。

本書の刊行によってお世話になった方々の労に少しでも報いることができたのなら、執筆者にとって望外の幸せである。

二〇一五年四月五日

武田　悠

人名索引

あ 行

か 行

さ 行

た 行

な 行

は 行

ま　行

や　行

ら・わ　行

事項索引

あ　行

か　行

さ　行

た　行

な　行

は　行

ま　行

や　行

ら　行

欧　文

《著者紹介》

武田　悠（たけだ・ゆう）

1982年　岡山県生まれ。

2011年　筑波大学大学院人文社会科学研究科博士課程修了。博士（国際政治経済学）。
日本原子力研究開発機構核物質管理科学技術推進部（現・核不拡散・核セキュリティ総合支援センター）政策調査室博士研究員を経て，

現　在　外務省外交史料館任期付職員。

著　作　“Economic Superpower in an Age of Limits,” *The Journal of American-East Asian Relations*, Vol. 21, Issue 3 (October 2014).
『冷戦変容期の日本外交』共著，ミネルヴァ書房，2013年。

MINERVA 日本史ライブラリー㉗

「経済大国」日本の対米協調

――安保・経済・原子力をめぐる試行錯誤，1975～1981年――

2015年6月20日　初版第1刷発行　〈検印省略〉

定価はカバーに
表示しています

著　者　武　田　　悠
発行者　杉　田　啓　三
印刷者　藤　森　英　夫

発行所　株式会社　ミネルヴァ書房
607-8494　京都市山科区日ノ岡堤谷町1
電話代表（075）581-5191
振替口座　01020-0-8076

亜細亜印刷・新生製本

ISBN978-4-623-07384-9

Printed in Japan